Maçonaria Para Leigos®
Tradução da 2ª Edição

Os maçons são parte de uma tradição antiga, com rituais e símbolos próprios. Como maçom, você pode conquistar graus, participar de encontros sociais e ficar a par da linguagem e das abreviaturas específicas da Maçonaria.

Graus de Maçons da Loja Simbólica

A Loja Simbólica local é o lugar onde você e seus vizinhos maçons começam suas carreiras maçônicas. Ela é uma Loja de maçons que lhe confere os três pri

- 1º Aprendiz
- 2º Companheiro
- 3º Mestre Maçom

Você pode se afiliar a outros ritos maçônicos para conquistar novos graus.

Grupos Afiliados à Maçonaria

Os maçons geralmente são um grupo social, cujo desejo é que mais e mais pessoas se unam em seu amor por seus rituais. Durante meados do século XIX, houve a adição de mais grupos à família maçônica, incluindo grupos de mulheres parentes de maçons, bem como seus filhos.

Chamados de *corpos aliados*, alguns desses grupos de meninos e meninas se desenvolveram e passaram a conferir outros graus complexos de estilo maçônico. Outros satisfizeram o desejo de equipes de treinamento de estilo militar. Outros, ainda, foram criados para permitir que esposas e filhos tomassem parte na experiência da Loja (mas não nos trabalhos maçônicos, que se mantém para adultos, masculino e secreto). A lista a seguir define os grupos para adultos, vinculados à Maçonaria:

- **O Rito de York:** O Rito de York é na verdade um termo descritivo usado para três grupos cooperativos (que incluem os Cavaleiros Templários), o qual confere um total de dez graus nos Estados Unidos. Os graus que compõem o Rito de York são considerados concordantes com os três primeiros graus maçônicos, o que significa que eles conferem graus maçônicos adicionais que ampliam e expandem os três primeiros graus da Loja. Você já deve ser um Mestre Maçom antes que se associe ao Rito de York.

- **O Rito Escocês Antigo e Aceito** (ou **Rito Escocês**): Talvez o corpo aliado mais visível e menos compreendido da Maçonaria, o Rito Escocês não é muito antigo, e não veio da Escócia. É tecnicamente um corpo **concordante,** porque alguns de seus graus dão continuidade à história da construção do Templo de Salomão iniciada nos três primeiros graus da Loja. O Rito Escocês aparece em um papel importante no romance de Dan Brown, *O Símbolo Perdido*.

- **Antiga Ordem Árabe dos Nobres do Santuário Místico** (também conhecido como Shriners International): O Shriners tem sido muitas vezes chamado de "playground da Maçonaria". Os Shriners usam um fez vermelho, dirigem pequenos carros em desfiles, patrocinam circos e fazem outras coisas malucas a fim de levantar dinheiro para seus 23 hospitais destinados a crianças na América do Norte.

- **A Ordem Mística dos Profetas Velados do Reino Encantado da América do Norte** (simples e carinhosamente conhecidos como os Grottos): Ao longo dos anos, o Grotto ganhou, de modo injusto, o apelido pouco lisonjeiro de "Shriners de pobre". Eles usam como base a premissa de que os homens seriam melhores maçons se os ensinamentos solenes da loja pudessem ser intercalados com um pouco de socialização e diversão.

Para Leigos®: A série de livros para iniciantes que mais vende no mundo.

Maçonaria Para Leigos®
Tradução da 2ª Edição

Folha de Cola

- **A Ordem da Estrela do Oriente (OEO)**: Criado para ser uma organização de estilo maçônico aberto às mulheres, sem ser apenas uma cópia, uma paródia ou uma imitação barata dos graus maçônicos. A Ordem da Estrela do Oriente é aberta a homens que são Mestres Maçons, bem como a parentes, cônjuges e descendentes do sexo feminino de Mestres Maçons.
- **A Ordem de Amaranth**: Grupo para os maçons e seus cônjuges e parentes do sexo feminino, aberto a todas as religiões.
- **A Ordem Social da Beauceant:** Incomum na Maçonaria norte-americana, pois não exige nem mesmo admite homens. É uma organização de mulheres limitadas às esposas e viúvas dos Cavaleiros Templários.
- **A Antiga Ordem Egípcia dos SCIOTS:** Seu lema é "Impulsionem um ao outro". Eles dedicam-se a atividades sociais e a ajudar uns aos outros em suas vidas pessoais e empresariais.
- **High Twelve:** Organização de Mestres Maçons que geralmente se reúnem por uma hora, uma vez por semana, para desfrutar comunhão e apoiar causas maçônicas e patrióticas.
- **National Sojourners:** Clube maçônico para oficiais seniores não comissionados, comissionados e designados das forças armadas dos Estados Unidos.
- **Os Altos Cedros do Líbano:** Fundada como uma organização fraternal para promover "diversão, brincadeira e amizade", e para padronizar seu ritual. Os Capítulos locais são chamados de *florestas*, e os membros, de *altos cedros*. O adereço de cabeça adotado é um chapéu em forma de pirâmide com uma borla. O grau é puramente por diversão.

Oficiais de uma Típica Loja de Maçons

A Maçonaria está cheia de rituais, e, para os rituais, você precisa de pessoas que se responsabilizem pelas diversas atividades associadas ao ritual e pela Loja em geral. E o que seria de qualquer Loja sem um líder? A lista a seguir mostra os cargos de oficiais disponíveis em uma típica Loja nos EUA:

- **Venerável Mestre (VM):** Presidente
- **Primeiro Vigilante (PV):** Primeiro vice-presidente
- **Segundo Vigilante (SV):** Segundo vice-presidente
- **Secretário:** Escrivão
- **Tesoureiro:** Diretor Financeiro
- **Primeiro Diácono (PD):** O mensageiro do Venerável Mestre
- **Segundo Diácono (SD):** O mensageiro do Primeiro Vigilante
- **Primeiro Mordomo (PMo):** Mensageiro do Segundo Vigilante
- **Segundo Mordomo (SMo):** Mensageiro do Segundo Vigilante
- **Marechal**
- **Guarda Interno:** Guarda da porta interna
- **Cobridor:** Guarda da porta externa
- **Capelão**

* Diferentes Oficiais e nomenclaturas são adotados nos diferentes Ritos Maçons

Para Leigos®: A série de livros para iniciantes que mais vende no mundo.

Maçonaria

PARA

LEIGOS®

Tradução da 2ª Edição

por Christopher Hodapp 33º

ALTA BOOKS
EDITORA
Rio de Janeiro, 2016

Maçonaria Para Leigos, Tradução da 2ª Edição — ISBN: 978-85-7608-917-9
Copyright © 2015 da Starlin Alta Editora e Consultoria Eireli.

Translated from original Freemasons For Dummies, 2nd Edition © 2013 by John Wiley & Sons, Inc. ISBN 978-0-764-59796-1. This translation is published and sold by permission of John Wiley & Sons, Inc., the owner of all rights to publish and sell the same. PORTUGUESE language edition published by Starlin Alta Editora e Consultoria Eireli, Copyright © 2015 by Starlin Alta Editora e Consultoria Eireli.

Todos os direitos reservados e protegidos por Lei. Nenhuma parte deste livro, sem autorização prévia por escrito da editora, poderá ser reproduzida ou transmitida.

Erratas: No site da editora relatamos, com a devida correção, qualquer erro encontrado em nossos livros, bem como disponibilizamos arquivos de apoio se aplicável ao livro. Acesse o site www.altabooks.com.br e procure pelo título do livro desejado para ter acesso a erratas e/ou arquivos de apoio.

Marcas Registradas: Todos os termos mencionados e reconhecidos como Marca Registrada e/ou Comercial são de responsabilidade de seus proprietários. A Editora informa não estar associada a nenhum produto e/ou fornecedor apresentado no livro.

Impresso no Brasil — 1ª Edição, 2016

Vedada, nos termos da lei, a reprodução total ou parcial deste livro.

Produção Editorial Editora Alta Books **Gerência Editorial** Anderson Vieira **Assistente Editorial** Letícia de Souza	**Supervisão Editorial** **(Controle de Qualidade)** Sergio de Souza **Produtor Editorial** Claudia Braga Thiê Alves	**Design Editorial** Aurélio Corrêa **Marketing Editorial** marketing@altabooks.com.br	**Gerência de Captação e** **Contratação de Obras** J. A. Rugeri **Marco Pace** autoria@altabooks.com.br	**Vendas Atacado e Varejo** Daniele Fonseca Viviane Paiva comercial@altabooks.com.br **Ouvidoria** ouvidoria@altabooks.com.br
Equipe Editorial	Carolina Giannini Christian Danniel	Jessica Carvalho Juliana Oliveira	Renan Castro Silas Amaro	
Tradução Marcella de Melo	**Copi** Tassia Alvarenga	**Revisão Gramatica** Julieta Lamarão Thamiris Leiroza	**Revisão Técnica** Kennyo Ismail *33º Past Master,* *Cavaleiro Templário*	**Diagramação** Diego Oliveira

Erratas e arquivos de apoio: No site da editora relatamos, com a devida correção, qualquer erro encontrado em nossos livros, bem como disponibilizamos arquivos de apoio se aplicáveis à obra em questão.

Acesse o site www.altabooks.com.br e procure pelo título do livro desejado para ter acesso às erratas, aos arquivos de apoio e/ou a outros conteúdos aplicáveis à obra.

Suporte Técnico: A obra é comercializada na forma em que está, sem direito a suporte técnico ou orientação pessoal/exclusiva ao leitor.

Dados Internacionais de Catalogação na Publicação (CIP)

```
H687m   Hodapp, Christopher.
            Maçonaria para leigos / por Christopher Hodapp. – Rio de
        Janeiro, RJ : Alta Books, 2015.
            372 p. : il. ; 24 cm. – (Para leigos)

            Inclui índice e apêndice.
            Tradução de: Freemasons for dummies (2. ed.).
            ISBN 978-85-7608-917-9

            1. Maçonaria. 2. Maçonaria - Rituais. 3. Maçonaria -
        Simbolismo. 4. Maçonaria - Lojas. I. Título. II. Série.

                                            CDU 061.236.6
                                            CDD 366.1
```

Índice para catálogo sistemático:
1. Maçonaria   061.236.6

(Bibliotecária responsável: Sabrina Leal Araujo – CRB 10/1507)

Rua Viúva Claudio, 291 – Bairro Industrial do Jacaré
CEP: 20970-031 – Rio de Janeiro – Tels.: (21) 3278-8069/8419
www.altabooks.com.br – e-mail: altabooks@altabooks.com.br
www.facebook.com/altabooks – www.twitter.com/alta_books

Sobre o Autor

Christopher Hodapp foi editor do *Journal of the Masonic Society*. Ele é maçom desde 1998 e é Past Master das Lojas Broad Ripple nº643 e Vitruvian nº767, dos Maçons Livres e Aceitos do Estado de Indiana. Ele é membro honorário da Loja Africana nº459, da Maçonaria Prince Hall, em Boston, Massachusetts. Além disso, é um membro dos Maçons do Real Arco, dos Maçons Crípticos, dos Graus Maçônicos Aliados e dos Cavaleiros Templários. É, também, Maçom de grau 33 no Rito Escocês Antigo e Aceito, de Indianapolis Valley, e membro da Real Ordem da Escócia.

Hodapp atuou nos Comitês de Tecnologia e Educação Maçônica da Grande Loja de Indiana e é membro dos conselhos do Indiana Freemasons's Hall e da Biblioteca e Museu da Grande Loja de Indiana.

Chris não é apenas membro fundador da Masonic Society, mas também membro da Southern California Research Lodge (Loja de Pesquisa do Sul da Califórnia), da Sociedade de Pesquisa do Rito Escocês, da Philalethes Society, da Phylaxis Society, do Grande Colégio de Ritos dos Estados Unidos da América, e do Quatuor Coronati Correspondence Circle. Em 2006, Chris foi agraciado com o Prêmio Duane E. Anderson de Excelência na Educação Maçônica da Grande Loja de Minnesota por *Maçonaria Para Leigos*, em sua versão original.

Seu segundo livro, "*Solomon 's Builders: Freemasons, Founding Fathers and the Secrets of Washington D.C.*" (Ulysses Press), foi publicado em dezembro de 2006. Ele também foi coautor de *The Templar Code For Dummies* e *Conspiracy Theories & Secret Societies For Dummies,* com Alice Von Kannon. Além disso, escreveu diversos artigos sobre Maçonaria, tanto para a imprensa maçônica quanto para a convencional, e já apareceu em inúmeros documentários de TV sobre a Maçonaria.

Chris passou 25 anos trabalhando como cineasta e editor comercial, e escreveu roteiros para empresas e organizações sem fins lucrativos. Ele e sua esposa, Alice, estão há mais de 30 anos positivamente entorpecidos um com o outro, e vivem com seu poodle francês, Wiley, em Indianápolis.

Apresentação à Edição Brasileira

É com grande satisfação que apresento a você a edição brasileira de *Maçonaria para Leigos, Tradução da 2ª Edição*, de Christopher Hodapp. E explico o porquê dessa satisfação. A primeira edição norte-americana desta obra-prima tem feito parte de minha biblioteca há anos, por muitas vezes me servindo de fonte e inspiração. Em fevereiro de 2012, em um evento maçônico nos Estados Unidos — chamado de *Semana Maçônica* — tive a oportunidade de agradecer pessoalmente ao irmão Christopher por ter compartilhado conosco seus conhecimentos. Já na *Semana Maçônica* seguinte, em 2013, recebi das mãos do Christopher a 2ª edição. Ela tinha acabado de "sair do forno". Nos dias seguintes, ao devorar o livro, percebi que o que era excelente estava ainda melhor. E, desde então, toda vez que folheei *Freemasons for Dummies* para alguma consulta, meu pensamento era: quando o público brasileiro terá a oportunidade de ter este best-seller em língua portuguesa? Eu sabia que edições em francês e alemão já eram um tremendo sucesso e não via a hora de o Brasil — a segunda maior nação maçônica no mundo, atrás apenas dos Estados Unidos em número de Lojas maçônicas e de maçons — ser presenteado com uma edição em português. Bem, essa hora chegou!

Maçonaria para Leigos, tradução da 2ª Edição, vem atender a uma demanda reprimida no Brasil. Não havia uma única obra voltada ao público não maçom no mercado editorial brasileiro, ou mesmo aos maçons iniciantes, com tamanha abrangência de temas. Aqueles interessados em saber algo sobre a Maçonaria acabavam muitas vezes por encontrar obras antimaçônicas, repletas de mitos e fraudes que têm sido replicadas nas últimas décadas por fanáticos de toda espécie. E separar o joio do trigo não é tarefa fácil, visto que muitas dessas obras se utilizam de frases de obras maçônicas retiradas de seu contexto, ou mesmo textos apócrifos atribuídos a grandes autores maçons falecidos que não podem se defender, para combater aquilo que não conhecem. Por sorte, a coleção *Para Leigos* fez isso para você.

Se você não é maçom e quer conhecer e compreender a Maçonaria, este é o livro certo. Você saberá o que é e o que definitivamente não é a Maçonaria, sua história e filosofia, como é sua organização e funcionamento, seus principais símbolos e significados, os mitos e lendas que a rodeiam, as organizações que compõem a família maçônica, sua filantropia, os famosos que são maçons, e os principais lugares maçônicos que merecem uma visita.

Se você é maçom, então, meu irmão, este é o livro certo para você. Em nenhum outro livro você encontrará todas as informações úteis sobre a nossa sublime ordem maçônica reunidas em um só volume e escritas em uma linguagem tão fácil e descontraída, como se estivesse em um bar conversando sobre Maçonaria com os anciões de sua Loja. E o melhor de tudo, podendo consultar seu conteúdo e tirar suas dúvidas sempre que quiser.

Creio que agora você pode compreender melhor o quão honrado estou de participar deste projeto como revisor técnico e apresentar esta edição brasileira para você. E neste instante, seguindo um antigo ensinamento maçônico, submeterei minha vontade de escrever mais, pois o que realmente importa está nas próximas páginas. Boa leitura!

Kennyo Ismail[*]

---

[*] Kennyo Ismail, 33º, é Mestre Instalado, Cavaleiro Templário e membro de diversas ordens e sociedades maçônicas internacionais. É autor dos livros *Desmistificando a Maçonaria* e *O Líder Maçom*, e do blog maçônico No Esquadro: www.noesquadro.com.br.

Dedicatória

À Alice, à memória de seu pai, e a um pequeno grupo de maçons do Texas que me iniciaram inadvertidamente em minha viagem.

Agradecimentos do Autor

Este é um daqueles livros sobre os quais eu me perguntava ao longo dos anos por que ninguém o havia escrito, e então eu acabei sendo o cara a fazê-lo. Devo abundantes e sinceros agradecimentos a Richard J. Elman, Grão-Mestre dos Maçons de Indiana em 2004 e 2005, por muitas razões, complexas demais para aborrecê-los aqui com elas, mas principalmente por dizer: "Eu conheço alguém que poderia escrever isso." Devo semelhante parcela de gratidão, que nunca poderá ser retribuída, a Roger S. VanGorden, Grão-Mestre dos Maçons de Indiana em 2002 e 2003. Desde meu contato inicial via internet com um maçom de Indiana até sua ajuda sem limites com este livro — e tudo mais —, Roger continua sendo meu maior mentor maçônico, e serei sempre agradecido por sua confiança e amizade.

Obrigado ao Dr. S. Brent Morris, da Jurisdição do Sul do Rito Escocês e editor do *Scottish Rite Journal,* e a Curtis Richard, da Jurisdição Maçônica do Norte e ex-editor da Revista Northern Light, por sua assistência na negociação dos turbilhões do Rito Escocês. Agradecimentos especiais ao falecido Nelson King, ex-presidente da Philalethes Society e editor da revista *The Philalethes,* e a Bud Householder, também da Philalethes Society, que trabalharam como editores técnicos deste livro.

Obrigado pela ajuda dos Irmãos Jeff Naylor, Eric Schmitz, Tom Fellows, Timothy Bonney, Jim Dillman, Bill Hosler, Billy Koon, Ed King e Stephen Dafoe; ao Venerável Irmão Don Seeley, cujo exemplo sempre me lembra de acertar; e aos Veneráveis Irmãos Jerry Cowley e Wilson Lorick, que me apresentaram à Maçonaria Prince Hall. Uma nota especial de agradecimento ao meu grande amigo de três décadas, Nathan Brindle, que nunca deixa de sussurrar bons conselhos no meu ouvido, e foi meu Irmão muito antes de entrarmos para uma Loja juntos.

Obrigado a Tracy Boggier, da Wiley Publishing, por colocar tanta confiança em um autor desconhecido e por me ensinar tudo o que sei sobre a criação de um cachorrinho, e para meus editores, Elizabeth Kuball, Vicki Adang e Caitlin Copple, por me guiarem calmamente por regiões inóspitas.

Minha mais profunda gratidão vai para Carolyn Steele, por ter cuidado dos negócios quando eu não podia. E, finalmente, à minha esposa Alice, por seu apoio e sua infinita energia, e por mais de 30 anos na alegria e na tristeza, na pobreza e na riqueza, na saúde e na doença. Ela continua a ser a minha maior torcedora, a minha maior assistente de pesquisa, a minha amiga mais querida, o amor da minha vida e a melhor escritora que conheço.

Sumário Resumido

Introdução **1**

Parte I: O que É Maçonaria? **9**

Capítulo 1; Lojas, Aventais e Apertos de Mão Engraçados:
  O ABC da Franco-maçonaria 11

Capítulo 2: De Catedrais a Salas de Lojas: Uma História da Maçonaria 23

Capítulo 3: A Filosofia da Maçonaria 59

Capítulo 4: Política, Religião e Maçons: Eles Não Se Misturam 69

Parte II: Os Funcionamentos Internos da Maçonaria **95**

Capítulo 5: Como os Maçons Estão Organizados:
  Quem Faz O quê e Por quê 97

Capítulo 6: As Cerimônias dos Maçons 123

Capítulo 7: Os Símbolos da Maçonaria 139

Capítulo 8: Mitos e Equívocos sobre os Maçons 161

Parte III: Quando uma Loja Não É Suficiente:
Os Corpos Aliados **173**

Capítulo 9: Apresentando os Corpos Aliados:
  Quem É Quem, e Quem Não É 175

Capítulo 10: O Rito de York 193

Capítulo 11: O Rito Escocês Antigo e Aceito 217

Capítulo 12: Shriners International 235

Capítulo 13: A Família Maçônica Estendida 245

Parte IV: A Maçonaria Ontem e Hoje **265**

Capítulo 14: Então, a Maçonaria Ainda É Relevante? 267

Capítulo 15: Os Maçons e o Futuro 277

Capítulo 16: Então Você Quer Se Tornar um Maçom 287

Parte V: A Parte dos Dez **301**

Capítulo 17: Dez Grupos de Maçons Famosos 303

Capítulo 18: Dez Conspirações, Antimaçons e Fraudes Incríveis 313

Capítulo 19: Dez Lugares Maçônicos Legais 327

Parte VI: Apêndices 333

Apêndice A: O Manuscrito Régio 335

Apêndice B: Os Regulamentos de Anderson 357

Apêndice C: Encontrando uma Loja 365

Índice 371

Sumário

Introdução **1**

    Sobre Este Livro 2

    Convenções Utilizadas Neste Livro.................................... 2

    Só de Passagem 3

    Penso que... 3

    Como este Livro Está Organizado.................................... 4

        Parte I: O que É Maçonaria? 4

        Parte II: Os Funcionamentos Internos da Maçonaria 4

        Parte III: Quando uma Loja Não É Suficiente:
            Os Corpos Aliados.. 4

        Parte IV: A Maçonaria Hoje e Amanhã........................ 5

        Parte V: A Parte dos Dez.. 5

        Parte VI: Apêndices 5

    Ícones Usados Neste Livro.. 6

    De Lá para Cá, Daqui para Lá 7

Parte I: O que É Maçonaria? **9**

Capítulo 1: Lojas, Aventais e Apertos de Mão Engraçados: O ABC da Franco-maçonaria 11

    O que É a Franco-maçonaria? 13

    O que os Maçons Fazem? 14

        Conferindo os três graus 15

        Reunindo-se em Lojas, Lojas Azuis, Lojas Simbólicas e mais 15

        Realizando cerimônias públicas.................................. 16

        Usando aventais (Homens de verdade usam!) 17

        Mantendo "segredos" 17

        Oferecendo algo para todos 19

    Os [Complete o Espaço em Branco] Também São Maçons?.................. 19

Capítulo 2: De Catedrais a Salas de Lojas: Uma História da Maçonaria 23

    Transformando Pedreiros em Cavalheiros:
        A Maçonaria Antes de 1700....................................... 24

Maçonaria Para Leigos

Maçons Operativos: Os Grandes Construtores 24

Maçons especulativos e a grande mudança 31

Construindo Homens: Os Anos 1700 33

Fundando a primeira Grande Loja 34

Estabelecendo a Maçonaria na América 40

Encontrando aprovação e perseguição durante e depois da
Revolução Francesa 44

Crescendo, Mudando e Ampliando: Os Anos 1800 46

Reunindo Antigos e Modernos 47

Expandindo pela América 47

Sobrevivendo e Crescendo: Os Anos 1900 53

Aliviando as preocupações sociais no começo da
década de 1900 54

Sendo escalados como vilões e heróis na
Segunda Guerra Mundial 54

Crescendo novamente no pós-guerra 55

Declinando nos anos 1960 56

Vivenciando o Novo Milênio: Mais Mudanças a Caminho 56

Lojas de Observância Tradicional 57

O efeito Dan Brown 58

Capítulo 3: A Filosofia da Maçonaria 59

Definindo Aquilo em que os Maçons Acreditam 60

Promovendo verdade, auxílio e amor fraterno 60

Seguindo os princípios básicos 62

Estabelecendo uma Nova Ordem Mundial? 64

Experimentando a Maçonaria Mística 65

Unindo membros por meio de um laço místico 66

Expressando conceitos por meio de simbolismo 66

Capítulo 4: Política, Religião e Maçons: Eles Não Se Misturam 69

Explorando a História da Religião e os Maçons 70

Trazendo uma limitada religião para a Loja 70

Examinando a história da Maçonaria e do Catolicismo 73

Unindo maçons e protestantes pacificamente (quase) 77

Reduzindo grandes distâncias: Maçonaria e Judaísmo 78

Encontrando conflito (onde não existe um) entre a
Maçonaria e o Islã 81

Recusando-se a Fazer Política 83

Situando a Maçonaria em meio à desordem política
da Europa do século XVIII 84

Despertando a anarquia em Lojas francesas 84

Sobrevivendo à Revolução 86

Resistindo ao regime de ditadores 89

Continuando a vencer as desconfianças 91

Mantendo a fraternidade durante a guerra 92

Parte II: Os Funcionamentos Internos da Maçonaria 95

Capítulo 5: Como os Maçons Estão Organizados: Quem Faz O quê e Por quê 97

O que Tem Dentro de uma Loja? 98

Examinando a Sala da Loja 98

Reunindo-se e comendo na Loja 100

Quem Está no Comando por Aqui? 100

Os oficiais na escala evolutiva 101

Primeiro Diácono 104

Oficiais que não estão na escala evolutiva 106

O que Faz com que uma Grande Loja Seja, Digamos, Grande? 111

O Grão-Mestre 112

As regras 112

O que é uma Loja Regular e Reconhecida? 114

Qual delas é legítima? Examinando múltiplas Grandes Lojas 115

Irregular, não reconhecida e desorganizada:
Lojas fora do convencional 118

Capítulo 6: As Cerimônias dos Maçons 123

Compreendendo de Onde Vêm os Rituais Maçônicos 124

Os rituais históricos das guildas medievais 124

O relato escrito 127

Executando os Rituais da Loja Moderna 129

Arrumando o palco para o ritual 129

Aprendiz: Iniciação e juventude 132

Companheiro: Passando pela maturidade 136

Mestre Maçom: Elevação, velhice e morte 136

Para o alto! 137

XVIII Maçonaria Para Leigos

Capítulo 7: Os Símbolos da Maçonaria **139**

Simbolizando as Lições da Maçonaria 140

Decifrando as Principais Ideias Maçônicas 141

O número três 142

Painéis: o PowerPoint do século XVIII 142

O Templo de Salomão 144

Identificando o simbolismo maçônico 146

Esquadro e compasso 146

Explicando Mais Símbolos Maçônicos 147

Foice e ampulheta 148

O 47º Problema de Euclides ou o Teorema de Pitágoras 148

A escada de Jacó 149

Âncora e arca 149

Sol, olho, Lua e estrelas 149

Cordeiro e avental de pele de cordeiro 149

Chinelo 150

Ponto dentro de um círculo e linhas paralelas 150

Pote de incenso 151

Colmeia 151

Prumo 152

Letra G 153

Estrela de cinco pontas 155

Coração exposto e espada 155

Espada do Cobridor e o Livro das Constituições 156

Trolha 156

Aperto de mão 156

Pedra bruta e pedra polida (ou perfeita) 156

Colunas 157

A pá, o malho, o caixão e o ramo de acácia 158

Régua de 24 polegadas e o martelo de corte 159

Capítulo 8: Mitos e Equívocos sobre os Maçons **161**

Explorando a Raiz dos Mal-entendidos da Maçonaria 162

Desmascarando Mitos Comuns sobre a Maçonaria 162

Montando no bode da Loja 163

De olho em você com o Olho Que Tudo Vê e a nota de US$1 163

Lendo uma bíblia maçônica 165

Adorando deuses estranhos 166

Juntando Pike e Lucifer	169
Dominando o mundo	171
Violando a lei	172

Parte III: Quando uma Loja Não É Suficiente: Os Corpos Aliados 173

Capítulo 9: Apresentando os Corpos Aliados: Quem É Quem, e Quem Não É 175

O que São Corpos Aliados?	177
Corpos concordantes	178
Corpos aliados	180
Então, e Esses Outros Grupos?	182
Lojas animais	183
Clubes de serviço	184
Outros grupos fraternos não relacionados	185
Grupos que soam como maçônicos	188

Capítulo 10: O Rito de York 193

O Sistema do Rito de York	194
Por que York?	195
Como é organizado	195
Maçonaria do Real Arco	197
Mestre de Marca	198
Past Master	198
Mui Excelente Mestre	200
Real Arco	200
O Rito Críptico	200
Ordens de Cavalaria e os Cavaleiros Templários	202
As ordens de cavalaria	203
Um curso intensivo sobre a história dos Templários	205
Outros Corpos do Rito de York	211
Colégio do Rito de York	212
Cavaleiros Maçons	212
Graus Maçônicos Aliados	212
Societas Rosicruciana in Civitatibus Foederatis	213
Rito Retificado ou Chevalier Bienfaisant de Cite Saint (CBCS)	213
Sacerdotes Cavaleiros Templários do Sagrado Real Arco	213

Maçonaria Para Leigos

Cavaleiros da Cruz de Honra de York 214

Cruz Vermelha de Constantino 214

São Tomás de Acon 214

Os Operativos 214

Instituições de Caridade do Rito de York 215

Capítulo 11: O Rito Escocês Antigo e Aceito 217

Examinando o Sistema do Rito Escocês 219

Organização: Conhecendo os departamentos que
conferem graus 219

Adesão: Conquistando os graus no Rito Escocês 220

Apresentação: Levantando a cortina e acendendo as luzes 221

Vendo Como o Rito Escocês Começou 222

França: O forno de fundição da franco-maçonaria 222

As Américas: A verdadeira casa do Rito Escocês 223

Conhecendo Albert Pike: O Sábio do Rito Escocês 224

A vida de Pike fora da Maçonaria 224

Descobrindo a Maçonaria 225

Escrevendo e revisando rituais, morais e dogmas 227

Colocando Pike em perspectiva 229

Listando os Graus do Rito Escocês 229

Os graus da Jurisdição do Sul... 229

Os graus da Jurisdição Maçônica do Norte 231

Servindo às Comunidades por meio do Trabalho Beneficente 233

Capítulo 12: Shriners International 235

Conhecendo os Shriners.. 236

Seguindo o Curso da História desde os Festeiros até os Filantropos 236

Os meninos Knickerbocker dão início à diversão 237

Então por que os chapéus bobos? 237

O primeiro crescimento do Shrine 238

A pólio e o primeiro hospital Shriner 238

Depressão e crescimento 239

Maior filantropia no mundo 239

Devolvendo um Pouco do Menino ao Homem 240

Sendo iniciado 240

Reunindo-se em templos 240

Formando unidades de acordo com cada Shriner 241

Divertindo-se em carros pequenos 242

Refletindo Sobre o Lugar do Shrine na Maçonaria 243

Capítulo 13: A Família Maçônica Estendida 245

Trazendo Mulheres para a Loja 246

A Ordem da Estrela do Oriente 246

A Ordem de Amaranth 250

O Santuário Branco de Jerusalém 252

A Ordem Social de Beauceant 253

Não É Só Brincadeira: Os Grupos Jovens 254

DeMolay Internacional para meninos 254

A Ordem Internacional do Arco-íris para Meninas 256

Filhas de Jó 257

Conferindo Grupos Inspirados na Maçonaria Menos Conhecidos 258

A Ordem Mística dos Profetas Velados do Reino
Encantado da América do Norte 258

A Antiga Ordem Egípcia dos SCIOTS 259

Os Altos Cedros do Líbano da América do Norte 259

National Sojourners 260

High Twelve International 260

Investigando as Sociedades de Pesquisas Maçônicas 261

Quatuor Coronati Lodge nº2076 261

Philalethes Society 261

Phylaxis Society 262

Scottish Rite Research Society 262

Lojas de pesquisa 262

The Masonic Society 263

Parte IV: A Maçonaria Ontem e Hoje 265

Capítulo 14: Então, a Maçonaria Ainda É Relevante? 267

Uma Ruptura na Comunidade 268

Isolando os indivíduos 268

Desconectando-se uns dos outros 269

Sendo tapeado no capital social 270

Onde a Maçonaria Se Encaixa 270

Transformando homens bons em homens melhores 271

Oferecendo algo para todo mundo 272

xxii Maçonaria Para Leigos

Apoiando o amor fraternal 272
Envolvendo as pessoas no trabalho beneficente 273
Praticando a tolerância religiosa 274
Confortando por meio da constância 274

Capítulo 15: Os Maçons e o Futuro 277

Especulando Sobre o Futuro do Ofício 279
Turmas de um dia 279
Publicidade 280
Pagando suas taxas 280
Voltando Para o Futuro 281
Ficando pequeno para sobreviver 282
Voltando aos velhos hábitos 283
Explorando lições antigas com novas tecnologias 284
Derrubando Barreiras Por meio da Internet 284

Capítulo 16: Então Você Quer Se Tornar um Maçom 287

Examinando Por que os Homens se Tornam Maçons 288
O que você ganha com a Maçonaria 288
Ouvindo dos próprios maçons 289
Por que eu me afiliei 290
Para Ser Um, Pergunte a Um 292
Encontrando um maçom 292
Encontrando uma Loja 293
Afiliando-se a uma Loja 294
Qualificando-se para a adesão 294
Peticionando para se afiliar à Loja 295
Sendo investigado 296
Votando 296
Agendando suas cerimônias de grau 297
Sendo recebido como um irmão 298

Parte V: A Parte dos Dez 301

Capítulo 17: Dez Grupos de Maçons Famosos 303

Fundadores 303
Exploradores e Aventureiros 304
Pioneiros da Ciência e da Medicina 305

Atores e Apresentadores...305

Atletas Incríveis..306

Líderes Militares...307

Empresários Importantes...308

Jogadores no Mundo da Liderança 308

Líderes dos Direitos Civis Norte-americanos...309

Homens de Letras e Artes...309

Capítulo 18: Dez Conspirações, Antimaçons e Fraudes Incríveis 313

Leo Taxil e a Grande Fraude!...313

Os Illuminati!...315

Trilats, CFRs e Bilderbergers. Ai, Meu Deus!...316

O 33º Grau Secreto!...318

Jack, o Estripador: Um Maçom! 318

O Escândalo da Loja Italiana P2 320

Washington, D.C., É o Mapa de Satanás!...321

Aleister Crowley, Satanista e Maçom!..322

Os Maçons Fundaram o Nazismo! 323

Policiais Maçons! Juízes Maçons! 324

Capítulo 19: Dez Lugares Maçônicos Legais.......................327

George Washington Masonic Memorial (Alexandria, Virgínia)..............327

Freemason's Hall (Filadélfia)..328

Masonic Temple (Detroit) 328

Catedral do Rito Escocês (Indianápolis) 329

Igreja dos Templários (Londres)...329

Capela de Rosslyn (Roslin, Escócia)..329

Grande Loge Nationale Française e Outros Prédios
Maçônicos (Paris) 329

Sede do Grande Oriente do Brasil (GOB) (Brasília) 330

Palácio do Lavradio (Rio de Janeiro) 330

Sede do Supremo Conselho do Grau 33 do Rito Escocês
Antigo e Aceito para a República Federativa do Brasil
(Rio de Janeiro)..331

xxiv Maçonaria Para Leigos

Parte VI: Apêndices *333*

Apêndice A: O Manuscrito Régio **335**
Um Poema de Obrigações Morais 335

Apêndice B: Os Regulamentos de Anderson......................................**357**
As Obrigações de um Franco-maçom... 357

i. Sobre Deus e Religião 358

ii. Sobre o Magistrado Civil Supremo e Subordinado.................. 358

iii. Sobre as Lojas.. 358

iv. Sobre Mestres, Vigilantes, Companheiros e Aprendizes. 359

v. Sobre a Gestão do Ofício em Andamento. 360

vi. Sobre o Comportamento... 361

Apêndice C: Encontrando uma Loja **365**
Grande Oriente do Brasil (GOB).. 365

Grandes Lojas Estaduais (CMSB)... 365

Grandes Orientes Estaduais Independentes (COMAB)......................... 367

Índice *371*

Introdução

Dê uma olhada no símbolo na capa deste livro. Conhecendo-o ou não, você já o viu em muitos lugares — em edifícios, para-choques de carros, joias e na internet. É bastante provável que todos os dias você passe por uma Loja maçônica, mesmo sem perceber, assim como também é provável que você realmente não saiba o que é um maçom. Tudo bem. Você não está sozinho.

Há 100 anos, este livro não era necessário. Naquela época, um em cada quatro homens americanos era membro de algum tipo de fraternidade, e um em cada 25 homens era maçom. Eram tantos apertos de mão secretos, palavras-chave, alfinetes de lapela e chapéus engraçados circulando que se tornou um desafio para um homem lembrar-se de todos os grupos aos quais pertencia. Eu estaria disposto a apostar que seu pai, seu avô, seu tio ou um outro homem em sua família era maçom.

Os maçons são, atualmente, a maior e a mais conhecida organização de cavalheiros no mundo. Até cerca de 1960, se você não fosse maçom, pelo menos sabia o que era um. Como costuma acontecer com sociedades secretas, os maçons se escondiam muito mal. Se naquela época você começasse a procurar por maçons em seu escritório, em sua fábrica, em sua escola ou em um piquenique familiar, você poderia jogar um pedaço de pau e acertar um número considerável deles. Hoje, se procurar por maçons nesses mesmos lugares, é muito mais provável que receba aquele tipo de olhar vazio com piscadelas lentas típicas de lagartos, normalmente reservado para conversas com um advogado tributário.

Literalmente centenas de livros escritos por maçons destinados a maçons eram enormes livros mofados ou especulação sensacionalista, repletos de um miasma de baboseiras mitológicas e metafísicas e com um mínimo de fatos. Além disso, não maçons excessivamente paranoicos disseminaram um monte de livros, acusando os maçons de conspirações e tramas lunáticas tão malucas que mesmo um fã ardente de *Arquivo X* não deixaria de debochar incontrolavelmente deles.

O que faltou o tempo todo era um livro básico de alguém armado com os fatos, a história, o simbolismo, e, bem, os segredos verdadeiros. Este é o seu livro, e eu sou o seu cara. Eu sou maçom, Past Master de duas Lojas maçônicas e estou aqui para ajudar. Não me interpretem mal. Como explico um pouco mais à frente, nós, maçons, temos alguns segredos que não posso revelar, e eu não sou dedo-duro. Entretanto, a lista do que eu deixo de fora é muito menor do que você provavelmente esteja pensando.

Sobre Este Livro

A Maçonaria é um tema estranho. Não é uma religião, mas é religiosa. Não é um movimento político, mas os seus membros foram alguns dos maiores reformistas políticos e sociais da história. Não é um clube de caridade nem de prestação de serviços, mas suas várias organizações administram excelentes instituições de caridade. Sua linguagem vem do século XVIII, mas suas lições se aplicam ao século XXI. Para realmente entender a Maçonaria, você deve saber um pouco sobre história, religião, política, filosofia, mitologia, linguagem e simbolismo. Neste livro, trato de todos esses temas e muito mais.

Então, se a Maçonaria é uma sociedade secreta, como eu posso escrever um livro sobre ela se devo mantê-la como um grande segredo? Simples. A maior parte dos rumores sobre o sigilo maçônico é um grande equívoco, e posso lhe contar a história e a maioria dos princípios da Maçonaria moderna. Mas, como um maçom, existem algumas coisas que eu apenas não contarei. Desculpe, mas são as regras. Maçons prometem não escrever, imprimir, pintar, estampar, tingir, esculpir, lavrar, marcar ou entalhar qualquer um dos segredos da fraternidade, de forma que os não maçons possam descobri-los. Os segredos oficiais da Maçonaria são principalmente os métodos que os maçons usam para identificar o outro (senhas, gestos e apertos de mão secretos) e alguns dos detalhes da terceira e última cerimônia ritualística da Loja.

Agora, antimaçons, ex-membros oportunistas e outros ratos têm publicado livros com todos os segredos da Maçonaria neles, desde dez segundos após as primeiras Lojas se reunirem. A maioria das bibliotecas e livrarias possuem esses livros em suas prateleiras, e a internet disponibiliza quase todo ritual maçônico. Você simplesmente não encontrará esses detalhes aqui. E, mesmo que encontrasse, não seria capaz de blefar para conseguir entrar em uma Loja maçônica. Nem tente. Nós protegemos nossas portas com espadas afiadas e pontudas, sobre as quais lhe conto no Capítulo 5.

Convenções Utilizadas Neste Livro

Este livro não usa muitas convenções fora do comum — deixo isso para os próprios maçons. Mas, sempre que uso e defino um termo novo, coloco esse termo em *itálico*. E, sempre que forneço um endereço de e-mail ou endereço da web, coloco-o em `monofonte`, assim você pode facilmente identificá-lo como tal.

Só de Passagem

Maçonaria Para Leigos é uma referência, o que significa que você não precisa lê-lo de capa a capa, e nem que você será sabatinado na sexta-feira sobre o que leu. Você pode pular tudo que estiver marcado com um ícone de Papo de Especialista (saiba mais sobre isso em "Ícones Usados Neste Livro", mais adiante nesta Introdução). Esses parágrafos provavelmente apresentam muito mais informações do que você está interessado em saber — mas isso não me impede de dizê-las a você!

Você também pode pular o texto nos quadros explicativos (caixas com sombreado cinza). A informação que incluo lá é interessante, e geralmente bastante detalhada, mas não necessária para a sua compreensão essencial da Maçonaria. Sinta-se livre para ignorar os quadros explicativos por enquanto e volte a eles quando você tiver tempo e interesse.

Penso que...

Maçonaria Para Leigos é escrito para um público bastante amplo, mas faço algumas suposições sobre você. Suponho que, pelo menos, uma das seguintes afirmações descrevem-no perfeitamente:

- ✔ **Você é maçonicamente ignorante.** Se isso soa correto, não se preocupe. Eu explico o que o símbolo do esquadro e do compasso significa, de onde ele veio, o que tem a ver com a construção de edifícios e o assentamento de tijolos, e por que tantos homens amarraram um pequeno avental branco e se trancaram por trás das portas da Loja maçônica. Se você encontrou o anel maçônico do vovô em uma caixa de charuto velho e nunca soube o que era, encontrará as respostas aqui.

- ✔ **Você está pensando em se tornar um maçom ou recentemente se tornou um.** Este livro é uma referência bastante concisa, discutindo as origens do Ofício, o que é e o que não é Maçonaria, o que os rituais significam, como Lojas são criadas, e por que os maçons fazem o que fazem.

- ✔ **Você é a esposa, a namorada ou parente de alguém que está pensando em se tornar um maçom ou de alguém que já é maçom e deseja saber sobre o que, afinal, é a Maçonaria.**
- ✔ **Você suspeita de maçons e está certo de que somos um culto bizarro — mas está aberto a descobrir a verdade.** Para a multidão curiosa, com as cabeças cheias de bobagens antimaçonaria, escrevo bastante a fim de desmascarar os mitos, as acusações e as lendas urbanas mais comuns lançadas sobre os maçons ao longo dos últimos 300 anos de vida moderna da instituição. Se você escolheu este livro em busca de respostas sérias, vai encontrá-las aqui.

Como este Livro Está Organizado

Se você leu atentamente o Sumário antes de chegar aqui, notou que este livro se divide em seis partes. Sinta-se livre para lê-las em qualquer ordem que escolher, afinal, você pagou por esse privilégio. Eis o que você vai encontrar.

Parte I: O que É Maçonaria?

Esta seção explica o que é e o que não é Maçonaria. Se você não sabe absolutamente nada sobre Maçonaria, comece pelo Capítulo 1. O Capítulo 2 é longo, mas um curso intensivo de história maçônica desde 1000 a.C. até hoje. O Capítulo 3 discute as crenças básicas e a filosofia da instituição maçônica, além das mensagens que ela tenta passar a seus membros. O Capítulo 4 discorre sobre os dois assuntos que os maçons evitam falar nas Lojas — política e religião — e seus efeitos sobre o desenvolvimento da Maçonaria.

Parte II: Os Funcionamentos Internos da Maçonaria

Esta seção se concentra nos fundamentos, ou tijolos e cimento, do que se passa em uma Loja maçônica. O Capítulo 5 identifica todos os oficiais da Loja e, em seguida, passa a explicar os poderes governantes das Grandes Lojas, bem como as questões espinhosas em torno do reconhecimento e da regularidade da Maçonaria estrangeira. No Capítulo 6, as cerimônias e os rituais da Maçonaria são examinados e explicados, incluindo aspectos secretos, juramentos de sangue e os três graus maçônicos essenciais. O Capítulo 7 fala sobre os muitos símbolos misteriosos usados pelos maçons, o que eles significam e por que são usados. E, por fim, o Capítulo 8 aborda os mitos, equívocos e gracejos sobre a Maçonaria, de onde surgiram, por que ainda são transmitidos e por que o seu anel maçônico não vai livrar você de uma multa.

Parte III: Quando uma Loja Não É Suficiente: Os Corpos Aliados

Maçons são muito participativos, e tornar-se maçom muitas vezes pode ser como tentar comer só uma batata frita. Esta seção ilumina os muitos grupos diferentes dentro da família maçônica (conhecidos como corpos aliados), que se unem a eles, que *podem* se unir a eles e qual é o atrativo deles. O Capítulo 9 é uma visão geral resumida dos corpos aliados, fazendo a distinção entre organizações maçônicas e outros grupos que parecem e soam semelhantes, mas não são. O Capítulo 10 é uma explicação detalhada dos graus do Rito de York, incluindo o Real Arco, os Crípticos e os Cavaleiros Templários. O Capítulo 11 concentra-se nos 29 graus do aliado Rito Escocês, além do grau 33. O Capítulo 12 abrange os Shriners, por que eles usam esses vasinhos de flor virados em suas cabeças, por que parecem apaixonados por todas as coisas motorizadas com rodas, e o que eles têm a ver com ser um maçom. Por fim, o Capítulo 13 explica a extensão da família maçônica, incluindo grupos para mulheres, crianças e pessoas festeiras.

Parte IV: A Maçonaria Hoje e Amanhã

Como é que uma fraternidade, muito antiga e muito exclusiva, que promove a fé, a moralidade, a harmonia e a responsabilidade pessoal sobrevive em uma época de isolamento, indiferença e falta de regras? O Capítulo 14 discorre sobre as mudanças abruptas e destrutivas em uma sociedade que costumava suplicar união, mas que agora faz o possível para manter todos como desconhecidos, e o potencial da Maçonaria para ajudar a lutar contra isso. O Capítulo 15 examina como o mundo maçônico age para fazer com que os homens se interessem por ele novamente. Algumas coisas são boas, algumas não, e algumas mudanças serão forçadas nos maçons quer eles gostem ou não. No Capítulo 16, você descobre os passos para encontrar uma Loja e tornar-se maçom.

Parte V: A Parte dos Dez

Esta seção do livro é uma conversa inicial. O Capítulo 17 é uma lista de maçons famosos, desde os fundadores dos EUA, ativistas de direitos civis e cientistas, até músicos, atores e figuras do esporte. O Capítulo 18 fornece uma lista de dez conspirações, antimaçons e fraudes incríveis, provando que você nunca deve confiar na história que vê em filmes, nas histórias em quadrinhos ou em colegas de faculdade enquanto eles estão bebendo. O Capítulo 19 localiza dez lugares maçônicos legais, então, se você é um maçom ou apenas um fã da Maçonaria, terá muitas oportunidades de passeios para levar sua família.

Parte VI: Apêndices

Assim como o seu primo de segundo grau Mário, do Espírito Santo, este livro se sairia bem sem um apêndice, mas não seria um livro de referências adequado sem ele. Então eu incluo os dois documentos mais importantes da história maçônica: o Manuscrito Régio, o primeiro registro escrito do funcionamento de uma Loja maçônica; e as Leis Antigas, a estrutura para a administração de Lojas maçônicas e para a conduta de seus membros.

Ícones Usados Neste Livro

Os ícones que estão espreitando nas margens deste livro ajudam-no a focar sua atenção em fatos interessantes, além de lhe dar alguma decoração para a qual olhar.

Quando um candidato novo entra na Loja maçônica pela primeira vez, ele se depara com rituais incomuns, vocabulário estranho e, por vezes, tradições obscuras. Os novos maçons são sempre incentivados a fazer muitas perguntas ao Past Master (que em alguns lugares é chamado de Ex-Venerável Mestre), por eles serem uma espécie de Yoda maçônico de suas Lojas. Eles conhecem os rituais, as regras, o jeito certo e o jeito errado de fazer as coisas. Este ícone é o seu Past Master pessoal. Sinta-se à vontade para importuná-lo.

Este ícone indica as viagens necessárias dentro da história — um ponto importante na história maçônica ou um evento na história que teve um efeito na fraternidade. Felizmente, às vezes é curto e vai direto ao ponto. Outras viagens pelas névoas escuras do tempo demoram um pouco mais para serem explicadas e podem ser ignoradas por qualquer pessoa com uma séria alergia a assuntos históricos. Eles fornecem uma compreensão mais profunda do porquê nós sermos quem somos e dos acontecimentos que deram origem à Maçonaria moderna.

Deixando de lado viagens turísticas e relatos, este ícone assinala os pontos-chave vitais para a compreensão da Maçonaria.

Este ícone destaca aspectos como dados adicionais, explicações de práticas e rituais obscuros ou outras informações que podem interessar a você, podendo, entretanto, ser impiedosamente ignorados sem que você perca os temas importantes do capítulo.

A Maçonaria é uma fraternidade mundial, mas não possui nenhuma direção internacional. Como resultado, há muitas variações de um país (e até mesmo de um estado) para o outro nos costumes, nas cerimônias e em outros detalhes. Muitas. Este livro foi escrito a partir do ponto de vista da Maçonaria nos Estados Unidos, mas este ícone alerta você quando há diferenças grandes ou incomuns em outros lugares, das quais você deve estar ciente.

Nenhuma instituição na Terra atraiu mais mentiras, meias-verdades, lendas urbanas e mitos, para não mencionar impostores, charlatões, vigaristas e trapaceiros, do que a Maçonaria. Este ícone mira nesses mitos e equívocos a fim de revelar a verdade sobre a Maçonaria.

De Lá para Cá, Daqui para Lá

Se a primeira vez que você deparou com maçons foi no livro de Dan Brown, *O Símbolo Perdido*, você veio ao lugar certo para encontrar a verdadeira história. Aquilo é, em grande parte, ficção. Estes são os fatos. A grande notícia é que este livro não é didático, e, sim, mais como um jantar em um restaurante com rodízio. Você pode furar a fila, voltar para um pedaço extra de frango ou apenas pegar toda a torta mousse de chocolate, sem nenhum maître arrogante olhando para você de cima a baixo como se você roubasse comida suficiente para a noite toda.

Se tudo que você deseja saber é o simbolismo maçônico, debruce-se sobre o Capítulo 7. Se você sempre ouviu falar sobre maçons do grau 33 e não consegue esperar pacientemente para descobrir o que são, sinta-se livre para atacar o Capítulo 11. Símbolos maçônicos secretos na parte de trás da nota de dólar fazem você se sentir nervoso cada vez que usa a moeda americana quando viaja para o exterior? Passeie descaradamente pelo Capítulo 8, como se fosse o dono do lugar. Você sempre pode voltar e ler sobre os aventais maçônicos ou sobre os Shriners outra hora.

8 Maçonaria Para Leigos

Parte I
O que É Maçonaria?

A 5ª Onda   Por Rich Tennant

"Essa é a nova Loja maçônica? Essa conversa sobre o Grande Arquiteto do Universo é uma grande furada!"

Nesta parte...

*V*ocê já viu o símbolo em carros, edifícios e joias. Você já ouviu falar de maçons em livros e filmes. Pode ser que seu pai ou seu avô tenham sido membros. Então o que é Maçonaria? O que não é? Qual é o grande segredo?

Nesta parte, você começa o curso intensivo em Maçonaria — sua história mítica, lendária e real; a filosofia básica e as lições que ela espera ensinar aos seus membros.

Capítulo 1

Lojas, Aventais e Apertos de Mão Engraçados: O ABC da Franco-maçonaria

Neste Capítulo

▶ Definindo a Maçonaria

▶ Descobrindo o que os maçons fazem

▶ Conseguindo o furo em todos aqueles segredos

Mistério cria assombro e o assombro é a base do desejo do homem de entender.

— Neil Armstrong

Dirija por qualquer cidade na América e mantenha os olhos abertos. Mais cedo ou mais tarde, você passará por um prédio ou por um sinal ostentando um esquadro e um compasso, como os mostrados na Figura 1-1. Pode ser um prédio grande e imponente ou um pequeno e humilde. Ele talvez esteja marcado com um sinal enorme no pátio ou tenha uma pedra angular simples. Mas ele estará lá. É um sinal universalmente reconhecido em todo o mundo durante séculos como um símbolo da verdade, da moralidade e do amor fraterno. É o esquadro e o compasso da Maçonaria.

O maior atrativo da Maçonaria é a mística de uma porta trancada. Do outro lado dela estão rituais, símbolos e cerimônias conhecidos apenas por seus membros e Mestres, além de segredos não escritos passados de boca a boca por séculos.

As bibliotecas maçônicas estão repletas de livros da antiguidade: ciência, filosofia, história, religião e simbolismo colidem nas obras completas de estudiosos maçônicos. A literatura da fraternidade está repleta de lendas, mitos e mistérios antigos.

Parte I: O que É Maçonaria?

Figura 1-1: O esquadro e o compasso são o símbolo universal da Maçonaria.

por cortesia de Christopher Hodapp

Voltaire, Mozart, George Washington e Winston Churchill eram membros, assim como nove signatários da Declaração da Independência e 14 presidentes dos Estados Unidos. Os Pais Fundadores dos Estados Unidos adotaram princípios maçônicos e escreveram-nos nas bases do governo dos EUA. Entretanto, ditadores como Adolph Hitler, Joseph Stalin e Saddam Hussein baniram seus encontros. Muitas religiões proíbem seus membros de entrarem para a Maçonaria, e terríveis denúncias foram feitas contra membros da fraternidade, acusando-os de assassinatos, conspirações, tentativas de dominação mundial e outros crimes malignos. Milhões de homens em todo o mundo se uniram aos maçons, mas ainda hoje alguns países ameaçam os maçons com multas, prisão ou até mesmo morte.

Mesmo assim, em quase todos os países, a cada semana centenas de milhares de homens vestem paletós e gravatas, amarram pequenos aventais brancos em suas cinturas, de modo reverente, e adentram às salas sem janelas das Lojas. Lá eles escapam do mundo exterior por algumas horas e substituem-no pelo conforto da amizade combinada com cerimônias e rituais de séculos atrás.

O que acontece nesta autodescrita organização fraterna e benevolente que evoca reações tão opostas? A Maçonaria é uma massa mítica de manifestações mágicas, místicas e de ampliação das mentes? Uma organização do mal para piratas socioeconômicos? Ou apenas um lugar para jogar uma rodada de buraco e comer uns petiscos? Neste capítulo, eu lhe ofereço um breve resumo do que a Maçonaria realmente é, o que os maçons fazem e como outras organizações estão relacionadas com a Maçonaria.

Capítulo 1: Lojas, Aventais e Apertos de Mão Engraçados

O que É a Franco-maçonaria?

Franco-maçonaria (ou apenas Maçonaria, para encurtar) é uma sociedade de cavalheiros preocupados com os valores morais e espirituais, além de uma das fraternidades mais antigas e populares do mundo. É, talvez, a "sociedade secreta" mais incompreendida que o mundo já conheceu, apesar de popular. É também a mais visível. Cada estado nos Estados Unidos e quase todos os países têm uma Grande Loja de Maçons, e cada uma apresenta seu próprio site. Os prédios maçônicos são claramente marcados, e seus endereços e números de telefones estão largamente disponíveis. Os maçons não se escondem — eles usam anéis, jaquetas e chapéus decorados com o esquadro e o compasso. Seus carros frequentemente possuem placas e adesivos da Maçonaria. Algumas Grandes Lojas até mesmo começaram a fazer propaganda em outdoors. Se os maçons são um segredo, eles precisam de um curso de atualização sobre camuflagem.

Os maçons nem sempre fazem um bom trabalho ao definir exatamente o que são ou o que fazem, mas isso em geral ocorre porque as respostas que os não maçons procuram são de fato muito complicadas. Nenhuma definição simples, em uma só linha, descreve de modo satisfatório o que é a Maçonaria. É uma filosofia e um sistema de moralidade e ética e é bem básica nisso. Aqui estão os principais pontos que fazem com que a Maçonaria seja diferente de qualquer outra organização:

- A Maçonaria é uma fraternidade de homens, unidos por juramentos, com base nas guildas (associações) medievais de pedreiros.

- As leis, as regras, as lendas e os costumes maçônicos são baseados nas Leis Antigas, as regras daquelas guildas da profissão (veja o Apêndice B).

- A Maçonaria ensina lições de virtudes sociais e morais baseadas no simbolismo das ferramentas e na linguagem do antigo ofício de construção, usando a criação de uma estrutura como um símbolo para a edificação do caráter dos homens.

- Os maçons são obrigados a praticar o amor fraternal, a assistência mútua, a igualdade, o sigilo e a confiança entre si.

- Os maçons têm métodos secretos para reconhecer uns aos outros, como apertos de mãos, sinais e senhas.

- Os maçons se reúnem em Lojas regidas por um Mestre e auxiliadas por Vigilantes, onde os requerentes tidos como moral e mentalmente qualificados são admitidos por meio de cerimônias de ritual secreto, com base nas lendas das antigas associações.

- A Maçonaria não é uma religião, e não tem dogma religioso algum que obriga seus membros a aceitar. Os maçons devem apenas acreditar na existência de um Ser Supremo, como quer que eles concebam essa divindade. Suas crenças pessoais são apenas isto: pessoais.

✔ A Maçonaria não é uma ciência, mas ela ensina seus membros a valorizarem a aprendizagem e a experiência. Além disso, encoraja os maçons a pensarem, mas não diz a eles o que pensar.

✔ A Maçonaria ensina os maçons a serem tolerantes com as crenças dos outros e a considerarem cada homem como seu igual, merecendo tanto o respeito quanto a assistência deles.

O que os Maçons Fazem?

As Lojas realizam reuniões regulares ao longo do ano. A maioria se reúne uma vez por mês para uma reunião de negócios, nas quais leem-se comunicados, pagam-se contas, vota-se nos novos membros e os membros se atualizam das vidas uns dos outros. Muitas vezes, palestrantes convidados são chamados, ou um membro faz uma apresentação sobre o ritual, a história, a filosofia ou os símbolos da Maçonaria.

Outros encontros especiais são realizados não apenas a fim de iniciar novos membros, mas também com o intuito de executar as várias cerimônias que os promovem para a plena adesão. E como o principal objetivo da Maçonaria é a fraternidade, uma refeição geralmente é servida antes ou depois da reunião, seja no prédio da Loja ou em um restaurante próximo.

Ninguém "fala" pela Maçonaria

No mundo fora da Maçonaria, às vezes se confunde muito sobre quem lidera a fraternidade e qual o seu propósito. Milhares de livros com nomes longos e autores respeitados apresentam suas teorias sobre a história, a filosofia e o simbolismo da Maçonaria. E não faltam títulos complicados para os detentores de cargos, especialmente em algumas das outras organizações maçônicas fora da loja — *Grande* isso e *Supremo* aquilo e *Mui Soberano* aquilo outro.

Mas uma coisa importante a entender sobre a Maçonaria é que ela não possui um órgão de direção único e mundial. Nenhum homem fala pela Maçonaria, e ninguém nunca falou. Nem mesmo os autores dos livros *Para Leigos*. É importante entender isso sempre que ouvir críticas e acusações contra os maçons, especialmente quando elas citam "fontes fidedignas", "líderes supremos" ou "superiores não revelados".

Cada estado nos Estados Unidos, cada província do Canadá e quase todos os países da Terra têm uma Grande Loja governante — muitas vezes mais de uma. Cada Grande Loja tem regras e regulamentos que governam as Lojas dentro de sua jurisdição, além de um Grão-Mestre, que é essencialmente o presidente naquela jurisdição. Mas nenhum Grão-Mestre detém poder para fazer regras ou tomar decisões fora de suas fronteiras. Não existe um grupo nacional ou internacional que controle ou dirija as Grandes Lojas, o que torna complicado coordenar qualquer plano diabólico de dominação mundial.

A Maçonaria moderna começou com reuniões em tavernas durante um delicioso jantar, e os maçons passaram 300 anos obcecados com a importância das artes culinárias. Suas festividades são chamadas de *Lojas de Mesa*, e uma tradição de muitos desses encontros é uma série de brindes cerimoniais.

Ainda assim, a missão da Loja maçônica é fazer novos maçons, o que acontece ao se conferirem graus.

Conferindo os três graus

As cerimônias pelas quais um novo membro deve passar são chamadas de *graus*. A Maçonaria tem três deles — Aprendiz, Companheiro e Mestre —, e eles são baseados nos níveis de adesão nas antigas associações de ofício medievais. As cerimônias usam como modelo rituais utilizados por essas associações séculos atrás.

Hoje, os maçons modernos mantêm muito dessas cerimônias de grau, incluindo um monte de linguagem antiquada e extravagante. Elas compartilham as seguintes características:

- **Os graus são uma progressão e devem acontecer em uma ordem correta.** Cada um depende do anterior, e os graus são ligados pela história da construção do Templo de Salomão.

- **Cada candidato assume uma *obrigação* (juramento) para cada grau.** Ele promete manter os segredos que lhe são ditos, ajudar outros maçons e suas famílias e obedecer às regras da fraternidade.

- **Dependendo da Loja, avançar de um nível para o próximo pode levar dias, semanas, meses ou mesmo anos.**

- **Um membro deve provar a sua proficiência em seu grau antes de avançar.** A prova de proficiência em geral é realizada por meio da memorização de uma parte do ritual e de sua declamação na frente dos outros membros. Algumas Lojas exigem que o membro apresente um trabalho de pesquisa original sobre um determinado tema, a fim de provar que ele estudou a fraternidade. Outras podem exigir um teste escrito.

Reunindo-se em Lojas, Lojas Azuis, Lojas Simbólicas e mais

A Loja é a unidade mais básica da Maçonaria. É um termo usado para cada capítulo individual, para um grupo de maçons que se reúnem, para a sala onde eles se encontram, e, por vezes, até mesmo para o prédio em que eles se reúnem.

Várias Lojas individuais podem compartilhar instalações e se reunir em momentos diferentes na mesma sala de uma Loja. Esse acordo é, de fato, a norma em cidades maiores. Em comunidades menores, ou no caso de uma Loja muito próspera, apenas uma Loja pode ocupar o prédio.

Neste livro, às vezes me refiro à Loja Simbólica ou à *Loja Azul* (explico por que é "azul" no Capítulo 7). Outros termos que você verá são *Loja Simbólica* e *Loja de São João*. Esses vários termos descrevem o primeiro e mais essencial ponto de partida do mundo da Maçonaria: a Loja de bairro que confere os três primeiros graus da Maçonaria — os graus de Aprendiz, Companheiro e Mestre.

Os maçons às vezes se referem à Maçonaria como o *Ofício*, porque suas origens estão nas associações de ofício medievais. Eles definitivamente não se referem ao Santo Ofício.

A Maçonaria tem diversos ramos de associação e de estudo, os quais são chamados de *corpos aliados* — discuto bem mais sobre eles na Parte III. Você pode ter um parente ou um amigo que disse ser um maçom do grau 32 ou mesmo do grau 33. Esses graus adicionais existem e são confusos, então eu também os explico na Parte IV. Mas a verdade é que nas *Lojas Simbólicas* nenhum grau é mais alto ou mais importante do que os três graus que um homem recebe em uma Loja maçônica. Esses outros graus podem ter números mais altos que os três primeiros conferidos em uma Loja, mas eles são simplesmente cerimônias diferentes, adicionais, e não devem ser interpretados de forma alguma como mais importantes ou superiores do que se tornar um Mestre.

Realizando cerimônias públicas

A maioria das cerimônias dos maçons acontece dentro dos limites da Loja, mas você talvez tenha visto dois eventos maçônicos especiais em público. Essas cerimônias públicas são simbólicas do início ao fim.

Cerimônias de pedra fundamental

Devido a sua herança como construtores de catedrais e outras estruturas públicas, os maçons realizam historicamente uma cerimônia especial no assentamento de pedras fundamentais de novos edifícios, mediante solicitação. Nos tempos modernos, esses eventos são pouco notados pelo público, mas, em séculos anteriores, o lançamento da pedra fundamental de um novo edifício era uma celebração grande e festiva. No caso de um tribunal, de uma câmara municipal ou de outro grande edifício do governo, desfiles eram realizados com frequência, discursos eram proferidos, e os maçons lançavam simbolicamente a pedra fundamental.

Na cerimônia da pedra fundamental maçônica, a pedra é verificada com ferramentas antigas para se ter certeza de que seus ângulos são retos, de que está a *prumo* (perpendicular) e nivelada, porque um edifício construído

Capítulo 1: Lojas, Aventais e Apertos de Mão Engraçados

sobre uma base fraca não será forte. Em seguida, a pedra fundamental é consagrada com milho (ou trigo), vinho e azeite — todos símbolos maçônicos de prosperidade, saúde e paz. Por fim, a pedra é simbolicamente colocada no lugar com a batida de um malhete (pequeno martelo).

Serviços fúnebres

A primeira forma utilizada por muitas pessoas para entrar em contato com a Maçonaria nos dias de hoje é o funeral de um amigo ou parente maçom. Os maçons realizam um serviço memorial solene para os seus membros, quando a família solicita. As palavras da cerimônia proporcionam um breve olhar sobre as crenças da fraternidade; é uma cerimônia tocante e muito significativa. Vários homens, inclusive eu, procuraram filiação em uma Loja depois de presenciar o funeral realizado por um ente querido.

Usando aventais (Homens de verdade usam!)

Sim, é verdade: homens adultos vestindo pequenos aventais retangulares são itens de moda imprescindíveis para o maçom adequadamente vestido. Os aventais são diferentes daqueles usados por pedreiros antigos para proteger suas roupas e carregar suas ferramentas. Embora os aventais usados por muitos maçons sejam feitos de pano branco simples, tradicionalmente eles deveriam ser feitos de pele de carneiro branca, um emblema de inocência. Alguns aventais maçônicos são muito ornamentados. Eles podem ser decorados para indicar a função de um oficial, um lugar de honra, como o antigo Mestre de uma Loja, ou simplesmente um design legal. O avental de maçom é o primeiro presente dado a ele no ato de sua iniciação na Loja, e deve ser mantido limpo e impecável durante toda a vida do maçom como um símbolo da pureza de seus pensamentos e de suas ações.

Os maçons usam seus aventais de forma específica, de acordo com o grau que atingiram. Ninguém — com exceção de um candidato não iniciado — entra em uma Loja sem avental.

Mantendo "segredos"

Os maçons gostam de dizer que a Maçonaria não é uma sociedade secreta, mas sim uma sociedade com segredos. A melhor maneira de colocar isso é o fato de tudo o que se passa nos aposentos de uma Loja durante suas cerimônias ser privado.

Por muitos anos, pais, avós e vizinhos frustraram jovens interessados em ingressar na fraternidade, ao se recusarem a discutir qualquer coisa sobre ela, com base em um mal-entendido fundamental sobre o segredo maçônico. Eles achavam que não estavam autorizados a dizer nada sobre a Maçonaria. "Participe e você verá" era sua resposta padrão. Felizmente, essa percepção está mudando, e os maçons não são tão sensíveis hoje em dia para falar sobre a Maçonaria.

"Será que ele tem senha?"

Os maçons que viajam podem visitar Lojas Maçônicas em todo o mundo, mas nem toda Loja utiliza os mesmos métodos de reconhecimento. Cada Grande Loja tem seus próprios costumes locais e variações. As Lojas americanas emitem cartões de associado, mas, fora dos Estados Unidos, a maioria das Lojas não tem essas coisas ou não sabe sobre elas. Muitas perguntas podem ser feitas a um maçom antes de permitirem que ele entre, caso este não seja conhecido e um membro da Loja se "responsabilize" por ele.

Para deixar as coisas ainda mais confusas, há o fato de que uma jurisdição pode usar cerimônias com rituais diferentes, senhas diferentes e apertos de mão diferentes da outra. Quando há a barreira do idioma, visitar uma loja pode ser ainda mais desafiador. Um dos meus irmãos maçons viajava nas Filipinas, enquanto estava na Marinha, quando ele e um amigo encontraram uma Loja maçônica claramente em sessão. Quando eles tentaram entrar, nenhum dos irmãos locais falava Inglês, e havia diferenças entre os sinais maçônicos de reconhecimento locais. Enquanto esperavam do lado de fora, eles podiam ouvir uma terrível agitação dentro da Sala da Loja. A porta se abriu, e eles foram escoltados para dentro. O que encontraram foi toda a mobília da Loja empilhada no centro da sala. Para provar que eram maçons, eles tiveram de colocar tudo de volta no seu lugar apropriado. Fizeram isso e houve muita alegria.

Os segredos que um maçom não pode discutir são os *apertos de mão*, as senhas e os *sinais* (gestos) que são modos de reconhecimento, além de alguns detalhes das cerimônias maçônicas de grau. Sem dúvida, alguns maçons da velha guarda por aí vão ler algo neste livro e acreditar que eu deveria ser colocado em um porta-malas e despachado para fora do país por me atrever a falar sobre isso, mas eles deveriam conversar com a Grande Loja deles antes de ligarem para confirmar minhas medidas.

Apenas saber os modos de reconhecimento não o levará a uma Loja Maçônica. Se você estiver interessado em se tornar um maçom, não deixe que algum linguarudo em um livro ou na internet arruíne a experiência ritual para você ao deixar escapar todas as surpresas. Se você não estiver interessado em associar-se e só quiser se gabar por saber alguma informação secreta, não faltam livros e sites que lhe contam tudo. Você pode pular no meio de uma reunião de maçons gritando "*A-ha*!" e deixar escapar uma senha se quiser, mas o verdadeiro segredo da Maçonaria deve ser vivenciado, não explicado, e é por isso que o seu pequeno truque será ignorado.

Oferecendo algo para todos

A Maçonaria é tão variada quanto seus membros, por isso ela pode parecer algo muito diferente dependendo de com quem você fala ou de qual Loja você visita ou participa.

Alguns maçons se concentram nas muitas instituições de caridade das quais a fraternidade participa. Alguns são consumidos pela história ou pela filosofia ou, ainda, pelo simbolismo da fraternidade. Outros consideram que a Loja seja principalmente um lugar para ir jogar cartas ou preparar um café da manhã mensal, a fim de estar com velhos amigos e fazer novos. Outros ainda gostam de realizar os rituais das cerimônias, e participar delas de forma dramática se transforma em uma paixão para toda a vida.

Para os homens que se tornam oficiais das Lojas ou membros das comissões, a Maçonaria é um curso de desenvolvimento pessoal que ensina habilidades de liderança, oratória e muito mais. Homens de todas as profissões e classes sociais têm a oportunidade de fazer em uma Loja coisas que seu trabalho ou status social ou econômico raramente lhes oferece. E alguns homens apenas gostam de títulos pomposos, emblemas, fitas, smokings e apetrechos estilosos. A questão é que há algo na Maçonaria para cada homem, qualquer que seja seu interesse.

Os [Complete o Espaço em Branco] Também São Maçons?

Como os maçons são uma mistura eclética de homens de todo tipo de profissão e classe social, outras organizações maçônicas têm expandido, ao longo dos anos, a experiência da Loja. Todas elas exigem que a pessoa seja um membro de uma Loja, ocupando o posto de Mestre Maçom de terceiro grau, antes que possa se unir a eles. Eles são conhecidos coletivamente como *corpos aliados*, e a lista é quase infinita.

A seguir estão os três principais:

- ✔ **O Rito de York:** Este corpo é composto de três grupos básicos diferentes: Maçons do Real Arco, os maçons crípticos e Cavaleiros Templários.

- ✔ **O Rito Escocês:** Este grupo confere 29 graus — do 4º ao 32º. Além disso, o Supremo Conselho, o órgão governante geral do Rito, pode conceder o 33º grau para os membros que prestaram um excelente serviço ao Rito Escocês.

- ✔ **Antiga Ordem Árabe dos Nobres do Santuário Místico**: Este grupo é mais corretamente conhecido hoje como Shriners Internacional. Sim, eles são os caras com os chapéus engraçados e carros pequenos. O Shriners foi criado em 1872 por um grupo de maçons que sentiram que a Loja ficara muito séria e muito sufocante. Os Shriners conferem apenas um grau aos seus Nobres, e se dedicam a colocar um pouco da criança de volta no homem. Eles também administram os Hospitais Shriners, que oferecem tratamento ortopédico e para queimaduras gratuito para crianças.

Existem muitos outros corpos aliados, incluindo Grotto, a Ordem da Estrela do Oriente (um grupo do qual as mulheres também podem participar), Altos Cedros do Líbano, a Ordem de Amaranth, o Santuário Branco de Jerusalém, a Ordem DeMolay (para rapazes), a Ordem das Filhas de Jó e a Ordem das Garotas do Arco-Íris (ambos para moças) — a lista continua. Todos esses grupos surgiram a partir da incrível explosão de interesse em fraternidades no século XIX nos Estados Unidos e em outros lugares.

Forneço muito mais detalhes sobre todos esses grupos na Parte III.

Garotas não entram!

A versão moderna da Maçonaria formada em 1717 em Londres foi baseada nas antigas guildas de pedreiros. As regras originais das guildas eram absolutas e obstinadamente 100% só para homens (veja o Apêndice A). Parte da razão para isso é que na maior parte da Europa, no início do século XVIII, as mulheres tinham o mesmo status legal que os menores.

Ao longo dos últimos três séculos, a Maçonaria permaneceu como uma fraternidade só para homens, e a grande maioria dos maçons comuns e tradicionais fez um juramento de não presenciar a entrada de uma mulher na Maçonaria, nem dar o seu consentimento a isso. Não rola. Não é legal. Nós pegaremos piolho.

Essa é a explicação maçônica oficial e popular. Mas a verdade é sempre mais complexa. A Maçonaria moderna começou na Escócia e na Inglaterra, mas rapidamente se espalhou para o continente europeu. Já em 1740, algumas Lojas francesas começaram a iniciar as mulheres como membros. Ao longo dos anos e quase que inteiramente na Europa, vários grupos

compostos de Lojas para homens e mulheres (chamados de Comaçonaria) ou apenas para mulheres começaram. Essas mulheres não necessariamente queriam invadir uma Loja cheia de homens, mas sim desfrutar as cerimônias de graus, o simbolismo e a filosofia da Maçonaria. Na Inglaterra, esses grupos incluem a Order of Women's Freemasons (Ordem das Mulheres Maçons), fundada em 1908; a Honourable Fraternity of Ancient Freemasons (Honorável Fraternidade de Antigos Maçons), fundada em 1913; e a Order of Ancient, Free and Accepted Masons for Men and Women (Ordem dos Maçons Antigos, Livres e Aceitos para Homens e Mulheres), fundada em 1925. A França tem vários desses grupos, incluindo o Le Droit Humain, um grupo comaçônico fundado em 1893, e a Grande Loge Féminine de France, de mulheres, iniciada em 1945. Há vários outros.

Nos Estados Unidos, existiu uma Loja de mulheres em Boston na década de 1790, com Hannah Mather Crocker como sua Venerável Mestre, mas a Loja logo se extinguiu. Uma ordem pseudomaçônica, chamada de Ordem da Estrela do Oriente, foi criada em meados da década de 1880, e concebida com cuidado por seus criadores, de modo que não conferisse *realmente* graus maçônicos para mulheres, a fim de evitar problemas com os maçons convencionais. Como resultado, a ordem tornou-se um membro aceito da família da Maçonaria Americana, e funciona ainda hoje (veja o Capítulo 13).

Hoje em dia, a internet está tornando o mundo um lugar muito pequeno, e esses grupos se beneficiam do intercâmbio mundial e instantâneo de ideias. As Maçonarias femininas e Comaçonarias se expandem nos Estados Unidos e em outros lugares. A American Federation of the Humans Rights (Federação Americana dos Direitos Humanos) tem sede em Washington, D.C. e conta com várias Lojas comaçônicas nos Estados Unidos. Há outros corpos comaçônicos, entre eles o George Washington Union e a Grand Lodge Symbolic of Memphis-Misraïm (Grande Loja Simbólica de Memphis-Misraïm). A Grande Loja Feminina da Bélgica, por sua vez, estabeleceu pelo menos quatro lojas em Nova York, Washington, D.C. e Los Angeles.

Os grupos femininos e comaçônicos permanecem praticamente ignorados pelas principais Lojas masculinas, fato que não causa a essas mulheres maçons muitas noites sem dormir. Elas sabem que são maçons, mesmo que os meninos não concordem.

Enquanto isso, os maçons convencionais estão proibidos de visitar ou "conversar maçonicamente" com os comaçons ou com as maçons femininas, sob ameaça de expulsão da fraternidade. Você sabe, os piolhos.

Capítulo 2

De Catedrais a Salas de Lojas: Uma História da Maçonaria

- -

Neste Capítulo

▶ Entendendo quem eram os primeiros maçons

▶ Mudando o foco da construção de catedrais para a construção de homens

▶ Espalhando-se por todo o mundo no século XIX

▶ Crescendo nos Estados Unidos antes e depois da Segunda Guerra Mundial

▶ Passando pelo declínio e olhando para o futuro

- -

O que os primeiros maçons faziam era verdadeiramente místico. Eles entravam em pedreiras e talhavam pedras enormes; transportavam gigantescos blocos pesando milhares de quilos e os içavam a fim de construir elevadas paredes de catedrais que desafiavam a gravidade. Além disso, conseguiam examinar um pequeno desenho e, por meio da misteriosa arte da geometria, construir monumentos a Deus, os quais se sustentaram por quase mil anos. Era magnífico. Era mágico. E como eles faziam isso era um segredo.

Então, como um grupo de líderes trabalhistas e pedreiros na Idade Média se transformou na maior fraternidade filosófica do mundo? Teorias sobre a origem da Maçonaria não faltam. No século XIX, escritores maçônicos escreveram livros enormes que contavam histórias pródigas da Maçonaria, buscando suas origens no Egito antigo, na Jerusalém bíblica ou até mesmo nos Cavaleiros Templários do século XII. Os estudiosos modernos se acalmaram bastante e chegaram a conclusões mais sensatas.

Este capítulo aborda o sistema medieval de guildas de construtores de catedrais e sua evolução naquilo que se tornou a Maçonaria moderna. Grande parte da história mais antiga dos maçons é desconhecida devido à escassez de material escrito. Assim, muito do que se tornou a Maçonaria deveu-se a uma variedade de influências na sociedade ao seu redor.

Neste capítulo, eu me concentro na Maçonaria Simbólica tradicional, o sistema de três graus maçônicos conferidos na Loja que você provavelmente encontrará na rua. Assim como a história de literalmente milhares de diferentes ramos e variações do Cristianismo, a história da Maçonaria poderia encher — e de fato o fez — prateleiras inteiras de bibliotecas. Apenas as variações da Maçonaria na França durante um período de 300 anos já são um tópico enorme por si mesmas. Em um esforço para manter a confusão e o caos reduzidos a um mínimo, explico a maioria dos pontos decisivos da fraternidade e como eles afetam o que é mais comumente praticado na Inglaterra e nos Estados Unidos.

Transformando Pedreiros em Cavalheiros: A Maçonaria Antes de 1700

Os maçons usam hoje os termos *operativa* e *especulativa* para descrever a diferença entre os dois tipos de Maçonaria. A Maçonaria operativa se refere à época antes de 1700 e descreve o período em que os maçons realmente trabalhavam com pedras, cinzéis e martelos. Após os maçons operativos começarem a ser substituídos por maçons "admitidos" ou "cavalheiros", a ordem se transformou em uma organização filosófica, fraternal e de caridade e se tornou conhecida como a Maçonaria *especulativa*. Como símbolo de identificação, os maçons especulativos adotaram as ferramentas de trabalho dos maçons operativos: o compasso e o esquadro.

Maçons Operativos: Os Grandes Construtores

As origens *míticas* da fraternidade remontam à construção do Templo do Rei Salomão em Jerusalém, por volta de 1000 a.C. Esse Templo era o maior e mais magnífico monumento devotado à fé do homem em Deus construído durante a era bíblica. Seu santuário mais secreto, o *Sanctum Sanctorum*, foi construído para abrigar a Arca da Aliança, que continha as palavras sagradas de Deus — as tábuas que Deus deu a Moisés e que apresentavam os Dez Mandamentos. O templo acabou destruído (primeiro pelos babilônios, e, em seguida, pelos romanos), e pouco resta dele hoje, exceto pelos seus alicerces de pedra, comumente conhecidos na Jerusalém moderna como o Muro das Lamentações.

As origens históricas geralmente aceitas da Maçonaria moderna podem ser remetidas às guildas de pedreiros formadas durante a Idade Média na Escócia,

Capítulo 2: De Catedrais a Salas de Lojas: Uma História da Maçonaria

na Inglaterra e na França. Já no século VIII, os maçons eram organizados e orientados por Carlos Martel na França. Os primeiros documentos em inglês afirmam que Athelstan, tecnicamente o primeiro rei de toda a Inglaterra, organizou uma guilda de maçons em York em 926 d.C.

Como a maioria das coisas na Maçonaria, ninguém sabe de fato de onde o termo *franco-maçom* (literalmente, pedreiro ou maçom livre) vem. Alguns historiadores dizem que ele se refere ao fato de os membros das associações de pedreiros não serem obrigados a ficar em uma determinada cidade ou região; eram, portanto, livres para viajar e buscar trabalho — assim, *pedreiros* (ou maçons) *francos, livres*. Outra teoria é que a palavra pode ser uma redução do termo *pedreiro de cantaria* (freestone mason, em inglês). A pedra de cantaria é suave, de granulação fina capaz de ser esculpida, como arenito ou pedra calcária (ao contrário de rochas mais duras, com granulação grossa, as quais precisam ser partidas).

Os maçons sabiam construir catedrais góticas e castelos com pedras maciças, e conheciam a ciência da geometria. Eles zelosamente guardaram segredos da profissão, como o fato de poderem transformar um pequeno croqui em uma enorme estrutura — o conhecimento não foi divulgado nem mesmo aos bispos, sacerdotes ou reis que empregavam os maçons. Como esse grupo era de fato uma guilda de ofício, seus membros hoje em dia às vezes se referem à Maçonaria como o *Ofício*. Eles *não* estão falando do Santo Ofício, mas o que conseguiam fazer parecia milagre.

Arquitetura gótica

O estilo gótico da arquitetura durou do século XII até o século XVI. Catedrais góticas como Notre Dame, em Paris, e a Abadia de Westminster, em Londres, são duas das mais famosas. Antes desse estilo ser desenvolvido, os edifícios apresentavam paredes grossas e pesadas, pequenas janelas e telhado com suportes de madeira. Os estilos mais antigos eram limitados em tamanho e forma pela tecnologia do período. Entretanto, o estilo gótico mudou tudo isso.

Se você olhar para a imagem do interior da catedral de Notre Dame, em Paris, verá paredes que quase parecem ser feitas de vitral, típico de catedrais góticas. Isso ocorre porque as altas paredes são projetadas visando transferir o enorme peso do prédio e do telhado para suportes exteriores chamados de *arcobotantes,* o que torna possível as grandes extensões de vidro delicado (confira os arcobotantes na segunda foto). Os telhados eram construídos com o que é chamado de uma *abóbada nervurada*, responsável por transferir o peso de forma mais uniforme.

Os arcobotantes evitam que tudo desmorone para fora, como um castelo de cartas, mas permitem que a pesada estrutura de apoio fique do lado de fora do prédio.

Durante esse tempo, a Igreja Católica se tornara a esmagadora influência religiosa na Europa, e o paganismo foi suprimido. As catedrais eram concebidas como símbolos do poder da Igreja — geralmente os

(Continua)

(Continuação)

maiores edifícios da região. Mas elas também foram projetadas como espaços para ensinar aos fiéis sobre a sua religião. E o simbolismo estava literalmente *por toda parte*. As plantas de uma catedral gótica clássica eram dispostas em forma sagrada de uma cruz. As construções eram enormes e com muitos andares para que o indivíduo sentisse estar na presença de um Deus todo-poderoso. As pessoas comuns não sabiam ler, de modo que os vitrais das janelas e as muitas vezes milhares de esculturas de pedra em cada recanto da igreja eram projetados para contar de forma pictórica as histórias da Bíblia.

Os projetistas, na maioria das vezes, eram bispos, padres ou abades muito talentosos e visionários, mas houve também arquitetos que não eram membros do clero. Apesar de toda a comunidade colaborar, doando dinheiro e trabalho por anos e até mesmo décadas para construir essas magníficas igrejas, trabalhadores qualificados foram necessários para fazer o minucioso trabalho de traduzir os projetos fantasiosos em prédios que durariam dez séculos ou mais. Necessitou-se, também, de geometria complexa e medição e construção exatas, e foi nesse momento que as associações de ofício e os maçons surgiram.

por cortesia de Christopher Hodapp

Capítulo 2: De Catedrais a Salas de Lojas: Uma História da Maçonaria

por cortesia de Christopher Hodapp

Primeiros registros escritos

O documento mais antigo que ainda existe com registros das normas da Maçonaria é chamado de *Manuscrito Régio*, e pode ser encontrado hoje no British Museum, em Londres. Um autor desconhecido escreveu-o em 1390, mas a maioria dos historiadores concorda que ele provavelmente foi copiado de documentos ainda mais antigos (você pode ler uma tradução moderna do Manuscrito Régio no Apêndice A deste livro). Ele descreve, em uma série de regras, os padrões de moralidade e conduta que se esperava que os maçons seguissem. Ele abrange normas de trabalho, um código moral, as regras para a adesão e um desejo especialmente forte pela amizade entre os membros. Embora as regras tenham mudado um pouco ao longo dos séculos, a estrutura essencial de administração para as Lojas maçônicas de hoje podem ser encontradas nesse documento.

As guildas foram desenvolvidas com o intuito de treinar os homens nas habilidades necessárias para não apenas construir esses prédios magníficos, mas também impor um padrão de qualidade de trabalho e manter os seus membros seguindo esses altos padrões — assim como para proteger seus valiosos segredos comerciais. Se todos soubessem como fazê-lo, não seria mais um trabalho muito bem pago. E, se você soubesse os segredos certos, poderia viajar e trabalhar por todo o país, onde quer que a guilda trabalhasse.

Os mestres maçons possuíam a *palavra de passe* (senha) e o *aperto de mão do Mestre*, métodos secretos que esses mestres trabalhadores usavam para reconhecer o outro. Foi uma maneira simples de identificar-se com rapidez como um membro treinado da guilda — especialmente porque os cartões de visita, diplomas e cartões de mensalidade não tinham sido inventados. A palavra secreta e o aperto de mão livravam você de esculpir uma gárgula em todos os lugares que fosse, só para provar a algum contramestre perspicaz que você conhecia seu trabalho.

Os aprendizes começavam cedo, aos 12 anos, e permaneciam trabalhando com um Mestre Maçom por sete anos. Depois de três anos, passavam por uma cerimônia de iniciação. Alguns sinais de reconhecimento eram informados a eles, para que se identificassem como aprendiz de pedreiro, e, assim, obtinham permissão para ter a sua própria marca, um *pequeno* símbolo que poderiam esculpir na pedra para identificar o seu próprio trabalho. Depois de concluírem os seus sete anos de serviço, tornavam-se Companheiro de Ofício (o que os sindicatos hoje chamariam de *oficial*), e, com o tempo, com mais experiência, Mestre Maçom (para obter mais detalhes sobre *Aprendizes*, Companheiros de Ofício e Mestres Maçons, consulte o Capítulo 6).

A Renascença

Renascença significa simplesmente "renascimento". Por volta do século XVI, a Europa se arrastava para fora da lama da Idade Média, e um grande renascimento da ciência, da arte e do aprendizado acontecia, graças, em grande parte, à invenção da imprensa. De repente, as pessoas podiam compartilhar ideias a meio mundo de distância, e em grandes quantidades.

A conexão escocesa

Os maçons tiveram uma posição única na sociedade. É verdade, eles eram camponeses, mas uns camponeses danados de bons. Reis e papas e lordes e bispos, todos eles precisavam de suas habilidades — e precisavam muito deles.

Os maçons construíam por toda a Europa, e eram admirados por sua habilidade e seu código moral. Na Escócia, o Rei Jaime III estava tão feliz com o trabalho de seu Mestre Maçom, Robert Cochrane, que fez do pedreiro de origem humilde um nobre, declarando-o Conde de Mar. Esse tipo de atitude era algo inédito na Escócia na época, e os nobres escoceses tiveram uma ideia diferente. Eles enforcaram esse conde-novo-rico em 1482 e prenderam o rei por se atrever a diluir a importância da nobreza. De que adiantava ser um nobre se você não estava acima dos camponeses?

Por volta do fim do século XVI, a honra foi retribuída na direção oposta (e menos argumentativa). Os maçons eram admirados pela sociedade, e, de repente, os nobres queriam se juntar às Lojas maçônicas escocesas para desfrutar um pouco de sua glória. Eles não possuíam qualquer desejo real de saber como esculpir pedras, mas havia um certo prestígio em ser membro honorário de um grupo com conhecimento sagrado transmitido desde os tempos bíblicos, com uma conexão lendária com o Templo de Salomão. E os maçons os aceitaram com alegria porque nunca foi prejudicial ter um estimado nobre em seu meio.

No fim do século XVI, circulava um forte rumor de que o Rei Jaime VI da Escócia se tornara maçom. Se isso era ou não verdade, teve um efeito de recrutamento incrível nas Lojas escocesas. Hoje, é uni-

Capítulo 2: De Catedrais a Salas de Lojas: Uma História da Maçonaria

versalmente aceito que a Loja maçônica existente mais antiga está na Escócia. A Loja Kilwinning tem a distinção do título "Loja Mãe da Escócia", e suas origens remontam a 1140. Para mostrar que antecede todas as outras Lojas, ela é designada como a Loja nº0.

Uma vez que a sociedade ao redor dos maçons mudou, as coisas começaram a mudar drasticamente para eles. As pessoas comuns se tornaram mais instruídas em toda a Europa, e as guildas maçônicas perderam seu poder sobre os contratos de grandes construções. Tudo que alguém deveria fazer era imprimir as instruções de como construir um arco e encaixar uma chave de abóbada no meio dele; desse modo, de repente, as associações fechadas já não eram mais demandadas. Além disso, o estilo gótico de arquitetura perdera sua popularidade por volta de 1600. Tijolos, e não pedra, tornaram-se o material de construção popular. Como os maçons operativos não tinham mais trabalho, a Maçonaria especulativa logo surgiria para tomar seu lugar (veja "Maçons Especulativos e a Grande Mudança", mais adiante neste capítulo).

Com o início do Renascimento, a Igreja Católica começou a percorrer uma longa estrada de problemas. Confrontada com a necessidade de uma reforma em seu interior e revoltas dos fiéis no exterior, o catolicismo perdia seu controle, que já fora total, sobre as nações da Europa.

Problemas na cristandade

Os anos 1500 e 1600 foram marcados, mais do que qualquer coisa, por uma série de longas e sangrentas guerras religiosas que afetaram boa parte dos países da Europa. Após as revoltas religiosas de Martinho Lutero, na Alemanha, e do Rei Henrique VIII, na Inglaterra, católicos e protestantes se preparavam para a briga por toda a Europa, tentando pegar para si as maiores fatias de imóveis.

Por fim, ao longo do século XVII, até os protestantes entraram em guerra uns com os outros, com um crescente número de novas seitas — anglicanos da Alta Igreja, protestantes da Baixa Igreja, calvinistas, presbiterianos e luteranos —, todos em geral odiando uns aos outros. E, logo quando o Tratado de Vestfália, em 1648, parecia poder trazer um pouco de tolerância religiosa para o mundo, a guerra civil inglesa eclodiu, um episódio novo e ainda mais sangrento de "Mate Seu Próximo em Nome de Deus".

Foi um momento assustador e confuso. Um elemento de fanatismo marcou a maioria dessas guerras, e muitas vezes o perdedor não se viu morto honrosamente em batalha, mas amarrado a uma estaca e queimado vivo. Apenas como exemplo, dê uma olhada na terra em que a Maçonaria surgiu. Imagine-se como um simples comerciante de classe média ou proprietário de terras na

Inglaterra. Só nesse país, esses dois séculos foram palco de uma constante e sangrenta troca de guarda no que dizia respeito à religião oficial do país.

O Rei Henrique VIII rompeu com o papa e criou a Igreja Anglicana para ele poder se divorciar de sua esposa e se casar com sua amante, aproveitando a desculpa para apropriar-se das terras da Igreja e sair de sua influência. Além disso, queimou ou decapitou qualquer pessoa, incluindo padres e bispos, que ficasse em seu caminho.

Depois que Henrique VIII morreu, sua filha fanática, a Rainha Maria (carinhosamente conhecida como "Bloody Mary" ou "Maria Sangrenta") tentou, à força, fazer com que todos retornassem ao catolicismo, além de queimar mais de 300 devotos protestantes na estaca, fossem eles clérigos, nobres ou homens do povo. Depois de cinco anos de uma política religiosa, social e externa inepta, em um timing perfeito, Maria caiu morta sem herdeiro algum.

A irmã da Rainha Maria, Rainha Isabel I, resgatou o protestantismo, com um mínimo de derramamento de sangue. Entretanto, ela mal esfriara no túmulo quando os católicos tentaram explodir tanto o rei quanto o Parlamento na Conspiração da Pólvora, iniciando, naturalmente, novas ondas de tumultos anticatólicos, estimuladas pela nova seita protestante, muito mais fanática, os Puritanos.

Então apareceu o furioso puritano Oliver Cromwell, que não apenas assumiu o controle durante a Guerra Civil Inglesa, mas também decapitou o rei e estabeleceu um governo puritano tão rigoroso que proibiu tudo, desde danças até o Natal, fazendo com que a vida do inglês médio fosse tão divertida quanto uma visita ao dentista.

Depois de Cromwell, veio a Restauração. A Inglaterra trouxe de volta a monarquia com o Rei Carlos II, e, com ele, retornou a Igreja Anglicana, mais uma vez. Mas o próximo rei na linhagem, Jaime II da Inglaterra (com a dupla posição de ser Jaime VII da Escócia), era outro católico, e foi como se a Bloody Mary voltasse quando ele tentou entregar o país ao papa. Jaime foi deposto pelos protestantes no Parlamento e fugiu para a França, causando muito mais décadas de tentativas de tomada do controle por parte de seus seguidores católicos. Eles queriam liquidar todos os protestantes na Inglaterra, tanto os da Igreja Anglicana quanto os da Puritana, pois, para os católicos, todos eles eram um bando de hereges.

Ufa.

Agora, imagine-se como um pobre comerciante ou um fazendeiro Zé Ninguém. O que você deveria pensar sobre tudo isso? Acredita no milagre da Missa esse ano ou não? Aquela estimada Bíblia que você possui, a escrita em inglês e não em latim, é legal agora ou pode levá-lo a ser enforcado e esquartejado? Tudo bem se você guardasse o rosário da sua querida avó ou você precisa voltar a escondê-lo debaixo do Livro de Oração Comum da Igreja Anglicana? E, a propósito, é melhor tomar cuidado com o que você

Capítulo 2: De Catedrais a Salas de Lojas: Uma História da Maçonaria **31**

diz para aquele seu cunhado novo, porque você sabe que ele é um puritano convicto. Você o ouviu dizer isso, no ano passado, quando ainda era legal ser um puritano.

Esses acontecimentos sangrentos e caóticos tiveram um efeito profundo sobre os novos homens da ciência e da razão, os quais esperavam sua vez munidos de uma nova ideia para conviverem bem uns com os outros.

Maçons Especulativos e a grande mudança

O período após a Guerra Civil Inglesa se tornou conhecido como a Idade da Razão. Nessa época, o *método científico* foi desenvolvido para testar novas teorias. Dogma religioso, magia e superstição foram rejeitados a favor da hipótese, da experimentação e da conclusão. A fé ainda era importante, e os novos cientistas eram pessoas religiosas — mas, pela primeira vez, os fiéis reconheceram que a Bíblia talvez não apresentasse *todas* as respostas para a vida, o Universo e tudo mais.

Quem deixou todos esses "cavalheiros" entrarem aqui?

No início da década de 1640, as Lojas inglesas, assim como as escocesas, começaram a admitir membros que não trabalhavam com pedra. Esses homens eram chamados de maçons *admitidos* ou *aceitos*. Não há registro escrito de *por que* as Lojas inglesas fizeram isso, se era um compromisso profundo ou apenas uma moda nova, mas vários nomes muito interessantes surgiram em conexão com os maçons nessa época.

Em meados do século XVII, alguns dos homens mais respeitados da ciência de toda a Grã-Bretanha se reuniram e formaram o College for the Promoting of Pshysico-Mathematicall Experimentall Learning (Academia para a Promoção do Aprendizado Físico-Matemático Experimental). Era um nome grande demais e em 1663 foi rebatizado de Royal Society of London for Improving Natural Knowledge (Real Sociedade de Londres para o Melhoramento do Conhecimento Natural, ou simplesmente Royal Society). A Royal Society, em Londres, era um lugar onde cientistas, filósofos e estudiosos podiam se reunir e discutir suas teorias mais recentes. O grupo foi o queridinho do Rei Carlos II, que se achava uma espécie de cientista.

O que torna a Royal Society interessante para os maçons é que Robert Moray, Elias Ashmole, Dr. Jean T. Desaguliers e Sir Christopher Wren estão entre os primeiros membros dela. Todos eles também foram maçons. A Maçonaria Especulativa tornou-se um celeiro para a discussão das novas ciências e filosofias da razão, em uma reunião menos formal do que as sufocantes salas de aula.

Construindo catedrais nos homens

Ao fim da década de 1660, esses novos maçons filosóficos e científicos viram na Maçonaria o simbolismo ideal para edificar o caráter nos homens — a construção de uma estrutura forte e bem equilibrada, estabelecida com o auxílio de muitos homens com opinião semelhante e dedicada a Deus, bem como as catedrais de antigamente. De repente, a Maçonaria não era apenas destinada a um bando de velhos e desalinhados escultores de pedra.

O simbolismo da arquitetura era importante para eles por outra razão. O arquiteto em um projeto de catedral medieval era um verdadeiro intelectual, possuindo um conhecimento especializado que poucos tinham: *scientia*. Um arquiteto deveria saber sobre matemática, geometria, física, arte e até mesmo literatura. Ele tinha de se comunicar bem, porque transmitia verbalmente as plantas para seus operários, que não sabiam ler. Ele tinha de ser versado na Bíblia, porque grande parte da decoração esculpida na pedra e desenhada nos vitrais dessas catedrais deveria contar histórias bíblicas sem palavras.

Os arquitetos e construtores de catedrais da Idade Média eram verdadeiros especialistas em artes liberais. Assim, quando um grupo de intelectuais científicos decidiu transformar as guildas maçônicas em algo mais moderno e mais simbólico, eles acharam que estavam em ótima companhia.

A teoria dos Templários

Os Cavaleiros Templários eram uma ordem de monges guerreiros formada em 1118, após a Primeira Cruzada. Seu nome oficial era a Ordem dos Pobres Cavaleiros de Cristo e do Templo de Salomão, e sua missão era proteger os peregrinos que viajavam entre a Europa e a Terra Santa. Como o próprio nome indica, a ordem baseava-se em Jerusalém, e os membros passaram a residir sob os restos do Templo de Salomão. Eles rapidamente desenvolveram uma reputação de estar entre os mais ferozes cavaleiros da cristandade, mas permaneceram vinculados às regras monásticas de pobreza, castidade e obediência.

Em um período extremamente curto de tempo, os Templários cresceram em poder, prestígio e riqueza por meio da criação de um dos primeiros sistemas bancários internacionais. Quando um cavaleiro partia para matar os infiéis, ele depositava ouro em uma preceptoria templária em sua região. Então, levava uma carta de crédito que lhe permita sacar dinheiro de outros postos Templários ao longo da estrada para Jerusalém. Não é exatamente um caixa eletrônico, mas foi a primeira vez que alguém fez isso em uma escala tão grande.

Tão rapidamente como conquistaram poder, os Templários foram destruídos, e não por qualquer exército muçulmano. De volta à França, o rei Filipe IV estava mergulhado no caos com seus empréstimos de guerra e ficara rapidamente sem dinheiro. Filipe, conhecido como Filipe, o Belo, não foi tão belo assim com o resto da Europa; ele havia orquestrado a posse de um homem escolhido a dedo por ele como o recém-eleito Papa Clemente V, em 1305. Filipe precisava de dinheiro — muito, e rápido —, então ele se dirigiu aos Templários para obtê-lo, sabendo que apenas a Preceptoria de Paris possuía mais do que o que ele precisava para seus problemas imediatos. Não foi surpresa que os Templários não se interessassem pelo esquema do rei.

Capítulo 2: De Catedrais a Salas de Lojas: Uma História da Maçonaria *33*

Para não ser impedido, Filipe convenceu seu novo papa a excomungar toda a Ordem dos Templários; Clemente decretou que cada Cavaleiro Templário na França fosse preso em 13 de Outubro de 1307, uma sexta-feira. Os cavaleiros foram julgados por heresia em diversas acusações forjadas, e muitos foram torturados ou queimados até a morte. As ordens do papa espalharam-se por toda a cristandade, e qualquer país que se recusasse a prender qualquer Cavaleiro Templário era ameaçado de excomunhão em massa.

O Rei Roberto I da Escócia não se impressionou com o brandir deste sabre eclesiástico, porque ele e a Escócia inteira já estavam excomungados. A notícia de que a Escócia era o lugar para onde fugir se espalhou, com rapidez, pelos Templários que fugiam do édito do papa.

É nesse momento que a lenda dos Templários e a dos maçons se cruzam. O autor John Robinson, em seu livro Born in Blood, afirmou que esses Templários que se escondiam na Escócia foram, na verdade, os criadores da Maçonaria especulativa. Robinson não foi o primeiro a sugerir essa ideia — Chevalier de Ramsay no século XVIII, na França, foi um grande defensor dessa teoria.

O raciocínio de Robinson era de que eles estavam fugindo e tiveram de se esconder de católicos fiéis capazes de traí-los, por isso precisaram estabelecer senhas secretas e outros modos de reconhecimento. Os Templários consideravam-se católicos devotos que a Igreja erroneamente declarara hereges, por isso a discussão de religião seria proibida entre eles — era suficiente dizer que acreditavam em Deus. Os Templários usavam um "cinto" de pele de carneiro em torno de suas cinturas como um símbolo de castidade, e isso talvez tenha se transformado nos aventais que os maçons usam durante as reuniões. Como os Templários eram uma ordem francesa que falava francês em suas atividades diárias, Robinson atribuiu possíveis origens francesas para muitas das palavras incomuns associadas à Maçonaria. Não é exagero, uma vez que os normandos francófonos haviam conquistado a Inglaterra em 1066, mas isso não prova uma conexão com os Templários.

A maioria dos historiadores, maçônicos ou não, desconsidera a teoria de Robinson, e até mesmo a atual ordem de maçons Cavaleiros Templários não reivindica uma ligação direta com os cavaleiros originais. No entanto, Robinson levantou algumas possibilidades interessantes e algumas coincidências sem resposta (veja o Capítulo 10 para saber mais sobre os Templários).

Construindo Homens: Os Anos 1700

O Grande Incêndio de Londres destruiu grande parte da cidade em 1666, e sua reconstrução levou décadas. O maçom Christopher Wren projetou um número surpreendente de novos edifícios, e projetos de construção estavam por toda parte. Um dos maiores foi a reconstrução da Catedral de São Paulo, a qual começou em 1673 e levou quase 40 anos para ser concluída. Maçons operativos vieram de toda a Inglaterra para trabalhar no projeto, e muitos se uniram à Loja de São Paulo. Por volta de 1710, a grande catedral estava completa, e muitas Lojas se desfizeram conforme os maçons voltavam para suas cidades de origem. Por volta de 1715, restavam apenas quatro Lojas da cidade de Londres.

Londres crescera em um ritmo incrível desde o Grande Incêndio e tornara-se a maior cidade da Europa. As pessoas se movimentavam mais e deixavam o campo para ir para a cidade grande a fim de fazer fortuna ou, pelo menos, encontrar um emprego que pagasse melhor do que ordenhar uma vaca. O resultado foi uma classe média crescente que nunca existira na Grã-Bretanha antes. A vida europeia até 1700 apresentava uma estrutura social muito rígida, e era inédito para um camponês tornar-se um nobre. Agora, aquele camponês poderia trabalhar para obter uma vida melhor, e os limites começavam a se confundir.

Tabernas e cafés tornaram-se os lugares naturais para as pessoas se reunirem e socializarem, e o clube social era um conceito muito popular. Formaram-se clubes sociais entre os membros que compartilhavam um interesse na política, na literatura, nas fofocas, na boa comida ou apenas em beber.

Fundando a primeira Grande Loja

A essa altura, as Lojas maçônicas também se reuniam em cafés ou tabernas, e geralmente eram batizadas com o nome dos lugares em que se encontravam. Em fevereiro de 1717, as lojas "A Taça e as Uvas", "A Coroa", "A Macieira" e "O Ganso e a Grelha" se reuniram na taverna A Macieira, em Charles Street, na área de Covent Garden em Londres, a fim de discutir o futuro da Maçonaria na Inglaterra. Três das Lojas eram compostas principalmente de maçons operativos, com alguns cavalheiros como membros "aceitos". Mas a "Taça e as Uvas" era quase em sua totalidade uma Loja de cavalheiros, com um punhado de nobres no meio.

Eles não apenas queriam algumas regras e alguns regulamentos, mas também se reunir como um grande grupo a cada ano para um banquete de comemoração. Além disso, queriam assegurar que a Maçonaria aumentasse seus participantes. A única coisa que *não* queriam era que os maçons se tornassem apenas mais um clube para comer, beber e farrear, como muitos clubes semelhantes que surgiam por toda Londres. Para realizar tudo isso, decidiram formar um grupo de administração conhecido como uma Grande Loja.

As Lojas se encontraram novamente em 24 de junho de 1717, Dia de São João Batista, na cervejaria "O Ganso e a Grelha" no adro da igreja de São Paulo, sob a sombra da grande catedral. Eles elegeram Anthony Sayer, um cavalheiro membro da Loja "A Coroa", como o primeiro Grão-Mestre da Grande Loja da Inglaterra. Um maçom operativo nunca seria eleito Grão-Mestre. Desse modo, a Maçonaria mudou para sempre.

O que fez essa ação tão revolucionária foi o fato de a nova Grande Loja anunciar que apenas ela reivindicava o direito de estabelecer quaisquer novas Lojas de maçons na Inglaterra. As Lojas originais foram numeradas

Capítulo 2: De Catedrais a Salas de Lojas: Uma História da Maçonaria

de 1 a 4, e as novas Lojas sequencialmente conforme assinavam com a nova Grande Loja da Inglaterra.

É claro, as Lojas de maçons fora de Londres acharam essa notícia um pouco surpreendente. E as Lojas escocesas e irlandesas estavam completamente indiferentes com tal presunção pedante de autoridade. Até esse ponto, tudo necessário para iniciar uma Loja era a concordância de dez maçons em fazê-lo, desde que aderissem às *Leis Antigas*, as velhas regras estabelecidas em obras como o Manuscrito Régio. Essa nova Grande Loja tinha dado um passo muito corajoso ao afirmar tais poderes amplos. Previsivelmente, isso logo causou algumas discussões.

Uma das primeiras atitudes da nova Grande Loja foi ir atrás de mais nobres como membros, pensando que isso lhes daria maior prestígio. O Duque de Montagu tornou-se o quarto Grão-Mestre em 1721. Consequentemente, a realeza chegou, na forma do Duque de Cumberland, irmão do Rei Jorge III; o duque de Cumberland tornou-se Grão-Mestre em 1782.

O caminho mais seguro para estabelecer-se como mais respeitável e nobre do que os clubes sociais comuns era provar seu pedigree antigo. A Maçonaria já não era mais para pedreiros, mas ainda estava ligada por um rasto lendário às primeiras Lojas de maçons estabelecidas pelo antigo Rei Athelstan, lá na York do século X. Suas origens míticas se encontravam no rei Salomão, e até mesmo antes dele.

Escrevendo a História: O Livro das Constituições

Um pastor presbiteriano chamado James Anderson foi apontado pela Grande Loja para escrever uma história do Ofício e delinear suas regras. Publicado pela primeira vez em 1723, a coletânea era conhecida como o *Livro de Constituições* e continha uma versão nova e melhorada das Leis Antigas (veja o Apêndice B). Desde aquela época, as Lojas e Grandes Lojas mais modernas são reguladas em um sentido geral pelas diretrizes básicas estabelecidas pela obra de James Anderson.

Uma das regras mais importantes e revolucionárias é a primeira. Ela diz, em parte, que

> *...em tempos antigos os Maçons foram obrigados em cada País a adotar a religião daquele País ou Nação, qualquer que ela fosse, contudo hoje pensa-se que é mais apropriado somente obrigá-los a adotar aquela Religião com a qual todos os homens concordam, guardando suas opiniões particulares para si próprios; isto é, serem homens bons e leais, ou homens de Honra e Honestidade, qualquer que seja a denominação ou convicção que os possam distinguir.*

Essa política era realmente coisa de vanguarda. Os maçons exigiam a crença em Deus para se tornar membro, mas nenhuma pergunta seria feita sobre a religião pessoal do membro. Para firmar ainda mais essa exigência, os maçons se referiam a Deus em seus rituais como o *Grande Arquiteto do Universo*. Desse ponto em diante, Católicos, Anglicanos, Presbiterianos, Calvinistas ou Puritanos eram todos bem-vindos a participar, desde que mantivessem seus debates e preconceitos religiosos para si. Mesmo os não cristãos foram autorizados a se tornar maçons, e os Judeus começaram a se interessar pela fraternidade.

Os maçons também foram proibidos de discutir política na loja. As regras exigiam especificamente que os maçons fossem bons cidadãos e obedientes ao governo de seu país. Ninguém seria capaz de acusar os maçons de traidores ou revolucionários... assim eles esperavam.

Colocando Londres contra o resto da Grã-Bretanha

Não demorou muito para que os maçons em toda a Grã-Bretanha questionassem a autoridade da nova Grande Loja em Londres, e muitas de suas objeções relacionavam-se à questão da antiguidade. Lojas em todas as zonas rurais inglesa, escocesa e irlandesa eram mais antigas do que as que reivindicavam autoridade em Londres. Além disso, as lojas mais antigas possuíam suas próprias maneiras de fazer as coisas, e não se importavam com o desejo crescente de Londres para padronizar cerimônias e práticas.

Eles também não se importavam com a forma como a nova Grande Loja cortejava a nobreza e a realeza como membros. A discussão tinha um quê de rato do campo/rato da cidade. As lojas de Londres começaram a se concentrar nos aspectos mais eruditos do arquiteto medieval em suas cerimônias rituais, enquanto as do interior preferiram ressaltar os trabalhos honestos dos homens que trabalhavam com as mãos.

Em 1725, as lojas em York decidiram que já estavam fartas e formaram a Grande Loja de Toda a Inglaterra em York (ou *Totius Angliae*, em latim), extinta por volta de 1790. Para não ser passada para trás, a Grande Loja da Inglaterra com sede em Londres concedeu uma carta constitutiva às lojas irlandesas para formar a Grande Loja da Irlanda. Mas ninguém diria à Escócia o que ela deveria fazer, por isso o país formou a sua própria Grande Loja de São João da Escócia, em 1736. Mais guerras territoriais apareceram conforme o tempo passava.

Em 1751, um grupo de maçons de Londres, em grande parte na cidade vindos da Irlanda, formou uma Antiga Grande Loja concorrente, liderada por Laurence Dermott. Em seu livro *Ahiman Rezon: or A Help to a Brother*, Dermott alegou que a Grande Loja da Inglaterra se afastara dos antigos costumes da Maçonaria, e que seu grupo estaria, na verdade, preservando-os. O novo grupo começou a se referir a si mesmo, paradoxalmente, como sendo mais antigo (ou na antiga ortografia inglesa, *antient*) do que a mais antiga Grande Loja da Inglaterra. Com o tempo, as brigas entre A Grande Loja Antiga e a Grande Loja da Inglaterra de Londres ficaram conhecidas como *Os Antigos e os Modernos*. Em geral, os Antigos queriam realizar cerimônias (ou rituais) mais próximas das antigas lojas operativas, enquanto os Modernos transformavam a fraternidade em uma organização mais filosófica. O cisma entre os dois lados foi finalmente remediado em 1813 por uma fusão e pela criação da Grande Loja Unida da Inglaterra.

Capítulo 2: De Catedrais a Salas de Lojas: Uma História da Maçonaria 37

O cavalheiro

Uma das ideias básicas da Maçonaria era que todos os homens, fossem de classe alta ou baixa, estivessem no mesmo nível na Loja. Dadas as diferenças de classe muito rígidas na sociedade do século XVIII, esse conceito era verdadeiramente único e originou-se diretamente da história da fraternidade. Nobres pedindo para se unir a Lojas de trabalhadores qualificados que trabalhavam com as mãos a fim de ganhar a vida, e não o contrário. Era o o oposto exato da forma como o elitismo geralmente funcionava.

As classes altas e baixas e pessoas do interior e da cidade estavam se reunindo agora e sentando-se lado a lado. Os conceitos de cortesia, boas maneiras, conduta social, boa oratória e o valor do intelecto começaram a ser transmitidos para homens que nunca tinham dado muita atenção a isso antes. Essa foi a origem da noção de que o objetivo da Maçonaria era pegar os bons homens e melhorá-los. O conceito de refinamento começou a crescer e a se espalhar. Ser tolerante com as opiniões e com o comportamento de um homem se você o conhecesse bem era uma coisa, mas estender essa tolerância a homens que você não conhecia era uma enorme mudança. Como James Anderson afirmou no Livro das Constituições: "A Maçonaria se torna o Centro da União, e os Meios de conciliar a verdadeira Amizade entre pessoas que teriam permanecido perpetuamente à Distância."

Criando novos graus maçônicos: Cavaleiro de Ramsay

Na década de 1740, o Cavaleiro Andrew Michael Ramsay, um escocês que vivia na França, publicou um discurso afirmando que os maçons eram descendentes dos Cavaleiros Templários (veja o box "A teoria dos Templários", anteriormente neste capítulo). As teorias de Ramsay tornaram-se muito populares na Inglaterra e na França. Os graus do Real Arco, da ordem dos Crípticos e da Cavalaria Cristã desenvolveram-se rapidamente a partir de suas teorias empolgantes, românticas e completamente imaginárias. Esses graus maçônicos adicionais só podiam ser conferidos depois que um homem se tornasse um Mestre Maçom. De repente, comerciantes, lojistas e artistas de classe média poderiam receber pródigos títulos de cavalaria e nobreza, mesmo que fosse apenas nos confins de Lojas maçônicas. Todos esses graus adicionais acabariam por se tornar conhecidos na Inglaterra e nos Estados Unidos como o Rito de York, discutido com mais detalhes no Capítulo 10.

Na França (e não na Escócia), as mesmas teorias de Ramsay se desenvolveram naquilo que se tornariam os graus do Rito Escocês, explicado no Capítulo 11. Tanto o Rito de York como o Rito Escocês cruzaram o Atlântico em direção aos Estados Unidos. Na Europa, a Inglaterra deu preferência ao Rito de York, enquanto a França desenvolveu e expandiu o Rito Escocês; nos Estados Unidos, entretanto, os ritos de York e Escocês cresceram e competiram, mas conviveram lado a lado.

Os Jacobitas e a Maçonaria na França

Abrir as portas da Maçonaria francesa, mesmo que só um pouquinho, é uma tarefa intimidadora, porque ela se tornou muito complexa e dividida em um curto período. Para entender as diferenças na Maçonaria francesa, você deve voltar um pouco no tempo na história inglesa. Em 1600 e 1700, a França literalmente fervilhava de ingleses e escoceses. Durante séculos, a França tinha sido o lugar para onde os ingleses fugiam quando eram pegos no lado errado de uma guerra política. A França era um país de maioria católica, sendo, portanto, o paraíso para os católicos ingleses sempre que os ânimos anticatólicos se exaltavam. Uma luta na Inglaterra tirou vantagem desse paraíso mais do que qualquer outra.

O Rei Carlos II da Restauração provavelmente teve mais filhos ilegítimos do que qualquer monarca britânico antes ou depois, mas ele não possuía nenhum herdeiro *legítimo* do trono. O monarca tinha profundas afinidades católicas, mas foi sábio o suficiente para manter isso como segredo a fim de recuperar o poder — e permanecer lá — com um Parlamento majoritariamente protestante. Quando morreu, seu irmão James Stuart tornou-se o Rei James II da Inglaterra e James VII da Escócia (porque tanto Carlos quanto James eram bisnetos de Maria, Rainha dos Escoceses, e, legitimamente, tinham direito aos tronos dos dois países).

O problema foi que James, como sua bisavó, era aberto e furiosamente católico, e estava determinado a tornar a Inglaterra católica de novo, o que não era muito bem-visto em um país que por fim se estabelecia como predominantemente protestante. Quase logo após se tornar rei, ele continuou pronto para a guerra religiosa, perseguindo os protestantes, tentando encher o Parlamento com os seus defensores, e se engajando em "intrigas" com o rei da França. Se James tivesse mantido seus pontos de vista religiosos para si, como Carlos II fez, ele não teria entrado em apuros, mas o Parlamento não tinha intenção alguma de ter um rei "papista" pró-Vaticano novamente. Assim, o monarca foi expulso do trono durante uma breve revolta conhecida como a Revolução Gloriosa, e, naturalmente, fugiu para — surpresa! — a França. Enquanto isso, sua filha protestante, Maria, e seu marido, Guilherme, foram empossados como monarcas conjuntos em 1689.

Os homens que queriam colocar James II (ou sua descendência, depois que ele morreu) de volta ao trono foram chamados de *Jacobitas* (palavra derivada de uma versão latina de James). A França tornou-se um refúgio para eles. Os jacobitas eram um ímã, não apenas para católicos ou escoceses, mas para qualquer pessoa que tivesse uma queixa contra a coroa inglesa, e os reis da França acolheram ansiosamente isso. Inglaterra e França estavam sempre em guerra durante esse período, e usar os jacobitas para irritar os ingleses era o passatempo favorito dos reis franceses, mais divertido do que caçar javali no Loire ou buscar uma nova amante.

O grande número de Jacobitas que viviam no exílio na França foi uma das razões de

Capítulo 2: De Catedrais a Salas de Lojas: Uma História da Maçonaria 39

o desenvolvimento da Maçonaria francesa ser tão confuso. Surgiram tantas variações da Maçonaria que catalogar todas é quase impossível. Alguns historiadores afirmam que os primeiros maçons na França eram guardas da família Stuart, enquanto eles estavam no exílio em St. Germain en Laye. Não importa como chegaram lá, os maçons escoceses e ingleses estavam por toda a França, e, em 1728, eles formaram uma Grande Loja em Paris. Em pouco tempo, uma Grande Loja Inglesa da França rival havia surgido. A França possuía tantos maçons ingleses que a Grande Loja não tinha um Grão-Mestre francês há muitos anos. Outras Grandes Lojas concorrentes apareceram com rapidez.

Acredite se quiser, a rixa maçônica inglesa entre os Antigos e os Modernos espalhou-se para a França também. Os equivalentes aos Antigos na França apresentavam uma orientação mais escocesa.

Eles queriam manter os velhos costumes e as cerimônias, mas também começaram a desenvolver novos e mais numerosos graus maçônicos com base em lendas bíblicas e dos Templários. Os equivalentes franceses dos Modernos, por outro lado, tornaram-se menos encantados com qualquer tipo de conexão religiosa com a Maçonaria ou graus mais elevados, e, em 1773, formaram o Grande Oriente da França, um novo órgão de governo. O Grande Oriente veio a ser identificado com a Revolução Francesa a partir de 1789 (abordo o envolvimento de maçons europeus, revoluções e política no Capítulo 4).

A propósito, você vê os termos *Jacobinos* (revolucionários franceses sanguinários) e *Jacobitas* (rebeldes católicos sanguinários ingleses) na política e na história francesas. Confuso. O que eu posso dizer — é a França.

Globalizando: A Era do Iluminismo

A Era do Iluminismo foi um movimento intelectual, filosófico e político que se espalhou pela Europa e aconteceu juntamente com a Idade da Razão. Ele caracterizou-se por uma crença na ciência e na razão em detrimento da fé e da superstição.

Muitos dos filósofos, dos cientistas e dos artistas da época do Iluminismo foram atraídos para a Maçonaria no início e em meados dos anos 1700, incluindo o autor francês Voltaire, o poeta alemão Goethe, o filósofo inglês John Locke (supostamente), o estadista e filósofo americano Benjamin Franklin e os compositores austríacos Haydn e Mozart.

Deísmo: A religião natural

Uma comparação favorita era de que Deus era como um Relojoeiro Divino, e, depois que a terra foi criada, ela não precisava de mais consertos. Os deístas não acreditavam em milagres, profetas, revelações ou, nesse sentido, salvadores. Deus era impessoal, mas isso não significa que os deístas sentiam-se alienados ou ignorados por Ele. Eles apresentavam admiração e reverência por Deus, porque a descoberta de Seu plano divino exigia crescimento pessoal e uma constante busca por conhecimento.

Uma das primeiras críticas de cristãos fundamentalistas sobre a Maçonaria era a de que o deísmo e a Maçonaria eram a cara de um e o focinho do outro. Eles sentiam que a tolerância religiosa apoiada pelos maçons religiosos não era nada mais que um disfarce para o questionamento herético das crenças cristãs. Assim começou um desentendimento de longa data sobre o que se passa em uma Loja maçônica. A discussão religiosa de qualquer tipo é proibida, mas essa regra não impediu que muitas pessoas de fora acreditassem que os maçons se envolvem em algum tipo de culto religioso pagão peculiar dentro dos cômodos de suas Lojas.

Até mesmo os membros da realeza que se viam como filósofos e homens instruídos foram atraídos para a fraternidade, tal como uma longa lista de membros da família real inglesa e Frederico, o Grande, da Prússia, que se associou em 1738, quando era o príncipe herdeiro. Na verdade, os estados alemães (a Alemanha não era um país unido até o momento) muitas vezes se referiam à Maçonaria como a *Arte Real*, pois mais da metade das primeiras Lojas maçônicas foram criadas por decretos reais.

Se esses homens — filósofos, artistas, membros da realeza — influenciaram a direção que a Maçonaria tomou ou se a Maçonaria influenciou-os tem sido uma questão de debate. Mas a popularidade da fraternidade explodiu e se expandiu em todo o mundo pela primeira vez durante esse período da filosofia.

Estabelecendo a Maçonaria na América

A Maçonaria apareceu nas colônias americanas logo depois que a primeira Grande Loja da Inglaterra foi organizada. Os primeiros maçons americanos eram membros de Lojas inglesas ou colonos que se uniram a uma Loja enquanto visitavam a Europa.

Capítulo 2: De Catedrais a Salas de Lojas: Uma História da Maçonaria 41

Apresentando a Maçonaria às colônias

Comunicar-se com Londres era um processo longo e difícil, e, desde o início, os americanos sempre foram um bando de individualistas impetuosos. Os maçons na América nem sempre esperavam por permissão para começar uma Loja ou uma Grande Loja. Em 1730, havia Lojas na Filadélfia e em Boston. Quando os colonos americanos descobriram que a Maçonaria era popular entre os círculos elegantes na Mãe Inglaterra, as Lojas começaram a se espalhar rapidamente. A Grande Loja em Londres estabeleceu em todas as colônias Grandes Lojas provinciais, que não apenas foram habilitadas a conceder carta constitutiva a novas Lojas, mas também agiam como o ministério das Relações Exteriores da Grande Loja.

Lojas também surgiam espontaneamente, sem a bênção da Grande Loja ou de suas autoridades provinciais. Os colonos que eram membros da Grande Loja da Escócia, da Grande Loja de Toda a Inglaterra em York e da Antiga Grande Loja da Inglaterra abriram Lojas, de modo que a competição Antigos contra Modernos continuou nas colônias também. Com o tempo, como os Modernos se interessavam muito em trazer a nobreza e até mesmo a realeza para suas fileiras, a Grande Loja da Inglaterra chegou a ser considerada como mais pró-britânica do que os Antigos quando a Revolução Americana estourou.

Oficiais e soldados do exército britânico rapidamente se interessaram também pela fraternidade, e Lojas militares tornaram-se bastante populares. A diferença era que uma Loja militar viajava com um regimento em vez de se fixar em um determinado lugar. Os regimentos irlandeses e escoceses gostavam dessas Lojas em especial, e operavam sob a autoridade das Grandes Lojas da Irlanda e da Escócia. Como resultado disso, a Maçonaria se espalhou pelas colônias, com uma variedade de cerimônias, costumes e tradições, dependendo da Grande Loja de origem dos seus membros. Um estudioso afirmou que receber uma carta constitutiva da Grande Loja da Irlanda era mais popular entre as tropas escocesas, por ser, digamos, mais barato.

Lutando por um novo país: A Maçonaria e a Revolução Americana

A conexão entre a Maçonaria e a Revolução Americana foi exagerada ao longo dos anos, mas os maçons estiveram presentes em muitos dos pontos críticos que levaram à guerra com a Inglaterra e à formação de um governo republicano. Além disso, muitas das filosofias escritas na Declaração de Independência e na Constituição dos EUA foram discutidas e praticadas muito antes nas Lojas maçônicas.

A Festa do Chá de Boston

A história da Festa do Chá de Boston descreve como um grupo de homens vestidos como índios despejaram caixas de chá no porto de Boston, em 1773, para protestar contra os impostos britânicos sobre o chá. Durante muito tempo, alegou-se que os "índios" eram, na verdade, os membros da Loja St. Andrews de Boston. A Loja se reunia na Green Dragon Tavern (Taberna do Dragão Verde), assim como os Filhos da Liberdade, um grupo político revolucionário. Os dois grupos tinham muitos membros em comum — incluindo Paul Revere e John Hancock —, mas o Tea Party definitivamente não foi uma excursão maçônica.

O pensamento e o planejamento revolucionários estavam em todos os lugares conduzindo à guerra, por isso é natural que muitos maçons tenham buscado a independência da Grã-Bretanha. Nove maçons — incluindo John Hancock e Benjamin Franklin — assinaram a Declaração de Independência, e dois dos homens que foram apontados para redigir a Declaração — Franklin e Robert Livingston — não só eram maçons como também Ex-Grão-Mestres em suas colônias. Quando a guerra terminou, 39 homens assinaram a Constituição dos EUA, e um terço deles era maçom. No entanto, muitos dos maçons nas colônias americanas queriam continuar como parte da Inglaterra.

A Maçonaria tornou-se imensamente popular entre os oficiais militares e os soldados americanos. Mais de 40% dos Generais comissionados pelo Congresso Continental eram ou se tornariam maçons antes do fim da guerra. Os colonos mais ricos da América normalmente não se alistavam no exército — eles permaneceram fiéis à Inglaterra (afinal de contas, eles eram cidadãos britânicos). Portanto, ao contrário do exército britânico, em que a hierarquia em geral se baseava no status social, na riqueza e na nobreza, o Exército Continental rapidamente se tornou tão democrático quanto a própria América se tornaria. A Maçonaria também ensinou novos costumes sociais para homens rústicos que passaram de agricultores para oficiais militares do dia para a noite.

O conceito de democracia representativa era uma nova adoção do Iluminismo. Até mesmo o Parlamento da Inglaterra não era tão igual socialmente em sua representação de toda a população quanto a forma de governo criada nos novos Estados Unidos. Os maçons já vinham praticando a verdadeira democracia dentro de suas Lojas, ao eleger novos membros e oficiais, e seus rituais salientavam o amor e a caridade para todos os homens como iguais. As noções familiares que se tornariam um fundamento básico do governo dos EUA eram ensinadas nas Lojas maçônicas, muito antes da Revolução. Na Loja, todos os homens eram criados de forma igual. As liberdades de religião, de reunião e de expressão eram todas praticadas na Loja, até mesmo em países que proibiam tais coisas.

Capítulo 2: De Catedrais a Salas de Lojas: Uma História da Maçonaria   43

Prince Hall e a Maçonaria Afro-americana

Um maçom chamado Prince Hall é considerado o pai da Maçonaria na comunidade afro-americana. Evidências sugerem que ele nasceu na África e foi trazido para a América como um escravo durante sua adolescência. Após 21 anos, foi libertado e, provavelmente, ganhou seu sobrenome da família de seu Mestre.

Prince Hall e vários outros negros de Boston estavam interessados em formar uma Loja maçônica para outros negros livres. Em 6 de março de 1775, Prince Hall e outros 14 negros foram admitidos na Loja nº441, uma Loja militar irlandesa ligada ao 38º Regimento de Infantaria, guarnecido em Castle William (que é hoje o Fort Independence) no porto de Boston. O Mestre da loja era o Sargento John Batt, e esta conferiu os graus de Aprendiz, Companheiro e Mestre Maçom aos homens em um dia, além de lhes conceder uma dispensa especial para se reunirem como *Loja Africana*, o que lhes permitia marchar em procissões e executar serviços fúnebres, mas não iniciar novos membros. Os homens negros teriam, de alguma forma, de receber seus graus em outras Lojas antes de se unirem à Loja Africana.

Quando a Guerra Revolucionária estourou, Prince Hall e muitos de seus irmãos se alistaram no Exército Continental. Acredita-se que o próprio Hall lutou em Bunker Hill. A Loja Africana sobreviveu à guerra e ao seu fim possuía 33 membros. Entretanto, após o fim da Revolução, a Maçonaria americana encontrava-se em distúrbio organizacional. Como a maioria das Lojas nos Estados Unidos fora autorizada por permissões das Grandes Lojas Inglesa (Antiga e Moderna), Irlandesa ou Escocesa, os novos estados criaram novas Grandes Lojas para administrar as Lojas dentro de suas fronteiras. Na verdade, vários estados (incluindo Massachusetts) formaram duas Grandes Lojas, dando continuidade à rixa Antigos contra Modernos.

Mas, quando Prince Hall e a Loja Africana buscaram uma carta constitutiva com a nova Grande Loja de Massachusetts, eles foram rejeitados. Embora os objetivos de igualdade da Maçonaria fossem nobres, os maçons brancos norte-americanos daquele período não superaram os preconceitos de sua época e de seu lugar, e evitaram os pedidos de Hall. Frustrada, em 1784, a Loja Africana pediu uma nova carta constitutiva à Grande Loja da Inglaterra, a qual foi concedida em setembro, mas levou três anos para ser entregue a Boston. Em 6 de maio de 1787, a Loja tornou-se oficialmente a Loja nº459 da Grande Loja da Inglaterra.

Se essa decisão foi por verdadeiro amor e amizade fraternal maçônico, ou apenas uma oportunidade para o Grão-Mestre da Inglaterra (que por acaso era irmão do Rei Jorge III) dar um puxão de orelha nos americanos brancos ao autorizar uma nova Loja de homens negros em solo americano, ninguém sabe. A Loja Africana despachava seus pagamentos anuais das taxas para Londres a cada ano, mas foi ignorada por anos. Em 1792, depois de ser visitada por maçons negros da Pensilvânia e Rhode Island, a Loja Africana autorizou a criação de uma Loja em cada um desses estados sob a autoridade da sua carta inglesa.

A Loja Africana foi retirada dos registros da Grande Loja da Inglaterra em 1813, depois que o pagamento de suas taxas anuais parou de chegar a Londres. Nesse

(Continua)

(Continuação)

ponto, a Inglaterra e os Estados Unidos estavam em guerra novamente, e a Grande Loja da Inglaterra nunca enviou qualquer correspondência informando-os sobre o seu destino administrativo. A Loja tentou pedir esclarecimentos sobre o seu status e uma renovação da carta junto a Londres pela última vez em 1824, mas essa tentativa também foi ignorada.

Dessa forma, em 1827, a Loja Africana declarou a si mesma como sua própria Grande Loja, tal qual a maioria das Grandes Lojas no novo Estados Unidos havia feito após a Revolução. Esta e outras duas Lojas para as quais concedera a carta tornaram-se a origem da Maçonaria negra na América do Norte. Em honra a seu fundador, ela foi renomeada de Grande Loja Prince Hall, e hoje mais de 250 mil membros pertencem às 4 mil lojas afiliadas à Prince Hall em todo o mundo, em 45 jurisdições independentes. A Grande Loja Prince Hall de Massachusetts continua sendo o único corpo maçônico americano ainda em posse da sua carta da Inglaterra, além de preceder a maioria das outras Grandes Lojas nos Estados Unidos.

Prince Hall era um homem fascinante. Durante períodos diversos em sua vida, ele trabalhou com couro, foi soldado, líder cívico, fornecedor, educador, proprietário e abolicionista. Além disso, lutou pela criação de escolas para crianças negras em Boston e abriu uma escola em sua própria casa. Em 1787, como um eleitor registrado, peticionou com sucesso que a legislatura de Massachusetts protegesse negros livres de serem sequestrados e vendidos como escravos. Até o dia em que morreu em 4 de dezembro de 1807, ele sempre se referiu a si mesmo como um Africano.

Encontrando aprovação e perseguição durante e depois da Revolução Francesa

A popularidade da Maçonaria na França foi superada apenas por sua variedade. Antes e depois do caos da Revolução Francesa, em 1789, as Grandes Lojas na França discordavam em filosofias, políticas e rituais, e um número vertiginoso de organizações maçônicas se desenvolveu: 36 grupos maçônicos, 26 Ordens que admitiam mulheres, e quase 1.400 rituais de grau diferentes! (Hoje, pelo menos 14 Grandes Lojas concorrentes operam na França, a maioria delas alegando algum tipo de descendência direta do grupo original, iniciado em 1728.)

A Maçonaria francesa se dividiu, se fundiu, fechou, reabriu e passou por uma série de mudanças surpreendentes antes e depois da Revolução Francesa. No início, o público admirava os maçons e seu lema de *"Liberté! Egalité! Fraternité!"* (Liberdade, Igualdade, Fraternidade!), mas a Revolução rapidamente se degenerou, transformando-se em anos de assassinato e terror, e muitas pessoas começaram a identificar os maçons com aqueles anos de loucura. A Maçonaria quase desapareceu na França até que o reinado de Napoleão trouxe ordem para o país devastado (discuto mais sobre a Revolução Francesa e por que política e Maçonaria não se misturam, no Capítulo 4).

A Bíblia Presidencial

George Washington continua a ser o maçom mais famoso da história dos EUA, e cada maçom americano se sente orgulhosamente conectado a ele. Washington foi iniciado como maçom em 1752, em Fredericksburg, Virgínia. Ele se tornou um Mestre Maçom no ano seguinte. Antes da Guerra da Independência, Washington se destacara como um oficial militar britânico, sendo muito respeitado e admirado quando escolhido para liderar o novo Exército Continental. Seu patriotismo, seu heroísmo e sua liderança visionária durante a guerra são bem conhecidos.

Talvez seja difícil para os americanos modernos compreenderem quão universalmente amado Washington tornou-se, durante e depois da guerra. Foram-lhe oferecidas muitas honras e títulos na esteira dessa adoração. Como o herói de guerra mais honrado dos Estados Unidos, seu primeiro Comandante-Chefe, o primeiro presidente, e inúmeros outros primeiros, ele estava bastante consciente de que cada ação que tomasse criaria novas tradições e estabeleceria precedentes possivelmente perigosos para o novo país. Como resultado, ele, de modo calmo e sábio, recusou muitas ofertas e honras para o bem do futuro da nação.

Quando Washington foi empossado como o primeiro presidente dos Estados Unidos, a cerimônia, obviamente, nunca fora realizada antes. Como tudo na nova nação, ela precisava ser criada a partir do zero. Washington prestaria juramento em uma cerimônia em Nova York em 30 de abril de 1789.

O herói de 57 anos de idade partiu de Mount Vernon a cavalo, e sua longa viagem para Nova York foi repleta de comemorações, saudações de canhão, fogos de artifício e festas. No momento em que ele chegou a Nova York, foi uma festa completa. A cerimônia deveria ser realizada no Federal Hall, em Wall Street. Quando chegou a hora, Washington pediu uma Bíblia sobre a qual faria o juramento de posse, mas ninguém tinha pensado em trazer uma para a ocasião. Robert Livingston, Grão-Mestre de Nova York, sabia que haveria uma Bíblia perto dali na Loja de São João nº1, e mandou buscá-la. Assim, Washington fez o juramento de posse sobre a Bíblia aberta e, em seguida, beijou o livro. A página onde a mão de Washington se apoiou foi marcada, e a loja preserva a Bíblia há mais de 200 anos.

Pelo menos quatro outros presidentes fizeram o juramento de posse sobre a Bíblia de São João: Warren G. Harding, Dwight D. Eisenhower, Jimmy Carter e George H. W. Bush. Mas, dos cinco presidentes, somente Washington e Harding eram maçons. George W. Bush solicitou a Bíblia em 2001, e o frágil livro de cinco quilos foi transportado à mão até Washington, D.C., por membros da Loja. Infelizmente, chovia no dia da posse, o que colocou o livro em perigo. A Bíblia foi posta em exibição em um museu em Nova York posteriormente naquele ano, a apenas três quarteirões do World Trade Center. Em uma vitrine, ela sobreviveu à horrível destruição do 11 de setembro de 2001.

Crescendo, Mudando e Ampliando: Os Anos 1800

A Maçonaria literalmente deu a volta ao mundo ao longo dos anos 1800. As Grandes Lojas europeias formaram Grandes Lojas provinciais na África, na Ásia e na América do Sul — em todos os lugares para onde seus navios viajavam. Soldados ingleses, escoceses e irlandeses levaram a Maçonaria com eles para a África, a Ásia, a Índia e o Oriente Médio. Colonizadores europeus frequentemente formavam Lojas locais, e, em muitos países, tornou-se comum que comerciantes, membros das forças armadas e funcionários do governo se unissem a eles também.

Por muitos anos, houve o rumor de que Napoleão Bonaparte era maçom, mas não há prova histórica alguma disso. Ainda assim, muitos de seus oficiais militares, membros de seu Grande Conselho para o Império, e 22 dos 30 marechais da França eram, assim como seus quatro irmãos, três dos quais foram transformados em reis por Napoleão. Até a esposa do imperador, a imperatriz Josefina, foi aceita em uma Loja feminina francesa em 1804. Fora Napoleão um maçom ou não, ele adotou o título de Protetor da Maçonaria, com a longa lista de outros títulos que assumiu quando se tornou imperador, em 1804. Isso fazia com que os cartões de visita parecessem mais impressionantes.

A Bélgica tornou-se uma nação independente em 1830, e seu rei, Leopoldo I, era maçom. A realeza geralmente fazia parte da Maçonaria nos países escandinavos também. No entanto, alguns governos não acreditavam que a Maçonaria era livre de subversão política ou religiosa, e, em alguns países, de fato não era. Separar as crenças da fraternidade como um todo a partir das ações de algumas de suas muitas variações e membros era — e ainda é — difícil. A Rússia proibiu a fraternidade em 1822, e essa proibição continuou durante todo o regime soviético no século XX.

A constante desaprovação da Maçonaria pelo Vaticano continuou a partir do século XVIII, mas ela tornou-se tão popular que muitos católicos ignoraram a sucessão de pronunciamentos dos papas. A maioria considerou as regras antimaçônicas da Igreja como sendo de natureza política, não uma questão profundamente espiritual. A Maçonaria espalhou-se pelos países de maioria católica das Américas do Sul e Central, e tornou-se muito popular quando se descobriu que Simon Bolívar, o renomado libertador do continente, era maçom. Benito Juarez, o pai da independência mexicana, que expulsou a ocupação francesa de seu país em 1866, também era maçom. Mais uma vez, com ou sem razão, a revolução era vista como um subproduto da infiltração maçônica em alguns países (veja o Capítulo 4).

Reunindo Antigos e Modernos

Na Inglaterra, os Antigos e Modernos puseram fim à sua briga e assinaram um acordo de união em 1813, formando a nova Grande Loja Unida da Inglaterra. Um dos pontos de impasse foi o fato de os Modernos sentirem que a Maçonaria deveria restringir-se a apenas os primeiros três graus de Aprendiz, Companheiro e Mestre. Os Antigos sentiam que os Modernos tinham deixado de fora uma parte importante do grau de Mestre Maçom, então pressionaram pela inclusão de uma cerimônia adicional chamada de Santo Arco Real com o intuito de completar a história contada no terceiro grau.

Em um caso clássico de linguagem ambígua dos tratados de paz, o acordo estranhamente redigido definia a Maçonaria como formada *apenas* pelos três primeiros graus, *incluindo* o grau do Arco Real. Em qualquer outro universo, isso totalizaria quatro graus, mas esse fato é uma questão diplomática (veja o Capítulo 10 para obter mais informações sobre o grau do Arco Real). O acordo também se recusou a exigir ritual específico e padronizado, permitindo que Lojas locais conservassem seus costumes individuais. Esse acordo só afetou as Lojas inglesas que receberam carta constitutiva das duas facções rivais. As Grandes Lojas recém-criadas no novo Estados Unidos tinham seguido em frente e desenvolvido sua própria maneira de fazer as coisas.

Expandindo pela América

O maior e mais explosivo crescimento da Maçonaria foi nos Estados Unidos, nos anos 1800. O maçom e ritualista de Rhode Island, Thomas Smith Webb, publicou em 1797 o *Freemasons's Monitor*, com o efeito de padronizar a cerimônia de grau maçônico para muitas Lojas, além de se tornar um guia útil para os novos maçons que queriam aprender o ritual (consulte o Capítulo 6 para mais informações sobre os rituais maçônicos e como eles acontecem).

Conforme os Estados Unidos estendiam suas fronteiras para o oeste, Grandes Lojas se formaram em novos estados. Desse modo, a Maçonaria rapidamente ficou associada aos Pais Fundadores, e o assunto se espalhou por todo o novo país.

Obtendo os graus "mais altos"

Uma das razões para a crescente popularidade da Maçonaria foi a fascinação provocada pelos novos graus adicionais oferecidos por dois grupos rivais. Um sistema de graus era oferecido pelos ramos da Maçonaria do Real Arco, Crípticos e de Cavalaria (especialmente os Cavaleiros Templários) que se tornaram conhecidos como o Rito Americano ou de York. Thomas Webb, particularmente, era um ávido promotor desses graus (veja o Capítulo 10). O outro sistema de graus veio da França e foi principalmente administrado pelo Supremo Conselho, em Charleston, Carolina do Sul. Tal sistema acabou por ser conhecido como Rito Escocês (veja o Capítulo 11). A disseminação do Rito de York dominou os estados do norte, enquanto o Rito Escocês teve seu maior sucesso inicial nos estados do sul.

Esses conjuntos de graus adicionais eram diferentes e mutuamente exclusivos, mas ambos cresceram a partir das ideias fantasiosas do Cavaleiro de Ramsay. Literalmente dezenas de novas cerimônias maçônicas adicionais eram realizadas e apreciadas nos Estados Unidos pelas mesmas razões que haviam surgido na Europa.

Apesar da retórica da Revolução Americana sobre igualdade e liberdade dos grilhões da monarquia britânica, os americanos ainda amavam pompa, ostentação e títulos muito legais. Os graus do Rito de York e do Rito Escocês estavam repletos disso. Cada grau contava uma nova história simbólica, com sua própria apresentação dramática, e muitas vezes conferia um título impressionante ao candidato. Além disso, cada grau dava uma lição moral e encenava histórias bíblicas e outras lendas, com o maçom no centro da cerimônia. Elas em geral eram não apenas emocionalmente empolgantes, mas também uma forma de teatro de fronteira para os pioneiros sedentos de entretenimento.

Trocando as tabernas pelos templos

Os maçons nos Estados Unidos precisavam tanto de novos edifícios maiores a fim de acomodar o crescente número de membros, como de espaços privados maiores para realizar esses novos graus. Encenar uma apresentação dramática com uma crescente lista de adereços, fantasias secretas e recursos visuais na sala de uma cervejaria não era prático.

Após a Guerra da Independência, salões maçônicos construídos sob medida começaram a aparecer. Os novos salões tornaram a Maçonaria mais visível para o público do que ela jamais fora — e eram sedutoras também. As Lojas frequentemente cediam suas salas públicas para eventos da comunidade, tais como jantares e bailes visando comemorar eventos especiais. Os maçons ajudavam a comunidade, como durante a Guerra de 1812, em Richmond, quando transformaram seu salão para ser usado como um hospital. Entretanto, nenhum estranho conseguiu ver dentro das salas particulares da Loja ou as cerimônias que se passavam nelas. Naturalmente, esse sigilo tornou a Maçonaria ainda mais popular.

Sair das tabernas também trouxe um novo patamar de respeito e seriedade aos ensinamentos que se passavam na Loja. Os maçons começaram a se referir aos seus edifícios como *templos*, porque eles os consideravam lugares sagrados para divulgar a verdade e o conhecimento, e para fazer uma conexão com as lendas maçônicas do Templo do Rei Salomão. Claro, toda aquela seriedade foi compensada com muita bebida e comida também.

Os homens correram para a fraternidade, e figuras políticas populares muitas vezes eram maçons. Mas, com a popularidade, veio a desconfiança de líderes sociais e religiosos. Os líderes cristãos preocupavam-se especialmente com o fato de os maçons ensinarem deísmo aos seus membros, e também com o risco de ela tornar-se um substituto de religiões estabelecidas. Muitos teóricos da conspiração tinham medo de tramas malignas que poderiam ser cultivadas entre esses homens importantes. Essa era uma sociedade secreta à qual os homens mais respeitados do governo e no mundo dos negócios pertenciam,

___ **Capítulo 2: De Catedrais a Salas de Lojas: Uma História da Maçonaria** *49*

e o que eles faziam por trás de suas portas era um grande mistério. Não demorou muito até que as forças antimaçônicas tivessem munição inesperada para atacar a fraternidade.

Ficando com uma reputação ruim: O Caso Morgan

Em setembro de 1826, o desaparecimento de um homem em um canto remoto no interior de Nova York deu início a 25 anos de histeria antimaçônica. Na pequena cidade de Batavia, um maçom descontente e azarado chamado William Morgan anunciou suas intenções de escrever um livro expondo todos os "segredos" da Maçonaria. Vários maçons locais decidiram que Morgan era um canalha e que, ao expor os rituais da Loja, ele quebraria seus votos maçônicos. Assim, sequestraram Morgan e levaram-no para Fort Niagara no lago Ontário, junto à fronteira com o Canadá. Os conspiradores alegaram que pagaram US$500 a Morgan, deram-lhe um cavalo, apontaram-lhe o norte e disseram-lhe para nunca mais voltar. Seja qual for a verdade, Morgan nunca mais foi visto, e algumas evidências sugerem que os homens podem muito bem ter afogado Morgan no lago.

Vinte e seis homens foram indiciados pela conexão com o seu desaparecimento, mas apenas seis chegaram a ser julgados, e nenhum deles por assassinato. Descobriu-se que o promotor e muitos dos jurados eram maçons, e o julgamento resultou em penas muito brandas.

O resultado foi uma tempestade de protestos que rapidamente se espalhou por toda Nova York e depois pelo país. O público acreditou que os maçons haviam matado Morgan "de acordo com o ritual maçônico" e depois enganaram a justiça ao receber sentenças curtas de seus amigos maçons que controlavam os tribunais e o governo, incluindo o governador e maçom Dewitt Clinton. O que começou como um crime de cidade pequena tornou-se um escândalo nacional, e certamente vendeu muitos jornais. Esse continua a ser o único caso autêntico na história de maçons seriamente acusados de assassinar um membro que quebrara seus votos maçônicos.

Tornando-se clandestinos: O movimento antimaçônico

O livro de William Morgan (consulte a seção anterior) foi publicado após sua morte e transformou-se em um best-seller instantâneo. Cem reuniões antimaçonaria foram realizadas em Nova York em 1827. No dia de São João, naquele ano, três mil manifestantes marcharam para a Loja em Batavia, atacaram os maçons lá dentro e saquearam o edifício. No ano seguinte, uma convenção antimaçônica estadual foi realizada em Utica, e, ao longo dos próximos cinco anos, o movimento antimaçônico alcançou todo o país.

Em 1829, mais de 100 jornais antimaçônicos eram publicados, principalmente no norte. Quase com a mesma rapidez, partidos políticos antimaçônicos se formaram em vários estados, e, em 1831, o Partido Antimaçônico tornou-se o primeiro movimento de terceiros no sistema bipartidário dos Estados Unidos, com o ex-maçom William Wirt concorrendo para presidente, sendo maioria no estado de Vermont, e recebendo 8% dos votos nacionais. O partido elegeu governadores na Pensilvânia e em Vermont, assim como diversos congressistas americanos. A plataforma deles era simples: a Maçonaria era antidemocrática e antiamericana e se opunha ao cristianismo, portanto, ela deveria ser expulsa do país.

A histeria era tanta que, por quase duas décadas, uma criança não podia ficar doente nos Estados Unidos sem que alguém dissesse que os maçons haviam envenenado o mingau do garoto. Lojas foram para a clandestinidade ou fecharam por todo o país, enquanto homens renunciaram à sua participação, e várias Grandes Lojas foram fechadas também. Em um nível nacional, a adesão à Maçonaria caiu de 100 mil, em 1827, para menos de 40 mil dez anos depois.

Adaptando-se aos novos tempos: Um renascimento lento

O forte desejo por fraternalismo e cerimônias rituais elaboradas nos Estados Unidos não desapareceu, apenas foi para outro lugar. Maçons fugiram para outras organizações que começaram a aparecer, as quais baseavam sua estrutura e suas cerimônias no modelo dos maçons, recebendo com alegria os ex-maçons como membros.

Os maçons americanos não desapareceram por completo, mas levou tempo até que pudessem retornar à superfície com segurança novamente. Para reconstruir sua imagem, na década de 1840, as Grandes Lojas decretaram regras retirando as bebidas alcoólicas de seus edifícios e de suas reuniões e eliminando as festanças barulhentas e desregradas que costumavam acompanhar as reuniões das Lojas.

Para eliminar os antimaçons que se inscreviam apenas para espionar as reuniões, as antigas regras que permitiam que novos Aprendizes participassem de reuniões de negócios foram revogadas, exigindo que os membros fossem Mestres Maçons antes de terem os direitos plenos de membro. O dinheiro economizado em bebidas alcoólicas poderia ser gasto em instituições beneficentes maiores e melhor organizadas, bem como em trajes e em outras parafernálias cada vez mais grandiosas da Loja. Como resultado, os rituais, especialmente para os graus adicionais, tornaram-se mais e mais elaborados, exigindo grandes elencos de homens para executá-los.

Como outras fraternidades não maçônicas cresciam em popularidade, a Maçonaria encontrou-se competindo por membros. Com a proibição do álcool, veio um desejo mais forte por padrões morais mais elevados. Assim, as Grandes Lojas desenvolveram regras altamente estruturadas para julgamentos maçônicos de membros acusados de conduta não maçônica. A socialização foi rejeitada em prol do ensaio e da perfeição da performance dos rituais. A Maçonaria tornou-se, então, mais espiritual em sua atitude.

Na verdade, como mais antimaçons publicavam um número crescente de denúncias frequentemente exageradas para envergonhar os maçons, as verdadeiras consequências foram bastante inesperadas: mais e mais homens curiosos queriam se unir à Maçonaria a fim de ver esses grandes espetáculos secretos sobre os quais eles tinham lido tanto. Provando que não existe essa coisa de publicidade ruim, o resultado foi um número crescente de novos membros querendo cerimônias maiores, melhores e mais elaboradas. Os três

Capítulo 2: De Catedrais a Salas de Lojas: Uma História da Maçonaria

graus básicos da Loja não mudaram muito desde que o livro *Freemason's Monitor*, de Thomas Smith Webb, foi publicado em 1797, embora houvesse variações extravagantes de um estado para outro e mesmo entre Lojas. Os assim chamados graus "superiores" dos ritos Escocês e de York se tornaram populares em todo o país, motivando, assim, o renascimento da fraternidade.

Interesse renascido nas organizações: Animais, Índios, Cavaleiros e "Camaradas Estranhos"

Depois da Guerra Civil, outra onda de interesse nas organizações fraternais aconteceu, por muitas razões. Os vários grupos novos de influência maçônica incluíam os Odd Fellows (Camaradas ou Companheiros Estranhos), a Improved Order of Red Men (Ordem Melhorada dos Homens Vermelhos), a Order of the Star-Spangled Banner (Ordem da Bandeira Estrelada), os Sons of Honor (Filhos da Honra), a Order of Good Templars (Ordem dos Bons Templários), o Grange (A Granja), a Ancient Order of Foresters (Antiga Ordem de Silvicultores), os Holy and Noble Knights of Labor (Sagrados e Nobres Cavaleiros do Trabalho), a Benevolent and Protective Order of Elks (Ordem Benevolente e Protetora dos Alces), a Loyal Order of Moose (Ordem Leal dos Alces), e literalmente centenas de outros. Essa foi a Idade de Ouro da Fraternidade, e os Estados Unidos se tornaram uma nação de associados. Quase todo grupo que apareceu durante esse período podia remontar suas cerimônias de iniciação aos modelos originais da Maçonaria.

Um dos livros mais populares no Sul pré-Guerra Civil era *Ivanhoé*, do maçom Sir Walter Scott. O conto sobre cavaleiros do século XIII na Inglaterra influenciou muitas das noções de honra e cavalheirismo, e mesmo a linguagem formal que se tornou tão difundida durante a Guerra Civil e depois dela (o livro foi tão influente que o maçom e autor Mark Twain chegou a ponto de culpar as obras de Sir Walter Scott de levarem à guerra, ao glorificar uma era antiquada de patentes, castas e privilégios). Após a guerra, os veteranos se apaixonaram por ordens pseudomilitares como os Cavaleiros de Pythias, o Grand Army of The Republic (Grande Exército da República) e os Cavaleiros Templários do Rito de York, que se enfeitavam com imitações de uniformes militares, espadas, medalhas, grupos de exercícios militares e os títulos de nobreza. As fábricas de emblemas que forneceram esses itens para os militares durante a Guerra Civil encontraram vida nova ao fabricá-los para as irmandades.

Enquanto isso, as mulheres sentiam-se cada vez mais infelizes por saírem para as reuniões da igreja enquanto seus maridos saíam para as Lojas e se divertiam. Como resultado disso, os grupos de mulheres se formaram, incluindo a Ordem da Estrela do Oriente (veja o Capítulo 13).

Os maçons nunca excluíram os católicos, mas a Igreja Católica há muito tempo proibira os seus membros de se tornarem maçons (veja o Capítulo 4), e estava inquieta com os muitos grupos fraternais semelhantes que surgiam do dia para a noite nos Estados Unidos. Para satisfazer ao desejo, muitos católicos deveriam fazer parte dessa onda fraternal, e, assim, os Cavaleiros de Colombo foram criados em 1882.

Adquirindo anexos: A ascensão dos corpos aliados

Os maçons americanos não ficariam de fora dessa onda crescente de popularidade fraternal. Em 1853, Albert Pike juntou-se ao Rito Escocês em Charleston, Carolina do Sul. Os graus que testemunhou foram interessantes para ele, mas Pike era um estudioso dedicado da história e das religiões do mundo. Ele sentiu que os graus ofereciam lições importantes, mas precisavam de algumas melhorias.

Ao longo da década seguinte, ele reescreveu todos os rituais do 4º ao 32º grau e embelezou-os com contos pródigos de reis e cavaleiros, de antigas religiões e lendas (veja o Capítulo 11). As revisões de Pike ajudaram a fazer do Rito Escocês o maior e mais popular corpo maçônico do mundo. Seus graus não eram apresentados para um ou dois iniciados em uma Sala da Loja, mas como enormes produções para centenas de candidatos em auditórios especialmente construídos, utilizando iluminação, cenário e efeitos especiais de última geração.

Até hoje, os auditórios, os teatros e as catedrais do Rito Escocês, como a Catedral do Rito Escocês em Indianápolis (veja a Figura 2-1) continuam a ser os maiores edifícios maçônicos já construídos.

Figura 2-1: A Catedral do Rito Escocês em Indianápolis, Indiana, foi construída em 1929 exclusivamente para conferir os graus do Rito Escocês da Maçonaria.

por cortesia de Christopher Hodapp

Capítulo 2: De Catedrais a Salas de Lojas: Uma História da Maçonaria

O preço de ser um associado

Para entender quão popular era ser um membro de uma organização fraternal nos Estados Unidos após a Guerra Civil, é útil analisar algumas estatísticas. Em 1899, mais de 6 milhões dos 21 milhões de homens adultos nos Estados Unidos eram membros de uma ou mais das 300 organizações fraternais do país, que conferiam cerca de mil graus a 200 mil novos membros por ano. O membro médio de uma Loja fraternal gastou US$50 por ano em taxas e seguros, e outros US$200 em taxas de iniciação, parafernália para rituais, banquetes e viagens. Tenha em mente que o operário médio na época ganhava apenas de US$400 a US$500 por ano. Em 2012, aquelas taxas de US$50 seriam iguais a US$1.330. E aquele orçamento de US$200 em 1899 para iniciação, apetrechos, banquetes e viagens custaria US$5.321 hoje, em um salário ajustado que fica entre US$10.641 e US$13.302 por ano. Em suma: esses caras pagavam cerca de 50 a 60% de seus salários anuais apenas para serem membros de organizações fraternais.

Lembre-se de que isso ocorreu antes da Seguridade Social e dos planos de saúde, de modo que muitos dos grupos fraternais começaram a oferecer programas de seguros de baixo custo para seus membros. De fato, muitos grupos existiam apenas como sociedades de seguro que passaram a ter ritos de iniciação! Vistas sob esse ponto de vista, as sociedades faziam valer a pena o dinheiro, mesmo para aqueles homens com recursos limitados. Um trabalhador comum não precisava mais se preocupar com o que aconteceria com sua esposa e seus filhos se algo acontecesse a ele. Seus irmãos da fraternidade cuidariam de sua família quando ele se fosse.

Como as Lojas maçônicas dos EUA tinham banido o álcool e comportamentos potencialmente constrangedores de seus edifícios depois do Caso Morgan (veja "Ficando com uma reputação ruim: O Caso Morgan", anteriormente neste capítulo), um grupo de maçons de Nova York decidiu que os maçons precisavam de um lugar para relaxar de todo seu trabalho sério nos graus. Assim, criaram a Antiga Ordem Árabe dos Nobres do Santuário Místico em 1879 como o playground da Maçonaria. A cerimônia de iniciação era baseada em uma lenda árabe, e eles adotaram o fez vermelho como sua vestimenta de identificação (veja o Capítulo 12).

Sobrevivendo e Crescendo: Os Anos 1900

Os maçons foram heróis da Primeira Guerra Mundial. Os generais "Blackjack" Pershing e Mason M. Patrick, pai do Air Corps (instituição precursora das Forças Aéreas) eram maçons, assim como o ás do voo Eddie Rickenbacker. Dos cinco presidentes dos EUA que serviram entre 1897 e 1923, quatro deles — William McKinley, Theodore Roosevelt, William Taft e Warren Harding — eram maçons.

Por volta de 1925, três milhões de americanos eram maçons, mas a maioria das centenas de outras fraternidades não maçônicas acabou depois do crash da Bolsa de Valores, em 1929, e da Grande Depressão. À medida que mais grupos de serviços com consciência cívica como Kiwanis e os clubes Lions e Rotary surgiam, a Maçonaria também mudou (consulte o Capítulo 9 para mais informações sobre quais grupos são e não são relacionados à Maçonaria). A Maçonaria parou de dar destaque às suas origens "antigas" e míticas e começou a se concentrar na expansão de seus interesses em caridade. Desse modo, o Masonic Service Association foi criado para ajudar os soldados maçônicos durante e após a Primeira Guerra Mundial.

Aliviando as preocupações sociais no começo da década de 1900

Pensões da Seguridade Social por velhice e invalidez não existiam nos Estados Unidos no início de 1900, e, após a I Guerra Mundial, o país testemunhou um crescimento no número de crianças órfãs. Como não havia rede nacional de segurança para os pobres e idosos nos Estados Unidos, as Grandes Lojas começaram a construir casas maçônicas para idosos, viúvas e órfãos. Em geral, eram instalações magníficas, e muitas sobrevivem até hoje.

O ensino superior se tornava uma realidade para cada vez mais americanos, então criaram-se as bolsas de estudo maçônicas. Além disso, os Shriners começaram a construir uma série de hospitais dedicados ao tratamento de queimaduras e de problemas ortopédicos em crianças, sem custo algum.

Sendo escalados como vilões e heróis na Segunda Guerra Mundial

Quando Adolf Hitler chegou ao poder na Alemanha em 1933, ele havia cuidadosamente exibido suas crenças em seu livro *Mein Kampf* (*Minha Luta*). A Alemanha encontrava-se atolada em uma horrível depressão econômica e psicológica após a Primeira Guerra Mundial, e o plano de Hitler para corrigir os problemas de seu país se concentravam em sua crença de que os problemas da Alemanha foram causados pelos judeus. De acordo com Hitler, a Maçonaria era apenas outra frente para a dominação judaica do sistema econômico mundial. Portanto, a Alemanha teve de se livrar desses malvados.

Hitler inventou muito dessa teoria com base em um livro chamado *Os Protocolos dos Sábios de Sião* (falo mais sobre isso no Capítulo 4). Os *Protocolos* tinham sido uma farsa de propaganda popularizada pela polícia secreta do czar na Rússia no final do século XIX. Nele, um grupo secreto de judeus esboçou seu plano para dominar o mundo, em parte usando os maçons como seus servos de boa vontade. Embora não fosse verdade, as pessoas acreditaram.

Capítulo 2: De Catedrais a Salas de Lojas: Uma História da Maçonaria 55

Muitas das leis antissemitas de Hitler foram aprovadas em resposta à chamada "conspiração judaica" esboçada nos *Protocolos*. Como resultado, além da perseguição e do extermínio de judeus na Alemanha, os maçons em cada país invadido pelos nazistas foram presos, enviados para campos de concentração e condenados à morte. Lojas foram destruídas, e os apetrechos maçônicos, colocados em exposição em cidades ocupadas pelos nazistas com o intuito de mostrar os "dispositivos do mal" dos maçons. Desse modo, os maçons alemães tornaram-se clandestinos.

Fora dos países ocupados pelos nazistas, os maçons tiveram um papel importante no fim da guerra e do regime do mal de Hitler. Os maçons Franklin D. Roosevelt, Winston Churchill e o Rei Jorge VI lideraram os Estados Unidos e a Grã-Bretanha durante a guerra. Outros, como os Generais Ornar Bradley e Douglas MacArthur, lutaram em terra. Outro maçom, o presidente Harry S. Truman, Ex-Grão-Mestre do Missouri, terminou a guerra no Japão. E o maçom George Marshall supervisionou a cuidadosa e equilibrada reconstrução da Europa após a guerra.

Crescendo novamente no pós-guerra

Após o fim da Segunda Guerra Mundial, a Maçonaria viu sua popularidade crescer novamente. A Grande Geração queria comemorar, e os Estados Unidos tinham muito a comemorar. Grupos de apoio aos militares como os VFW- Veterans of Foreign Wars (Veteranos de Guerras Estrangeiras) e a Legião Americana explodiram em popularidade, muitas vezes impulsionados por suas atividades sociais. Os filhos da Golden Age of Fraternalism (Idade de Ouro do Fraternalismo) associaram-se também, e os americanos uniram-se a ligas de boliche, clubes de bridge, clubes de campo e organizações fraternais. As Lojas se infiltraram nos programas populares de televisão como a *Raccoon Lodge* (*Loja do Guaxinim*) na série *The Honeymooners* e a *Water Buffaloes Lodge* (*Loja dos Búfalos Asiáticos*) em *Os Flintstones*.

Os Shriners tornaram-se enormemente populares pela mesma razão. Era um lugar divertido para ir, e seu hospital de caridade era muito respeitado. A proibição nacional de álcool promulgada em 1919 fora revogada pela 21ª Emenda, em 1933. Os Shriners tornaram-se conhecidos por aproveitar as festas, os desfiles, os circos, as bandas de metais e as bebidas ocasionais. Toda essa atividade resultou na expansão dos hospitais para 22 unidades nos Estados Unidos e no Canadá. A condição para participar era que um homem deveria fazer parte de uma Loja maçônica e depois completar os graus do Rito de York ou do Rito Escocês antes que pudesse se tornar um Shriner (veja o Capítulo 12 para mais informações sobre os Shriners).

A adesão à Maçonaria chegou a um máximo histórico em 1959, com mais de quatro milhões de maçons somente nos Estados Unidos. Era comum que as Lojas tivessem centenas, e às vezes mais de mil membros.

Declinando nos anos 1960

A era do Vietnã trouxe desafios para os maçons nos Estados Unidos. A diferença entre a geração da Segunda Guerra Mundial e seus filhos não poderia ter sido maior. Cada geração consecutiva de maçons transmitira a fraternidade para seus filhos. Os maçons eram os novos heróis do programa espacial: John Glenn, Gus Grissom e Tom Stafford foram todos maçons, assim como o segundo homem a pisar na Lua, Buzz Aldrin. Em 1974, Gerald Ford tornou-se presidente e, até 2012, ele foi o último maçom a ocupar o Salão Oval.

A geração Vietnã não queria estar relacionada com os costumes e as instituições de seus pais. Os Baby Boomers (geração nascida durante a explosão demográfica pós-Segunda Guerra), como um grupo, virou as costas para o "establishment". Como resultado, a Maçonaria, como quase todos os outros grupos sociais e cívicos estabelecidos antes de 1960, perdeu popularidade.

Esse grupo teve outras distrações também. A televisão tornou-se uma motivação para ficar em casa em vez de socializar. Avanços aparentemente simples, como ar-condicionado, fizeram com que as pessoas ficassem em suas casas em vez de sentarem-se na varanda para tomar ar e bater papo com seus vizinhos. A expansão do subúrbio significou as pessoas já não andarem para chegar aos empregos perto de suas casas. Grupos de bairro, que compartilhavam empregadores, bares e clubes favoritos, hobbies em comuns e outros vínculos, se separaram, e a sociedade tornou-se mais solitária e individual.

Os computadores e a internet apenas deram continuidade a essa tendência. Mas a sociedade conectada de repente permitiu que maçons ao redor do mundo se comunicassem uns com os outros e facilmente trocassem ideias sobre diferentes costumes e atitudes. Na década de 1990, em partes incentivadas por discussões on-line, as Grandes Lojas tradicionais e predominantemente brancas e as Grandes Lojas Prince, de maioria negra, começaram, em conjunto, a reconhecer uns aos outros depois de 200 anos de silêncio mútuo.

Vivenciando o Novo Milênio: Mais Mudanças a Caminho

A internet alimenta uma espécie de renascimento da Maçonaria. Na superfície, os números de membros caem atualmente, mas só por causa do crescimento explosivo da Maçonaria após a Segunda Guerra Mundial. Os homens que se afiliaram em 1940 e 1950 morrem em um ritmo crescente, por isso os valores totais diminuem. Hoje, o grupo tem algo entre quatro e cinco milhões de membros em todo o mundo e pouco menos de dois milhões nos Estados Unidos.

Capítulo 2: De Catedrais a Salas de Lojas: Uma História da Maçonaria 57

Como os Baby Boomers não se afiliaram às Lojas, seus filhos não foram expostos à Maçonaria. A maioria dos jovens hoje nunca ouviu falar dela, muito menos sabe algo sobre ela. No entanto, seus avós eram maçons em número recorde, e eles começam a descobrir a Maçonaria por conta própria.

A internet tornou-se um lugar simples para se comunicar com os maçons da vizinhança ou com aqueles ao redor do mundo. Referências populares também têm provocado interesse na fraternidade, com graphic novels como *Do Inferno* e *A Liga Extraordinária*, filmes como *A Lenda do Tesouro Perdido*, os livros de Dan Brown, *O Código Da Vinci* e *O Símbolo Perdido*, e até mesmo referências ridículas como a *Ordem dos Lapidários*, em *Os Simpsons*.

As Grandes Lojas nos Estados Unidos desenvolvem novas, senão controversas, formas de difundir a mensagem sobre a fraternidade para os jovens. Muitos estados iniciaram campanhas de publicidade e planejam grandes cerimônias de um dia a fim de reduzir a quantidade de tempo necessário para receber os três graus. Pela primeira vez em três séculos, a tendência tem sido a de promover e desmistificar a organização.

De modo curioso, fora dos Estados Unidos, especialmente em países que não falam a língua inglesa, as organizações maçônicas que não desmistificaram ou promoveram a si mesmas crescem. Em países onde a Maçonaria permaneceu pequena e manteve a sua aura de "segredo", o interesse renovado na fraternidade levou a um maior crescimento.

Lojas de Observância Tradicional

Nos EUA, um movimento conhecido como Traditional Observance (Observância Tradicional) ou European Concept Lodges (Lojas de Conceito Europeu) ganha popularidade. Alimentada pela *Masonic Restoration Foundation* (Fundação da Restauração Maçônica) (http://traditionalobservance.com — site em inglês), essas Lojas são intencionalmente pequenas no tamanho e se concentram mais em rituais e numa abordagem mais espiritual para participar da Loja sem focar em religião. Elas em geral são mais formais, e normalmente têm uma forte apresentação de educação maçônica, seguida por uma suntuosa refeição (conhecida como uma Loja de Mesa), completa com brinde cerimonial e tudo.

Esses tipos de Lojas ganham popularidade, mas de maneira alguma tomam o controle do mundo maçônico. Elas permanecem em número reduzido e funcionam mais como um exemplo de uma forma diferente de realizar uma reunião de Loja, em vez de ser uma solução mágica que expandirá o número de membros. Ainda assim, seus adeptos são entusiastas e têm uma forte presença na internet. Quase todos os estados possuem uma loja TO ou EC de algum tipo.

O efeito Dan Brown

Os romances de Dan Brown — *O Código Da Vinci, Anjos e Demônios* e especialmente *O Símbolo Perdido* — tiveram um efeito dramático na adesão à Maçonaria. O fascínio de Brown com as coisas esotéricas levou-o a retratar os rituais e as crenças da Maçonaria de um modo um pouco mais fantasmagórico do que na vida real, mas ele tem quase sempre sido muito gentil com a fraternidade. Como resultado, a próxima geração de maçons pode se afiliar por causa do que leram nos romances de Brown ou viu nos filmes baseados neles. É importante entender que as descrições de Brown dos rituais maçônicos são baseadas em revelações de não maçons do século XIX (Brown atualmente não é maçom), e não são uma apresentação correta do que os maçons fazem hoje. No entanto, com milhões de livros impressos e com bilhões de dólares arrecadados nas bilheterias, suas histórias podem ser o lugar de onde o próximo grande influxo de membros tirará a ideia de participar.

Um crescimento explosivo da Maçonaria — como as expansões que a Maçonaria viu no final de 1800 e 1950 — provavelmente não ocorrerá tão cedo. No entanto, a Maçonaria continua a atrair novos membros e vivencia interesse renovado por parte de homens mais jovens. Apesar de suas longas tradições e de seus costumes, a Maçonaria sempre se adaptou para servir a época em que ela existe, e os homens mais jovens parecem estar em busca do sentido de comunidade que não existe mais na sociedade moderna. É perfeitamente possível que a Maçonaria esteja novamente à beira de um novo renascimento (para saber mais sobre o futuro da Maçonaria, veja o Capítulo 15).

Capítulo 3

A Filosofia da Maçonaria

Neste Capítulo
- Compreendendo as crenças básicas da Maçonaria
- Desvendando o plano maçônico de dominação mundial
- Reagindo aos símbolos e ao misticismo maçônicos

*E*xceto pelas redes mundiais de supercriminosos malignos dirigidas por chefões carecas e acariciadores de gatos encontradas nos filmes de James Bond, a maioria das organizações é fundada com um certo senso de idealismo, otimismo e boas intenções. A questão é sempre se esse otimismo pode prevalecer e resistir ao teste do tempo sem ser comprometido ou destruído por brigas internas.

Na abertura do grau de Aprendiz, a cerimônia de ritual de iniciação da Maçonaria, uma pergunta geralmente é feita: "O que você veio fazer aqui?" A resposta é: "Aprender a dominar minhas paixões e fazer novos progressos na Maçonaria." A Maçonaria foi projetada desde o início para sobreviver às pressões que, em outras circunstâncias, arruinaram igrejas, clubes, companhias e reinos, e ela tem conseguido sobreviver em sua forma moderna por 300 anos. A Maçonaria é uma fraternidade, mas também se qualifica como uma filosofia.

Se você procurar *filosofia* em um dicionário, descobrirá que ela é o amor e a busca pela sabedoria por intermédio de meios intelectuais e de autodisciplina moral, além de um sistema de valores sob os quais alguém vive. De fato, a palavra vem do termo grego *philosophos*, cujo significado é "amante da sabedoria". Em seu nível mais básico, ensina-se aos maçons não apenas a serem amantes da sabedoria, mas também a perseguirem e a valorizarem o conhecimento, e a viverem sob um código moral de autodisciplina.

O Capítulo 2 discute a história da fraternidade, e o 4 aborda as especificidades das razões de existir de certas regras maçônicas. Este capítulo discorre sobre as crenças básicas da Maçonaria, e, ao explicá-las, fornece alguma compreensão sobre por que ela se tornou a maior e mais respeitada sociedade de cavalheiros do mundo.

Definindo Aquilo em que os Maçons Acreditam

A Maçonaria é uma fraternidade caridosa, benevolente, educacional e religiosa, e não esconde seus princípios e suas crenças. Não é uma sociedade secreta; não esconde suas localizações e não solicita a seus membros que escondam sua participação.

A Maçonaria possui cerimônias que deseja manter privadas, junto com métodos de identificação (senhas, apertos de mãos e outros), do mesmo modo como corporações possuem informações que desejam manter confidenciais. Mas, no que diz respeito a sociedades secretas, a Maçonaria tem feito um trabalho bem chato de silenciar os fofoqueiros. Quase que logo após a formação da primeira Grande Loja na Inglaterra em 1717, livros alardeando os segredos da Loja começaram a aparecer nas prateleiras.

Nenhuma autoridade ou administração internacional controla a Maçonaria. Assim, você não pode ligar para algum escritório visando obter os posicionamentos oficial e mundial da Maçonaria, porque essa diretriz não existe. Nos Estados Unidos, cada estado possui sua própria Grande Loja, mas algumas crenças básicas são comuns a todas as organizações maçônicas regulares e convencionais.

Promovendo verdade, auxílio e amor fraterno

As crenças da Maçonaria podem ser resumidas em três conceitos simples. Os maçons são ensinados a acreditar nos seguintes princípios:

- **Amor fraterno:** Amar uns aos outros e a toda a humanidade.

- **Auxílio:** Caridade para com os outros e ajuda mútua aos companheiros maçons.

- **Verdade:** A busca por respostas para as questões universais de moralidade e de salvação da alma que apenas a fé individual de um homem e sua relação com Deus podem fornecer.

Examino cada um desses pontos com mais detalhes nas seções seguintes.

Amor fraterno

Basicamente, os maçons acreditam na regra de ouro: Tratem os outros como gostariam de ser tratados. Essa regra é parte de toda grande religião do mundo, portanto, ela se qualifica como o tema singular e unificador de todas as fés. Seu conceito mais básico é a pedra fundamental da Maçonaria, não importando a maneira como é expressa:

- **Budismo:** "De cinco maneiras o membro de um clã deve servir seus amigos e suas famílias; com generosidade, cortesia e benevolência, tratando-os como trata a si mesmo, e sendo tão bom quanto sua palavra."
- **Cristianismo:** "Tudo o que quereis que os homens vos façam, fazei-o vós a eles."
- **Confucionismo:** "O que não quiseres que seja feito a vós, não o fazei aos outros."
- **Hinduísmo:** "Os homens dotados de inteligência devem sempre tratar os outros como gostariam de ser tratados."
- **Islamismo:** "Nenhum de vocês é um crente até que deseje a seu irmão aquilo que deseja para si mesmo."
- **Judaísmo:** "Deves amar teu próximo como a ti mesmo."
- **Taoismo:** "Considere o ganho de seu próximo como o seu próprio ganho, e considere a perda de seu próximo como a sua própria perda."

Auxílio

Muitas pessoas que têm familiaridade com a Maçonaria, mas não são membros, estão cientes de algumas das contribuições filantrópicas e caritativas da fraternidade à sociedade. Uma afirmação comum é a de que, internacionalmente, os maçons doam por dia três milhões de dólares para caridade — dois milhões apenas nos Estados Unidos.

Três séculos de incentivo de boas ações em seus membros resultaram em grandes instituições de caridade patrocinadas por maçons. Tais ações incluem bolsas de estudo, auxílio durante desastres naturais e doações para escolas e famílias desamparadas. Os maçons proveem casas de repouso para seus próprios membros, bem como escolas e casas para órfãos, e também participam de uma vertiginosa lista de programas comunitários e sociais. Especialmente notáveis são as muitas filantropias médicas patrocinadas pela Maçonaria, que englobam desde tratamentos neuromusculares, odontológicos e oftalmológicos até o mundialmente famoso programa para crianças dos Hospitais Shriners (veja o Capítulo 12).

Ainda que essas instituições de caridade prestem uma enorme contribuição à sociedade e causem um extraordinário impacto nela, os maçons não realizam esses serviços para a humanidade a fim de receber gratidão ou reconhecimento. Os membros são encorajados a participar em todas as formas de caridade e benevolência para com a sociedade, não apenas naquelas que chegam ao telejornal noturno ou ao jornal matinal. E os maçons não ensinam, e nunca ensinaram, que boas ações na Terra são um meio de obter salvação no pós-vida. A caridade maçônica é praticada para melhorar a vida dos homens aqui e agora.

A caridade maçônica não significa apenas assinar um cheque ou jogar moedas em um cesto, mas sim doar uma parte de si mesmo e de seu tempo — bens que sempre estão em falta. Ao participarem na melhoria da vida de toda uma comunidade ou de um único ser humano, por meio de seu exemplo, eles esperam encorajar outros a fazerem o mesmo.

Verdade

A verdade maçônica é um pouco mais difícil de explicar, pois significa algo diferente para cada homem. Quando um novo iniciado entra em uma Loja, aspectos da cerimônia de ritual parecem incomuns. Por exemplo, ele é vendado. A vendagem é realizada por uma série de razões (veja o Capítulo 6), mas o simbolismo principal disso é que o candidato está buscando a luz. Luz em uma Loja maçônica é um símbolo de conhecimento e verdade espiritual, e todo candidato deve descobrir essa luz por conta própria. Estar na escuridão é ser ignorante e inconsciente. Nenhuma cerimônia de Loja ou lição maçônica pode pretender fornecer a verdade definitiva para um membro, mas a Maçonaria procura inspirar o indivíduo a buscar o conhecimento por conta própria.

Seguindo os princípios básicos

Os maçons prometem nunca trazer com eles qualquer coisa ofensiva ou defensiva para a Loja. Essa restrição inclui não apenas espadas, facas, lanças, revólveres ou armas de destruição em massa, mas também palavras, ideias e ações que possam dividir e destruir amizades e instituições. Todos os homens são mortais e possuem fraquezas de tal espécie. E todo ser humano possui ideias e opiniões que podem ofender outros. O objetivo da Loja é criar um lugar onde essas divisões são deixadas de fora, para que os maçons participem de atividades que os unam em vez de separá-los.

Moralidade

A Maçonaria é uma organização social que reúne bons homens para estudar, ensinar e praticar suas lições, cuja intenção é melhorar e fortalecer o caráter de cada participante. Ao melhorar os homens, a Maçonaria tenta aperfeiçoar a humanidade. Ao pegar bons cidadãos e torná-los melhores, ela procura aprimorar a comunidade, uma pessoa de cada vez.

Os maçons acreditam que a honra ainda existe e que um homem tem uma responsabilidade de comportar-se honrosamente em tudo o que faz. A Maçonaria ensina a seus membros os princípios do decoro e da responsabilidade pessoais. Ela deseja inspirá-los a ter caridade e boa vontade para com toda a humanidade e a transformar princípios e convicções em ação.

Caridade

A Maçonaria é caridosa porque não está organizada para lucrar, e nenhuma de suas rendas é arrecadada a fim de beneficiar qualquer indivíduo, mas é, sim, dedicada à promoção do bem-estar e da felicidade de toda a humanidade. Além disso, ensina a seus membros que a generosidade é uma obrigação e que dar não é apenas mais abençoado que receber, mas também mais recompensador.

Educação

A Maçonaria ensina um sistema de moralidade e fraternidade pelo uso de símbolos e apresentações dramáticas. Ela encoraja seus membros a ampliar o conhecimento do mundo ao redor deles.

O presidente e o jardineiro

Enquanto era presidente, Teddy Roosevelt visitou a Loja de sua cidade natal, Matinecock, n°806, em Nova York, em setembro de 1908. Em seguida, falou da experiência de ver seu próprio jardineiro servindo como Mestre da Loja naquela noite, enquanto ele próprio se sentava como espectador. "Certamente eu não poderia pedir nada a ele quando cheguei em casa. Isso o teria envergonhado. Nem ele pode-

ria, sem embaraço, pedir-me algo. Na Loja era diferente. Ele estava acima de mim, apesar de eu ser presidente, e isso era bom para ele, e bom para mim."

Na Maçonaria, todos os ornamentos de status ou prestígio usados no mundo exterior são deixados do lado de fora da Loja — mesmo para presidentes.

À medida que um maçom avança pelos rituais dos graus, ele interpreta os símbolos e as lições por si mesmo, podendo ser interpretados de tantas formas quanto há maçons. Nenhum membro pode dizer para qualquer outro como ele deve interpretar os rituais dos graus, e nenhum homem pode falar em nome da instituição.

Fé (mas não uma religião específica)

Os maçons acreditam na fraternidade dos homens, sob a paternidade de Deus. A Maçonaria não é uma religião, e sim religiosa, pois requer que seus membros tenham fé em um Ser Supremo, de acordo com a crença individual do componente. Não é uma organização sectária e não promove uma crença em detrimento de outra. As cerimônias maçônicas descrevem um código moral, usando princípios básicos comuns a todas as religiões.

Os maçons referem-se a Deus em suas cerimônias como o *Grande Arquiteto do Universo*. Esse termo não é usado em função de a Maçonaria ser uma religião com seu próprio nome para Deus, mas simplesmente por ser a linguagem maçônica, uma referência compartilhada para todos os Irmãos de todas as fés, projetada para não entrar em conflito com os muitos termos usados para Deus pelas religiões do mundo.

A Maçonaria não é, e nunca alegou ser, um substituto para a religião. A Bíblia ou outro Volume da Lei Sagrada considerado santo pelos membros de uma Loja individual é aberto em seu altar sempre que uma Loja está em sessão, como um lembrete constante a fim de que cada maçom olhe para dentro das páginas do livro sagrado de sua própria fé em busca de orientação espiritual. Se os membros de uma Loja seguem crenças diferentes, vários livros sagrados são muitas vezes abertos lado a lado no altar.

Responsabilidade social

A Maçonaria representa a reverência a Deus e o lugar adequado da fé individual na sociedade; a verdade e a justiça; a fraternidade e filantropia; e as pacíficas liberdades civil, religiosa e intelectual. Ela incumbe cada um dos seus membros de ser verdadeiro e leal ao governo do país ao qual ele deve obediência e de ser obediente à lei de qualquer estado em que o maçom resida.

No entanto, a Maçonaria opõe-se filosoficamente à ditadura, à tirania e a qualquer destruição da dignidade humana, dos direitos humanos básicos e do livre exercício da religião. Essa filosofia é, em parte, a razão pela qual os maçons obtiveram uma reputação de estar envolvidos em políticas revolucionárias. A Maçonaria, entretanto, ensina que a melhor maneira de se opor a tais tiranias é assentar uma sólida base de princípio e moralidade com a qual os homens de todas as raças, países, seitas e opiniões possam concordar.

Neutralidade política

Uma das primeiras regras da Maçonaria proíbe a discussão de questões religiosas e políticas em reuniões maçônicas — temas suscetíveis de causar discussões pessoais. Os princípios fundamentais dos maçons também vetam as suas organizações de agir politicamente ou tentar influenciar eleições ou legislações. O membro é incentivado a agir de acordo com seu julgamento individual e com os ditames de sua consciência, e não por qualquer opinião que lhe foi imposta pela fraternidade.

Igualdade entre os membros

A Maçonaria não julga um homem por sua riqueza mundana, por seu status social ou sua aparência. Reis, príncipes e sultões foram maçons. Médicos, advogados, comandantes de negócios, estrelas de cinema e compositores sinfônicos foram todos membros da fraternidade. Assim como entregadores de jornais, lixeiros, operários e cozinheiros de fast-food.

Estabelecendo uma Nova Ordem Mundial?

Quando você se torna um membro, você é parte da Nova Ordem Mundial que tem algum plano secreto para substituir todos os líderes governamentais e religiosos por maçons e dominar o mundo sob uma boa, mas rígida, vigilante e secreta autoridade?

Certo. Nós chegaremos a essa questão da dominação mundial tão logo decidirmos a data para darmos cabo do assunto.

Ó, com eles, não há dúvida de que os maçons querem dominar o mundo. Se todos acreditassem na igualdade, nas liberdades pessoal e religiosa e na responsabilidade social, todos poderíamos rasgar nossos cartões de membros e economizar um monte de dinheiro de taxas. Essas não são apenas ideias maçônicas; são ideias nobres e de senso comum, e a Maçonaria não tem nenhum monopólio nesse mercado. Mas ninguém em uma Loja lhe dirá o que pensar, como votar, a que Igreja ir, o que ler, quem devem ser seus amigos ou como rezar. A Maçonaria não tem nenhum outro objetivo além de aperfeiçoar a vida de seus componentes e esperar que eles melhorem suas comunidades.

Se algum dia um membro realmente acreditar que algo na Maçonaria entra em conflito com o seu dever para com Deus, seu país, sua família, seu vizinho ou si mesmo, a Maçonaria não tem poder para mantê-lo "sob seu feitiço". Ele é livre para sair. Os homens se tornam maçons porque querem. Eles permanecem maçons porque é uma parte importante da vida deles.

Experimentando a Maçonaria Mística

A Maçonaria afeta os homens em um nível mais profundo do que simplesmente prometendo serem boas pessoas, bons cidadãos e bons fiéis, e é diferente para cada um que se ajoelha em seus altares e recebe seus graus. Cada ser humano reage de sua própria maneira às cerimônias da Maçonaria, e se tornar um Mestre Maçom é de fato um evento memorável e comovente.

Magia, misticismo e nonsense maçônicos

Se você ler bastante sobre a Maçonaria, logo deparará com os escritos de Albert Mackey, Manley Hall, Arthur Edward Waite e Albert Pike. Esses homens e muitos outros têm enchido resmas de papel com observações eruditas sobre a Maçonaria. Eles eloquentemente ligaram o Ofício às antigas Escolas de Mistérios do Egito e outros lugares. Alguns escreveram que a Maçonaria descendeu diretamente de ritos pagãos e de religiões antigas. Também disseram que a Maçonaria era a enteada da *magick*, da alquimia e dos místicos sombrios que se envolveram no mundo da *Cabala* (misticismo judaico) e em antigos escritos misteriosos como *Hermes Trismegisto* e a *Chave de Salomão*. As obras desses homens estavam cheias de contos fabulosos sobre crenças e culturas, e de teorias enigmáticas das origens primevas e profundas dos maçons.

Homens como Pike e Mackey eram estudiosos incríveis e tinham conhecimentos intelectual e espiritual deslumbrantes. Suas obras são tanto esclarecedoras como frustrantes, pois penetram em lendas e crenças obscuras e tiram delas o que parece ser uma generosa e atraente ligação, ao longo de um período de 3 mil anos, com a Maçonaria moderna. Infelizmente, muito disso é fantasia metafísica.

Lamentavelmente, eles colocam sua própria interpretação nas evidências documentadas existentes na Inglaterra e na Escócia que de fato contam a história. A Maçonaria descende das guildas (corporações) de pedreiros e, no final do século XVII, filósofos e homens de ciência e saber apoderaram-se dela. Os maçons não construíram catedrais usando encantamentos

(Continua)

(Continuação)

para levitar pedras. Eles não lançavam feitiços para transformar seus inimigos em gárgulas de pedra no formato de demônios. Também não transmutavam metais comuns em ouro para pagar seus salários. Como Arthur C. disse, "Qualquer tecnologia suficientemente avançada é indistinguível da magia". A geometria não era uma arte de feiticeiros — se fosse, ninguém estaria a salvo de um estudante de ensino médio com uma calculadora e um transferidor.

Infelizmente, Pike, Mackey e Hall foram prolíficos. Eles escreveram livros grandes e grossos que fazem parte de todas as bibliotecas maçônicas, então as pessoas que não compreendem o fato de suas obras serem folclore maçônico exibem os escritores como especialistas, estudiosos "notáveis" do assunto, e porta-vozes mortos há muito tempo. O problema é que os seus escritos são continuamente citados como "prova" de uma conexão oculta com a Maçonaria. Pior que isso, seus escritos são muitas vezes alterados de modo deliberado pelos críticos do Ofício, e os maçons têm de explicar novamente a seus familiares e guias espirituais que, não, eles não estão reencenando o desmembramento de Osíris, fazendo sacrifícios pagãos a Lúcifer, mexendo caldeirões ou adorando cabras (veja o Capítulo 8).

Eles todos eram bem instruídos a respeito da grande variedade de religiões e culturas, e seus trabalhos sobre os temas do simbolismo e da filosofia podem ser fascinantes. Digamos apenas que sua versão da história da Maçonaria moderna não é muito precisa e deixemos por isso mesmo.

Unindo membros por meio de um laço místico

O poeta escocês e maçom Robert Burns descreveu a Maçonaria como um laço místico, que une mítica e simbolicamente seus membros a milhões de irmãos em todo o mundo, abrangendo os séculos.

Esse vínculo é o que permite a dois estranhos se encontrarem na rua em uma terra estrangeira e se cumprimentarem como se conhecessem um ao outro por todas as suas vidas — algo que pode enervar o cônjuge nas primeiras vezes em que isso acontece. É a ligação que viu inimigos em campos de batalha tratarem uns aos outros com respeito e dignidade quando a morte se aproximava. É a conexão que ajudou e protegeu Irmãos em seus momentos de maior necessidade.

Expressando conceitos por meio de simbolismo

Uma definição comum de Maçonaria no século XIX era "um peculiar Sistema de Moralidade, coberto por *Alegorias* e ilustrado por Símbolos". Uma alegoria é uma história que pega um conceito complicado e torna-o

Capítulo 3: A Filosofia da Maçonaria

mais simples de entender, muitas vezes por fazer personagens ou pontos da história representarem questões mais complexas. Fábulas e parábolas geralmente fazem isso. As cerimônias maçônicas usam o mesmo método para simplificar as suas lições.

O simbolismo é um pouco mais complexo, pois os símbolos são uma tentativa de representar uma ideia por intermédio de algo visual. Como resultado, explicações de ícones podem ser pessoais, subjetivas e muito diferentes, e a exploração do significado desses símbolos pode ser infinitamente debatida.

A Maçonaria usa simbolismo em cada grau da Loja para ilustrar ou representar uma grande variedade de ideias (veja o Capítulo 7). Os símbolos foram montados, adicionados e subtraídos das cerimônias ao longo dos anos, e os estudiosos maçônicos gastaram uma quantidade considerável de tempo refletindo sobre eles. Há muito a ser estudado pelo membro inclinado a essas coisas.

Os próprios graus representam uma viagem por meio das três fases da vida em busca da luz do conhecimento — juventude, maturidade e velhice. Em cada etapa, o maçom aprende mais, e lições de moralidade e virtude, sabedoria e força, honra e coragem são ensinadas a ele.

A própria natureza da fraternidade é o simbolismo em si. A vida de cada maçom representa um edifício, construído com as pedras da experiência, amizade e feitos. Como as grandes catedrais, esse edifício espiritual é dedicado a Deus. E, quando um homem morre, o legado de sua vida permanece como um monumento às suas realizações.

68 Parte I: O que É Maçonaria?

Capítulo 4

Política, Religião e Maçons: Eles Não Se Misturam

Neste Capítulo

▶ Separando a Maçonaria da religião

▶ Resistindo a revoltas, ditadores e tiranias

A republicana conservadora e ex-redatora de discursos presidenciais Mary Matalin e o progressista e estrategista democrata James Carville são casados. Você não encontrará dois polos mais opostos do espectro político do que esse feliz casal de cães de briga. Eles permanecem felizes e se abstêm de participar de brigas de tapas e socos no gramado a cada Dia de Ação de Graças seguindo uma regra simples no lar: sem discussões políticas em casa.

A Maçonaria funciona da mesma maneira.

Ela é uma fraternidade formada por homens de diferentes idades, educações, credos, profissões e convicções políticas. Sua popularidade atravessa todas as barreiras sociais. Na maioria das outras organizações, essa diversidade seria uma receita para discussões e divisão, mas, em função de sua história e de seu desenvolvimento, a Maçonaria encontrou uma maneira de unir seus membros e evitar os dois temas mais comuns que podem destruir qualquer amizade: política e religião.

Neste capítulo, discuto por que maçons convencionais oficialmente evitaram esses temas ao longo dos séculos e como eles ainda conseguem ser acusados de sabotagem política e religiosa com certa regularidade.

Explorando a História da Religião e os Maçons

A Maçonaria sempre foi moldada pelos países e pelas sociedades nas quais existiu, e com, literalmente, milhões de membros, milhares de Lojas e centenas de organizações associadas, generalizações são difíceis de fazer. No entanto, na maior parte, desde suas origens modernas em 1717, a Maçonaria Simbólica esforçou-se para ser *não sectária* (nunca promovendo uma crença religiosa em detrimento de outra).

Aqui estão alguns dos fundamentos para entender sobre a religião e os maçons:

- **Uma reunião em uma Loja maçônica não é um serviço religioso.** Ir a uma Loja não é como ir à igreja.

- **Não há uma religião maçônica.** A Maçonaria *não é* uma religião e nunca alegou ser.

- **Não há um deus maçônico — nem tampouco um demônio maçônico.** Os maçons não adoram Osíris, deuses do sol, Baal ou Baphomet. Os membros se referem a Deus como o *Grande Arquiteto do Universo*, um nome reverente, mas não sectário, especificamente projetado para ser todo inclusivo.

- **Não há uma bíblia maçônica, reverenciada acima de qualquer outra.**

- **Não há um plano maçônico para salvação espiritual.** A Maçonaria não oferece aos seus membros um lugar no céu em troca de boas ações realizadas na Terra.

- **A Maçonaria não é oculta.** Ela não se envolve em bruxaria, não participa de cerimônias pagãs nem encoraja a adoração de ídolos.

- **A Maçonaria não é um culto.** Ela não participa de "controle da mente", nem força os membros a ficarem. Qualquer um que quiser deixar uma Loja por qualquer motivo apenas para de frequentá-la e deixa de pagar anuidades.

- **A Maçonaria é uma invenção do homem.** Ela nunca alegou nada diferente. Os maçons nunca fingiram que as modernas cerimônias maçônicas nasceram da mão de Deus ou são a palavra divina Dele.

Dito isso, a Maçonaria é religiosa. Nas seções seguintes, primeiro explico como a religião desempenha um papel importante na Maçonaria e, em seguida, exploro sua história com algumas das principais religiões do mundo.

Trazendo uma limitada religião para a Loja

Os ateus não podem aderir às Lojas maçônicas (com exceção de algumas poucas jurisdições na Europa). Como requisito de inscrição, cada candidato deve afirmar que possui uma crença pessoal em um Ser Supremo, mas cada

Capítulo 4: Política, Religião e Maçons: Eles Não Se Misturam

maçom é incentivado a adorar a seu modo, de acordo com suas crenças e convicções privadas. *Em que* ele acredita e *como* ele adora são assuntos seus.

Nenhuma Loja maçônica regular pode ser aberta para seus membros sem a Bíblia ou outro livro sagrado aberto em seu altar. Novamente, assim como o Grande Arquiteto do Universo, os maçons referem-se ao livro como o *Volume da Lei Sagrada*, tal qual uma referência não sectária à tolerância religiosa da Loja. Dependendo da parte do mundo em que você esteja e das crenças dos membros, esse livro sagrado pode ser a Bíblia do Rei James, a Tanakh hebraica, o Alcorão muçulmano, os Vedas hindus, o Avesta Zoroástrico ou os Provérbios de Confúcio. Em certas Lojas em Israel, encontrar três livros — uma Bíblia, uma Tanakh e um Alcorão —, todos abertos em conjunto no mesmo altar, em respeito às diferentes religiões dos seus membros, é comum.

Os maçons pedem que seus membros coloquem suas mãos sobre o Volume da Lei Sagrada enquanto prestam as obrigações dos três graus em função de uma razão importante. Se um homem não acredita em um poder maior do que ele, um juramento pode ter pouco significado para a sua consciência.

A Maçonaria nunca foi concebida como um substituto para a religião. Ainda assim, cada homem interpreta a filosofia maçônica de sua própria maneira, e muitos integrantes tentaram fazer da Loja sua Igreja. A Maçonaria também atraiu muitas pessoas religiosas que tentaram imprimir o dogma de sua própria Igreja na Loja. Muitos homens, amigos e inimigos da fraternidade, tentaram descrever a Maçonaria como algo que nunca foi destinada a ser.

Em algumas partes do mundo, principalmente nos países escandinavos, algumas Grandes Lojas exigem que os membros sejam cristãos. Em outras jurisdições, como o irregular Grande Oriente da França, os ateus são autorizados a participar. Esses são polos opostos do extremo, além de exceções incomuns. Mais uma vez, a tradicional Maçonaria Simbólica, o tipo mais provável de se encontrar no quarteirão perto de sua casa, é não sectária.

Alguns dos graus adicionais do Rito de York e do Rito Escocês que se desenvolveram ao longo dos anos apresentam temas expressamente cristãos, e a Ordem dos Cavaleiros Templários do Rito de York exige especificamente que os candidatos jurem defender a religião cristã. No entanto, embora alguns desses graus ensinem lições de moral usando eventos do Novo Testamento, eles não exigem necessariamente uma crença no cristianismo (discuto esses graus com mais detalhes nos Capítulos 10 e 11). Por exemplo, muitos maçons judeus passaram por esses graus e se tornaram oficiais em órgãos que os conferem. Quando perguntado como conciliou a questão de defender a religião cristã com suas próprias crenças, um irmão disse: "É claro que defenderia a religião cristã até a morte. Assim como acredito que meus irmãos cristãos defenderiam a religião judaica."

Aprendendo com a intolerância

Entre os séculos XVI e XIX, diferentes reis e rainhas da Inglaterra perseguiram, caçaram, prenderam, mataram ou apenas perturbaram católicos, anglicanos, metodistas, puritanos, luteranos, presbiterianos, calvinistas, quakers e praticamente todas as outras variações cristãs de seus súditos. As diferentes convicções religiosas de cada monarca tinham consequências bastante incômodas, e ocasionalmente fatais para seus infelizes súditos que não adoravam no mesmo altar. O breve tempo do homem na terra era insignificante em comparação com a sua escolha do time certo ao qual pertencer durante a vida no além, e esses foram literalmente assuntos de maior importância do que apenas a vida e a morte.

A Guerra Civil Inglesa é importante para a Maçonaria por uma série de razões, ainda que hoje a maioria dos não maçons ingleses saiba pouco sobre ela. A guerra começou em 1641, após o teimoso e antipático Rei Charles I encher-se de suas batalhas com os membros do Parlamento a respeito de dinheiro e religião e de fato fechar com correntes as portas do edifício do Parlamento durante 11 anos. Essencialmente, foi uma briga entre o Rei Charles e a nobreza de um lado, chamados de Cavaliers, e Oliver Cromwell e os puritanos protestantes do outro, chamados de Cabeças Redondas. Era uma luta entre a Igreja estabelecida e os protestantes radicais, entre o poder da nobreza e o desejo de autogoverno da classe média em ascensão. Entretanto, o pior de tudo, assim como a Guerra Civil dos Estados Unidos, era o fato de esse ser um conflito que colocava irmão contra irmão e amigo contra amigo. Esses terríveis aspectos da guerra afetaram o futuro e a filosofia da Maçonaria nos séculos posteriores.

Os Cabeças Redondas assumiram o governo e decapitaram o Rei Charles em 1649. Mesmo que ele não fosse especialmente querido por alguém, nenhuma pessoa queria ver o símbolo de séculos de poder e majestade ingleses com o pescoço cortado. Depois que a sangrenta guerra de nove anos terminou, passou-se menos de uma década do governo sombrio e tirânico de Cromwell e dos puritanos antes que a Inglaterra quisesse a monarquia de volta.

O Rei Charles II foi coroado em 1661 e, ao contrário de seu pai, ele era claramente um amante, não um lutador. Além disso, estava muito mais interessado na ciência e na razão do que em perseguição religiosa. Ele era verdadeiramente um homem de uma nova era, que daria boas-vindas aos novos princípios da Maçonaria especulativa.

Em 1717, quando se formou a primeira Grande Loja em Londres, regras incomuns foram estabelecidas. Primeiro, a discussão de religião foi proibida. As reuniões não seriam interrompidas por debates entre católicos, anglicanos, puritanos e protestantes. Enquanto os membros acreditassem em Deus, ninguém questionaria a fé de ninguém. Em segundo lugar, as batalhas políticas entre monarquistas e simpatizantes do Parlamento que levaram à Guerra Civil não seriam toleradas. Os maçons estavam determinados a sobreviver às questões que dilaceraram o país. Ninguém seria capaz de acusá-los de planejar traição ou heresia. Em vez disso, as Lojas destacavam a amizade, a ajuda mútua dos seus membros e a caridade para com os outros. E, claro, um bom e delicioso jantar.

Capítulo 4: Política, Religião e Maçons: Eles Não Se Misturam 73

Examinando a história da Maçonaria e do Catolicismo

Em Roma, o papa não estava especialmente feliz com a Maçonaria. Ela fora criada na Inglaterra, um país não católico, e permitia que homens de todas as fés participassem dela — incluindo um número crescente de judeus. Pior que isso, fez com que seus membros realizassem juramentos de sigilo.

Os católicos se juntaram a Lojas — especialmente na França, na Itália e na América do Sul — por anos. As Lojas acolheram os católicos, mas o Vaticano não possuía a mente tão aberta. Em 1738, o Papa Clemente XII promulgou uma *bula pontifícia* (decreto) ameaçando com a *excomunhão* qualquer católico que se tornasse um maçom .

Hoje, pensamos no papa como chefe da Igreja Católica, que por acaso vive em uma cercania de Roma, chamada Vaticano. Mas, do final do século VIII até 1870, o papa não era apenas o líder espiritual da Igreja Católica. Papas também governavam como reis sobre uma grande fatia do que é hoje a Itália e, às vezes, até mesmo partes da França, áreas conhecidas como os *Estados Pontifícios*.

Ao longo desses 1.100 anos ou mais, os papas tinham exércitos, envolviam-se em trocas comerciais e criavam leis não religiosas — ou seja, tudo o que os reis faziam. Dependendo da época na história, a posição de papa significava controle sobre as almas eternas de fiéis católicos, bem como controle sobre um impressionante poder militar e comercial, bem no meio do Mar Mediterrâneo.

Alguns papas apresentavam interesses mais militares do que os outros. O Papa Júlio II, no século XVI, foi extremamente ambicioso. Além da contratação de Michelangelo para pintar o teto da Capela Sistina, as agressivas façanhas militares do Papa Júlio podem muito bem ter levado ao questionamento da doutrina católica que se transformou na ascensão do protestantismo. A Igreja era atacada por todos os lados, mas a maior ameaça veio a partir da imprensa.

A Bíblia oficial da Igreja Católica foi escrita em latim, e somente pessoas bem instruídas conseguiam lê-la. Graças à invenção da imprensa no século XV, com as traduções da Bíblia para o Inglês, o Francês e o Alemão, as pessoas agora tinham algo para aprender a ler. Se a Bíblia era a palavra de Deus e as pessoas realmente podiam lê-la, então a Igreja já não era tão importante como intérprete entre o homem e Deus. A melhora da alfabetização levou parcialmente ao aumento da variedade de religiões protestantes.

Enfrentando os maçons em uma luta papal

Então, no início do século XVII, surgiu a Maçonaria com uma política abertamente não sectária. Quando o Papa Clemente XII publicou sua bula intitulada *In Eminenti*, em 1730, ele acusou os maçons de se tornarem populares (sim, eles eram), de imporem o sigilo a seus membros (sim, eles o fizeram) e de ameaçar seus membros com penas por quebra de juramentos (culpados de novo). Mas a ameaça do papa de excomunhão de maçons católicos foi amplamente ignorada, um símbolo da crescente perda de influência da Igreja no mundo.

Comunicações oficiais emitidas por um papa são chamadas *encíclicas* ou *bulas*. São decisões oficiais ou apenas cartas escritas pelo papa para serem amplamente circuladas por toda a comunidade católica. O termo *bula* vem do selo de chumbo oficial, chamado de *bulla*, aposto no documento. O título de uma bula ou encíclica vem das palavras iniciais utilizadas no documento.

Em 1739, outro decreto papal proibiu a participação em organizações maçônicas em qualquer lugar nos Estados Pontifícios, sob pena de morte. Quando o carrasco papal em Roma não conseguiu encontrar nenhum maçom, ele queimou dois livros do maçom escocês Cavaleiro Andrew Michael Ramsay em uma praça pública. A Inquisição estava acontecendo na Espanha, em Portugal e na Itália, até o final do século XVIII, e maçons foram perseguidos, presos e torturados. Em Portugal, em 1743, três membros de uma Loja de Lisboa foram enforcados.

Uma sucessão de papas ao longo dos próximos 140 anos emitiu uma série de bulas ou encíclicas cada vez mais furiosas contra os maçons. A mais forte delas surgiu em 1884, promulgada pelo Papa Leão XII (veja a seção "Ouvindo sobre os males da liberdade pelo Papa Leão XII", mais adiante neste capítulo).

Causando comoção no mundo católico

Tendemos a pensar que os adesivos de carro "Questione a Autoridade" e "Sem Regras" são sentimentos modernos, mas nada poderia estar mais longe da verdade. O mundo se encontrava em crise nos séculos XVIII e XIX. Religiões, reis e países estavam sob ataque em todo o mundo por revolucionários que questionavam tudo. Sob a nova maneira de pensar, os reis não tinham o direito divino de governar, a nobreza era obtida em vez de herdada, e religião era uma escolha pessoal.

O Papa Pio IX tornou-se pontífice em 1846, e estava bem ciente das mudanças que aconteciam no mundo. No início, ele era um liberal reformista, que revogou leis opressivas contra judeus que viviam nos Estados Pontifícios e concordou com reformas no governo. Os revolucionários estavam cada vez mais populares, e o papa teve de importar tropas francesas e austríacas para ajudar a manter a paz em seus próprios territórios.

Na frente espiritual, Pio IX provocou uma tempestade de controvérsias na Igreja ao anunciar em 1854 que a mãe de Jesus, Maria, fora concebida sem pecado original, elevando-a, dessa forma, a uma posição espiritual de igualdade com o próprio Cristo. Ele realmente chocou o mundo religioso em 1870, quando o Concílio Vaticano I proclamou a doutrina da infalibilidade papal, significando que, quando o papa falava sobre questões de fé ou de moral, ele era incapaz de cometer um erro. Tais anúncios resultaram em grandes ondas de sentimento anticatólico e protestos ao redor do mundo.

Em 1848, uma revolta liderada pelo maçom italiano Giuseppe Garibaldi acabou levando à perda de todo o Estado Papal, com exceção de Roma. Em 1870, até Roma foi tomada, e as posses do papa foram reduzidas à pequena área hoje conhecida como Cidade do Vaticano. A Itália foi unificada em um

Capítulo 4: Política, Religião e Maçons: Eles Não Se Misturam 75

país, mas a Igreja já não era uma potência mundial. O maçom Simon Bolívar libertou a América do Sul, e o maçom Benito Juarez, o México. O papado perdeu o domínio na Europa, posses no Novo Mundo, e especialmente plantações, minas de ouro e de prata no México e na América do Sul. Claramente, os maçons eram os culpados.

Ouvindo sobre os males da liberdade pelo Papa Leão XII

Pio IX morreu em 1878 como um dos pontífices que reinaram por mais tempo. Seu sucessor, o Papa Leão XII, estava compreensivelmente frustrado com a geografia e a influência muito diferentes que ele herdou (ao contrário do imenso território que Pio IX herdara 32 anos antes). A Igreja se encontrava sob ataque em todos os lugares. Em 1882, Leão XII contra-atacou com uma encíclica de 25 páginas intitulada *Humanum Genus*. Ele a dispôs para o mundo ver: o mundo foi dividido em Reino de Deus e de Satanás, com a Maçonaria permanecendo no centro do domínio de Satanás.

Aqui estão algumas das piores acusações do papa contra os maçons:

> Em seguida, há suas doutrinas sobre política, em que os naturalistas decretam que todos os homens têm o mesmo direito, e são em todos os aspectos da mesma e igual condição; que cada um é naturalmente livre; que ninguém tem o direito de comandar a outrem; que é um ato de violência requerer que homens obedeçam a qualquer autoridade senão aquela que é obtida deles mesmos. De acordo com isso, portanto, todas as coisas pertencem ao povo livre; o poder é exercido pela ordem ou permissão da população, de modo que, quando o desejo do povo muda, os governantes podem ser legalmente depostos e a fonte de todos os direitos e deveres civis está ou na multidão ou na autoridade governante quando esta é constituída de acordo com as últimas doutrinas. É sustentado também que o Estado deve ser sem Deus; que nas várias formas de religião não há razão pela qual uma devesse ter precedência sobre outra; e que todas elas devem ocupar o mesmo lugar.

Se isso soa estranhamente parecido com o manual de instruções para a Constituição dos Estados Unidos, você está certo. Leão XII não achou que isso fosse muito admirável. Ele continuou: "Seus dogmas principais estão tão grande e manifestamente apartados da razão que nada pode ser mais perverso." Se essas ideias são maléficas, então toda a coleção de documentos que fundou os Estados Unidos é positivamente pornográfica.

Esclarecendo a posição moderna da Igreja a respeito da Maçonaria... ou não

A política permanente da Igreja Católica tem sido sempre a de condenar qualquer grupo do qual se diferencia. Na década de 1950, o Papa Pio XII emitiu uma encíclica denunciando, entre outras coisas, os Rotary Clubs.

O Grande Oriente da França

A Maçonaria Simbólica nunca tomou outra posição que não de neutralidade sobre crenças religiosas, mas grupos de maçons franceses ficaram de fato furiosos com as mudanças na Igreja, especialmente com os chocantes anúncios do Papa Pio IX sobre a infalibilidade papal. Como os franceses eram os franceses, houve uma sequência interminável de Grandes Lojas concorrentes operando no país desde o início do século XVIII. O Grande Oriente da França foi um numeroso grupo que se distanciou cada vez mais das principais crenças maçônicas, e seus membros começaram a se envolver em política e em movimentos sociais. Em 1877, eles chocaram o mundo maçônico ao remover a crença em um Ser Supremo como um requisito para a adesão, e pararam de exigir a abertura de um Volume da Lei Sagrada em reuniões de fraternidades. A maior parte das principais Grandes Lojas em todo o mundo declarou o Grande Oriente de França irregular, e ela permanece até hoje como uma organização grande e popular, ainda que ilegal e não reconhecida. (Consulte o Capítulo 5 para mais informações sobre reconhecimento e regularidade maçônica.)

Hoje, a confusão sobre a posição da Igreja a respeito da Maçonaria permanece. A Igreja considera os maçons ingleses e americanos "pessoas inofensivas e bem-intencionadas" e admite que a Maçonaria é "benéfica para o país ou, pelo menos, inofensiva". Ainda assim, os juramentos solenes de sigilo são contestados, bem como a crença de que a Maçonaria "tende a minar a crença no cristianismo católico substituindo-a pelo que é praticamente uma religião rival com base em princípios deístas ou naturalistas".

A Igreja também condena o uso da Bíblia, orações, velas e a menção a Deus em cerimônias maçônicas, afirmando que a Maçonaria claramente se disfarça como uma religião, não importando quão não sectária ela possa ser.

O Direito Canônico (Católico) foi atualizado pela última vez em 1983. A lei anterior a esse ano ainda considerava a Maçonaria um grupo política e religiosamente subversivo, mas a Igreja parece, por fim, entender a diferença entre a Maçonaria regular e reconhecida e grupos irregulares ou maçons que se envolveram em lutas religiosas, sociais e políticas — já que a Maçonaria, de uma forma geral, se envolveu muito em política no passado. A ausência da menção à Maçonaria no novo texto de 1983 parece permitir que os católicos participem de uma Loja maçônica regular, mas o Gabinete da Sagrada Congregação para a Doutrina da Fé (o sucessor moderno do escritório da Inquisição), então liderado pelo cardeal Alois Ratzinger, discorda. Em 1983, Ratzinger, que se tornaria o Papa Bento XVI em 2005, escreveu um esclarecimento dizendo que não houvera mudança alguma, e que os católicos que se tornaram maçons estavam em estado de grave pecado e podiam não receber a comunhão.

Os católicos estão claramente confusos. Oitenta por cento dos maçons nas Filipinas são católicos, e a Maçonaria prospera em muitos países predominantemente católicos, como o México. Obviamente, milhares de católicos são maçons sem crise de consciência. Os membros ativos sabem que não há conflito entre sua religião e a sua fraternidade. Ainda assim, os católicos interessados em participar de uma Loja são instados a consultar seu bispo, por meio de seu pároco, para determinar os pontos de vista mais atuais da Igreja.

Claro, a Igreja Católica tem sua própria organização fraternal, formada em 1882 (veja o Capítulo 9), destinada aos seus membros que gostam de se divertir, os Cavaleiros de Colombo.

Unindo maçons e protestantes pacificamente (quase)

A Maçonaria nos Estados Unidos é, sem dúvida, vista principalmente como uma organização branca, anglo-saxã e protestante, independente de seus elevados objetivos de tolerância social, religiosa e racial. A esmagadora maioria dos maçons ao longo dos séculos era protestante, especialmente em países de língua inglesa.

Fundamentalistas e maçons: Como água e óleo

Muitos cristãos fundamentalistas opõem-se à Maçonaria, porque alguns pastores incentivam seus membros a "testemunhar" sua fé em todos os momentos e lugares. Ser informado de que a Loja maçônica não é o lugar para converter pessoas para sua versão particular de teologia é uma heresia para os crentes de alguns tipos de cristianismo entusiástico e evangélico. Entretanto, o conflito que alguns cristãos fundamentalistas apresentam com a Maçonaria vai além da incapacidade de pregar em uma Loja.

Infelizmente, uma pequena indústria que consiste de livros, panfletos, sites, gravações de áudio, vídeos e palestras antimaçônicos tem se desenvolvido entre fundamentalistas oportunistas. A lista de acusações absurdas contra maçons é aparentemente interminável: os maçons adoram o diabo; praticam bruxaria; têm a sua própria Bíblia maçônica; segredos de sua dominação mundial com sua religião satânica são escondidos de membros inferiores da Loja e revelados somente a maçons de grau 33 do Rito Escocês em uma cerimônia Luciferiana; e assim por diante.

É claro que os maçons não devem se sentir discriminados, pois muitas dessas mesmas pessoas lançaram-se contra os católicos, os judeus, as Nações Unidas, o Federal Reserve, o Banco Mundial, o Conselho de Relações Exteriores, o Metallica, e, também, contra a Procter & Gamble.

Nas sociedades livres, sempre haverá pessoas que ou vivem nos extremos lunáticos ou lucram com as pessoas que lá vi-

(Continua)

(Continuação)

vem. Elas continuam a espalhar notórias falsidades sobre a fraternidade, sob o pretexto da salvação cristã. Explorarei esses mitos e as mentiras mais comuns com mais detalhes no Capítulo 8.

Lembre-se: A verdade é que literalmente milhões de homens, ao longo dos séculos, têm sido membros de Lojas maçônicas, e dezenas de milhares deles são pastores, diáconos, rabinos, bispos, sacerdotes e outros teólogos. A esmagadora maioria deles nunca achou que alguma dessas mentiras maliciosas fossem verdade. A Maçonaria encoraja seus membros a serem cidadãos melhores e a procurarem respostas para suas necessidades religiosas em suas próprias igrejas.

A maioria das congregações protestantes não se opôs de modo organizado aos seus membros serem maçons. Ainda assim, brigas ocasionais ocorreram entre maçons e igrejas protestantes. Recentemente, a Convenção Batista do Sul, a maior associação de batistas dos Estados Unidos, anunciou que a Maçonaria é incompatível com suas crenças. A Igreja Metodista Livre foi fundada na década de 1860 especificamente porque seus criadores sentiram que muitos metodistas se mancharam por sua filiação com a Maçonaria e outras sociedades secretas do período. Muitas pessoas associam um grande número de metodistas na fraternidade no século XIX com a ascensão de uma devoção rigorosa que resultou na proibição de álcool em Lojas.

Sem dúvida, o maior problema entre maçons e protestantes surgiu de congregações evangélicas e fundamentalistas (veja o quadro explicativo anterior "Fundamentalistas e maçons: Como água e óleo").

Reduzindo grandes distâncias: Maçonaria e Judaísmo

A Maçonaria não possui conflito com o Judaísmo. No entanto, a aceitação dos judeus em Lojas maçônicas tem variado ao longo dos anos, com os preconceitos dependendo da época e do lugar.

Vivendo uma vida à parte

Quando os maçons formaram a primeira Grande Loja em Londres, em 1717, a Europa apresentava uma longa história de perseguição aos judeus. Após a Peste Negra, a grande peste bubônica que destruiu quase um terço da população da Europa no século XIV, os judeus tornaram-se bode expiatório para a praga. Eles foram acusados de envenenar poços para matar cristãos, sendo quase totalmente expulsos da Europa Ocidental. A maioria fugiu para a Polônia, enquanto uma grande comunidade judaica sobreviveu na Espanha, convertendo-se ao catolicismo. A Inquisição espanhola foi iniciada pela Igreja como uma investigação não violenta para determinar se os judeus convertidos eram sinceros.

Capítulo 4: Política, Religião e Maçons: Eles Não Se Misturam   **79**

Por centenas de anos, os judeus foram restringidos por sociedades cristãs a viver em bairros segregados, chamado *guetos*. Além disso, foram impedidos de associarem-se a guildas de ofício ou de realizarem mão de obra qualificada, sendo, portanto, reduzidos a vendedores ambulantes ou agiotas (um trabalho que os cristãos eram proibidos de ter). Em função das poucas profissões autorizados a desempenhar, os guetos tornaram-se pobres, deteriorados e superlotados. Sua roupa era ditada por sua condição religiosa, o que os fez parecer diferentes do resto da sociedade ao seu redor.

No século XVII, os judeus começaram a voltar para a Alemanha, para o sul da França e para a Holanda. Em 1654, a Inglaterra começou a permitir que os judeus retornassem ao país. As violentas guerras religiosas da Europa chegavam ao fim, e as filosofias iluministas incentivaram uma maior compreensão e tolerância de diferentes religiões. Mesmo assim, ainda no século XIX, eles geralmente não eram autorizados a ter direitos de cidadania em muitos países, e nos Estados Pontifícios foram obrigados a ouvir com frequência sermões de conversão. As leis promulgadas contra os judeus os fizeram ser considerados uma espécie alienígena nos países em que estavam autorizados a viver.

Recebendo judeus na Loja

Os primeiros judeus começaram a se associar a Lojas de Londres em 1721, e muitos começaram a considerar a adesão à Loja como um símbolo de liberdade das antigas restrições sociais e legais. A Loja foi um dos primeiros lugares onde cristãos e judeus se tornaram capazes de se sentar lado a lado com alguma medida de igualdade.

Muitos judeus foram para as colônias americanas no século XVIII, e se associaram a algumas das primeiras Lojas que abriram. Antes de 1800, pelo menos quatro Grão-Mestres de Grandes Lojas dos Estados Unidos eram judeus. Ainda assim, o preconceito contra eles foi uma grande força ao longo da história, e muitas Lojas ao redor do mundo os têm excluído, oficialmente ou não.

A Alemanha e a Rússia eram bastante antissemitas e antimaçônicas desde o final do século XIX até a Segunda Guerra Mundial. Aos poucos, judeus e maçons eram vistos como se trabalhassem juntos em um plano secreto para destruir o cristianismo e promover levantes, especialmente após a Revolução Francesa. Na Alemanha antes da Primeira Guerra Mundial, os judeus foram impedidos de se associarem a lojas maçônicas.

Os rituais da Maçonaria fazem uso de histórias do Antigo Testamento, a porção da Bíblia compartilhada por judeus e cristãos. Na verdade, os três graus da Loja tiram muito do simbolismo da construção do Templo de Salomão judaico (veja o Capítulo 7). Apesar do fato de a Maçonaria nascer de uma organização essencialmente cristã para se tornar uma organização sem denominação, isso não impediu aos antissemitas de afirmarem que a Maçonaria é um grupo maligno e louco pelo poder, presidida por judeus que buscam controlar (ou já controlam) o sistema bancário mundial e todos os governos terrestres. Não faltam fanáticos no mundo, e todas as evidências contrárias os convencem de que as influências judaica e maçônica em eventos mundiais são muito mais secretas.

Os Protocolos dos Sábios de Sião

No final do século XIX, a *Okhrana*, a polícia secreta do czar russo, criou uma peça de propaganda notória chamada de *Protocolos dos Sábios de Sião*. Nela, era descrito um encontro secreto de um grupo de judeus que discutiam seus planos de dominação mundial, com os maçons como seus cúmplices.

Os *Protocolos* são a origem de uma teoria da conspiração amplamente aceita sobre um grupo secreto de banqueiros judeus que controlam o mundo. De acordo com os *Protocolos,* os judeus estão por trás de um plano para a conquista do planeta, e usam os maçons como seus lacaios complacentes; judeus e maçons controlam a imprensa e os tribunais; revolucionários judeus utilizam o liberalismo para enfraquecer o cristianismo e o Estado; intelectuais judeus confundem as pessoas comuns e substituem o tradicional currículo educacional para desestimular o pensamento independente e encorajar a imoralidade entre crianças cristãs; judeus usam seus monopólios bancários internacionais e créditos para destruir a economia, favorecendo o papel-moeda não atrelado ao padrão-ouro; judeus e maçons controlam governos nos bastidores, chantageando políticos; e, durante épocas de grandes emergências, judeus suspendem liberdades civis e então, secretamente, tornam as medidas permanentes.

É um episódio absurdo, inspirado em um trabalho antimaçônico de 1797 escrito por um padre jesuíta francês chamado Augustin Barruel, que culpava os maçons pela Revolução Francesa (ele de fato descrevia os Illuminati [veja o quadro explicativo "Os Illuminati", mais adiante neste capítulo], mas a Maçonaria Francesa o confundia). Ao longo do século XIX, vários homens reintroduziram a conspiração, repetindo as mesmas acusações com um elenco diferente de vilões. Finalmente, a polícia secreta russa esbarrou nela, adorou a história e, com um pouco de criatividade, tornou inimigos os judeus *e* os maçons, mas desta vez não era apenas a Rússia que eles desejavam destruir — era o mundo.

Um monge russo chamado Sergei Nilus publicou novamente os *Protocolos* em 1905, e ao longo dos anos forneceu uma ampla variedade de explicações para a sua origem, todas falsas. Ele anunciou, por fim, em 1917 que eles eram, na verdade, parte da ata do Congresso Sionista de 1897 na Basileia, Suíça. Curiosamente, o encontro foi aberto ao público e contou com a presença de vários clérigos cristãos e figuras políticas, mas nenhum dos participantes lembrou de ver ou ouvir o que foi descrito no documento. O que de fato se discutiu no encontro foi a criação de uma organização judaica para a compra de terras na Palestina a fim de construir um território judeu. Apesar desses incômodos detalhes da verdade, os russos engoliram tudo e usaram os ficcionais *Protocolos* como justificativa para o massacre de judeus após a Revolução Russa em 1917.

Quando Adolf Hitler chegou ao poder, ele usou os *Protocolos* como justificativa para seus planos de exterminação dos judeus. Os maçons também estavam em sua lista, e foram enviados para campos de concentração. Um dos slogans muito populares dos nazistas foi "Todos os maçons são judeus — todos os judeus são maçons!".

Os *Protocolos* circularam amplamente por mais de 100 anos, e hoje podem ser encontrados por toda a internet, publicados por uma grande variedade de grupos que acreditam em conspirações. Os *Protocolos* ainda se mantêm muito populares em alguns países islâmicos, especialmente no Egito e na Arábia Saudita, onde estão incluídos nos textos oficiais para as crianças estudarem e são aceitos como absoluta verdade.

Muitos grupos — incluindo a Nação Afro--Americana do Islã, os grupos armados de milícia patriótica branca, o grupo terrorista palestino Hamas e o Partido Nazista Americano — ainda vendem os *Protocolos* como fato.

Outros apenas removem as palavras *judeu* e *maçom* das acusações e as substituem por palavras como *neoconservadores* ou *banqueiros internacionais*. As mentiras continuam as mesmas.

Construindo o amor fraterno em Lojas israelenses

A Maçonaria floresceu em Israel, onde há quase 50 lojas. Membros judeus, cristãos, muçulmanos e drusos trabalham em conjunto, e a *Tanakh* judaica (as Escrituras Hebraicas), a Bíblia King James e o Alcorão muçulmano são comumente abertos lado a lado nos altares. O selo oficial da Grande Loja de Israel inclui uma Estrela de Davi, uma cruz cristã e um crescente muçulmano, todos sobrepostos ao esquadro e ao compasso maçônicos. Apesar de décadas de violência no Oriente Médio centradas em torno da criação do Estado de Israel em 1948, será difícil encontrar uma imagem melhor de verdadeiro amor fraternal.

Encontrando conflito (onde não existe um) entre a Maçonaria e o Islã

Os ensinamentos da Maçonaria e do Islã não entram em conflito. Nenhum grupo deve mais ao Oriente Médio pela origem de seu simbolismo do que a Maçonaria, que, mesmo assim, foi banida em todos os países muçulmanos, exceto no Marrocos, no Líbano e na Turquia.

Após o Papa Clemente XII excomungar os maçons católicos em 1738, o sultão Mahmut I, governante do Império Otomano, proscreveu a Maçonaria em todo o Oriente Médio e no Norte da África, sob a pressão de seus súditos cristãos e com a aprovação de seu *ulemás* (teólogos islâmicos).

A Maçonaria foi popular por um tempo no Egito e na Argélia no século XIX, principalmente entre os europeus que viviam lá. Após a Primeira Guerra Mundial e a dissolução do território que compunha o Império Otomano, a Maçonaria brevemente voltou ao Oriente Médio por meio de trabalhadores ingleses, escoceses e franceses da indústria petrolífera. Algumas Lojas ainda existem nos países muçulmanos em bases militares britânicas e americanas, mas a maioria dos árabes muçulmanos são proibidos por seus governos de participar. Trabalhadores estrangeiros que são maçons em países como a Arábia Saudita só estão autorizados a manter Lojas em seus enclaves privados, especificamente para estrangeiros.

Uma das organizações mais influentes para interpretação da lei islâmica é o Colégio Islâmico Jurisdicional da Universidade El-Azhar, no Cairo. Em 1978, ele emitiu um parecer sobre "A Organização dos Maçons". Entre suas conclusões, estavam as seguintes:

- A Maçonaria é uma organização clandestina, que esconde ou revela seu sistema, dependendo das circunstâncias. Seus princípios reais são escondidos de seus membros, exceto para membros escolhidos de seus graus mais elevados.

- Os membros da organização, em âmbito mundial, são compostos por homens sem preferência por sua religião, fé ou seita.

- A organização atrai integrantes com base em obtenção de benefícios pessoais. Obriga homens a serem politicamente ativos, e seus objetivos são injustos.

- Novos maçons participam de cerimônias com nomes e símbolos diferentes e têm muito medo de desobedecer a seus regulamentos e a suas ordens.

- Os membros são livres para praticar sua religião, mas apenas os ateus são promovidos para seus graus mais elevados, baseado em quanto eles estão dispostos a colaborar com seus planos e princípios perigosos.

- É uma organização política. Contribuiu com todas as revoluções, assim como com transformações militares e políticas. Em todas as mudanças perigosas, uma relação com essa organização aparece exposta ou velada.

- É uma organização judaica em suas raízes. Seu mais alto conselho administrativo internacional secreto é composto por judeus, e promove atividades sionistas (pró-Israel).

- Seu objetivo principal é o distanciamento de todas as religiões, afastando, assim, os muçulmanos do Islã.

- Ela tenta recrutar pessoas influentes nas finanças, na política, na sociedade e na ciência a fim de utilizá-las. Não considera candidatos que não possa aproveitar. Ela recruta reis, primeiros-ministros, altos funcionários do governo e indivíduos semelhantes.

- Ela possui filiais sob nomes diferentes como uma camuflagem para que as pessoas não possam rastrear suas atividades, especialmente se o nome da Maçonaria tiver oposição. Essas filiais ocultas são conhecidas como Lions, Rotary, entre outros, e têm princípios perversos que contradizem completamente as regras do Islã.

Capítulo 4: Política, Religião e Maçons: Eles Não Se Misturam **83**

✔ Existe uma relação clara entre a Maçonaria, o judaísmo e o sionismo internacional. Ela tem controlado as atividades de altos funcionários árabes no conflito palestino.

✔ Qualquer muçulmano que se associe a ela, conhecendo a verdade dos seus objetivos, é um infiel ao Islã.

Mais uma vez, os maçons ativos e praticantes sabem que essas alegações não possuem qualquer fundamento. No entanto, muitos países islâmicos não acreditam na separação entre Igreja e Estado, e são regidos pela rigorosa Charia, baseada em interpretações literais e limitadas das leis do Alcorão. Como resultado, ser um maçom pode resultar em pena de morte em alguns países.

Outra área de discórdia entre os muçulmanos e a Maçonaria diz respeito a algo que os maçons acreditam ser inofensivo, mas os muçulmanos claramente não. Os Shriners começaram na década de 1870 como o playground dos Maçons (veja o Capítulo 12). A linguagem de suas cerimônias, seus trajes e suas decorações saíram diretamente dos exóticos *Contos das Mil e Uma Noites*. Os Shriners chamavam suas jurisdições de oásis; construíram seus edifícios para parecerem mesquitas, com minaretes e cúpulas; usavam um fez; e adotaram a expressão árabe *al salam aleikum* ("que a paz esteja com você") como cumprimento. Infelizmente, muitos muçulmanos devotos não acham isso uma homenagem à sua cultura. Em vez disso, eles sentem que sua fé e sua cultura são ridicularizadas.

Recusando-se a Fazer Política

Como a religião, a discussão da política é proibida em Lojas maçônicas regulares e convencionais. O livro original das Constituições, publicado na Inglaterra em 1723, afirma:

> Um maçom é uma pessoa pacífica, sujeita às autoridades civis, onde quer que resida e trabalhe, e nunca deve tomar parte em planos e conspirações contra a paz e o bem-estar da nação, nem se portar sem o devido respeito a magistrados inferiores, pois, como a Maçonaria tem sido sempre ferida pela guerra, violência e confusão, da mesma forma antigos reis e príncipes têm estado dispostos a incentivar os maçons, por causa de seu caráter pacífico e lealdade, pela qual responderam às malícias de seus adversários e promoveram a Honra da Fraternidade, que sempre prosperou em tempos de paz. Assim, se um irmão rebelar-se contra o Estado, ele não deve ser apoiado em sua rebelião, todavia pode ser lamentado como um homem infeliz; e se não for condenado por nenhum outro crime, embora a leal fraternidade deva e necessite renegar sua rebelião, e não ofender ou dar motivos ao Governo, sob estas circunstâncias, para desconfiança política, ela não pode expulsá-lo da Loja, e sua relação com ela permanece irrevogável.

Por fim, os maçons devem ser bons cidadãos e manter sua política para si mesmos. Grandes Lojas convencionais adotaram esse texto, ou algo muito semelhante, quase universalmente. Então, por que a Maçonaria tem a reputação de ser uma sociedade maligna que causou revoluções e de modo secreto assumiu governos?

Venho a público dizer: a culpa é dos franceses. E talvez de um alemão.

Situando a Maçonaria em meio à desordem política da Europa do século XVIII

A Maçonaria espalhou-se com rapidez da Inglaterra para o continente europeu após 1717. Tendo começado como uma organização inglesa, alguns dos reis na Europa estavam nervosos sobre Lojas operando em seus países. A Grã-Bretanha fora a terra da revolução sangrenta na década de 1640, com os ingleses decapitando um monarca e expulsando um outro. Pior ainda, os maçons possuíam "segredos" que se recusavam a divulgar. Ainda assim, muitos membros da realeza de outros países aderiram à fraternidade quando descobriram que as Lojas foram projetadas para serem apolíticas, pois eles ansiavam para abraçar as novas filosofias da época.

No entanto, no nervoso clima político de Paris, a polícia começou a invadir reuniões maçônicas na década de 1730, e o governo não gostou do que encontrou.

Nobres se sentavam lado a lado com homens de origem humilde. Médicos e advogados participavam de reuniões secretas com comerciantes humildes e, em uma Loja, até com um trompetista negro do palácio real. Pior ainda, os maçons se recusaram a divulgar o que acontecia em suas reuniões — com exceção de um importante e assustador detalhe: quando questionados, todos os membros admitiram espontaneamente que suas Lojas eram administradas por oficiais eleitos por voto democrático.

É uma inegável verdade que muitos europeus interessados em destituir monarquias a favor do governo republicano associaram-se a Lojas maçônicas. As Lojas tornaram-se o lugar mais popular para os homens que queriam discutir os novos assuntos filosóficos iluministas sobre mudanças sociais e os direitos do homem. A velha e confortável ordem das nações governadas por reis hereditários, com gordos nobres no topo e camponeses desnutridos na base, era questionada por toda a Europa, e Lojas maçônicas surgiam em todos os lugares. Muitos homens nervosos no poder viram uma conexão entre os dois, não que os maçons monopolizassem o pensamento revolucionário.

Despertando a anarquia em Lojas francesas

A Maçonaria surgiu na França quase ao mesmo tempo em que começou na Inglaterra, chegando com muitos expatriados ingleses e escoceses que viviam lá (veja o Capítulo 2). Os jacobitas (partidários do deposto rei inglês James II, escondido na França) particularmente gostavam da Maçonaria e formaram várias Lojas. Várias Grandes Lojas concorrentes começaram a se formar em todo o país.

Em 1737, o Cavaleiro Andrew Michael Ramsay, um escocês vivendo na França, publicou uma palestra afirmando que a Maçonaria *não* descendia das guildas

Capítulo 4: Política, Religião e Maçons: Eles Não Se Misturam 85

operativas de pedreiros, mas que se originara no Antigo Egito e fora levada de volta à Europa pelos nobres Cavaleiros Cruzados, retornando vitoriosamente da Terra Santa. Ramsay não era maçom há muito tempo, e sua palestra parece ter nascido de sua própria imaginação febril. Seu discurso causaria alvoroço na Maçonaria, mas Ramsay rapidamente perdeu o interesse e nunca participou da fraternidade depois disso.

Ramsay desapareceu, mas sua pequena teoria sobreviveu. Criativos e entusiastas maçons franceses amaram a história dele e de imediato começaram a inventar o que seriam os 1.100 diferentes graus conferidos por 100 grupos diferentes, ou ritos. Aristocratas franceses foram subitamente atraídos para a Maçonaria, agora que poderiam receber graus proclamando-os Cavaleiros, Mestres Perfeitos, Magos, Sumos Sacerdotes, Príncipes e Adeptos, conferidos pelos ritos, por Ordens e Lojas Nobres, Sublimes, Soberanos, Eleitos, Supremos, Superiores e Eccossais (francês para *escocês*). Os três graus simples da Loja maçônica nada eram comparados a toda aquela pompa e circunstância. Em 1750, a Maçonaria francesa encontrava-se em um caos completo e absoluto.

Os Illuminati

A Maçonaria na Prússia, na Baviera e na Áustria era quase tão confusa quanto na França por muitas razões. Várias Ordens e ritos concorrentes foram inventados, tendo pouco ou nada a ver com as noções originais da Maçonaria inglesa.

Na Baviera, um professor de direito canônico chamado Adam Weishaupt teve uma grande ideia. Em 1776, formou um grupo chamado de *Ordem dos Perfectibilistas* (perfeccionistas), com a noção de que, por meio de ajuda mútua, de discussões filosóficas e de cuidadoso aconselhamento, ele aperfeiçoaria a moralidade e a virtude, oporia-se ao mal, melhoraria a sociedade e, assim, reformaria o mundo. Soava maçônico e, de fato, Weishaupt plagiou algumas de suas cerimônias dos rituais da Maçonaria.

Weishaupt era um intelectual. Nasceu judeu, foi batizado como católico e educado por jesuítas. À procura de novos recrutas para o seu grupo, associou-se a uma Loja maçônica em 1777. Por intermédio de sua Loja, cativou vários colegas maçons que se imaginavam intelectuais, e eles rapidamente mudaram o nome da nova ordem para *Illuminati* (que significa "inspirado intelectualmente").

No início, ele convenceu apenas quatro outros para se juntarem a ele, fazendo-os adotar nomes e códigos secretos para se comunicarem uns com os outros. Weishaupt, em particular, tinha de manter seu papel em segredo, pois ganhava a vida como professor de Direito Canônico católico em uma universidade católica. Sob o pseudônimo Spartacus, Weishaupt delineou um plano secreto para não apenas se infiltrar entre os maçons, mas também derrubar os governos das nações e Igrejas, dominar o mundo e criar uma Nova Ordem Mundial de tolerância e igualda-

(Continua)

(Continuação)

de. Em um curto espaço de tempo, os Illuminati cresceram para cerca de 2 mil membros, expandindo-se para a Bélgica, Holanda, Dinamarca, Suécia, Polônia, Hungria, Itália e, claro, a França. Um amigo de Weishaupt, o Barão Adolf Knigge, era um maçom muito conhecido na Baviera e ajudou Weishaupt a desenvolver rituais de grau baseados em cerimônias maçônicas. Infelizmente, os Illuminati atraíam tanto o melhor quanto o pior da sociedade aristocrática, e seus objetivos começaram a voltar-se muito mais para o lado destruir--governos-e-igrejas do que para o lado melhorar-a-sociedade, quando o Barão Knigge finalmente se fartou. A luta entre os homens criou uma cisão entre os dois lados. Ao mesmo tempo, os estudantes católicos de Weishaupt, na Universidade de Ingoldstadt, eram cada vez mais bombardeados com sua retórica anticatólica. Os jesuítas descobriram quem era Spartacus e o expulsaram. Como confessores para a realeza da Europa, eles tinham sua própria rede de espiões e infiltrados, e convenceram o governo da Baviera a prendê-lo em 1784. Ele fugiu do país, mas deixou para trás seus documentos incriminadores, delineando os planos ambiciosos, senão bizarros, dos Illuminati, para o domínio do mundo. Eles foram amplamente publicados por toda a Europa para expor as tramas secretas dos Illuminati e para expulsar outros membros, muitos desses acabando na prisão.

Os Illuminati nunca foram populares, e o movimento desapareceu completamente no fim do século. Era um grupo pequeno, insignificante e em grande parte ridículo, sem efeito algum sobre qualquer sociedade em que existiu. Entretanto, teóricos da conspiração ainda acreditam que ele sobrevive como a força secreta e controladora da Maçonaria que dá prosseguimento aos seus malignos planos de dominar o mundo (veja o Capítulo 18).

Sobrevivendo à Revolução

Tanto nos Estados Unidos como na França, a Maçonaria foi apontada como uma força para a Revolução. A principal diferença foi que, nos Estados Unidos, foi-lhe dado o crédito, enquanto na França ela foi responsabilizada.

No caso da Maçonaria francesa, há pouca verdade nas acusações. A onda de radicalismo sangrento que varreu o país moveu-se muito rápido para o pensamento racional. Em primeiro lugar, o rei foi executado. Em seguida, os homens que o executaram se voltaram uns contra os outros. Na época em que o último dos revolucionários fora enviado para a guilhotina, os franceses começaram a olhar para a carnificina que infligiram uns aos outros. Confusos e envergonhados, foram em busca de alguém para culpar. A Maçonaria parecia ser um bode expiatório tão bom quanto qualquer outro. Mas John Adams disse certa vez que os fatos são coisas teimosas, e os fatos da Maçonaria na França apresentavam pouca semelhança com as histéricas denúncias que aconteceram após o término do banho de sangue.

O fato é que as Lojas maçônicas foram o lar natural dos pensadores franceses iluministas. Esses homens estavam ressentidos com o poder da Igreja Católica

_____Capítulo 4: Política, Religião e Maçons: Eles Não Se Misturam **87**

que a Revolução destruiria. Eles tinham uma boa razão: a Igreja possuía muito poder na França, mais do que em qualquer outro país da Europa.

Confundindo religião e política francesa

É fácil entender por que os pensadores do Iluminismo queriam mudar a situação na França. A Igreja Católica era isenta de todos os impostos. O clero católico estava encarregado de praticamente todas as formas de ensino público. Cerca de um quinto das terras estava nas mãos da Igreja, enquanto os agricultores inquilinos que trabalhavam nelas pagavam impostos e dívidas feudais à Igreja, e não a um proprietário nobre.

As autoridades eclesiásticas — os arcebispos e os abades — possuíam um estilo de vida abastado, enquanto os monges e sacerdotes do interior eram muito pobres, pagando, mesmo assim, *dízimos* (impostos da Igreja) a seus superiores. A Igreja não apenas poderia coletar dízimos, mas também era encarregada de todos os testamentos, muitas vezes dando aos pecadores moribundos notas promissórias para serem cobradas no céu em troca de dinheiro que deixassem para a Igreja. O rei expulsou impiedosamente os *huguenotes* (os protestantes franceses), e a monarquia não permitiu que ninguém questionasse a supremacia da Igreja Católica.

Segundo o Ministro das Finanças, enquanto o governo francês estava perto da falência, a Igreja francesa valia cerca de US$200 milhões por ano. O resto do país podia provavelmente ser perdoado por se ressentir de seus impostos, enquanto o alto clero vivia na corte como os antigos senhores feudais. Um sentimento crescente entre quase todos na França era o de que o rei recebia suas ordens do papa em Roma, que as pessoas aprendiam apenas aquilo que o Vaticano queria que elas soubessem, e que a Igreja possuía passe livre economicamente. Todo esse ressentimento crescia conforme a Revolução se aproximava.

Os maçons não pregavam uma mudança social violenta, mas tentavam liderar pelo exemplo. Nas Lojas maçônicas francesas, ao contrário da sociedade francesa antes da Revolução, a classe média sentava-se lado a lado com os nobres e o clero. Seu lema de "Liberdade, Igualdade e Fraternidade" era uma verdade sincera, e a orientação política pessoal dos membros tendia para o meio da estrada. Eles viam a Inglaterra como modelo de trabalho de uma monarquia constitucional e ansiavam por uma transferência pacífica do poder.

Além disso, pelo menos 700 membros do clero francês eram maçons, 300 apenas em Paris, o que foi outro argumento contra as Lojas serem um foco de rebelião violenta contra a Igreja Católica.

Esses maçons eram um produto do Iluminismo, e seguiram à luz do que chamavam *le bien public* ("o bem público"). As Lojas não eram o lar comum para os mais violentos dos agitadores. Os *jacobinos* (e não os jacobitas), os mais radicais dos revolucionários, tiveram seus próprios clubes jacobinos para onde iam relaxar após um longo dia clamando pela cabeça do rei espetada em um poste.

Culpando os Illuminati

Depois que a violência começou, rapidamente surgiram temores de que os Illuminati (um grupo de intelectuais planejando dominar o mundo) trabalhavam de mãos dadas com os maçons e de que essa foi apenas a Etapa 1 em seu plano para destruir as nações e a Igreja, bem como para dominar o mundo. A verdade centrava-se no fato de a Maçonaria na França ser, na época, em grande parte a diversão de aristocratas, e uma esmagadora maioria de suas cabeças rolou na cesta quando a Revolução começou. Entretanto, após os anos sangrentos e terríveis da Revolução, nasceu a lenda de que os maçons estariam por trás de tudo, tentando derrubar a Igreja e o governo.

Não ajudaram em nada as opiniões francesas sobre os maçons a respeito de o Dr. Joseph Guillotine, o inventor da máquina que decapitou tantos franceses, ter sido um integrante da Maçonaria. Antes de a Revolução começar, ele havia projetado a máquina para ser um método rápido e indolor de punição, com o objetivo de aliviar o terrível sofrimento de condenados que ele vira. Infelizmente, ela acabou sendo muito mais eficiente do que ele imaginava, decapitando centenas de prisioneiros a cada dia na Place de la Concorde para a estrondosa diversão da multidão.

Os maçons na França, na verdade, sofreram em proporções muito maiores do que os não maçons durante a Revolução. Os aristocratas não ganhariam absolutamente nada incentivando uma sangrenta revolta contra si mesmos e seu confortável estilo de vida. O Grande Oriente da França, uma das duas principais Grandes Lojas concorrentes que trabalhavam no país, era chefiado pelo duque de Orleans, um membro radical da família real francesa. Em um esforço para parecer um pouco mais revolucionário, ele renunciou à sua condição de maçom e mudou oficialmente seu nome para Phillipe-Égalité (que se traduz, acredite ou não, como "Felipe Igualdade"). O estratagema ardiloso não funcionou exatamente como ele planejara: ele foi guilhotinado em 1793. Os radicais começaram a matar seus próprios pares.

Rotulando os maçons como eternos revolucionários

É lamentável que o mesmo lema, "Liberté, Egalité, Fraternité", nascido nas Lojas maçônicas francesas, tornou-se o grito de guerra dos revolucionários da Revolução. Desde então, as estantes das bibliotecas estão repletas de obras tanto de historiadores sérios quanto de malucos fraudulentos, tentando provar que os maçons franceses arquitetaram a Revolução como parte de um plano maior para dominar o país. Há também uma persistente teoria de que os judeus controlavam os maçons, que, por sua vez, controlavam a Revolução.

Curiosamente, muitos franceses, ainda hoje, acreditam na mesma coisa, e respeitáveis jornais e revistas da França muitas vezes publicam artigos alegando que os maçons estão no controle de todos os aspectos do governo, desde todos os presidentes franceses modernos até o mais medíocre burocrata do interior. Em nenhum caso alguma evidência legítima sustenta essas acusações, mas uma teoria da conspiração realmente boa é algo difícil de liquidar.

Capítulo 4: Política, Religião e Maçons: Eles Não Se Misturam

Após a Revolução, a Maçonaria passou à clandestinidade na França. Finalmente Napoleão restaurou seus direitos, assim como muitos dos direitos da Igreja, durante os primeiros dias de seu reinado enquanto tentava devolver alguma ordem ao seu país destruído.

Muitas pessoas pensam que maçons e revoluções andam juntos, como unha e carne. Como mencionei no início deste capítulo, o maçom Giuseppe Garibaldi, na Itália, Simon Bolívar, na América do Sul, e Benito Juarez, no México, junto com maçons na Hungria, na Polônia e nos Balcãs, eram de fato líderes revolucionários em seus países. Eles obviamente não aderiram às regras de serem "pessoas pacíficas" para seus governos. Ainda assim, esses exemplos não provam que os maçons estimulam força para a revolta. A Maçonaria não encoraja nem impede os homens de, por vezes, fazerem o que é legalmente errado para alcançarem o que sabem ser certo. O que une esses homens maçons é o incentivo à democracia. Em todos os casos citados, os rebeldes lutavam contra regimes não democráticos e muitas vezes absolutistas.

Resistindo ao regime de ditadores

Embora os maçons sejam acusados, com frequência, ao longo da história, de serem revolucionários, eles raramente foram identificados como ditadores. Regimes socialistas, fascistas, islâmicos e comunistas sempre baniram a Maçonaria em seus países. Os maçons foram temidos e desprezados por ditadores de todo o mundo. Adolf Hitler, da Alemanha, Benito Mussolini, da Itália, Primo de Rivera e Francisco Franco, da Espanha, Augusto Pinochet, do Chile, Antonio Salazar, de Portugal, Saddam Hussein, do Iraque, Aiatolá Khomeini, do Irã e, claro, os líderes da União Soviética proscreveram a Maçonaria quase imediatamente após chegarem ao poder.

Sofrendo sob Hitler e os nazistas

Depois que a Primeira Guerra Mundial terminou, o general alemão Erich Ludendorff passou anos inventando propaganda antimaçônica, pois culpou os maçons pelo tratamento da Alemanha depois da guerra. Em um panfleto intitulado *Aniquilação da Maçonaria* por meio da *Revelação de seus Segredos*, afirmou que a Maçonaria era um dispositivo judaico para criar "judeus artificiais". Ele continuou: "Está enganando o povo para lutar contra os judeus, permitindo que sua tropa auxiliar, a Maçonaria... funcione."

Desde os seus primeiros escritos em *Mein Kampf*, Adolf Hitler deixou claros seus pontos de vista sobre os maçons:

> A paralisação geral pacifista do instinto nacional de autopreservação, introduzida nos círculos da chamada "intelligentsia" pela Maçonaria, é transmitida às grandes massas, mas acima de tudo à burguesia, pela atividade da grande imprensa, a qual hoje é sempre judaica.

Quando alcançou o poder, as políticas de Hitler contra os judeus também foram direcionadas a pessoas que ele chamou de "inferiores genéticos", como ciganos e homossexuais. O ditador considerou que os maçons operavam lado a lado com os judeus, por isso os maçons foram detidos, presos e exterminados junto com os outros. Lojas foram destruídas e museus antimaçônicos foram abertos para mostrar aos alemães leais quão maligna era a Maçonaria.

Hitler também viu uma ligação perigosa no fato de Franklin D. Roosevelt, Winston Churchill e uma maioria do gabinete francês serem maçons. Quando os nazistas invadiram a França e outros países europeus, as políticas continuaram. Aonde quer que os nazistas marchassem, os maçons eram identificados, baleados ou enviados a campos de concentração. A Maçonaria precisou ser erradicada em função de suas políticas de "humanidade, tolerância e liberalismo" e por promover "ideias e objetivos judaicos".

É impossível dizer exatamente quantos maçons foram assassinados pelos nazistas durante a guerra em todos os países controlados pelo Terceiro Reich de Hitler. As estimativas variam de 80 a 200 mil.

Em 1938, a impressa oficial nazista publicou um livro intitulado Maçonaria, *Sua Visão de Mundo, Organização e Políticas*, por Dieter Schwarz. Nele, o autor descreve a posição oficial nazista sobre a fraternidade:

> Em contraste com a atitude antirracial das Lojas, a atitude nazista é consciente das raças... Lojas maçônicas são ... associações de homens que, unidos estreitamente em uma aliança empregando usos simbólicos, representam um movimento espiritual supranacional, a ideia de humanidade ... uma associação geral da humanidade, sem distinção de raças, povos, religiões, convicções políticas e sociais.

A Maçonaria, orgulhosa, declara-se culpada.

Encontrando a perseguição sob Mussolini

Após o ditador Benito Mussolini chegar ao poder na Itália, ele declarou que todos os maçons eram traidores do fascismo. Mussolini não se preocupou em usar a retórica antissemita de Hitler. Assim, vários funcionários de alto escalão do governo demitiram-se em vez de renunciar à sua participação na fraternidade.

Em 1925, Domizio Torrigiani, Grão-Mestre do Grande Oriente da Itália, escreveu uma carta aberta ao ditador condenando o fascismo e defendendo a democracia. Ele e centenas de outros proeminentes maçons italianos foram presos e exilados para as ilhas Lipari. No auge dos expurgos antimaçônicos entre 1925 e 1927, as gangues fascistas saquearam as casas de notórios maçons em Milão, Florença e outras cidades, matando pelo menos 100 deles.

Fugindo do Irã na década de 1970

A Maçonaria ganhou popularidade no Irã sob o domínio dos xás, mas o último Xá do Irã, Mohammad Reza Pahlavi, não era um membro. No seu auge, o Irã possuía 40 lojas e mais de mil membros na fraternidade. Quando a revolução

Capítulo 4: Política, Religião e Maçons: Eles Não Se Misturam **91**

islâmica, liderada pelo Aiatolá Khomeini, varreu o país em 1978, a rígida lei islâmica substituiu as leis existentes do Irã, e a Maçonaria foi proibida. Mais de 200 maçons foram executados e muitos fugiram do país.

A Grande Loja do Irã sobrevive hoje no exílio, e suas quatro Lojas se reúnem nos Estados Unidos para os exilados, os iranianos ou seus descendentes.

Continuando a vencer as desconfianças

Os maçons não precisam viver sob ditaduras para sofrer com o ódio e a desconfiança. No final da década de 1940, um terço da população da politicamente neutra Suíça votou a favor de uma emenda constitucional para suprimir a fraternidade. Ainda hoje, o medo ou o ódio da Maçonaria continuam em níveis oficiais de muitos países.

Na Grã-Bretanha, leis têm sido encarregadas de ordenar policiais, juízes e outros funcionários maçons do governo a identificarem-se publicamente por intermédio de registro em listas oficiais. O Ministério do Interior realizou inquéritos em 1997 e concluiu que a adesão à Maçonaria não se ligava a injustiças no sistema de justiça criminal — mas havia uma percepção pública disso. Apesar de nenhuma prova de qualquer irregularidade, a solicitação continua a ser feita para o registro público dos maçons. Mais recentemente, membros do Parlamento foram obrigados a declarar a sua qualidade de membros da Maçonaria.

A França continua a sua relação de amor e ódio com a Maçonaria. A participação nas diversas Grandes Lojas está crescendo. No entanto, as capas de revistas populares são muitas vezes salpicadas com manchetes antimaçônicas, e o chefe da Vivendi-Universal (a holding francesa da Universal Studios) em certo momento culpou uma conspiração maçônica pelas perdas financeiras de sua enorme e global empresa.

A Maçonaria fez uma tentativa de retorno às antigas repúblicas soviéticas. A Grande Loja da Rússia foi formada em 1995, mas contém apenas uma dúzia de Lojas, sendo que o governo e o público ainda desconfiam delas. Fora da Rússia, um membro ucraniano do parlamento propôs emendas ao Código Penal da Ucrânia, exigindo penas de prisão obrigatória, de até 15 anos, para qualquer um condenado por ser maçom, com as sentenças mais longas reservadas aos funcionários do governo.

A Maçonaria continua a atrair homens simpáticos aos seus princípios de amor fraternal, caridade, tolerância e moralidade, apesar da pressão contínua para destruí-la. Claramente, seu poder real reside na capacidade de reunir pacificamente homens de todas as crenças e convicções políticas em um mundo determinado a permanecer em conflito, e, por um breve momento, fornecer um refúgio seguro de seu tumulto incessante.

Mantendo a fraternidade durante a guerra

A Maçonaria lutou para manter-se apolítica, mas a guerra muitas vezes colocou companheiros maçônicos em lados opostos das linhas de batalha. Nenhuma evidência sugere que os maçons alguma vez mudaram o resultado de um combate para não prejudicar um irmão maçônico, mas centenas de histórias de conflitos em todo o mundo mostram o caráter maçônico de estender o amor e a honra fraternal a inimigos tombados que usavam o esquadro e o compasso. Cito apenas algumas das mais comoventes nas seções seguintes.

A Revolução Americana

Na década de 1750, Sir William Johnson recebeu a tarefa de recrutar índios americanos para lutar contra os franceses. Johnson fez amizade com o chefe dos Mohawks e começou a viver com a filha dele, a quem chamava de Molly. Seu irmão mais novo, Thayendangea, foi criado por Johnson e Molly, e Johnson deu ao menino o nome inglês Joseph Brant.

Brant lutou lado a lado com Johnson na guerra Franco-Indígena. Por volta de 1774, Brant era um conselheiro de confiança para a administração britânica em Connecticut. No ano seguinte, dirigiu-se para a Inglaterra e foi iniciado em uma Loja londrina. O Rei George III estava tão orgulhoso de Brant que presenteou o jovem com seu avental maçônico. O rapaz voltou a Connecticut e tornou-se Mestre de uma Loja lá, e, depois, Mestre de uma Loja no Canadá.

Durante a Revolução Americana, Brant recebeu ordens de incitar tribos nativas americanas a lutarem do lado britânico contra os colonos rebeldes. Os Mohawks muitas vezes torturavam seus prisioneiros até a morte, mas Brant levava a sério seus votos maçônicos. O capitão John McKinstry, do Exército Revolucionário, foi capturado durante uma batalha com a tribo e amarrado a uma árvore para ser sacrificado pelos Mohawks. Joseph Brant apareceu naquele momento, e McKinstry fez um sinal maçônico de aflição. Brant, então, parou o assassinato potencial dos prisioneiros e providenciou que seu companheiro maçom fosse desamarrado e conduzido com segurança a um grupo de maçons canadenses, os quais se encarregaram de devolver McKinstry ao Exército Revolucionário.

Após a guerra, os dois corresponderam-se, e Brant visitou a Loja de McKinstry em Nova York. Pelo menos três outras histórias falam sobre Brant interrompendo assassinatos semelhantes de companheiros maçons durante a guerra. Ele morreu no Canadá, em 1850.

Outra história da Revolução Americana

Na noite de 15 de julho de 1779, americanos comandados pelo general Anthony Wayne invadiram com sucesso Stony Point, no rio Hudson. Os papéis e equipamentos da Loja do exército britânico caíram nas mãos do general americano e maçom Samuel H. Parsons, que os devolveu ao comandante britânico em Nova York, com a seguinte carta:

Capítulo 4: Política, Religião e Maçons: Eles Não Se Misturam

West Jersey Highlands, 23 de julho de 1779.

Irmãos: Quando a ambição dos monarcas ou interesses dissonantes de Estados combatentes convocam seus súditos para a guerra, como maçons estamos desarmados daquele ressentimento que estimula a desolação sem distinção; e seja qual for a maneira com que nossos sentimentos políticos possam nos impelir na disputa pública, ainda somos Irmãos, e (nosso dever profissional à parte) devemos promover a felicidade e aumentar o bem-estar do outro. Aceite, portanto, pelas mãos de um irmão, a Constituição da Loja Unidade, nº18, para ser mantida no 17º Regimento Britânico, que seus recentes infortúnios colocaram em meu poder para devolver a vocês.

A Guerra de 1812

Durante a Guerra de 1812, o navio britânico *Shannon* capturou a fragata americana *Chesapeake*. O tenente da marinha britânica, Lord Provo Wallace, embarcou na fragata para fazer prisioneiros e oficialmente capturar o navio inimigo, e encontrou um oficial americano ajoelhado sobre o corpo ferido de um agonizante artilheiro, segurando sua mão.

Em um primeiro momento, Wallace ficou surpreso por um oficial se preocupar tanto com a morte de um marinheiro comum — tal era a atitude da marinha britânica naquela época. Mas descobriu-se que ambos os americanos eram maçons. Quando ele foi informado de que os dois homens eram irmãos maçônicos, o companheiro maçom Lord Wallace ajoelhou-se com o oficial americano e segurou a mão do atirador até ele morrer.

A Guerra Civil

Várias histórias falam de maçons em ambos os lados da Guerra Civil americana ajudando uns aos outros a claudicarem pelo campo de batalha ou tornando a vida de um irmão mais confortável em campos de prisioneiros de guerra. Um episódio em especial afetou um homem ligado ao futuro da nação. William McKinley havia se alistado na infantaria de Ohio como recruta quando a guerra começou. Ele viu muitas batalhas, incluindo a horrível carnificina em Antietam. Ao fim da guerra, em abril de 1865, McKinley chegara ao posto de major e fora encarregado de administrar e proteger um hospital do Exército.

Certa vez, enquanto assistia à interação entre um médico da União e soldados confederados, percebeu que o médico passava mais tempo com uns do que com outros, e ainda dava dinheiro a vários dos ex-soldados inimigos. McKinley perguntou ao médico a razão daquilo, já que ele sabia que nunca seria reembolsado. O médico disse: "Esses homens são irmãos maçons", e passou a explicar as crenças da fraternidade para o major.

Apenas três semanas após o fim da guerra, McKinley peticionou à Loja mais próxima que encontrou, Loja Hiram nº21, em Winchester, Virgínia. Os graus do major do Exército da União foram presididos por um capelão confederado atuando como Mestre. McKinley foi eleito congressista e governador de Ohio;

94   Parte I: O que É Maçonaria?

elegeu-se presidente dos Estados Unidos em 1897 e conduziu o país durante a Guerra Hispano-Americana, sendo considerado responsável por fazer dos Estados Unidos uma potência mundial do século XX. Ele foi baleado por um anarquista em 1901, e morreu oito dias depois.

A Segunda Guerra Mundial no Norte da África

Robert Strader era um sargento do Exército dos Estados Unidos na Sexta Infantaria da Primeira Divisão Blindada durante a Segunda Guerra Mundial. A Sexta arrastou-se pela Argélia, pelo Marrocos francês e pela Tunísia em 1942 e 1943 contra as forças alemãs e italianas. Depois de uma batalha, Strader e o capelão da divisão passaram de carro pelos destroços carbonizados de tanques alemães incendiados e depararam com o corpo de um soldado nazista gravemente queimado, pendurado pela metade em uma torre blindada. No dedo do alemão, havia um anel maçônico. Hitler proscrevera os maçons oito anos antes na Alemanha, e usar um anel maçônico nas ruas de Berlim significaria prisão ou até mesmo a morte. Mas esse soldado estava longe de Berlim, e o ditador não iria ajudá-lo se ele fosse capturado ou morto.

"Ó, meu Deus, esse cara é um maçom", o capelão exclamou. Ele retornou ao pelotão e voltou com três outros soldados americanos, também maçons. Eles removeram cuidadosamente o soldado nazista do tanque e envolveram seu corpo em um cobertor. O pequeno grupo de americanos, que eram seus inimigos, realizou um funeral maçônico para seu irmão caído. Strader permanecia olhando, atônito, com ternura e devoção.

Depois da guerra, Bob Strader voltou para casa e tornou-se maçom, sem nunca se esquecer de sua primeira experiência real com os princípios da Maçonaria.

Parte II
Os Funcionamentos Internos da Maçonaria

A 5ª Onda   Por Rich Tennant

Nesta parte...

Nesta parte, concentro-me no feijão com arroz, digo, nas pedras e na argamassa do que os maçons fazem, quem faz o quê, e por que eles o fazem. Discorro sobre como as Lojas e Grandes Lojas são criadas, o que acontece nas cerimônias ritualísticas e o que significa o simbolismo curioso dos maçons.

Capítulo 5

Como os Maçons Estão Organizados: Quem Faz O quê e Por quê

Neste Capítulo

▶ Descobrindo o que é uma Loja

▶ Compreendendo quem faz o quê na Loja

▶ Entendendo o papel das Grandes Lojas

▶ Inteirando-se das regras de visitação a outras Lojas

*U*m dos mitos mais comuns contados sobre a Maçonaria é ela ser uma organização global do mal que secretamente governa o mundo. Na verdade, os maçons não têm um órgão administrativo internacional; nos Estados Unidos, eles também não possuem uma direção nacional. Quase todos os países estrangeiros, cada estado dos EUA e o Distrito de Colúmbia têm a sua própria organização administrativa, chamada de *Grande Loja*.

Assim como a sua cidade possui um governo municipal responsável por conduzir os assuntos locais, e um governo estadual que governa em uma escala maior, cada Loja sob a jurisdição da Grande Loja apresenta seus próprios oficiais, estatutos e tradições, e os oficiais e maçons dessas Lojas locais devem manter-se dentro das regras da Grande Loja estadual (ou nacional).

Neste capítulo, primeiro lhe mostro, passo a passo, como é aquela Loja perto da sua casa e como ela está configurada. Então, apresento você aos oficiais e seus deveres. Finalmente, examino a Grande Loja e o seu papel na administração da Maçonaria em seu estado.

O que Tem Dentro de uma Loja?

A palavra *Loja* possui, realmente, dois significados para um maçom. Ela descreve tanto um lugar onde as reuniões maçônicas acontecem quanto os membros que se reúnem lá. Então, por mais estranho que pareça, você poderia dizer que uma Loja se reúne em uma Loja. De fato, muitas Lojas diferentes podem reunir-se em momentos distintos no mesmo edifício de uma Loja. Essa prática é comum em cidades maiores, onde um edifício pode ter muitas salas para reuniões de Loja e dezenas de Lojas que as compartilham. Então, você poderia dizer também que muitas Lojas se alojam na Loja (ninguém fala assim, mas você *poderia* dizer isso).

Loja é uma palavra da Idade Média (vem da palavra francesa *loge*, cujo significado é "cabana") para a construção temporária que os pedreiros medievais muitas vezes montavam ao lado das obras em que trabalhavam. Esse arranjo fazia muito sentido não apenas para a proteção mútua, mas também para o treinamento e a educação. Na Loja, os pedreiros podiam comer, dormir, planejar seu projeto de construção e até mesmo socializar depois de um dia duro de trabalho.

Os membros fundadores originais dão nome às suas Lojas. Elas podem receber o nome da cidade em que estão, de uma figura histórica, de um maçom famoso ou até mesmo uma palavra ou de uma frase simbólica. Há um número sempre depois do nome da Loja, como Loja Washington nº13 ou Loja Marcos Antigos nº319. O número é emitido pela Grande Loja governante e determina a ordem em que as Lojas foram fundadas naquela jurisdição. Quanto mais velha a Loja, menor o número.

Examinando a Sala da Loja[1]

Muitos dos detalhes nas Salas de uma Loja são padronizados conforme aspectos do Templo do Rei Salomão, como descritos na Bíblia, em 1 Reis e 2 Crônicas, e em outros registros históricos. A Maçonaria ensina pelo simbolismo, e muito dele se baseia nos relatos a respeito do Templo de Salomão, construído no século X a.C. no Monte Moriá, em Jerusalém. Salomão construiu-o como um templo para Deus e para guardar a sagrada Arca da Aliança, que continha as tábuas dos Dez Mandamentos dadas por Deus a Moisés. Naquele tempo, seu esplendor era conhecido por todo o mundo antigo.

Os primeiros pedreiros afirmavam que suas guildas se originaram com os grandes projetos de construção da Bíblia a fim de darem a si mesmos um longo, orgulhoso e sagrado pedigree. Quando a Maçonaria se tornou uma organização filosófica no século XVIII, os maçons que desenvolveram as cerimônias e práticas da fraternidade aproveitaram o simbolismo do Templo de Salomão para ajudar a ensinar as ideias morais e espirituais.

---

[1] Nos ritos maçônicos latinos, predominantes no Brasil, as Salas das Lojas são comumente chamadas de Templos.

Capítulo 5: Como os Maçons Estão Organizados: Quem Faz O quê e Por quê

Muitos detalhes das Salas das Lojas são baseados em interpretações de descrições do Templo. Existem muitas variações em todo o mundo, de acordo com diferenças de costumes, rituais e regras, mas, em geral, as Salas da Loja são organizadas desta forma:

- **A Loja maçônica moderna é uma sala retangular, com assentos ao redor.** As cerimônias da Loja acontecem no centro da sala para que todo mundo tenha uma boa visão.

- **Os cômodos da Loja geralmente estão voltados de leste para oeste.**[2] Os templos antigos eram construídos dessa forma para ficarem alinhados com o caminho leste-oeste que o sol faz. Mesmo que um edifício maçônico na verdade esteja voltado para norte e sul, quando você entra na sala de uma Loja, está simbolicamente de frente para o leste.

- **A sala tem um altar onde a Bíblia (ou outro livro divino sagrado para os membros da Loja) está aberta.** Esse livro é referido como o Volume da Lei Sagrada. Em Lojas norte-americanas, o altar está no centro da sala. Em outras partes do mundo, pode estar diretamente em frente à cadeira do Mestre.

- **Três velas ou luzes são colocadas em uma posição triangular ao lado ou ao redor do altar, para iluminar o Volume da Lei Sagrada.**

- **Os oficiais possuem cadeiras em posições específicas na sala.** O Mestre está no leste, em uma plataforma de três degraus. O Primeiro Vigilante fica no oeste em uma plataforma de dois degraus, e o Segundo Vigilante fica no sul em um único degrau. Os degraus simbolizam a progressão na vida: juventude, idade adulta e velhice.

- **Há duas colunas altas com globos no topo, que usam como modelo duas colunas de bronze que eram características arquitetônicas proeminentes do Templo de Salomão.** Essas colunas em geral estão dos dois lados do Primeiro Vigilante, ou, às vezes, ao lado de uma porta que conduz à Loja.

- **Uma letra *G* iluminada está suspensa sobre a cadeira do Mestre no leste, ou às vezes sobre o altar.** Ela representa tanto Deus como a ciência da geometria, o conhecimento secreto dos pedreiros originais.

Todas as cerimônias e os rituais da Maçonaria das *Lojas de São João* (o tipo mais básico da Maçonaria praticada em Lojas locais por todo o mundo) são realizados em salas semelhantes a essa.

O simbolismo está em toda parte de uma Loja maçônica. Explicarei mais sobre isso no Capítulo 7.

Os prédios da Loja podem ser grandes ou pequenos, assim como as salas. Em algumas partes do mundo, as Salas da Loja normalmente não possuem mais do que 30 ou 40 lugares, enquanto nos Estados Unidos construíram-se muitas Salas de Loja para abrigar centenas de pessoas. Muitas vezes, a diferença é se

---

[2] Na Maçonaria brasileira, comumente utilizam-se os termos "Oriente" e "Ocidente", em vez de "Leste" e "Oeste".

muitas Lojas pequenas se reúnem no mesmo prédio ou se uma Loja grande domina a área. A maioria dos prédios geralmente tem uma sala de jantar e, talvez, outras salas sociais.

Até pouco tempo, era comum chamar o prédio de uma Loja de um *templo maçônico*. Devido a um mal-entendido público sobre o papel da religião na Maçonaria, assim como a acusação de que os maçons na verdade vão para suas Lojas para "adorar", muitas jurisdições pediram que as Lojas removessem a palavra *templo* de seus prédios.

Reunindo-se e comendo na Loja

As Lojas (isto é, os membros) se encontram em intervalos regulares durante todo o ano. A maioria se reúne uma vez por mês para uma reunião de trabalhos, em que se leem comunicados, pagam-se contas, votam-se em candidatos a membros, e os membros colocam a conversa em dia. Muitas vezes, palestrantes são convidados, ou um membro faz uma apresentação sobre o ritual, a história, a filosofia ou os símbolos da Maçonaria. Esses encontros regulares são frequentemente chamados de *sessões* ou *reuniões econômicas* ou *ordinárias*.

Outros encontros especiais são realizados para iniciar novos membros e executar as várias cerimônias para a sua promoção à plena adesão. Essas cerimônias são chamadas, respectivamente, de *sessões de iniciação* e *graus*.

Como o principal objetivo da Maçonaria é a camaradagem, geralmente se serve uma refeição antes ou depois da reunião, no edifício da Loja ou em um restaurante próximo. Dependendo das tradições, da formalidade e dos recursos de seus membros, as refeições podem ser tão simples quanto uma pizza ou sanduíches de mortadela, ou tão suntuosas como um banquete com sete pratos, baseado na antiga tradição inglesa da *Loja de Mesa* de um banquete e brinde cerimonial. Os maçons também se reúnem pelo lúgubre propósito de realizar serviços funerários para os membros falecidos.

Explicarei mais sobre as cerimônias dos maçons no Capítulo 6.

Quem Está no Comando por Aqui?

Os membros da Loja elegem oficiais, embora o Venerável Mestre nomeie alguns. Na maioria das Lojas, os oficiais atuam em seus cargos por um ano. Os nomes e as funções dos oficiais são tirados principalmente de costumes muito antigos praticados pelas guildas medievais de pedreiros e librés inglesas, de onde, conforme apresentado, a Maçonaria surgiu.

Na Inglaterra, em 1400, sob o reinado do Rei Edward III, governos locais (ou o que hoje chamamos de *municipais*) cresceram a partir dos setores de comércio e ofício das cidades. As guildas tinham muito dinheiro e posses, bem como experiência organizacional e administrativa. Os chefes das guildas tornaram-se chefes de conselhos municipais, prefeitos, delegados e muito mais.

Uma das maneiras pelas quais um oficial local proclamava sua patente ocorria por meio do uso de um distintivo, ou *joia*, em uma corrente ao redor de seu pescoço. Essa prática sobrevive até hoje. Se você já viu uma cerimônia na Inglaterra com um prefeito ou com outra autoridade local supervisionando uma inauguração ou a plantação de uma árvore, você provavelmente viu um *lorde prefeito* (o equivalente britânico de um prefeito comum no Brasil e nos Estados Unidos) usando um colar ornamentado e o medalhão de seu cargo. As Lojas maçônicas atuam do mesmo modo para identificar seus oficiais, trazendo essa antiga tradição das guildas. As joias maçônicas de cargo são simbólicas (naturalmente), e eu discuto os símbolos com mais detalhes no Capítulo 6.

Cada Loja é obrigada a ter um Venerável Mestre, um Primeiro Vigilante, um Segundo Vigilante, um Primeiro Diácono, um Segundo Diácono, um Tesoureiro e um Secretário. No entanto, os maçons não marcham em sintonia uns com os outros. Os nomes dos oficiais e seus deveres variam sutilmente de país para país, bem como de estado para estado. Ainda assim, um maçom de Iowa passando férias na Bélgica reconhecerá a mesma estrutura básica de oficiais maçônicos que ele tinha em casa, em Dubuque.

Os oficiais na escala evolutiva

Os oficiais maçônicos são geralmente parte do que se chama de uma *escala evolutiva*, também conhecida como "passar pelas cadeiras". Caracteriza-se por uma linha de sucessão que sobe uma posição por vez de um ano para outro. Se um homem é nomeado para a posição de Segundo Mordomo, em um conjunto perfeito de circunstâncias, sete anos depois ele será Venerável Mestre. Embora esse plano curioso de liderança tenha seus inconvenientes, ele foi concebido com base na filosofia de igualdade entre os maçons. A escala evolutiva é mais comum nos Estados Unidos, mas existe em muitas outras jurisdições também. É óbvio que, em geral, há mais novos membros que entram para uma Loja do que cargos iniciais de oficiais, por isso nem todos conseguem ser um oficial.

A escala evolutiva acaba com a politicagem ou com campanha pelos cargos de oficiais. Na situação ideal de Loja, cada homem simplesmente avança a cada ano, aprendendo não apenas os deveres de cada posição, mas também uma parte das cerimônias maçônicas. No momento em que ele se torna Venerável Mestre da Loja, já se sentou em todas as cadeiras (exceto, talvez, nas de Secretário e Tesoureiro). Além disso, aprendeu a falar em público, a gerir uma organização de voluntários, decoro e responsabilidade. E eliminar a competição anual de popularidade para uma eleição, em função da qual muitos grupos sofrem, resulta em uma linha sucessória mais suave e amigável. Qualquer homem, independente de sua posição social, econômica ou profissional fora da Sala da Loja, pode aspirar a ser Mestre de sua Loja.

As jurisdições diferem umas das outras, e muitas Lojas locais observam diferentes costumes capazes de alterar ligeiramente essas funções. Nas seções seguintes, faço um resumo dos cargos dos oficiais mais comuns nos Estados Unidos.

Venerável Mestre

O Venerável Mestre se senta no Oriente, símbolo do sol nascente, e dirige a Loja, como um presidente. Mesmo se o edifício estiver voltado para o sentido errado, diz-se que o Mestre está "no Oriente". Enquanto cumpre seu mandato como Mestre, ele tem a palavra final sobre as ações da Loja. É também responsável, conforme o ritual instrui, por "fazer o Ofício funcionar e dar-lhes uma boa e sólida instrução para seu trabalho". Além disso, preside reuniões de trabalhos e as atribuições de graus.

A joia do cargo de Mestre (mostrada na Figura 5-1) é o ângulo reto de um esquadro, a ferramenta utilizada por um pedreiro para verificar os ângulos de pedras cortadas e planas. Não é um esquadro de medição como aquele que os carpinteiros usam. Utiliza-se o objeto para se certificar de que um certo ângulo é "exato". Desse modo, ele simboliza a virtude.

Figura 5-1: A joia do cargo de Mestre.

por cortesia de Christopher Hodapp

Os maçons chamam o homem no comando da Loja de *Venerável Mestre*, mas isso não significa que eles o veneram. Em partes da Inglaterra, prefeitos e juízes também são chamados de "Venerável" (ou Worshipful, em inglês), enquanto no Brasil o mais comum é "Vossa Excelência". É um termo de honra, derivado da intenção original da palavra, cujo significado é "digno de respeito". Os maçons franceses usam a palavra *Venerable* para seus Mestres.

Primeiro Vigilante

O Primeiro Vigilante senta-se no Ocidente, símbolo do sol poente, e auxilia o Venerável Mestre na abertura e no fechamento da Loja. Ele é o segundo na linha de comando, como um vice-presidente, e, se o Mestre não puder participar da reunião, ele tem permissão para abrir e conduzir os trabalhos.[3] Seus antigos deveres consistiam em pagar os salários dos trabalhadores do Ofício e lidar com disputas entre eles. Atualmente, ele está a apenas um passo do Oriente, portanto sua tarefa é apoiar o Mestre e preparar-se para tal cargo no ano seguinte.

---

[3] Em algumas Grandes Lojas no Brasil, apenas um Ex-Venerável Mestre pode presidir uma reunião na ausência do Venerável Mestre.

O Primeiro e o Segundo Vigilantes (veja a seção seguinte) muitas vezes têm pequenas colunas de madeira sobre os pedestais na frente de seus lugares. Quando a Loja está *aberta* (durante a reunião), a coluna do Primeiro Vigilante fica em pé, e a do Segundo, deitada de lado, mostrando que o Primeiro Vigilante está agora no comando dos maçons. Quando o trabalho é concluído e a loja se retira para descanso, a coluna do Segundo Vigilante é levantada, e a do Primeiro, deitada, mostrando que os artesãos estão agora sob a supervisão do Segundo Vigilante.

A joia do cargo de Primeiro Vigilante (mostrada na Figura 5-2) é o nível, um instrumento dos pedreiros utilizado para verificar o nível de superfícies horizontais. Ele simboliza a igualdade entre os maçons, sem levar em conta as condições social, política ou religiosa.

Figura 5-2: A joia do cargo de Primeiro Vigilante.

por cortesia de Christopher Hodapp

Segundo Vigilante

O Segundo Vigilante fica no Sul, simbolizando a posição do sol ao meio-dia. Como ele representa o sol na hora do almoço, metaforicamente supervisiona os maçons quando estão em recesso, ou *descanso*. Ele é o oficial de número três na hierarquia da Loja, e também pode abri-la se o Mestre e o Primeiro Vigilante não puderem participar da reunião. O Mestre e os dois Vigilantes eleitos (o Primeiro e o Segundo Vigilante) são os únicos oficiais que podem abrir uma reunião. Apenas um oficial da Grande Loja pode anular essa exigência.

O Segundo Vigilante é, muitas vezes, responsável por organizar as refeições para a Loja, e tradicionalmente os Mordomos ajudam-no (veja a seção posterior "Primeiro Mordomo e Segundo Mordomo"). Um dos trabalhos simbólicos do Segundo Vigilante descritos no ritual é certificar-se de que os membros "não transformem (seu) descanso em intemperança ou excesso". Na maioria das jurisdições dos EUA, o álcool é proibido na Loja, mas a referência cerimonial ao passado continua a fazer parte das funções do cargo do Segundo Vigilante.

A joia do cargo de Segundo Vigilante (mostrada na Figura 5-3) é o prumo, um instrumento de pedreiro utilizado para verificar o alinhamento de uma superfície vertical, e simboliza a retidão do comportamento entre os maçons.

Figura 5-3: A joia do cargo de Segundo Vigilante.

por cortesia de Christopher Hodapp

Primeiro Diácono

O Primeiro Diácono senta à direita do Venerável Mestre. Ele é o mensageiro do Mestre e caminha muito; recebe e acompanha os visitantes e novos candidatos na Loja e, geralmente, apresenta visitantes ilustres. Durante rituais de grau, é o guia para o novo candidato, conduzindo-o pela Sala da Loja. Na abertura e no encerramento das cerimônias da Loja, o Primeiro Diácono abre e fecha a Bíblia e acende ou apaga as velas no altar. Em muitas Lojas, ele também carrega as urnas de votação pela Sala da Loja quando há eleição de novos membros. Em alguns ritos maçônicos praticados no Brasil, o Primeiro Diácono apenas leva a palavra sagrada do Venerável Mestre ao Primeiro Vigilante. Nesses casos, acompanhar os visitantes e conduzir obreiros em alguns ritos é feito pelo Mestre de Cerimônias. Ainda, em alguns ritos, quem abre o Livro da Lei é o Orador ou o Ex-Venerável Mestre de uma Loja.

Tanto o Primeiro quanto o Segundo Diácono carregam longas varas, ou *bastões*. Como são mensageiros da Loja, os bastões que carregam são simbólicos do *caduceu*, ou bastão, que Mercúrio, o deus romano alado e mensageiro, carregava. No topo dos bastões estão as joias do cargo, para combinar com as de seus colares.

A joia do Primeiro Diácono (mostrada na Figura 5-4) é um esquadro e um compasso com um sol no meio. O sol significa que sua posição é no leste, com o Mestre (em algumas partes do mundo, a joia usada no colar dos

Diáconos pode ser uma pomba, e seus bastões podem ser encimados por uma imagem de Mercúrio ou de uma pomba com um ramo de oliveira).

Figura 5-4: A joia do cargo de Primeiro Diácono.

por cortesia de Christopher Hodapp

Segundo Diácono

O Segundo Diácono senta à direita do Primeiro Vigilante, guardando a porta da Loja. Ele é o mensageiro do Primeiro Vigilante, bem como o "porteiro" da Loja. Seu trabalho é certificar-se de que o Cobridor (veja o "Cobridor" mais adiante neste capítulo) guarde a porta do lado de fora, e permite que os visitantes entrem depois de devidamente identificados. Ele e o Cobridor se comunicam um com o outro batendo em cada lado da porta fechada.

Algumas jurisdições dividem esse cargo entre o Segundo Diácono e um Cobridor Interno.

A joia do cargo do Segundo Diácono (mostrada na Figura 5-5) é o esquadro e o compasso, como a do Primeiro Diácono. A diferença é que a joia do Segundo Diácono tem uma lua no centro, significando que ele se encontra no Ocidente.

Figura 5-5: A joia do cargo de Segundo Diácono.

por cortesia de Christopher Hodapp

Primeiro Mordomo e Segundo Mordomo

Como os Mordomos são os caras no lugar mais baixo da cadeia hierárquica dos oficiais, fazem grande parte do trabalho pesado. Eles são os assistentes do Segundo Vigilante e ajudam a arrumar a Sala da Loja. Além disso, preparam todos os candidatos novos antes de entrarem na Loja para seus rituais de grau e acompanham-nos para a Sala da Loja, onde o Primeiro Diácono assume. Eles também podem ser da equipe da cozinha e servir o pessoal da Loja, o que significa que estão ansiosos para serem promovidos ao cargo de Segundo Vigilante.

Os Mordomos, como os Diáconos, também carregam bastões, à imitação do bastão do Lord High Steward, na Câmara dos Lordes, no Reino Unido. Os bastões também são encimados pelas joias de seus cargos.

As joias do cargo de Mordomo (mostrada na Figura 5-6) são as mesmas: uma cornucópia, ou "corno da abundância", simbolizando — o que mais? — muita comida. Os maçons gostam de comer e encontrarão qualquer desculpa possível para um café da manhã, um almoço ou um jantar a fim de comemorar praticamente qualquer coisa.

Figura 5-6: A joia dos cargos de Primeiro e Segundo Mordomos.

por cortesia de Christopher Hodapp

Oficiais que não estão na escala evolutiva

A Loja possui vários oficiais que normalmente não se movimentam na escala evolutiva, por várias razões. Tesoureiros e Secretários muitas vezes cumprem seus cargos por muitos anos. A continuidade nesses cargos é fundamental para o funcionamento de uma Loja eficiente. Treiná-los leva tempo, e ter um novo oficial a cada ano poderia gerar caos.

Dois cargos sobre os quais você pode ouvir falar, mas não abordados neste capítulo são o de Mestre e o de Diretor de Cerimônias. O Mestre de Cerimônias é geralmente o oficial que conduz os visitantes à Loja e apresenta-os aos membros. O cargo de Diretor de Cerimônias varia muito. Talvez esteja encarregado de certificar-se de que os oficiais saibam seus papéis necessários nas várias cerimônias e nos rituais da Loja. Também pode ser o mensageiro da Loja inteira. Nenhum desses oficiais é comum em Lojas dos EUA.

Tesoureiro

O Tesoureiro senta à direita do Mestre e atrás do Primeiro Diácono. Suas funções são bastante óbvias, ou seja, manter o controle do dinheiro da Loja. Ele recebe todo o dinheiro dos membros da Loja, mantém um registro dos valores, e faz pagamentos por ordem do Mestre, com o consentimento da Loja.

A joia do cargo de Tesoureiro (mostrada na Figura 5-7) é um par de chaves cruzadas, o que significa que ele é o cara com as chaves do cofre.

Figura 5-7: A joia do cargo de Tesoureiro.

por cortesia de Christopher Hodapp

Secretário

O Secretário senta-se à esquerda do Mestre e, na realidade, é o segundo oficial mais poderoso da Loja, mesmo que o ritual não diga isso. Ele mantém os registros da Loja, comunica-se com outras Lojas e com a Grande Loja, digita as cartas, recebe a correspondência, faz a ata da reunião e muito mais.

Como o Secretário deve ser bem versado nas leis e nos regulamentos de sua jurisdição, além de estar familiarizado com a lista de membros da Loja e ajudar o Mestre a organizar suas reuniões, geralmente é um membro experiente que ocupa a cadeira. O Secretário é, na realidade, o cargo de maior responsabilidade na Loja.

A joia do Secretário (mostrada na Figura 5-8) é um par de canetas de pena cruzadas, apesar de hoje em dia ser bem provável que ele digite as minutas em um laptop.

Figura 5-8: A joia do cargo de Secretário.

por cortesia de Christopher Hodapp

Capelão

O Capelão se senta na frente do Secretário, à esquerda do Mestre. Embora ele não seja necessariamente pastor, padre, rabino ou imame em seu trabalho no mundo real, na Loja o Capelão é responsável pelas orações não congregacionais na abertura e no fechamento das reuniões, durante as cerimônias rituais de grau e antes das refeições. Cada encontro é aberto e fechado com uma oração.

Figura 5-9: A joia do cargo de Capelão.

por cortesia de Christopher Hodapp

A joia do cargo de Capelão (mostrada na Figura 5-9) é um livro aberto, simbolizando o Volume da Lei Sagrada (a Bíblia, a Torá, o Alcorão, o Veda ou outro livro sagrado para os membros da Loja). Muitas vezes apresenta as palavras "Bíblia Sagrada".

Cobridor

O Cobridor se senta do lado de fora da porta fechada da Sala da Loja, armado com uma espada, guardando a entrada contra a aproximação de "cowans e intrometidos". Durante a Idade Média, os *cowans* (ou *goteiras* em alguns lugares) eram os homens que construíam paredes de pedra de qualidade ruim e que não foram iniciados ou se tornaram aprendizes de pedreiros. O trabalho do Cobridor era impedir que esses trabalhadores não qualificados ouvissem as reuniões.

Depois de os membros da Loja entrarem, a porta se fecha, e cabe ao Cobridor decidir se aqueles que chegam mais tarde podem entrar. Ele também se certifica de que os visitantes estejam "devidamente vestidos", o que significa estarem usando um avental maçônico. Algumas jurisdições chamam esse cargo de Guarda Externo.

Muitas Lojas usam o cargo de Cobridor como um lugar de honra para membros idosos e aposentados. É um pouco chato para ele, pois está preso do lado de fora e não pode ouvir os trabalhos da Loja. Algumas Lojas têm uma tradição de pagar ao Cobridor um pequeno salário e torná-lo responsável por arrumar a parafernália da Sala da Loja, lavar os aventais e executar outras pequenas tarefas.

Outras jurisdições que possuem grandes edifícios, com muitas Lojas se reunindo em uma determinada noite, terão um Cobridor cerimonial para todo o edifício.

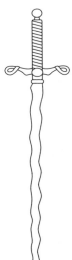

Figura 5-10: A joia do cargo de Cobridor.

por cortesia de Christopher Hodapp

A joia do cargo de Cobridor (mostrada na Figura 5-10) é uma espada — às vezes uma espada "ondulada", simbolizando a referência bíblica em Gênesis à "espada flamejante colocada a leste do jardim do Éden, e que se movia para guardar o caminho à árvore da vida". Ela não tem bainha, pois a espada do Cobridor deve sempre estar desembainhada e pronta para a defesa de seu posto.

Não há veneração mais breve do que a de um Ex-Venerável

Depois de seu mandato "no Oriente", o Venerável Mestre é compulsoriamente aposentado. Ele vai de uma situação em que detinha todo o poder na Loja a outra em que não detém poder algum. Essa transição é parecida com quando o presidente dos Estados Unidos deixa o cargo, tornando-se apenas mais um cidadão comum novamente. Ele pode fazer discursos por todo o país, escrever livros, aparecer no noticiário com mais frequência do que quando estava no comando do país, e, com isso, entediar todos. Mas ele não tem poder, e ninguém *precisa* ouvi-lo. Esse é o destino do Past Master (em alguns lugares chamado de Ex-Venerável).

No entanto, seus colegas maçons olham o Past Master com muito respeito. Ele é honrado pelo resto de sua vida com o título de Venerável Irmão antes de seu nome, e com as iniciais P.M. após. Não é o mesmo de ter o Serviço Secreto à sua disposição pelo resto de sua vida, mas é uma ótima honra de qualquer maneira.

Algumas jurisdições dão aos Past Masters mais poder do que outras. Umas permitem que eles votem a legislação em reuniões da Grande Loja, e algumas podem ter um cargo de oficial chamado de Past Master Imediato, alguém que age como um mentor do Venerável Mestre que o sucede. Ser um Past Master é um feito especial porque representa muitos anos de compromisso com a Maçonaria e com a Loja. O Past Master conhece os rituais, as regras, a história e os costumes, e é um tremendo recurso para sua Loja. Mesmo que na maioria dos casos eles não tenham cargo algum, os Past Masters têm a sua própria joia honorária (mostrada na figura a seguir). Na maioria das jurisdições dos EUA, a joia é um compasso aberto com um sol no centro. Na base do compasso, há uma barra curva ligando os pontos, chamada de *quadrante*, marcado em graus como um transferidor, para medir os ângulos. O sol simboliza a sua antiga posição no leste.

O quadrante é uma ferramenta de geometria complexa, simbolizando que o Past Master possui conhecimento superior.

por cortesia de Christopher Hodapp

Outras jurisdições usam uma joia que representa o 47º Problema de Euclides (mais comumente chamado de teorema

_Capítulo 5: Como os Maçons Estão Organizados: Quem Faz O quê e Por quê

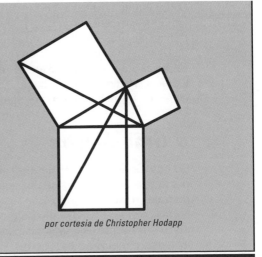

de Pitágoras) para simbolizar um conhecimento superior do Past Master (como mostrado na figura a seguir). Ah, vamos lá, você se lembra do teorema de Pitágoras para definir o ângulo de um triânguloretângulo: o quadrado da hipotenusa é igual à soma dos quadrados dos outros dois lados de um triângulo retângulo. E você pensou que não precisaria saber isso depois do colégio.

por cortesia de Christopher Hodapp

O que Faz com que uma Grande Loja Seja, Digamos, Grande?

A Grande Loja é uma organização administrativa que supervisiona todas as Lojas locais de sua jurisdição. Ela não apenas cria regras que determinam como as Lojas conduzem suas cerimônias, mas também emite permissões (ou cartas constitutivas) para Lojas novas, julga membros que violam as regras da fraternidade e decide quais outras jurisdições da Grande Loja seus membros podem legalmente visitar. Essas questões se relacionam com o que é chamado de *regularidade* e *reconhecimento*, e abordarei esses termos mais adiante neste capítulo (veja "O que é uma Loja Regular e Reconhecida?").

O grupo coletivo conhecido como uma Grande Loja é normalmente composto por todos os Veneráveis Mestres de todas as Lojas em sua jurisdição. Os Veneráveis Mestres se encontram, em geral uma vez por ano, em uma *convocação* ou em um *comunicado*, em que elegem Grandes Oficiais, votam nova legislação e tratam de outros assuntos.

Durante o resto do ano, normalmente as Grandes Lojas não se reúnem, embora essa prática possa diferir em algumas jurisdições. Seus oficiais são quase como um espelho da hierarquia dos oficiais em uma Loja local, exceto pelo fato de esses homens serem Grandes Oficiais: Grão-Mestre, Primeiro Grande Vigilante, Segundo Grande Vigilante e assim por diante. Além disso, os maçons em geral demonstram maior respeito pelo Grão-Mestre ao chamá-lo oficialmente de *Mui Venerável*[4] Grão-Mestre. Muitas vezes, referem-se a um Ex-Grão-Mestre com o prefixo respeitoso de Mui Venerável.

---

[4] No Brasil não se usa o tratamento de *Mui Venerável* aos Grãos-Mestres. Outros modos de tratamento são utilizados, como *Soberano* e *Sereníssimo*.

Cada Grande Loja faz as coisas de forma um pouco diferente, então você também pode encontrar cargos como Grão-Mestre Adjunto ou Grão-Mestre Provincial, Grão-Mestre Adjunto Distrital ou Grandes Representantes de Área ou Distrital, e muitos outros. Esses cargos foram criados porque o Grão-Mestre é apenas um homem, não sendo capaz de estar em todos os lugares ao mesmo tempo. Os Grão-Mestres Adjunto, Distrital ou Provincial têm variações do poder do Grão-Mestre e muitas vezes agem como seu substituto pelo estado ou país.

O Grão-Mestre

Como a Grande Loja em geral só se reúne como um grande grupo uma vez por ano, o Grão-Mestre atua basicamente no lugar de toda a Grande Loja durante o resto do tempo. Isso significa que ele pode emitir *autorizações* ou cartas constitutivas visando criar outras Lojas, tomar decisões a respeito de discussões sobre as regras, suspender ou expulsar membros que violaram as regras e realizar outras ações. Sua palavra é a lei — pelo menos até que a convocação da Grande Loja esteja em sessão. Neste momento, os membros da Grande Loja podem analisar e aprovar ou desaprovar suas ações.

Quando a Grande Loja está reunida, o Grão-Mestre está no comando da reunião, assim como um Mestre em uma Loja local.

Na Grande Loja Unida da Inglaterra, o Grão-Mestre é tradicionalmente um membro da Família Real (nos dias atuais, o Duque de Kent), e ocupa o cargo de forma vitalícia ou pelo tempo que desejar. O cargo é basicamente cerimonial e honorário. Nos Estados Unidos, os Grão-Mestres possuem, em geral, mandato de um ano, embora alguns estados elejam para mandatos de até três anos.

Dependendo das regras de uma Grande Loja, os Grão-Mestres muitas vezes têm poderes especiais para a realização de certos atalhos cerimoniais. Estes podem incluir a abertura ou o fechamento de uma Loja de *forma abreviada* (ou seja, uma versão reduzida que não exige que os oficiais passem pelo cerimonial normal de abertura) ou fazer maçons *à vista* (permitindo a um homem que não progrediu normalmente por meio dos três graus da Loja tornar-se maçom).

Mais uma vez, os poderes de Grão-Mestre apresentam tantas variações quanto existem Grandes Lojas, e todos dependem dos costumes e das regras daquela jurisdição.

As regras

Cada Grande Loja tem um livro oficial de constituições ou de lei maçônica publicado. As normas abrangem uma grande variedade de temas, que vão desde a definição dos oficiais, como as eleições são realizadas e como rituais devem ser conduzidos, até a conduta dos membros em relação uns aos outros e as penalidades por conduta não maçônica. As regras podem ser alteradas ou reescritas nas reuniões da Grande Loja.

Badulaques maçônicos: Todos aqueles aventais, broches e medalhas

Como mencionei no Capítulo 1, todo membro usa um avental maçônico, em geral liso e branco, durante uma reunião de Loja. Historicamente, os maçons usam aventais porque os pedreiros usavam-os para proteger suas roupas. Mitologicamente, em função de os maçons usarem aventais quando o Templo do Rei Salomão foi construído. Simbolicamente, é um emblema da inocência, que deve ser mantido impecável como uma representação de pureza de vida e conduta (discorro mais sobre o simbolismo de aventais no Capítulo 7).

Dito isso, existem muitas exceções a essa regra do simples e branco. Na Inglaterra, os aventais têm uma borda de tecido azul-claro para simbolizar a *Loja Azul* (um termo para a Loja maçônica). Os Companheiros possuem duas rosetas azuis adicionadas aos cantos inferiores, enquanto os Mestres Maçons têm uma terceira roseta na aba triangular. O avental também tem duas faixas verticais de tecido, com borlas metálicas penduradas nas extremidades, as quais são uma representação ornamental do velho costume de longos cordões de avental que envolviam a cintura e eram amarrados sob a aba na frente, com as pontas penduradas por debaixo da aba.

Nos Estados Unidos, os oficiais possuem aventais especiais com a joia de seus cargos bordadas neles, para combinar com a joia em seu pescoço. Os Past Masters têm o direito de usar aventais especiais que indicam sua posição de honra. No mínimo, o avental inclui uma joia de Past Master (seja o compasso com um quadrante ou a representação geométrica do teorema de Pitágoras, dependendo da jurisdição). Os aventais dos Past Masters muitas vezes são lindamente bordados e decorados com vários desenhos. Mais uma vez, as cores predominantes são o azul e o branco.

Os oficiais da Grande Loja levaram os desenhos no avental a um nível mais elaborado. Seus aventais geralmente são brancos, com a borda roxa (do antigo costume europeu de a realeza vestir roxo), mas com muitas franjas e costuras douradas. O desenho várias vezes inclui uma insígnia circular com o nome da jurisdição e o selo no centro.

Na Europa, a fim de evitar a suspeita da sociedade em relação aos maçons, a maioria dos membros não chama atenção para si mesmos usando as joias maçônicas. Os maçons americanos, por outro lado, gostam muito das joias maçônicas, dos broches, dos anéis, dos chapéus, das camisas, dos ternos e das fivelas de cinto. Depois de se tornar um Mestre Maçom, você pode usar itens com um esquadro e um compasso neles. Se você *não* é um maçom, não deve usar algo sem o devido direito para isso. É quase como usar o distintivo de um policial ou uma medalha Purple Heart se você não for um tira ou um veterano ferido. Essa regra tem algumas exceções; por exemplo, a viúva ou a filha de um maçom falecido pode usar suas joias.

No século XIX, Lojas grandes, Grandes Lojas e convenções Maçônicas costumavam criar emblemas, fitas ou medalhas comemorativas que se tornaram populares itens de colecionador hoje em dia. Atualmente, Lojas e Grandes Lojas muitas vezes criam broches para comemorar um

(Continua)

(Continuação)

aniversário importante ou o "ano" de um Grão-Mestre. Mais uma vez, os maçons amam esses itens, e não é incomum ver as lapelas dos paletós dos maçons adornadas com um punhado de broches brilhantes e coloridos.

Os corpos aliados (veja a Parte III deste livro), especialmente os grupos do Rito de York, desenvolveram-se e expandiram-se depois da Guerra Civil, tirando vantagem do amor por pompa e da ostentação militar do pós-guerra. Como resultado disso, os corpos aliados frequentemente emitiam medalhas de aparência militar para muitos dos graus adicionais que eles conferem.

Numa época anterior aos relógios de pulso, os relógios de bolso maçônicos eram objeto de desejo. Os mostradores muitas vezes possuíam símbolos maçônicos em vez de números, e as costas ou as tampas frequentemente tinham símbolos gravados também. William Dudley produziu os relógios maçônicos mais colecionáveis no início de 1920. Os mostradores eram bastante simples, mas continham um "segredo" maçônico. As costas eram transparentes ou removíveis e todo o funcionamento interno do mecanismo do relógio apresentava a forma de símbolos maçônicos — uma trolha, um esquadro, um compasso, um prumo, um nível, a Bíblia e outros. Apenas 4 mil desses relógios foram feitos, e hoje eles valem milhares de dólares.

Você pode ter ouvido que os maçons possuem penas horríveis e sangrentas para os membros malcomportados que quebram suas regras secretas. A verdade é que as únicas punições pela violação da lei maçônica são reprimendas, suspensão temporária de participação ou expulsão da fraternidade.

O que é uma Loja Regular e Reconhecida?

Regularidade e reconhecimento são questões muito confusas, e devo avisá-lo agora que esse tema pode fazer seus olhos petrificarem. É entediante. É técnico. Mas é, infelizmente, importante também para entender. Tome um café e fique confortável.

As palavras *regular* e *irregular* são termos oficiais usados por uma Grande Loja para descrever outras Grandes Lojas e seus membros. Cada Grande Loja, de acordo com suas próprias regras e com seus regulamentos, determina a regularidade maçônica. As Grandes Lojas que consideram umas às outras como legítimas estão *em amizade*.

A Maçonaria não é uma corporação ou uma entidade mundial, única e uniforme. Como resultado disso, ninguém é dono da marca mundial do esquadro e compasso, e ninguém pode afirmar que detém os direitos autorais

Capítulo 5: Como os Maçons Estão Organizados: Quem Faz O quê e Por quê   *115*

universais dos rituais maçônicos. Seria como a Igreja Metodista alegar que detém os direitos universais de todas as marcas, símbolos e textos sagrados do cristianismo. Os metodistas, os batistas ou os católicos não podem impedir que um novo grupo cristão construa uma igreja e coloque uma cruz sobre o altar, ou, ainda, proibir seu coro de cantar "Avante soldados cristãos".

Da mesma forma, as Grandes Lojas não podem impedir que um grupo de pessoas obtenha os rituais maçônicos de um livro, compre uma pilha de aventais e joias para oficiais e afirme que eles possuem a sua própria Grande Loja. Como as diferentes linhas das Igrejas cristãs, diferentes grupos maçônicos têm discutido e se separado ao longo dos séculos, e facções de maçons começaram suas próprias Grandes Lojas.

Qual delas é legítima? Examinando múltiplas Grandes Lojas

Por falta de uma palavra melhor, vou me referir às Grandes Lojas mais comumente reconhecidas e regulares do mundo como *convencionais*. Inglaterra, Escócia e Irlanda têm, cada uma, uma Grande Loja convencional. Cada uma das seis províncias da Austrália também tem uma Grande Loja convencional. As províncias do Canadá estão dispostas quase da mesma maneira, e o país tem dez Grandes Lojas convencionais. Os Estados Unidos têm 51 Grandes Lojas convencionais — uma para cada estado, além do Distrito de Colúmbia. Operando também nos Estados Unidos, estão 46 Grandes Lojas Afiliadas à Prince Hall (Prince Hall Affiliated ou PHA) (veja o box "Reconhecimento de Prince Hall"). O México também possui uma Grande Loja para cada província, e o Brasil uma para cada estado, além do Distrito Federal. Fora essas exceções, a maioria dos países possui apenas uma Grande Loja regular, considerada "reconhecida" pelas convencionais.

Reconhecimento de Prince Hall

Quarenta e seis Grandes Lojas Afiliadas à Prince Hall dividem território com as Grandes Lojas convencionais americanas. Vários estados do sul resistem em reconhecer as Grandes Lojas Prince Hall, que são predominantemente afro-americanas, mas a grande maioria dos Estados e Grandes Lojas internacionais consideram-nas como regulares e reconheceram-nas. Elas compartilham o mesmo território geográfico com seus colegas convencionais por meio de acordo mútuo, basicamente um tratado maçônico.

Os estados que não reconhecem os seus colegas Prince Hall geralmente insistem que isso ocorre em função de considerarem suspeito o pedigree maçônico das Grandes Lojas PHA. Como discuti no Ca-

(Continua)

116 Parte II: Os Funcionamentos Internos da Maçonaria

(Continuação)

pítulo 2, as Grandes Lojas Prince Hall descendem de uma carta constitutiva inglesa — que eles ainda possuem fisicamente —, mas os poucos estados que não reconhecem oficialmente as Grande Lojas PHA declaram que aquelas reivindicações históricas são falsas. Com toda essa obsessão por legitimidade e justificação histórica, você poderia pensar que estamos discutindo a coroação de um pretendente ao trono de Freedonia, e não quais maçons podem visitar quais Lojas.

Então, quem decide quais Lojas são convencionais ou legítimas? Na Maçonaria, quem tem o poder manda, na maioria dos casos. Essa posição pode soar um pouco desagradável, além de ser um clube muito fechado. O grande grupo de Grandes Lojas convencionais representa o maior número de maçons no mundo. Como os gorilas do universo maçônico, elas conseguem, coletivamente, fazer regras com as quais todos concordam em cumprir.

Para confundir ainda mais as coisas, cada Grande Loja pode decidir quais grupos maçonicamente relacionados, ou *corpos aliados*, eles consideram regulares ou reconhecidos. Portanto, a Grande Loja A pode permitir que seus membros visitem Lojas na jurisdição da Grande Loja B, mas, ainda assim, declarar outro grupo maçônico que funcione no território da Grande Loja B (e com a bênção plena da Grande Loja B) como irregular e um lugar proibido para seus membros.

Definindo a Maçonaria regular

A *Maçonaria regular* é definida pelos maçons convencionais como Lojas e Grandes Lojas que seguem estas diretrizes gerais:

- ✔ **As Grandes Lojas devem descender de *alguma forma* das Grandes Lojas originais da Inglaterra, da Escócia ou da Irlanda.** Mesmo que uma Grande Loja seja "regular" em todos os outros quesitos, se não for possível remontar suas origens até as Grandes Lojas originais, ela não será reconhecida pelas convencionais.

- ✔ **As Lojas devem exigir uma crença em um Ser Supremo.** Os membros devem prestar juramento sobre, ou visualizando, uma Bíblia aberta ou outro Volume da Lei Sagrada.

- ✔ **As Lojas devem aceitar apenas homens.** Elas não podem aceitar mulheres ou se associarem com Lojas femininas ou mistas.

- ✔ **As Lojas não devem permitir discussões sobre religião ou política durante as reuniões, nem permitir que os membros se envolvam em intrigas ou conspirações contra seu país.**

- ✔ **As Lojas podem conferir apenas os três graus de Aprendiz, Companheiro e Mestre.** Elas não podem conferir quaisquer outros graus adicionais (consulte a Parte III para mais informações sobre os corpos aliados e graus maçônicos adicionais).

Capítulo 5: Como os Maçons Estão Organizados: Quem Faz O quê e Por quê

Como você sabe quem está proibido?

Uma das regras da Maçonaria é um maçom não poder se comunicar de forma maçônica com um membro clandestino ou visitar uma Loja deles. Então, como um maçom sabe quais Lojas ele pode visitar legalmente?

Cada Grande Loja tem um Grande Secretário cujo trabalho é responder a essas mesmas questões. Antes de viajar para outro estado ou país, um maçom que deseje visitar uma Loja estrangeira deve entrar em contato com seu Grande Secretário, que determinará quais Lojas podem ser visitadas e fornecerá uma carta de apresentação. Como na diplomacia internacional, há um protocolo oficial para visitação. Por outro lado, se você encontrar um maçom na rua e souber que ele é um membro de uma jurisdição amiga da sua, ele é bem-vindo para convidar você, e você é bem-vindo a aceitar.

Algumas Lojas são muito mais formais do que outras. Aparecer de repente e esperar por permissão para entrar pode ser aceitável em uma Loja, enquanto outra pode exigir que você siga o protocolo oficial.

> ✔ As Lojas só podem receber visitantes de outras jurisdições da Grande Loja que sejam consideradas regulares e reconhecidas como tal pela sua própria Grande Loja.

Legitimando as Grandes Lojas reconhecidas

Reconhecimento significa que uma Grande Loja aceita a legitimidade de outra Grande Loja e de seus membros. Cada Grande Loja é soberana em sua jurisdição e nenhuma delas pode dizer à outra o que fazer ou como fazê-lo. Assim, o sistema de reconhecimento e regularidade é controlado por um mecanismo simples.

As Grandes Lojas que se afastam e fazem algo do qual o resto das convencionais discordam são privadas de seu reconhecimento como um grupo convencional. É um sistema muito eficaz. Ser declarado *irregular* significa que os membros daquela Grande Loja não podem visitar outras jurisdições regulares. Também quer dizer ser evitado em âmbitos nacional e internacional. As Grandes Lojas não gostam de fazer nada que possa colocar em risco a sua condição de reconhecimento.

Aqui estão algumas das diretrizes que determinam como uma Grande Loja apresenta direito a ter jurisdição sobre sua específica parte do mundo.

> ✔ **Há uma Grande Loja para um estado, uma província ou um país.**
> As Grandes Lojas Prince Hall são a notável exceção a essa regra. Existem outras exceções, como em Ontário e na África do Sul, mas são casos incomuns. As exceções somente são permitidas por meio de acordo entre as Grandes Lojas envolvidas. O Brasil também se enquadra nessa exceção, pois em cada estado há as Grandes Lojas, os Grandes Orientes Estaduais e os Grandes Orientes independentes em cada estado.

Parte II: Os Funcionamentos Internos da Maçonaria

- ✔ **A Grande Loja nova só pode ser criada legalmente por Lojas existentes e com o consentimento da Grande Loja que lhe concedeu carta constitutiva.** Por exemplo, a Grande Loja da Índia foi criada em 1961 por Lojas escocesas, irlandesas e inglesas já existentes e funcionando na Índia, com o mútuo acordo dos três órgãos administrativos originais.

- ✔ **A menos que as Grandes Lojas concordem em compartilhar um território por tratado, as Lojas concorrentes que operam no território de uma Grande Loja são declaradas irregulares, *clandestinas* (uma palavra genérica que significa irregular e/ou não reconhecida), ou ilegais.**

- ✔ **Em regiões que não possuem uma Grande Loja local, as Grandes Lojas convencionais organizam Grandes Lojas provinciais.** Esse sistema é a forma como as Grandes Lojas da Inglaterra e da Escócia operam Lojas em países do Extremo Oriente e em outras partes do mundo. Em um exemplo um pouco mais próximo de nossa realidade, a Grande Loja de Massachusetts concedeu carta constitutiva a uma Loja na Baía de Guantánamo, em Cuba.

Irregular, não reconhecida e desorganizada: Lojas fora do convencional

Fora das Grandes Lojas convencionais, há maçons por todo o mundo pertencentes a Lojas que eles consideram tão regulares quanto as outras. A regularidade está nos olhos de quem vê, e todo maçom se considera um membro de uma Loja "regular". Surgem argumentos territoriais e processuais quando os maçons tentam visitar Lojas consideradas irregulares por sua própria Loja.

No entanto, existem milhares desses chamados maçons *irregulares* em todo o mundo, cuidando de suas vidas, felizes, sem se preocupar com questões de reconhecimento. Nada menos que 20 Grandes Lojas operam em Nova York, mas somente a Grande Loja de Nova York e a Grande Loja Prince Hall de Nova York são consideradas regulares e reconhecidas pelas convencionais. A França tem pelo menos 13 Grandes Lojas, mas apenas a *Grande Loge Nationale Française* é reconhecida. A Itália tem nada menos do que 22 Grandes Lojas em seu território, mas apenas a *Grande Oriente d'Italia* é comumente reconhecida.

Senhoras maçons: Às vezes permitidas, mas nunca convencionais

Isso pode parecer chocante para os maçons convencionais, mas, sim, *existem* maçons do sexo feminino. Nos Estados Unidos, no Canadá, na Inglaterra, na França, na Bélgica, na Itália e em muitos outros países, Grandes Lojas femininas e mistas existem. Essas Lojas são consideradas irregulares, mas seus rituais são quase idênticos aos da Maçonaria convencional (com as mulheres em muitos casos chamando umas às outras de "Irmão").

A maioria das Grandes Lojas por todo o mundo rejeita a noção de iniciar as mulheres como violação das Leis Antigas, que permitiam apenas os homens. Grandes Lojas femininas e Grandes Lojas comaçônicas (mistas) contornam isso interpretando o regulamento como se referindo aos homens no sentido genérico da palavra, como em *humanidade*. Elas forneceram exemplos tirados da história medieval de mulheres pedreiras operativas como prova de que deveriam autorizar as mulheres a se associarem. Além disso, forneceram um exemplo histórico de uma mulher iniciada em uma Loja irlandesa na década de 1730 como justificativa para a entrada delas.

A Grande Loja Unida da Inglaterra recentemente abrandou sua posição sobre Grandes Lojas maçônicas de mulheres ao admitir a existência da Honourable Fraternity of Antient Freemasons (Ilustre Fraternidade de Maçons Antigos), organização apenas para mulheres, e suas 350 Lojas que funcionam no Reino Unido. No entanto, não há comunicação alguma, visita ou qualquer outro contato maçônico entre elas.

A Ordem da Estrela do Oriente (OEO), abordada com mais detalhes na Parte III deste livro, é um grupo relacionado à Maçonaria, principalmente nos Estados Unidos. Sim, as mulheres podem participar da Ordem, mas a OEO *não* é a Maçonaria para mulheres. Ela é mista e não confere os três graus de Aprendiz, Companheiro e Mestre. Além disso, possui seu próprio ritual exclusivo, e tem a bênção da maioria das Grande Lojas dos EUA.

Se você é uma senhora inclinada a procurar uma organização maçônica feminina no Brasil, os principais grupos são o Rito Antigo e Primitivo de Memphis-Misraim e o Grande Oriente Feminino. Nos Estados Unidos, o maior grupo de comaçons é a Federação Americana de Direitos Humanos (às vezes chamada pelo seu nome francês, *Le Droit Humain*).

O Grande Oriente da França: Imenso mas inválido

A Maçonaria francesa é tão complicada quanto a história francesa nos últimos 300 anos. Pelo menos 13 Grandes Lojas operam na França, e provavelmente há mais.

A prova de que a maior Grande Loja nem sempre é a convencional é o fato de o Grande Oriente da França afirmar ter 41 mil membros e mil Lojas individuais. É o maior Grande Oriente do mundo e a maior organização maçônica na França. Também não é reconhecida pelos grupos convencionais.

Um Grande Oriente é diferente de uma Grande Loja em alguns aspectos:

- **Um Grande Oriente considera-se uma federação de diferentes Lojas.** As Lojas que ele preside podem ter uma grande variedade de rituais, costumes e práticas, e o Grande Oriente age como um corpo administrativo simples, com poucas regras para todo o grupo.

✔ **Um Grande Oriente é composto de um Grão-Mestre e um conselho nomeado por ele.** Esse conselho, por sua vez, nomeia o Grão-Mestre. Ele não tem um órgão administrativo composto por representantes das muitas Lojas que supervisiona. De fato, é uma *oligarquia* (governo exercido por poucos, caso você não tenha terminado a Iniciação à Ciência Política recentemente).

Alguns Grandes Orientes em todo o mundo são reconhecidos pelas Grandes Lojas convencionais. O que faz com que o Grande Oriente da França seja diferente? Sua falta de requisitos uniformes para todas as suas Lojas viola muitas das regras de regularidade aceitas pelas convencionais. Essas violações incluem o seguinte:

✔ **Ele não exige a crença em um Ser Supremo.** Os ateus podem participar das Lojas do Grande Oriente da França.

✔ **Ele não requer obrigações sobre uma Bíblia ou outro Volume da Lei Sagrada.** As Lojas do Grande Oriente muitas vezes não possuem livro em seu altar, ou podem ter um livro em branco, que substitui todos os textos sagrados de todas as crenças.

✔ **Ele não proíbe seus membros de visitarem Lojas femininas ou mistas.** Na verdade, as Lojas do Grande Oriente da França já começaram a admitir mulheres como membros.

✔ **Ele constituiu Lojas em jurisdições estrangeiras, onde já existem outras Grandes Lojas estabelecidas funcionando.** Washington, D.C. e Londres são apenas dois exemplos de cidades onde há Lojas do Grande Oriente da França.

Embora o Grande Oriente da França tenha um órgão administrativo muito fechado, ele permite uma autonomia muito maior às suas Lojas do que a maioria das Grandes Lojas convencionais (ou seja, as Lojas estão autorizadas a fazer as suas próprias regras para melhor atender aos seus participantes). É por causa dessa flexibilidade que algumas de suas Lojas admitem mulheres ou ateus e outras não. Alguns maçons consideram essa abordagem bastante aberta; outros a condenam como caótica.

A organização convencional francesa reconhecida pela Maçonaria convencional é a *Grande Loge Nationale Française*. Ela não é a maior nem a mais antiga na França, mas é descendente da Grande Loja Unida da Inglaterra e segue as regras de regularidade.

Grupos maçônicos falsos na comunidade negra

A Maçonaria tem sido altamente respeitada na comunidade afro-americana desde os tempos coloniais, quando Prince Hall e seus irmãos receberam sua carta constitutiva da Inglaterra. As Grandes Lojas Afiliadas à Prince Hall (PHA) em 46 jurisdições remontam sua linhagem diretamente desse documento original.

Infelizmente, ao longo dos anos, mais de 200 pequenos grupos surgiram, muitos alegando algum tipo de conexão com as Grandes Lojas Prince Hall. Eles podem ter apresentado debates legítimos com seus líderes, podem ter começado como organizações imitadoras ou ainda ter sido criados simplesmente como esquemas fraudulentos para fazer dinheiro.

Por alguma razão, essas Grandes Lojas falsas existem em todo Estados Unidos e apenas confundem os homens interessados em se tornar maçons. Elas não possuem legitimidade maçônica fora do seu próprio pequeno grupo, e os seus membros não são considerados regulares em nenhuma outra Loja, a não ser em sua própria.

Se você estiver interessado em participar de uma Loja Prince Hall, faça alguma pesquisa e certifique-se de que está se filiando a uma Loja sob a jurisdição de uma Grande Loja PHA.

A Phylaxis Society, uma organização de pesquisa dedicada à Maçonaria Prince Hall, criou um Comitê de Falsas Práticas Maçônicas. Seus relatórios, em inglês, podem ser encontrados em `www.thephylaxis.org/bogus/history.php`, em inglês.

Fora do convencional

A maioria das pessoas que se associa a uma Loja não sabe da existência de organizações concorrentes no mundo que se intitulam maçônicas, mas não são consideradas legítimas pela maioria dos maçons. Somente os maçons regulares e reconhecidos podem fazer maçons regulares e reconhecidos. Apenas Grandes Lojas regulares e reconhecidas podem conceder carta constitutiva a Lojas regulares e reconhecidas, ou concordar em ceder um território a uma Grande Loja nova.

Ao longo dos séculos, os maçons descontentes começaram novos grupos. Algumas Grandes Lojas mudaram suas regras, e essas alterações violam as regras das convencionais. Alguns mercenários empreendedores criaram novos graus ou grupos maçônicos, apenas com a finalidade de ganhar dinheiro, tirando proveito da reputação da Maçonaria. Outros ainda descobriram ou criaram novos rituais que eles se propõem a melhorar, a tornar mais interessantes, mais esclarecedores ou mais corretos. Seja qual for a razão, milhares de membros do grupo são considerados maçons ilegítimos pela maioria em todo o mundo.

Nada disso é um problema enorme para o maçom até que ele comece a viajar e visitar outras Lojas ou a encontrar outros maçons. Um maçom irregular não será bem-vindo em uma Loja convencional, e seus graus e documentos não serão considerados legítimos. Ele não terá direito às honras, às vantagens e ao fraternalismo desfrutado por milhões de pessoas no mundo maçônico.

Isso não quer dizer que grupos maçônicos não reconhecidos não possuam nada a oferecer. É simplesmente uma advertência para que você tenha certeza de que a Loja à qual você se filiará fornece o que você procura.

122 Parte II: Os Funcionamentos Internos da Maçonaria

Capítulo 6

As Cerimônias dos Maçons

Neste Capítulo

▶ Localizando as origens dos rituais maçônicos

▶ A portas fechadas: Os três graus

As cerimônias que os maçons praticam em suas Lojas são chamadas de *rituais*. Os rituais não são peculiares à Maçonaria — eles ocorrem ao seu redor no cotidiano. Desde apertos de mão a aplausos e cerimônias de formatura à apresentação do hino nacional em um jogo de beisebol pode ser considerado um ritual. Os rituais reforçam laços espirituais ou sociais por meio da repetição e do uso generalizado. Além disso, transmitem experiências comuns ao longo do tempo e conectam a sociedade moderna com o seu passado.

Igrejas, tribunais, fraternidades universitárias, escoteiros, bandeirantes, casamentos, funerais, fuzileiros navais — todos eles usam rituais que se desenvolveram ao longo dos anos. E com a Maçonaria não é diferente.

Rituais de iniciação, como casamentos ou batizados, têm um efeito especialmente poderoso sobre as pessoas. Eles envolvem o início de uma viagem física e espiritual, bem como a promessa de aprender os segredos aos quais não temos acesso.

Na Maçonaria Simbólica (também conhecida como Lojas de São João), o tipo de Maçonaria realizada na sua Loja maçônica local, os rituais são chamados de *graus*, e vão do Aprendiz ao Companheiro e, finalmente, ao Mestre Maçom. Os graus conectam os membros ao longo dos séculos, e saber que você está passando pela mesma experiência pela qual milhões de homens em todo o mundo passaram durante centenas de anos é uma sensação incrível.

Eu sou maçom, então não espere que eu quebre meus votos por aqui. Não publicarei nada que eu tenha prometido não publicar, não importa quanto as pessoas legais do *Para Leigos* me paguem. Tendo dito isso, assim como as revelações de segredos do século XVIII, a internet está repleta de sites (hospedados quase que em sua totalidade por antimaçons) que alegremente apresentam todos os "segredos" que nós maçons temos. Bibliotecas e livrarias têm abundância de volumes que fazem a mesma coisa. Qualquer pessoa que *realmente* queira saber tem conseguido descobrir as coisas há quase 300 anos. Neste capítulo, discuto os aspectos mais básicos dos graus da Maçonaria. Deixo muitos detalhes de fora, mas o mais importante a ser lembrado é que grande parte da razão para o sigilo maçônico na idade moderna é impedir que as experiências de grau dos novos candidatos seja estragada. Metade da alegria de qualquer iniciação é a descoberta de novas experiências.

Se você ler sobre a coisa toda antes de entrar para a Maçonaria, você privará a si mesmo do prazer. Portanto, lembre-se: **este capítulo contém alguns spoilers, começando com a seção "Executando os Rituais da Loja Moderna"**. Se você deseja muito entrar para uma Loja, pare de ler, ligue para um maçom, e pule para outro capítulo.

Compreendendo de Onde Vêm os Rituais Maçônicos

Muitas organizações fraternais diferentes surgiram no século XIX (veja o Capítulo 2), mas a grande maioria delas usou os rituais de grau da Maçonaria como modelo, não apenas os Cavaleiros de Colombo, os Alces, os Odd Fellows e os Red Men. Literalmente centenas de Lojas fraternais, conclaves, capítulos e salões cheios de cavaleiros, nobres, comandantes, hierofantes, patronos, potentados e mandachuvas brotaram, todos com formas cada vez mais elaboradas de empossar novos membros. Tudo, desde o início da Ku Klux Klan à Igreja Mórmon, e até mesmo irmandades protetoras benevolentes, todos basearam suas cerimônias de iniciação naquelas usadas em Lojas maçônicas.

Ao contrário da antiga Igreja, que mantinha um registro escrito de suas cerimônias, a natureza da Maçonaria operativa, no princípio, era tentar manter seus rituais em segredo, afinal, se a guilda de ofício deveria certificar-se de que os trabalhadores não qualificados não roubassem suas técnicas de construção e projeto, escrever tudo em um formulário que pudesse ser facilmente roubado seria perigoso. E não se esqueça de que, durante o período da Maçonaria operativa, a maior parte da população mundial era analfabeta. O conhecimento foi transmitido no "boca a boca", pois a maioria das pessoas não sabia ler ou escrever.

Os rituais históricos das guildas medievais

O mais antigo registro do ritual maçônico é encontrado em um documento conhecido como o Manuscrito Régio, escrito por volta de 1390 d.C. O texto é escrito como um poema longo e conta uma história pródiga em que a

Maçonaria remonta ao Egito antigo. Ele segue dispondo 15 *artigos*, ou regras, sobre quem pode e não pode ser maçom, sobre como um integrante deve se portar no trabalho e em particular, e sobre os deveres morais de um membro do Ofício. Apesar de escrito no século XIV, acredita-se que foi copiado das tradições orais que eram passadas desde aproximadamente o século X d.C. (você pode ler o Manuscrito Régio no Apêndice A deste livro).

A tradição oral continuou conforme as guildas maçônicas se espalharam por toda a Europa. Qualquer um que sussurrou um boato na ponta de uma mesa de jantar, apenas para ouvi-lo truncado no momento em que chega na outra ponta, sabe que histórias contadas ao longo dos séculos, em diferentes países e línguas, tendem a mudar. E muito.

O Humilde Aprendiz

O Manuscrito Régio sugere que, originalmente, os maçons tinham apenas um ritual de iniciação. Os aprendizes, lá no começo, estavam um degrau acima dos escravos e eram considerados como propriedade de seus mestres até que seu período de aprendizagem fosse concluído, o que, em geral, levava sete anos. Assim, os primeiros rituais de iniciação foram pensados para valorizar a passagem de um jovem de aprendiz para seu novo cargo como Oficial ou Companheiro.

O ritual começava com uma oração, seguida pela narração da "antiga" história da guilda. Essa parte da cerimônia foi embelezada com fatos históricos questionáveis para impressionar todos pelo fato de a linhagem e a autoridade maçônicas remontarem aos tempos bíblicos. Se os maçons estiveram na construção das pirâmides, dos muros de Jericó, da Torre de Babel e do Templo do Rei Salomão, então eles certamente eram mais experientes do que alguma guilda fabricante de barril que surgiu de repente.

Em seguida, colocava-se uma Bíblia aberta diante do novo iniciado, e ele era informado a respeito das leis, das regras e dos regulamentos da guilda. Então, obrigavam-no a fazer um juramento de fidelidade ao rei, ao Mestre da Guilda e aos outros membros, prometendo não quebrar as regras.

Por volta de 1500, o Parlamento Inglês aprovou uma série de leis trabalhistas que previam que um aprendiz não era um pedaço inanimado de propriedade passível de ser comprado e vendido. Em vez disso, ele podia até ser um ser humano de verdade. Nos termos do *Estatuto da Aprendizagem*, era ilegal "exercer qualquer ofício, mistério, ou ocupação" que fosse praticado na Inglaterra sem servir como aprendiz por pelo menos sete anos. Então, em 1550, os maçons desenvolveram dois graus. O novo aprendiz foi incorporado, e, aparentemente, uma parte da cerimônia destinava-se a tentar assustar o pobre diabo do rapaz. Uma longa série de perguntas e respostas era ensaiada para que ele memorizasse — perguntas de teste pelas quais ele se identificava como um maçom. Certos métodos de reconhecimento eram informados a ele — um *aperto de mão*, um *sinal* (sinais de mão) e uma senha. Ele, então, fazia um juramento prometendo nunca divulgar as informações, sob pena de tortura terrível e de uma execução horrível. Depois de fazer o juramento, ficava conhecido como um Aprendiz — um grande avanço em relação a ser um pedaço de propriedade.

Conforme o tempo passava, o grau tornou-se mais longo e mais floreado com preleções. Parece que um grande número crescente de maçons mais velhos (e enfadonhos) queria ensinar aos rapazes algumas coisinhas sobre o mundo ao seu redor. Com o fim do século XVII, a antiga confiança na religião como uma explicação para tudo que acontecia no universo se desfazia, dando lugar aos novos campos da ciência e da filosofia. No início do século XVIII, o ritual havia se expandido e falava não apenas sobre viver uma vida virtuosa, mas também sobre os diferentes estilos de arquitetura, a valorização das artes e ciências, e até mesmo os cinco sentidos do corpo. Ele era uma espécie de curso intensivo sobre as artes liberais, apresentados em uma sessão de uma noite.

As peças de mistério

Em meados de 1200, comerciantes e associações de ofício começaram a produzir mistérios (forma de drama medieval), baseados em histórias da Bíblia. Curiosamente, a palavra *mistério* deriva da palavra francesa *mystere*, que significava qualquer comércio ou ofício durante a Idade Média. As histórias retratadas em geral apresentavam alguma relação com a área na qual a guilda era especializada. A história "Os Carpinteiros" podia apresentar a história da Arca de Noé. Já "Os Peixeiros" podia contar a história de Jonas e a Baleia. "Os Padeiros" apresentaria a Última Ceia. "Os Pregueiros" (fabricantes de pregos) podia encenar o conto da crucificação de Jesus. E os maçons frequentemente apresentavam a história da construção do templo do Rei Salomão.

Encenavam-se as peças nos dias sagrados em honra dos santos, e os santos padroeiros dos maçons eram São João Evangelista e São João Batista. Nesses dias de festa, as peças eram muitas vezes apresentadas em carroças gigantes enfeitadas como palcos, com enormes peças de cenário. Essas carroças se chamavam *vagões do cortejo* e são a origem de nossas modernas procissões. Elas viajavam pelo interior do país, e os membros das guildas podiam ser atores por um tempo. Esses membros eram, em geral, analfabetos, de modo que se memorizavam as peças por meio da repetição exaustiva das partes, até que estivessem decoradas (quando você está esculpindo uma pedra de quase duas toneladas para fazer uma parede da igreja, ter algo para ajudar a passar o tempo é divertido).

Por volta do início de 1400, os atores e músicos "profissionais" na Inglaterra, fartos dos amadores intrometendo-se em seu território, formaram a Guilda do Menestrel, para tentar dominar o mercado de teatro. Eles obtiveram um sucesso modesto. As cidades ainda gostavam das peças das guildas, e, assim, elas continuaram por mais dois séculos.

O Companheiro de Ofício

Como os aprendizes eram iniciados na guilda em vez de serem tratados como crianças idiotas deixadas de fora, um segundo grau foi pensado para o oficial artesão, pronto para sair para o mundo e ganhar a vida. Suas responsabilidades para com seus colegas membros da guilda aumentaram, e lhes foram dadas mais perguntas e respostas de testes, mais apertos de mão, sinais, e, por fim, a *palavra do mestre* (a palavra secreta, combinada com um aperto de mão que lhe permitia viajar livremente e fazer-se conhecido como um Mestre Maçom em qualquer lugar em que os membros da guilda fossem encontrados). Ele fazia um novo juramento, com uma horripilante penalidade que previa tortura e execução.

Depois de trabalhar e aprender como um aprendiz por sete anos, era dada uma opção ao maçom. Ele poderia trabalhar sob contrato para o mesmo empregador com quem cumprira o período de aprendizado, sendo agora um oficial. Na Escócia, ele era conhecido como *Companheiro de Ofício* ou simplesmente *Companheiro*. Ou ele poderia criar o seu próprio negócio como um Mestre Maçom. De qualquer forma, ele possuía o mesmo conhecimento. Os termos eram utilizados apenas para mostrar se ele era um empregado ou um comerciante independente.

O Mestre Maçom

No momento da passagem de Maçonaria operativa para especulativa, em 1717 (veja o Capítulo 2), muitos homens cultos formavam novas Lojas por toda Inglaterra, Escócia e França.

Durante o Iluminismo, o termo *especulativo* significava um exercício da mente, e não um investimento em títulos de alto risco.

A ideia dessa nova versão de Maçonaria filosófica se tornava popular com rapidez. Mas, apesar de gostarem da ideia de basear a fraternidade nas guildas de ofício e suas cerimônias, de alguma forma era necessário algo maior.

Como resultado disso, alguns homens escreveram novos rituais e cerimônias baseados nos antigos, com algumas novas mudanças. A fascinação pela antiga guilda, novos aprendizados, a alegoria bíblica, os mistérios e um pouco de drama levaram à criação de um terceiro grau, o de Mestre Maçom, por volta de 1726. Representado pela primeira vez como uma peça com um elenco totalmente maçônico no *Philo Musicae et Architecturae Societas Apollini* (Sociedade Apolínea para os Amantes da Música e Arquitetura), em Londres, ele contava de forma dramática duas histórias: a construção do Templo do Rei Salomão e a morte de Noé, e, com a sua morte, a perda de seu "conhecimento secreto".

O relato escrito

Em 1772, um maçom inglês chamado William Preston fez uma palestra publicada posteriormente como "Ilustrações de Maçonaria", a qual analisava e explicava o ritual e o simbolismo dos graus. O livro foi um enorme sucesso, e Preston publicou nove edições dele durante os 20 anos seguintes. A obra explicava o ritual e os símbolos, mas deixava de fora qualquer coisa considerada secreta.

Um maçom americano em Rhode Island, chamado Thomas Smith Webb, leu o livro de William Preston, mas pensou que Preston deixara de fora símbolos e preleções interessantes que ele tinha visto em sua própria experiência maçônica. E ele possuía ideias próprias sobre a melhor maneira de apresentar os graus. Então expandiu o que Preston fizera e publicou suas próprias descrições dos rituais, chamado de "Freemasons Monitor", em 1797. O livro tornou-se muito popular nas Grandes Lojas do novo EUA, e a maioria das Lojas americanas hoje pratica essa versão do ritual maçônico de Preston-Webb.

Quem é Hiram Abiff?

Por volta de 1730, as duas histórias de Hiram e Noé tinham sido mexidas e unidas, formando um conto dramático, a lenda maçônica de Hiram Abiff, o Grande Arquiteto do Templo.

Duas passagens da Bíblia descrevem a construção do Templo. O primeiro é 1 Reis 7:13-14:

> E enviou o rei Salomão um mensageiro e mandou trazer a Hiram de Tiro. Era ele filho de uma mulher viúva, da tribo de Naftali, e fora seu pai um homem de Tiro, que trabalhava em cobre; e era cheio de sabedoria, de entendimento, e de ciência para fazer toda a obra de cobre; este veio ao rei Salomão, e fez toda a sua obra.

O segundo é 2 Crônicas 2:13-14:

> Agora, pois, envio um homem sábio de grande entendimento, a saber, Hiram meu pai, filho de uma mulher das filhas de Dã, cujo pai foi homem de Tiro; este sabe trabalhar em ouro, em prata, em bronze, em ferro, em pedras e em madeira, em púrpura, em azul, e em linho fino, e em carmesim, e é hábil para toda a obra do buril, e para toda a espécie de invenções, qualquer coisa que se lhe propuser, com os teus peritos, e os peritos de Davi, meu senhor, teu pai.

A partir dessas breves passagens, com alguns erros na tradução do original hebraico, de erro ortográfico ocasional e de muita imaginação, veio a história que formou a base do terceiro e último grau da Loja maçônica. Ela conta a lenda de Hiram Abiff, filho de uma viúva, e Mestre Arquiteto do Templo do Rei Salomão, que, como um Mestre Maçom, possuía segredos ainda maiores do que os qualificados Companheiros ou Oficiais. A história é assim:

Todos os dias, Hiram entra no templo a fim de orar e desenhar seus projetos para os trabalhadores executarem em sua *prancha de delinear*, ou cavalete. Ao sair um dia, ele é abordado por três Companheiros do templo, ansiosos para descobrir os segredos dos Mestres Maçons. Eles ameaçam o Arquiteto e atacam-no com suas ferramentas. O terceiro desfere o golpe final e mortal. Hiram morre sem divulgar os segredos que ele jurou proteger. As palavras secretas do Mestre Maçom vão para o túmulo com ele. Os três trabalhadores desonrados enterram o corpo e tentam escapar do país, mas são levados à justiça e executados pelas horríveis penas de seus juramentos maçônicos. O corpo em decomposição de Hiram Abiff é encontrado, e, depois de várias tentativas de tirá-lo de sua sepultura, o forte aperto de mão de um Mestre Maçom finalmente o retira de seu lugar de descanso. O corpo de Hiram é levado de volta ao templo para um enterro adequado, e um monumento é erguido em sua honra, fidelidade, e firmeza diante da morte.

Essa história é a peça central da chamada *"lenda de Hiram"*. A moral é forte, e ensina os homens a terem fé, a seguirem os ideais da moralidade e da virtude e a manterem suas promessas. Mas ao contrário dos graus maçônicos anteriores, esse foi agora colocado em prática, em vez de ser apresentado como uma mera palestra ou monólogo.

E assim, com a adição de um grau de Mestre Maçom, reorganizaram-se os graus antigos para chegar a seu formato atual. O novo Aprendiz era simplesmente iniciado e jurava segredo. O novo Companheiro agora recebia uma palestra sobre arquitetura, ciência e artes. E esse novo grau de Mestre Maçom narrava o conto de Hiram e do Templo. Em um período incrivelmente curto de tempo, todos esses rituais que levaram séculos para serem desenvolvidos tornaram-se práticas regulares de um movimento maçônico que se tornou global com rapidez.

Executando os Rituais da Loja Moderna

Com toda essa conversa sobre rituais, você deve achar que isso é tudo o que se passa em uma Loja. O ritual é o que os maçons usam para iniciar novos membros e ensinar lições simples sobre moralidade e conduta. Acontece muita socialização também, mas aprender e ensinar o ritual é uma parte importante das responsabilidades dos oficiais. Fora dos Estados Unidos, muitas Grandes Lojas permitem que seus membros imprimam seus rituais, desde que deixem de fora os "segredos" específicos. Os oficiais têm, então, permissão para ler suas partes.

Na maioria das Lojas norte-americanas, esses *livros de cifras* são permitidos para estudar, mas as cerimônias em si devem ser memorizadas e recitadas sem ajuda escrita. Se você não for um orador muito bom quando entrar na Loja, superará seus medos com bastante rapidez, pois mesmo o mais novo Aprendiz tem um papel para aprender e representar.

Arrumando o palco para o ritual

Os graus podem ser executados em uma noite normal de reunião de trabalhos, mas geralmente são feitos em uma reunião especial, ou *convocada* (reunião convocada por um propósito especial). As Lojas em geral conferem um grau a apenas um homem por reunião, porque este deve ser o seu evento especial. Algumas jurisdições permitem que vários homens passem pelo grau juntos. Nos EUA, membros que não alcançaram os graus de Companheiro ou de Mestre Maçom não podem assistir a essas cerimônias. Já no Brasil, os Aprendizes são incentivados a assistir as cerimônias de iniciação de novos membros, como forma de recordar sua própria iniciação.

Algumas Grandes Lojas nos EUA criaram o que é chamado de "Dia de Todos os Graus" para oferecer aos homens sem tempo para receber os graus individualmente uma maneira mais rápida de se tornarem Mestres. Nessas sessões, dezenas, centenas ou até milhares de homens sentam-se em um auditório e veem todos os três graus, enquanto um candidato passa por eles, como um representante metafórico do grupo. Todos os homens assistindo assumem a obrigação por cada grau em uníssono. Essa prática é controversa fora dos estados que a permitem, e não está universalmente disponível. Na verdade, muitas Grandes Lojas se opõem fortemente à sua utilização, e ela não é realizada fora dos EUA.

Nos Estados Unidos, os rituais geralmente são realizados por meio da memória, e não da leitura. Cada oficial tem uma função nos graus, e pode haver papéis para os outros também. A maioria das Lojas orgulha-se de ser capaz de "escalar" o elenco necessário para as cerimônias a partir de seus próprios membros, sendo perfeitamente aceitável que irmãos visitantes de outras Lojas adotem um papel. E, com frequência, um amigo próximo ou um membro da família desejará participar pessoalmente do trabalho de grau de um novo Irmão ao assumir uma função importante.

Maçons — REVELADOS!

Agora, se todo esse material deveria ser um segredo, como é que sabemos sobre ele? Bem, conforme a Maçonaria se tornava mais e mais popular no início e em meados do século XVIII, um negócio paralelo apareceu. O caminho mais seguro para ganhar um monte de dinheiro fácil no mercado editorial em meados do século XVIII era dizer que você estava publicando um livro expondo os segredos daquilo que rapidamente se tornava a "sociedade secreta" mais popular do mundo. Essas *revelações* (ou *exposés* em francês) podem ou não ter sido totalmente verdadeiras ao contar todas as cerimônias que aconteciam nas Lojas, mas elas tiveram outro efeito colateral interessante. A maioria das pessoas que as compraram eram maçons tentando aprender seu ritual e frustrados por ter de aprender no "boca a boca". Então, fossem as revelações precisas ou não, elas tinham o efeito de ajudar a padronizar os mesmos rituais que estavam expondo. Ao "revelar" os maçons, esses editores ajudaram a espalhar a Maçonaria por todo o mundo com manuais recém-impressos.

Capítulo 6: As Cerimônias dos Maçons   *131*

Na Inglaterra, um debate eclodiu no final de 1700 entre a Grande Loja da Inglaterra e um grupo de maçons afirmando que muitas inovações haviam sido feitas nas cerimônias maçônicas. Eles chamavam a si mesmos de *Antigos,* e a Grande Loja da Inglaterra já existente veio a ser chamada de *Modernos* (para saber mais sobre isso, consulte o Capítulo 2). Em 1813, eles finalmente deram um fim à rixa, uniram-se e concordaram em não padronizar seu ritual. Como resultado, as Lojas na Inglaterra não eram obrigadas a trabalhar um ritual específico, embora fossem todas muito similares no conceito. A diferença estava nos detalhes. Como os ingleses, os americanos não exigem que suas Lojas adotem um ritual padrão. Cada Loja local tinha sua própria maneira favorita de fazer ou explicar as coisas. Mas, conforme a Maçonaria se espalhou pelos Estados Unidos, as Grandes Lojas começaram a considerar o desenvolvimento de diversos rituais como uma forma confusa de fazer as coisas. Por volta da década de 1840, muitos estados lutavam contra o problema. A maioria decidiu usar o livro de Thomas Webb como uma diretriz, mas cada estado possuía suas variações favoritas. As regras maçônicas — parte do juramento feito pelo Aprendiz — criaram o maior problema. Todos os membros prometeram não "escrever, imprimir, pintar, estampar, tingir, esculpir, lavrar, marcar ou entalhar" nenhum dos segredos da fraternidade. Então como você escreve algo que prometeu não escrever?

Para contornar as regras, muitos estados publicaram *cifras maçônicas* — todas as cerimônias reduzidas à primeira letra de cada palavra, com algumas consoantes extras intercaladas para elucidar as difíceis. Por exemplo, se o ritual dissesse: "Em quem você coloca a sua confiança?", a cifra poderia mostrar "E Qm V C A S C?". É como tentar aprender o papel de Hamlet estudando 90 páginas de letras maiúsculas.

Outras Grandes Lojas foram mais longe, criando um código cifrado especial. Para lê-lo, o maçom James Bond primeiro precisava decifrar um código duplo secreto de quadrados, linhas e pontos, a fim de descobrir as letras. E até hoje, ainda há quase uma dezena de Grandes Lojas nos EUA que proíbem a seus membros sequer ter qualquer tipo de guia de estudo escrito do ritual, com códigos secretos ou não. No entanto, no início de 1900, as Lojas individuais dos Estados Unidos chegaram a um acordo, em seus respectivos estados, e o ritual foi por fim "esculpido em pedra". A Pensilvânia é a única exceção notável, e seu ritual é completamente diferente de outros estados.

Com algumas diferenças, o ritual maçônico parou de mudar dramaticamente depois disso. As Lojas hoje conferem os graus de Aprendiz, Companheiro e Mestre Maçom, e o ritual de Mestre é o conto de Hiram Abiff e do Templo de Salomão. A linguagem mudou muito pouco desde a década de 1750.

Com algumas diferenças em todo o mundo, este ritual básico é usado para abrir todas as reuniões da Loja:

1. O Cobridor fica do lado de fora da porta, guardando a entrada com uma espada.

2. Todos na Sala da Loja são examinados para se ter certeza de que são maçons, por meio de senhas e apertos de mão.

3. Cada oficial fica de pé e recita suas funções.
4. O Capelão ora, e as Três Grandes Luzes são exibidas — a Bíblia, ou Volume da Lei Sagrada, é aberta, e um esquadro e um compasso são colocados nele.
5. O Venerável Mestre declara a Loja devidamente aberta, e o grau pode começar.

O ritual maçônico é planejado em torno da história simbólica da construção de um grande templo espiritual, representado pelo Templo de Salomão. O grau de Aprendiz representa o chão do templo, o de Companheiro é a câmara do meio, e o grau de Mestre se passa no *sanctum sanctorum*, o "Santo dos santos".

Simbolicamente, o templo é construído por um grupo de homens, todos trabalhando juntos, em um projeto misterioso para eles individualmente. Apenas o arquiteto conhece o projeto completo e a utilização final do templo. Cada homem deve fazer o seu melhor para completar o trabalho colocado diante dele — seus companheiros dependem disso, assim como ele depende dos outros. Ele deve estudar os projetos constantemente e estar ciente do lugar do templo no mundo à sua volta. E, como o templo é tão grande, ele sabe que o trabalho durará por toda sua vida.

Para um maçom, o templo é o seu próprio caráter; os projetos são as lições virtuosas e morais mais sagradas para sua própria religião, e o arquiteto é o Grande Arquiteto do Universo.

Aprendiz: Iniciação e juventude

Os três graus maçônicos têm a intenção de representar três fases da vida: juventude, maturidade e velhice. O grau de Aprendiz representa a juventude, pois ensina as lições mais básicas da crença em Deus, a necessidade de misericórdia para a humanidade, a importância da verdade e o valor de se manter a palavra.

Quando um homem recém-eleito chega à Loja para seu primeiro grau, os membros cumprimentam-no. Na maioria das Lojas, serve-se um jantar antes do grau começar, o que serve para apresentá-lo informalmente aos outros membros e deixá-lo à vontade. Em outras partes do mundo, o jantar pode vir após o grau, como é o caso do Brasil. Em seguida, o recém-eleito senta-se do lado de fora da Sala da Loja enquanto os membros entram para o cerimonial de abertura (antes de continuar lendo, você deve dar uma olhada no Capítulo 5 para se familiarizar com os nomes e as funções dos oficiais da Loja).

Para ser iniciado, o candidato deve ter suas roupas dispostas de uma determinada maneira simbólica. Nos tempos antigos, ele simplesmente tiraria um sapato, arregaçaria a perna da calça e abriria a camisa. A maioria das Lojas hoje fornece roupas especiais — uma camisa com uma manga e uma ligeira abertura no peito, e um par de calças com uma perna só — para essa cerimônia, a fim de que ele não se sinta tão despido. Em seguida, penduram um pedaço de corda, chamada de *cable-tow* (em português, cabo de reboque, literalmente), em seu pescoço. Por fim, seus olhos são cobertos com uma *venda*.

Embora várias outras fraternidades muitas vezes usem a cerimônia de iniciação como uma oportunidade de constranger ou assediar o novo candidato, a Maçonaria especificamente proíbe qualquer constrangimento ou desconforto para o novo membro. O candidato é vendado aqui por várias razões. A cegueira alimenta a imaginação e estimula os outros sentidos. Ele vai se concentrar nas palavras, em vez de se distrair com os detalhes da sala ou com o rosto de um amigo que esteja falando. Porém, mais importante, ele simbolicamente está na escuridão, buscando a luz do conhecimento. Até que faça o juramento, ou *obrigação*, ele não pode receber o conhecimento ou a permissão de ver o salão.

Alguns historiadores acreditam que o termo *cable-tow* venha de um termo do inglês antigo. Fios, fibras ou cordões eram chamados de *tau* ou *taw*, e, quando trançados em conjunto formando uma corda forte, chamava-se de *cabled-taw*. Em um canteiro de obras medieval, um pedreiro trabalhando em um muro ou telhado alto usava um cable-taw para subir tanto ele mesmo como suas ferramentas do chão. Cortavam-se pequenos buracos nas paredes de pedra e pedaços curtos de madeira eram presos nas fendas para atar estacas temporárias a fim de formar uma versão instável de um andaime. Não era algo que o Programa de Saúde e Segurança no Trabalho aprovaria. O comprimento do cable-taw de um trabalhador representava a altura que ele conseguiria subir com segurança esse fardo de varas e puxar as ferramentas e a argamassa. Quanto mais ousado o escalador, mais longo o cable-taw. Qualquer distância que passasse do comprimento do seu cable-taw era considerada um pedido exagerado. De qualquer maneira, essa é a lenda.

Depois de vendar o novo membro, ele é cuidadosamente conduzido para a porta da Loja, onde deve bater na porta com sua própria mão — quem o acompanha também pode bater por ele. Quando recebe a permissão para entrar, os Mordomos entregam-no ao Diácono, que atuará como seu guia durante o resto do grau.

O que se segue é uma procissão pela Loja, parando em cada um dos oficiais principais, momento em que o novo membro é questionado e averiguado por cada um. Por fim, ele se ajoelha no altar, coloca a mão sobre a Bíblia ou o Volume da Lei Sagrada, e presta a *obrigação* (juramento) de um Aprendiz. Nessa obrigação, ele promete não divulgar os segredos que está prestes a receber, nem escrevê-los, imprimi-los ou torná-los conhecidos de qualquer outra forma para quem não é maçom.

Circum-ambulação

Conforme o Primeiro Diácono conduz o candidato ao redor da Sala da Loja, diz-se que ele está *circum-ambulando*. Eles circulam pela Loja no sentido horário, simbolizando o caminho do sol através do céu. Mas há uma forma específica de se circular por uma Loja maçônica. A caminhada é sempre feita em linha reta. Quando um membro chega a um canto, ele para e se vira para a direita, formando um ângulo preciso, como um quadrado. Isso é, na verdade, chamado de *esquadrar a Loja* e ocorre mais no Rito de York. O mais importante, nos outros casos, é o movimento ser feito no sentido horário. Mas por quê?

Cada grau tem uma série de palestras que acontecem, descrevendo certos símbolos. Conforme as palestras se tornaram mais longas e mais complexas, algum tipo de recurso visual foi necessário, tanto para auxiliar na aprendizagem do novo maçom quanto para refrescar a memória do palestrante. Na época em que a Loja se reunia em tabernas, o conferencista desenhava esses símbolos no chão com giz.

No fim da sessão da Loja, o novo membro ou os Mordomos eram responsáveis por pegar um esfregão e eliminar qualquer traço dos desenhos.

Tempos depois, esses desenhos começaram a ser pintados em grandes panos desenrolados no chão. Como eles eram bonitos, grandes, e o mais importante, muito valiosos, ninguém poderia andar sobre eles. Então, qualquer um que circulasse pela sala deveria pisar em torno do pano. Rapidamente, o costume tornou-se "esquadrar" os cantos ao circular pela Loja.

Mais tarde, esses desenhos foram retirados do chão e transformados em cartões ou tábuas, chamados de *painéis* (veja o Capítulo 7). Eles podiam ser mais facilmente exibidos em cavaletes ou pendurados nas paredes, além de serem muito elaborados e bonitos. Hoje em dia, a maioria das Lojas depende de slides ou até mesmo de apresentações em PowerPoint como recursos visuais, mas o costume de esquadrar a Loja ainda persiste.

Depois de prestar a obrigação, remove-se a corda do pescoço do novo membro, e a venda é retirada. Pela primeira vez, ele vê a Loja à luz de velas e é acolhido como um Irmão. Aos poucos, as luzes aumentam e mostram-lhe os sinais, os passos e os apertos de mão, e ele recebe a senha de um Aprendiz.

É, então, presenteado com o avental de couro branco, ou *pele de cordeiro*, e explica-se o seu simbolismo, com a maneira ritualística correta de usá-lo, de acordo com a sua posição de aprendiz.

Na maioria das Lojas dos Estados Unidos, esse avental de iniciação deve ser cuidadosamente guardado e armazenado, sendo usado somente durante o trabalho de grau, e colocado no caixão do maçom quando ele morrer. Sua superfície totalmente branca representa o esforço por uma vida pura e imaculada. Em outras jurisdições, esse é o avental que ele usará durante toda a sua carreira maçônica. E em outras, ainda, um avental especial é fornecido para cada um dos três graus.

Raios! Malditos juramentos!

Os maçons ouvem durante cada grau que as obrigações que estão prestes a receber não contêm nada passível de entrar em conflito com o seu dever para com Deus, seu país, seu vizinho ou si próprio.

No entanto, as obrigações assumidas pelos integrantes têm sido fonte de queixas há muitos anos por críticos que enxergam as "penalidades sangrentas" como uma ameaça séria. Não há, porém, prova registrada que sugira que algum maçom já teve sua garganta cortada, o peito rasgado ou seu corpo estripado por contar a um não maçom como dar o aperto de mão secreto.

Marinheiros ingleses prestaram variações desses tipos de juramentos durante o século XV. Eles também eram semelhantes aos juramentos prestados por advogados admitidos na Ordem em Londres, durante o século XVI. Esses juramentos na verdade surgiram a partir de punições ordenadas pelo tribunal durante a Idade Média e foram criados de acordo com as crenças da Igreja Católica. Acreditava-se que um corpo incompleto não poderia ressuscitar dos mortos, assim como um corpo enterrado em solo não consagrado. Portanto, estar preso no chão sem todas as suas partes era uma horrível condenação à morte, tanto na Terra quanto no além.

Na Idade Média, quebrar uma promessa, um juramento ou o que os franceses chamavam de *parole* era um crime muito mais grave do que o homem moderno pode compreender.

Ao longo dos anos, os críticos fizeram objeções a tais juramentos, e diferentes jurisdições maçônicas responderam às críticas de diferentes maneiras. Na Inglaterra, eles foram completamente removidos das obrigações. Em muitas jurisdições norte-americanas, modificaram-se os juramentos para dizer que eram apenas simbólicos, ou que eram as punições antigas, já não cumpridas agora. A verdade é que elas nunca foram cumpridas. As únicas punições na Maçonaria são repreensão, suspensão ou expulsão da fraternidade.

Por fim, ele aprende sobre caridade e a importância de ajudar o seu semelhante e seus colegas maçons. Depois disso, é levado de volta para a sala de preparação a fim de vestir suas próprias roupas, retornando, em seguida, à Loja para uma série de palestras que explicam o simbolismo da cerimônia.

Como nos primeiros dias da guilda de ofício, o Aprendiz deve memorizar uma série de perguntas e respostas. Essa memorização é feita por vários motivos:

- O Aprendiz pode demonstrar que fez um estudo proficiente da Loja e de seu funcionamento. Se ele não se der ao trabalho de aprender esse primeiro requisito, ele não está sendo sério o suficiente para seguir em frente.

- Se o Aprendiz quer visitar outra Loja onde ninguém o conhece, ele pode comprovar seu próprio conhecimento e provar que ele é um Aprendiz, ao responder às perguntas de maneira adequada.

> ✔ Ao aprender essas perguntas e respostas, ele se torna um elo na longa cadeia de milhões de homens que passaram pelo ritual durante os séculos, conectando-se aos primeiros maçons da antiguidade.

Companheiro: Passando pela maturidade

O segundo grau é o de Companheiro, que representa a maturidade, o período intermediário da vida. Durante esse grau, a importância da educação e do trabalho e o incrível poder de Deus são ensinados aos maçons.

A preparação do irmão é muito semelhante à do Aprendiz. De fato, a primeira metade do grau é surpreendentemente parecida. Suas roupas são preparadas, uma corda é aplicada de uma maneira diferente, e ele é mais uma vez vendado, sendo, então, conduzido pela Loja de forma semelhante à anterior.

A obrigação que ele presta como Companheiro é maior do que a do Aprendiz e aumenta seus deveres para com seus irmãos. Além de sigilo, ele promete ajudar seus irmãos e obedecer às regras e às leis da Loja. Depois de prestar a obrigação, ele é novamente "trazido à luz" e aprende novamente o passo, o aperto de mão, os sinais e a senha do grau de Companheiro.

A segunda seção do grau de Companheiro é uma longa lição tirada da cerimônia do início do século XVIII. O irmão simbolicamente sobe uma escada em caracol para a câmara do meio do templo, e cada degrau representa um aumento no conhecimento. A palestra explica o projeto do Templo de Salomão, as ordens de arquitetura com base nos ensinamentos do arquiteto romano Vitrúvio, os cinco sentidos e as sete artes e ciências liberais. Embora tudo isso soe um pouco estranho e um pouco maçante para as sensibilidades modernas, esse grau, mais do que qualquer outro, é uma forte ligação com uma época anterior, quando a educação pública não existia.

Embora os maçons conheçam o grau de Aprendiz como *iniciação*, diz-se que o de Companheiro é a *passagem*. É uma passagem pela fase adulta da vida, quando aprendemos e experimentamos coisas novas todos os dias.

Mestre Maçom: Elevação, velhice e morte

O Grau de Mestre Maçom é o terceiro e último ritual de grau da Loja. Embora a primeira metade seja quase a mesma coisa que nos outros dois graus, a segunda é muito diferente; ela é a dramática apresentação da lenda da morte de Hiram Abiff (veja o box "Quem é Hiram Abiff?", anteriormente neste capítulo). No decorrer do grau, o novo Mestre Maçom aprende a importância de viver uma vida fiel aos princípios da moralidade e da virtude. Os maçons se referem a ele como *elevação* porque o corpo de Hiram Abiff é erguido (elevado) de sua sepultura pelo uso do aperto de mão e da palavra do Mestre Maçom.

Algumas pessoas acreditam que a história de Hiram seja um paralelo com a ressurreição e que sua origem poderia ser remontada até as lendas egípcias de Osíris, que ressuscitou dos mortos, mas o ritual em si não diz que Hiram é trazido de volta à vida. Seu corpo é simplesmente levantado de seu túmulo, e esse evento é o ponto no qual a palavra secreta e o aperto de mão de um Mestre Maçom são ditos ao irmão.

O Grau de Mestre Maçom representa a velhice. O irmão é estimulado a refletir sobre seus atos e a fazer as pazes com o seu Deus, porque a morte é um tema forte durante esse grau. O modo como um homem vive e morre é a mensagem mais importante que os graus da Maçonaria ensinam.

Para o alto!

Os graus tradicionalmente são concedidos um de cada vez, com um período de espera entre eles. Esses períodos variam muito de uma parte do país ou do mundo para outra. Algumas Grandes Lojas permitem que os graus sejam dados a um membro com uma noite, uma semana ou um mês de intervalo. Em alguns países europeus, pode levar um ano ou mais entre os graus.

Antes de subir para o próximo nível, um maçom deve provar que é proficiente. Na maioria das Lojas, *proficiência* significa saber a senha, os sinais, os apertos de mão e outros modos de reconhecimento de seu grau. Normalmente, também exige-se que um maçom memorize uma série de perguntas e respostas sobre seu grau, chamado de *catecismo, trolhamento, telhamento,* ou apenas *preleção com perguntas e respostas*. Para provar sua proficiência, ele deve responder às perguntas de memória em uma reunião da Loja. Outras jurisdições podem exigir que ele faça um curso de ensino ou que apresente um trabalho de pesquisa para mostrar autonomia.

Em uma Loja maçônica, não há grau superior ao terceiro grau, o de Mestre Maçom. Você provavelmente já ouviu falar sobre homens maçons de 32 ou até mesmo de 33 graus. Eles existem, mas *não* na Loja maçônica. Os graus adicionais são conferidos pelos chamados *corpos aliados*, como o Rito de York e o Rito Escocês (consulte a Parte III deste livro). Embora tais graus tenham números mais altos, eles não superarão um Mestre Maçom e nem serão de forma alguma mais importantes do que ele.

Capítulo 7

Os Símbolos da Maçonaria

Neste Capítulo

▶ Esclarecendo o simbolismo maçônico

▶ Compreendendo os principais símbolos maçônicos

▶ Examinando os numerosos símbolos utilizados em todo o mundo

Simbolismo é um negócio complicado. Muitos anos atrás, minha esposa e eu visitávamos as ruínas de um templo greco-romano na cidade italiana de Pesto. Em um museu próximo estão muitos artefatos encontrados na área. Ao dobrar a esquina, há uma escultura do século V a.C., cujo torso de uma mulher sem cabeça é decorado com grandes suásticas pretas.

Para quem viveu durante ou após a Segunda Guerra Mundial, a cruz torcida da suástica é um símbolo do regime mais assassino da história moderna, a Alemanha nazista. É um ícone que representa a morte de 28 milhões de europeus, incluindo o genocídio e o assassinato em massa de mais de 20 milhões de civis, além de centenas de milhares de americanos. A suástica é considerada hoje tão repugnante e tão simbólica do mal que a União Europeia considerou a aprovação de leis que proíbam a sua exibição pública.

No entanto, em 500 a.C., a suástica era um desenho excelente para ser usado em urnas e esculturas gregas. Na Índia, na China e no Japão, ela foi encontrada em suas diversas formas — curvas ou retas, no sentido horário ou anti-horário. No Oriente, ela era um símbolo positivo, por vezes associada ao budismo. Além disso, foi encontrada nas ruínas da antiga Troia e nas catacumbas cristãs de Roma. Era um símbolo celta comum e ainda é usada em países nórdicos como a Finlândia. Transformou-se em uma representação de poder ou de energia e era comumente exibida em sinais de alerta em usinas elétricas suecas. Em outras culturas, muitas vezes é um símbolo da sorte ou das forças positivas e negativas da natureza em perfeito equilíbrio.

Um *símbolo* é um objeto, um desenho ou outro objeto material que representa algo abstrato ou até mesmo invisível. De certa forma, é taquigrafia. Para um motorista, um sinal em forma de octógono vermelho significa *pare*, mesmo que as letras estejam desgastadas. Para um cristão, uma cruz simples representa toda uma filosofia religiosa. Um círculo vermelho com uma barra diagonal no meio tornou-se símbolo universal de *não*, não importando se ele se refere a jogar lixo, a fumar ou a virar à esquerda. Pombas simbolizam a paz, velas, o conhecimento, e um círculo com uma flecha significa meninos, enquanto um círculo com uma cruz, meninas. A lista é interminável.

Para um símbolo ser verdadeiramente universal, todos devem concordar com o que ele significa. Um símbolo pode ser muito mais complexo do que parece à primeira vista. A bandeira dos EUA, como todas as bandeiras nacionais, é um ícone que desperta o patriotismo em muitos de seus cidadãos. Entretanto, é preciso mais explicação para entender que ela possui 13 listras que simbolizam as 13 colônias originais, enquanto as estrelas representam o número atual de estados, ou que as listras vermelhas representam o sangue derramado por seus primeiros defensores, o branco, a pureza e a liberdade, e o azul, a verdade e a fidelidade. Os símbolos precisam de explicação, especialmente quando são desconhecidos.

Neste capítulo, discorro sobre alguns dos símbolos mais comuns da Maçonaria, explicando o que significam para um membro e onde se encaixam em rituais maçônicos.

Simbolizando as Lições da Maçonaria

Esteja você lendo livros, navegando na internet ou entrando em uma Loja, descobrirá com rapidez que o simbolismo maçônico está, literalmente, em todos os lugares. Você verá ferramentas, ampulhetas, olhos, caveiras, colunas, escadas, corações, espadas, letras e números. Cada um desses símbolos apresenta uma explicação ou um uso em cerimônias da Maçonaria.

No início, você pode olhar para eles e chegar à conclusão de que esses desenhos estranhos apresentam um significado ou um uso vagamente sinistro. Como aquelas suásticas de 3 mil anos de idade que eu e minha esposa encontramos em Pesto, os símbolos nem sempre têm significados universais. Muitos detratores, assim como alguns estudiosos maçônicos mais antigos, descreveram alguns símbolos da Maçonaria como ocultos ou mágicos, ou mesmo como pagãos (e alguns símbolos realmente o são). A verdade é muito mais simples: os símbolos são usados pelos membros tanto como um dispositivo de memória quanto para ilustrar as lições do Ofício.

Dito isso, a investigação do simbolismo maçônico é um fascinante campo de estudo altamente subjetivo. Além das explicações mais básicas, o estudante maçônico tem uma variedade quase infinita de imagens e alegorias para considerar.

Capítulo 7: Os Símbolos da Maçonaria   **141**

A Loja Azul

Uma *Loja Azul*, embora não seja tecnicamente um símbolo, é um termo usado para descrever uma Loja de maçons que confere os graus de Aprendiz, Companheiro e Mestre Maçom. A Loja próxima à sua casa é uma Loja Azul. Dependendo do costume local ou da preferência de quem está falando, sua Loja local também pode ser chamada de *Loja Simbólica*, e pratica o que é descrito como *Maçonaria de São João*. São nessas Lojas que os candidatos começam suas carreiras maçônicas. Nos Estados Unidos, a expressão *Loja Azul* é mais comumente usada como um termo simples para distingui-la dos ritos de York e Escocês (veja os Capítulos 10 e 11).

A origem do termo *Loja Azul* é obscura. O ritual do grau de Aprendiz contém uma referência à abóbada celeste coberta de estrelas, portanto o termo pode ser uma referência ao azul do céu. De fato, muitas Lojas maçônicas têm um "céu" azul pintado por essa razão. Além disso, o azul era uma cor sagrada na antiga Israel; no mundo antigo, os corantes azuis e roxos eram misturas caras e exóticas, difíceis de encontrar e, consequentemente, reverenciadas. Os aventais maçônicos no Reino Unido e em outros lugares em geral são brancos com uma borda azul.

Os símbolos ensinam as filosofias simples da Maçonaria, e não o contrário. Você pode ficar tentado a acreditar que mistérios ocultos e até mesmo magia estão contidos nessas imagens curiosas, mas, na verdade, elas são usadas para simplesmente gravar na mente as lições da fraternidade.

Decifrando as Principais Ideias Maçônicas

A *Coil's Masonic Encyclopedia* (Enciclopédia Maçônica de Coil) afirma que mais de 90 símbolos diferentes são mencionados nos três graus da Loja. É um pouco mais do que este livro tem espaço para abordar. Os maçons escreveram centenas de livros e milhões de palavras sobre o simbolismo maçônico; nas seções seguintes, de forma breve, abordo alguns dos princípios básicos.

Os símbolos têm significados diferentes para pessoas diferentes, mas, nas seções seguintes, apresento os significados aceitos para esses símbolos na Maçonaria. Cada um pode ser explorado, estudado e desenvolvido, e cabe ao maçom interpretá-los de modo mais profundo para si mesmo. Para alguém de fora da Loja, um compasso, uma âncora ou um cometa podem denotar algo totalmente diferente. Mas, de certa forma, a reação de um maçom a esses símbolos, compartilhados com seus irmãos no mundo todo, ajuda a conectá-lo ao grupo como parte de uma fraternidade única. Mesmo onde a língua é diferente, essa é a linguagem universal do Ofício. E, quando um maçom encontra esses símbolos em uma terra estrangeira, ele sabe que está entre irmãos.

O número três

Para onde quer que você olhe em uma Loja e entre seus rituais, depara com o número três. Há três graus, três oficiais principais, três velas, três ordens principais de arquitetura, três batidas na porta, três degraus que levam à cadeira do Venerável Mestre, três doutrinas principais, três fases da vida — a lista continua. Em países que não falam inglês, o símbolo universal para o Grande Arquiteto do Universo é um triângulo equilátero, muitas vezes com o Olho que Tudo Vê nele.

Platão e Aristóteles acreditavam que o número três era um símbolo para o Ser Supremo. Ele contém os dois primeiros números, e implica um começo, um meio e um fim. Três foi um número sagrado por milhares de anos. Os antigos egípcios adoravam os seus deuses em grupos de três — como Osíris, Ísis e Hórus. Os gregos reverenciavam Zeus, Poseidon e Hades. Os romanos veneravam Júpiter, Netuno e Plutão. As divindades nórdicas eram Odin, Frigga e Thor. O cristianismo adora Deus, o Pai, Jesus, o Filho, e o Espírito Santo. Três também representa o pai, a mãe e o filho em muitas culturas.

Como a Maçonaria sofreu influência das crenças católica, e, posteriormente, protestante, a imagem da Santíssima Trindade era muito forte. O número três se tornou um símbolo da busca constante pela perfeição.

Painéis: o PowerPoint do século XVIII

No Capítulo 6, apresentei os rituais cerimoniais da Maçonaria. Os primeiros ritos foram transmitidos e ajustados durante séculos. Eles foram expandidos e floreados, e, conforme se tornaram mais longos e mais complicados, transformaram-se em uma espécie de desafio para os professores e os ritualistas — bem como para o novo e ansioso candidato — lembrarem. A regra rígida proíbe maçons de escreverem o ritual de qualquer forma capaz de ser decifrada por não maçons, ou *profanos*, como eram chamados. A resposta para o problema foi o simbolismo.

Na época em que os maçons se reuniam em tabernas, eles desenhavam símbolos no chão com giz a fim de ilustrar a palestra dada naquela noite. Após a palestra, o Mordomo ou o Aprendiz, como se fosse uma lição sobre sigilo, recebia um esfregão e um balde para a retirada de qualquer vestígio dos desenhos. Fazer esse desenho toda noite de grau tornou-se entediante, assim, por fim, pintou-se um pano de chão com os símbolos, o qual era simplesmente desenrolado para a noite. Pintava-se um tecido diferente para cada um dos graus.

Capítulo 7: Os Símbolos da Maçonaria 143

Com o tempo, os panos foram retirados do chão e pendurados em um cavalete, como uma prancheta de desenho em um canteiro de obras. Estes acabaram se tornando conhecidos como *painéis*. Atualmente, os painéis foram substituídos por apresentações dos símbolos em slides ou em PowerPoint, embora o propósito seja o mesmo: ajudar o professor a lembrar o que vem a seguir, e isso auxilia o candidato a associar uma imagem a uma ideia.

Mais adiante neste capítulo, analiso o painel mostrado na Figura 7-1 e discuto os símbolos nele, portanto coloque um marcador nesta página.

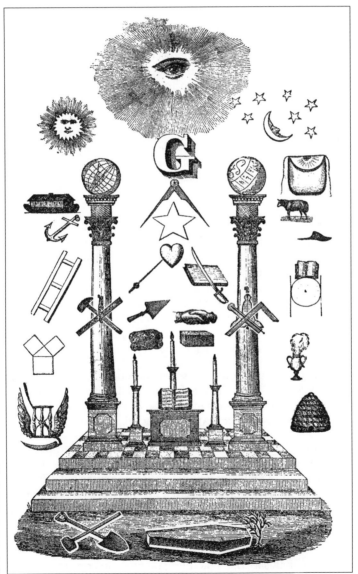

Figura 7-1: Um painel típico do século XIX, recheado de simbolismo maçônico.

por cortesia de Christopher Hodapp

Um painel não deve ser confundido com uma *tábua de delinear,* que é uma tábua plana em cima de cavaletes ou suportes. A tábua de delinear também é apresentada na Maçonaria como o lugar onde os construtores desenhavam seus projetos e, muitas vezes, como o boletim de notícias ou o calendário da Loja.

O Templo de Salomão

Como expliquei no Capítulo 6, o grau de Aprendiz e, especialmente, o de Companheiro e o de Mestre estão centrados em torno do simbolismo do Templo de Salomão no Monte Moriá, em Jerusalém.

Conferindo o conto bíblico

Para compreender por que os maçons usam o Templo de Salomão como um símbolo de seus ensinamentos, entender a história do templo ajuda um pouco. A descrição principal do histórico Templo de Salomão aparece na Bíblia não apenas em 1 Reis, Capítulos 6 e 7, mas também em 2 Crônicas, Capítulos 3 e 4, embora essas referências provavelmente apenas tenham sido reescritas de 1 Reis. O historiador judeu Flávio Josefo também discute o templo, construído entre 964 e 956 a.C., como um lugar sagrado de repouso para a Arca da Aliança, a caixa de ouro que continha os fragmentos dos Dez Mandamentos originais dados por Deus a Moisés (se você viu *Os Caçadores da Arca Perdida,* conhece um pouco disso).

Construção

O Rei Salomão era filho de Davi e foi o terceiro monarca de Israel. Antes de sua morte, o Rei Davi tinha acumulado materiais e artefatos para o templo, mas fora proibido por Deus de construí-lo em função do terrível derramamento de sangue que causara. Davi era um rei guerreiro, um conquistador que não só transformou Judá e Israel em uma só nação, como também derrotou os filisteus de forma definitiva. Ele expandiu as fronteiras de seu reino tornando-o o único império do povo judeu, além de travar uma sangrenta e violenta guerra civil com seu filho, Absalão.

Davi abasteceu Salomão, seu sucessor ao trono, com 100 mil talentos (3 mil toneladas) de ouro e 1 milhão de talentos (300 mil toneladas) de prata para o templo, que levou sete anos e meio para ser construído, e foi erguido no local sagrado onde Deus ordenou Abraão a sacrificar seu filho Isaac.

Pedras foram cortadas e preparadas em pedreiras subterrâneas em Jerusalém (curiosamente, as pedreiras ainda existem, e as Lojas maçônicas israelenses de vez em quando realizam reuniões extraordinárias nelas hoje). Mestres construtores emprestados de Hiram I, Rei de Tiro, supervisionaram o trabalho. Toras de cedro foram cortadas nas florestas do Líbano e levadas em balsas para a cidade portuária de Jope, mais tarde conhecida como Jaffa, e agora parte de Tel Aviv. De lá, foram arrastadas para Jerusalém.

Após a sua conclusão, o templo permaneceu não consagrado e não utilizado por 13 anos, enquanto Salomão construía o resto da fortaleza e do palácio

Capítulo 7: Os Símbolos da Maçonaria **145**

real. Finalmente, em 943 a.C., mais de 20 anos após ter sido iniciado, a Arca da Aliança foi colocada dentro dele, e uma celebração, a Festa dos Tabernáculos, durou sete dias, iniciando uma nova era na história hebraica.

Projeto

O templo foi projetado como os templos egípcios e fenícios. Ele apresentava um pequeno vestíbulo exterior ou uma varanda. Em ambos os lados do *Ulam*, ou a entrada da varanda, estavam duas colunas de bronze chamadas Boaz e Jaquim (consulte a seção "Colunas", posteriormente, neste capítulo). Perto delas, havia uma grande câmara do meio denominada *Hekal* (Lugar Santo ou Casa Maior), e finalmente se chegava a um espaço menor, chamado de *Debir*, o *Sanctum Sanctorum*, ou Santo dos Santos, onde a Arca da Aliança repousava, escondida atrás de véus de linho azul, púrpura e vermelho e duas portas de ouro. Esse quarto interior foi forrado com cedro e ouro e não possuía janelas. Era a morada de Deus.

A área externa desse complexo de três partes era para onde as pessoas comuns se dirigiam a fim de adorar. As três câmaras do templo eram reservadas apenas para os homens santos.

O templo estava em cima do morro e era cercado por uma enorme cidade real, além de ser bem pequeno, com 28 metros de comprimento, 9 de largura e 14 de altura.

Destruição

Em 597 a.C., o Rei Nabucodonosor II, rei da Babilônia, conquistou a Síria e passou a apoderar-se de Israel. Depois de dez anos lidando com revoltas constantes, decidiu destruir o templo e Jerusalém. Ele roubou a maioria dos artefatos do templo, queimou o edifício e desmantelou a fortaleza, pedra por pedra. O monarca levou tudo de volta para a Babilônia, mas a Arca da Aliança desapareceu sem deixar vestígios. O Sumo Sacerdote nunca teria permitido que Nabucodonosor a levasse, por isso ela talvez tenha sido enterrada nas profundezas da montanha ou contrabandeada para fora do país. A localização da Arca da Aliança permanece um dos maiores mistérios da Bíblia.

Zorobabel reconstruiu o templo na época em que os judeus foram autorizados a regressar a Jerusalém depois de seus 50 anos de exílio na Babilônia, mas os romanos o destruíram novamente em 70 d.C. O historiador Flávio Josefo foi autorizado a resgatar os antigos pergaminhos do templo antes de sua destruição, e sua história, *"A Guerra dos Judeus"*, oferece um testemunho ocular dos acontecimentos. Os romanos finalmente se cansaram das rebeliões judaicas e baniram os judeus de Jerusalém e de toda a nação de Israel. Essa expulsão foi o início da diáspora judaica de 2 mil anos, a dispersão dos judeus por todo o mundo.

Depois, o local do templo tornou-se o terceiro ponto mais sagrado da fé islâmica. O Monte Moriá é o lugar onde o profeta Maomé sonhou subir ao céu por uma escada de luz que se erguia de uma pedra sagrada que fora parte do Templo de Salomão. Em 691 d.C., Calif Abdul Malik construiu a Mesquita de Sakhra (Domo da Rocha) perto do lugar original do Templo de Salomão, apenas 53 anos após a fundação da religião islâmica por Mohammed Ibn Abdullah. Anos mais tarde, a Mesquita de Al Aksa foi adicionada do lado oposto e igualmente perto do local do Templo de Salomão.

Identificando o simbolismo maçônico

O apóstolo Paulo disse: "Não sabeis vós que sois o templo de Deus e que o Espírito de Deus habita em vós?" Essa citação é a base do simbolismo maçônico do Templo do Rei Salomão.

O templo é um símbolo para o maçom, e demora muitos anos para construí-lo de forma que seja adequado para o espírito de Deus habitá-lo, demandando o trabalho duro de muitos homens. O objetivo dos construtores é a perfeição da habilidade. Terminada a sua construção, todos que entram em contato com ele admiram-no. Quando os hebreus perderam sua direção espiritual, o templo foi demolido, da mesma forma como os homens são destruídos quando perdem sua direção espiritual. E mesmo desaparecido, a memória dele vive nos corações e nas lembranças de todos que o viram, assim como os feitos de homens de bem continuam a viver muito tempo depois de terem morrido.

Esquadro e compasso

O símbolo que passou a representar a fraternidade dos maçons consiste em duas ferramentas de construção diferentes: o esquadro e o compasso (veja a Figura 7-2).

Figura 7-2: O esquadro e o compasso representam a Maçonaria.

por cortesia de Christopher Hodapp

Jeremy Cross: Simbolismo ilustrado

Em 1819, um palestrante maçônico de New Hampshire chamado Jeremy Cross publicou *The True Masonic Chart on the Hieroglyphic Monitor*. O livro baseava-se, em grande parte, no manual de rituais de Thomas Smith Webb, que se tornou uma obra de referência para novos maçons; a grande diferença, entretanto, foi a inclusão de um gráfico contendo a maioria dos símbolos maçônicos abordados neste capítulo. Em vez de simplesmente descrever o simbolismo dos graus, como fizeram William Preston na Inglaterra e Webb nos Estados Unidos, Cross pediu que um entalhador chamado Amos Doolittle ilustrasse seu livro. As ilustrações foram copiadas, decalcadas, ampliadas, reduzidas e reimpressas com uma grande variedade de qualidade ao longo dos anos. Hoje, ainda se usam cópias delas como slides, projeções e até mesmo recursos visuais de PowerPoint em Lojas maçônicas.

No ritual maçônico, o Venerável Mestre explica que o esquadro é um instrumento utilizado pelos membros operativos para esquadrar seu trabalho, mas que os maçons especulativos usam-no como um instrumento de virtude para reger todas as suas ações para com a humanidade. Como o esquadro representa honestidade, justiça e virtude, também é usado como a insígnia do cargo do Venerável Mestre.

O compasso possui uma explicação ritualística um pouco mais obscura (usa-se também o termo *par de compassos*, mas as Grandes Lojas dividem-se sobre qual a versão usada da palavra). Pense nos dois pontos de um compasso, afastados, prestes a desenharem um círculo. Diz-se que os principais conceitos da Maçonaria, amizade, moralidade e amor fraterno, estão contidos entre os dois pontos do compasso. Quando você usa um compasso para desenhar um círculo, um ponto permanece no centro do círculo. Esse ponto representa o maçom como indivíduo, e o círculo representa os limites do seu mundo e as pessoas com quem ele entra em contato, devendo sempre viver de acordo com os princípios de amizade, moralidade e amor fraterno em todas as suas relações com a humanidade e, especialmente, com um Irmão maçom.

Explicando Mais Símbolos Maçônicos

Consulte a Figura 7-1 e você verá muitos símbolos. Gráficos como aquele eram usados como dispositivos de memória, tanto para dar quanto para aprender as várias palestras dos rituais de grau. Comece pelo canto inferior esquerdo. Nas seções seguintes, analiso o gráfico em sentido horário e discuto algumas das imagens que você vê.

Foice e ampulheta

A foice é uma antiga ferramenta afiada usada para cortar grama alta ou para a colheita de trigo. Mitologicamente, é um instrumento do Pai Tempo ou do Ceifador (a Morte), para cortar o frágil fio da vida. Também serve para lembrar aos maçons o perigo sempre presente da morte que espera todos nós.

Como a foice, a ampulheta é um emblema da mortalidade, mais assustador do que um relógio, pois as areias lentamente escapam e não podem ser colocadas de volta. Ela ensina um maçom a não desperdiçar seu tempo limitado na Terra. As asas nesse desenho enfatizam que o tempo é fugaz.

O 47º Problema de Euclides ou o Teorema de Pitágoras

A equação matemática mais útil para utilização na construção civil, o Teorema de Pitágoras, diz que para um triângulo retângulo, o quadrado da hipotenusa é igual à soma dos quadrados dos catetos. Provavelmente você esteja acostumado a vê-lo utilizado desta maneira:

$$a^2 + b^2 = c^2$$

Pitágoras, um grego que viveu durante o século VI a.C., foi professor, filósofo e místico. Ele acreditava fortemente em numerologia, e o Teorema de Pitágoras exibe uma verdade matemática básica a respeito da forma como algumas partes do mundo se encaixam.

Euclides de Alexandria surgiu cerca de três séculos mais tarde e escreveu o que é considerado o primeiro livro didático real de geometria, portanto podem culpá-lo. Ele reuniu 465 equações, postulados, teoremas e axiomas em seu trabalho de 13 volumes chamado *Os Elementos*, e o 47º foi o Teorema de Pitágoras.

Muitos matemáticos pensam que o Teorema de Pitágoras é a equação mais importante de toda a matemática elementar. Usando-a, desenhos podem ser ampliados, bases, assentadas, e ângulos perfeitamente quadrados podem ser determinados. Pergunte à sua professora de geometria — ela lhe contará tudo sobre o assunto.

Pesquisadores podem usar o Teorema de Pitágoras para determinar a altura de uma montanha. Os astrônomos podem calcular a distância do Sol, da Lua e dos planetas com ele. Marinheiros podem usá-lo para calcular a latitude, a longitude e o tempo real para navegação. Construtores usam-no para determinar que um quarto ou um alicerce é quadrado. Não admira o fato de ter sido considerado um símbolo místico e de sua aplicação ser um dos maiores segredos dos pedreiros antigos.

A escada de Jacó

No livro de Gênesis 28, Jacó sonhou que viu uma escada se estendendo da Terra até o céu, pela qual os anjos subiam e desciam. Na Maçonaria, a escada é descrita como tendo três degraus principais, representando a fé, a esperança e a caridade (aí está o número três novamente). Os outros degraus incluem temperança, fortaleza, prudência e justiça. Juntas, elas são as virtudes orientadoras da Maçonaria.

Âncora e arca

Nas palestras da Maçonaria, a âncora e a arca são combinadas como símbolos de uma vida bem vivida. A âncora é um símbolo de esperança, aparecendo primeiramente nas catacumbas cristãs, e aludindo à mensagem de São Paulo em Hebreus 6:19, que descreve a esperança como uma "âncora da alma, segura e firme". A arca (como o barco de Noé) representa a fé que irá "flutuar-nos sobre o mar de problemas".

Sol, olho, Lua e estrelas

Essas imagens são combinadas para descrever Deus, a quem o Sol, a Lua e as estrelas obedecem. Deus pode ver os recessos mais íntimos do coração, que em alguns desenhos maçônicos é mostrado abaixo do olho, da estrela e da letra G — todos símbolos de Deus. O Sol e a Lua também servem para lembrar os oficiais da Loja a governarem a Loja com regularidade.

Cordeiro e avental de pele de cordeiro

O símbolo do avental de couro branco (veja a Figura 7-3) é o emblema universal de um maçom. Aventais, cintas ou faixas aparecem ao longo da história como símbolos de honra ou piedade ou realização. Eles aparecem em imagens egípcias antigas e eram símbolos do sacerdócio na Índia, na Pérsia e em muitas outras culturas.

Figura 7-3: O avental de pele de cordeiro é o emblema universal do maçom.

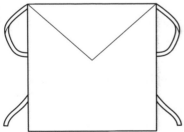

por cortesia de Christopher Hodapp

Como o cordeiro, durante séculos, tem sido considerado um símbolo de inocência, o avental é tradicionalmente feito com a pele do animal. É o primeiro presente dado a um maçom, sendo sepultado com ele quando morre. Sua superfície simples e imaculada tem como objetivo ser uma lembrança constante para o maçom sobre a pureza da vida, da conduta e da consciência, e um símbolo sempre presente da interminável luta por pensamentos mais elevados, feitos mais nobres e realizações maiores.

As diferenças nos costumes permitem decorar o avental de muitas maneiras. Os oficiais geralmente possuem os símbolos de seu cargo bordados neles. Os Past Masters têm seus próprios símbolos. Os primeiros aventais muitas vezes eram pintados com cenas pródigas ou símbolos, mas a superfície básica de pele de cordeiro branco está sempre lá, como um lembrete da pureza de ações e de consciência.

Chinelo

O chinelo é um símbolo relacionado à forma como os candidatos são preparados para os graus. A explicação maçônica vem de um costume hebreu de se tirar o sapato e dá-lo a um vizinho para selar um acordo, como uma promessa de honra e sinceridade. Tirar ambos os sapatos é uma forma simbólica de entrar no *Sanctum Sanctorum* do Templo de Salomão, um local considerado sagrado pelos hebreus.

Algumas Lojas usam a palavra *slipshod* (em português, desalinhado, descuidado) para descrever a forma como um candidato está preparado. Atualmente, o termo significa trabalho ou aparência descuidada, mas o conceito original era, literalmente, usar um chinelo ou sapato solto, como é usado na Loja.

Ponto dentro de um círculo e linhas paralelas

Esse símbolo minúsculo é uma das imagens mais desconcertantes na Maçonaria. É um círculo com um ponto no meio. Na parte superior do círculo está uma Bíblia ou um Volume da Lei Sagrada. Em ambos os lados do círculo, há duas linhas paralelas. Você encontrará muitas explicações conflitantes sobre esse ícone, mas eu apresento a minha própria versão.

O símbolo, na verdade, é baseado em uma antiga imagem astrológica e alquímica. O ponto no centro representa a Terra, que se pensava ser o centro do universo. Acreditava-se que os céus giravam em torno da Terra, representados pelo círculo. As duas linhas simbolizam os solstícios de verão e de inverno, os dias mais longos e mais curtos do ano. Por milhares de anos, esses dias foram celebrados como dias de festas pagãs por todo o mundo, e eram especialmente importantes para sociedades agrícolas, por serem os métodos astronômicos para determinar as épocas de plantio.

Por volta de 300 d.C., a Igreja Católica começou a dedicar festas pagãs populares aos santos. O dia mais longo do ano, 24 de junho, foi declarado o Dia de São João Batista, enquanto 27 de dezembro, o dia mais curto, foi dedicado a São João Evangelista. Coletivamente, os maçons se referem a eles como os Sagrados São João.

João Batista era fervoroso, enquanto João Evangelista era instruído, e, ao escolher os dois como santos padroeiros, os maçons, simbolicamente, uniram a paixão e a razão.

A Maçonaria desenvolveu-se quando o catolicismo romano era a religião dominante, e esses dias de festa continuaram com a Igreja Anglicana. Era comum que as guildas e outros grupos comerciais adotassem um padroeiro ou dois. Os maçons escolheram os dois São Joões, e, ao longo dos séculos, os membros comumente comemoram seus dias de festa com banquetes. Curiosamente, apesar de hoje a Maçonaria ser ecumênica e não sectária, os integrantes norte-americanos mantêm os costumes de antigamente. Parte do ritual nos Estados Unidos diz que os maçons vêm "dos Sagrados São Joões de Jerusalém", enquanto em outras partes do mundo as Lojas são dedicadas ao Rei Salomão.

O símbolo também mostra o Volume da Lei Sagrada no alto. Na Maçonaria, o ponto representa o indivíduo, e o círculo é o limite de suas ações. Tomado como um todo, o símbolo mostra que um maçom deve consultar os sagrados textos de sua própria religião para alcançar o equilíbrio adequado entre a paixão e a intensidade de um lado, e o conhecimento e a educação do outro. Em outras palavras, ele deve equilibrar educação, emoção e fé para efetivamente subjugar suas paixões. Alguns estudiosos dizem que o ícone é uma representação gráfica da consciência.

Pote de incenso

Nos EUA, normalmente o incenso não é queimado em uma Loja maçônica. Usa-se o símbolo de um pote de incenso como uma alegoria para um coração puro (o pote ou *incensário*) e as orações que sobem dele para o céu, simbolizado pelas nuvens de fumaça subindo. Já no Brasil, o incenso é amplamente utilizado, tendo inclusive um local especial para ele nas Lojas de alguns ritos maçônicos, chamado de altar dos perfumes.

Colmeia

As abelhas nunca desistem, como pode afirmar qualquer um já perseguido pelo quintal depois de tentar derrubar uma colmeia. Como resultado, as abelhas há muito tempo são símbolo não apenas de trabalho duro, mas também de trabalho em equipe. A colmeia é particularmente fascinante porque o favo de mel é uma estrutura geométrica perfeita. Uma abelha sozinha não consegue fazer nada; trabalhando juntas, elas podem alcançar bastante coisa. O mesmo ocorre com os homens.

Prumo

O prumo (veja a Figura 7-4 e a coluna da direita na Figura 7-1) é um dispositivo com um fio e um peso na parte inferior (chamado de *peso do fio de prumo*) para ajudar um operário a determinar se uma parede vertical ou uma superfície estão aprumadas. Os maçons especulativos fazem uso do prumo para lembrá-los de se comportarem de forma íntegra em seu dever para com Deus e em suas relações com os seus semelhantes. O fio de prumo sempre aponta tanto para o centro da Terra quanto para os céus. É um símbolo de justiça, retidão, honestidade, equidade e verdade, e em muitos aspectos é semelhante à balança da justiça, pois deve ser mantido em equilíbrio. Na Loja, o prumo é o emblema do cargo de Segundo Vigilante.

Figura 7-4: O prumo é uma lembrança para que os maçons se comportem de maneira íntegra.

por cortesia de Christopher Hodapp

Nível

O nível (veja a Figura 7-5 e a coluna da direita em 7-1) é uma ferramenta de construção semelhante ao prumo, cuja função é medir a uniformidade de superfícies horizontais. Seu simbolismo para o maçom especulativo é o da igualdade. Ele ensina que todos os maçons se encontram no mesmo nível, independentemente da sua condição social ou econômica no mundo exterior. Além disso, ele lembra aos membros que eles vivem suas vidas no plano do tempo, viajando "para aquela terra desconhecida" da qual nenhum de nós nunca voltará. O nível também é o emblema do cargo de Primeiro Vigilante.

Figura 7-5:
O nível representa a igualdade.

por cortesia de Christopher Hodapp

Letra G

A letra *G* (veja a Figura 7-6) aparece na maioria das representações norte-americanas do esquadro e do compasso. Ela também é proeminentemente exibida nas Lojas de países de língua inglesa, em geral sobre a cadeira do Venerável Mestre, e possui dois significados.

Primeiro, é a inicial de God (Deus, em inglês), ou o Grande Arquiteto do Universo, e uma lembrança eterna de que a Maçonaria representa uma irmandade dos homens sob a paternidade de Deus, o maior símbolo de todos. Tudo que as pessoas podem vivenciar, desde o universo propriamente dito até os mais simples aspectos de suas próprias vidas, vem de Deus.

A letra *G* é usada para evitar qualquer representação específica e sectária de uma divindade, de modo que todos os maçons, independente de sua religião pessoal, permaneçam reverentes ao Grande Arquiteto do Universo. Homens de religiões distintas apresentam diferentes nomes e diferentes símbolos para Deus, mas, dentro da loja, o *G* é usado para unificá-los, e não dividi-los. Um judeu, um metodista e um budista podem ficar lado a lado em uma Loja e se dirigir ao Grande Arquiteto do Universo. Na maioria das Lojas, o *G* fica iluminado enquanto a Loja está oficialmente aberta.

Figura 7-6: A letra *G* representa o *Grande Arquiteto do Universo e geometria*.

por cortesia de Christopher Hodapp

A letra *G* representa também a geometria, a base das origens da Maçonaria. Por meio do uso da geometria, os primeiros construtores maçônicos conseguiam traduzir pequenos desenhos em estruturas enormes, um talento verdadeiramente mágico na época. A geometria pode ser usada para fixar o ciclo das estações, determinar a órbita dos planetas e explicar e explorar os mistérios do universo. Unir o conceito de Deus com a geometria é uma forma de conectar o mundo espiritual ao físico.

Em países onde a palavra *Deus* não começa com um G, o Olho que Tudo Vê é muitas vezes colocado sobre a cadeira do Mestre, geralmente dentro de um triângulo ou de uma pirâmide. Mais uma vez, é apenas uma representação não sectária de uma divindade.

Capítulo 7: Os Símbolos da Maçonaria **155**

G ou não G

Em algumas partes do mundo, o compasso e o esquadro, representantes do símbolo universalmente aceito da Maçonaria, são apresentados com a letra *G* no meio. No entanto, na maioria dos países europeus, a letra *G* não aparece entre as duas ferramentas. Mais importante, no simbolismo da Loja, como explicado no ritual maçônico, o esquadro e o compasso nunca são associados à letra *G*, seu próprio símbolo com sua própria explicação.

O *G* começou a aparecer comumente nas representações maçônicas americanas do esquadro e do compasso em 1850, embora haja casos de antes dessa época. Um joalheiro empreendedor que tivesse feito um anel ou uma medalha provavelmente adicionou a letra. Não se sabe onde a prática se originou, mas desde a Guerra Civil tornou-se a forma aceita do símbolo na América do Norte.

Enquanto isso, joias e outras insígnias feitas para maçons de todo o mundo não incluem o *G*. Diferentes línguas não escrevem nem *Deus* nem *geometria* com *G*, portanto a prática não faria qualquer sentido. E, mais uma vez, como os símbolos na verdade são exclusivos entre si em palestras ritualísticas, os maçons podem debater de forma veemente que o *G* não deveria aparecer com o esquadro e o compasso.

Por outro lado, algumas pessoas pensam que, em função das ferramentas representarem o Ofício e o *G* representar tanto Deus como as origens antigas da fraternidade, a geometria, a versão norte-americana une de maneira mais adequada os princípios da Maçonaria com a orientação espiritual de Deus e o mundo físico da geometria em um símbolo conciso.

Estrela de cinco pontas

A estrela de cinco pontas é um outro emblema representativo de Deus, mas algumas jurisdições também usam-na como um dispositivo mnemônico para uma parte do grau de Mestre Maçom chamado de Cinco Pontos da Sociedade (desculpe, esse é um daqueles segredos, por isso não posso lhe dizer mais nada).

Alguns chamam esse tipo de estrela de *pentalfa*, e ela representa simbolicamente um homem com os braços e as pernas estendidas.

Coração exposto e espada

Há uma espada apontando para o coração, enquanto os símbolos de Deus, do alto, olham para baixo. O coração e a espada simbolizam a justiça. Embora o que nós pensamos, dizemos e fazemos possa ser escondido dos olhos de outros homens, o Grande Arquiteto do Universo vê o que fazemos, e a espada da justiça, mais cedo ou mais tarde, terá a sua palavra final sobre os nossos corações e os nossos destinos.

Espada do Cobridor e o Livro das Constituições

O Livro das Constituições é o código de leis maçônicas que governa a operação das Lojas. A espada do Cobridor atravessada sobre o livro é uma precaução para defender a instituição da Maçonaria, protegendo contra pensamentos, atos e palavras indignos que podem levar má reputação à fraternidade.

Trolha

Outra ferramenta dos maçons operativos, a trolha (veja a Figura 7-7) é um instrumento usado para espalhar o cimento ou a argamassa. O cimento faz com que as pedras ou os tijolos separados se unam, e, quando endurece, essas pedras sozinhas ficam interligadas para construir uma parede ou um edifício forte e unido. Na Maçonaria especulativa, a trolha representa o ato de espalhar o "cimento" do amor e da afeição fraternais para unir os membros individuais de uma Loja em um grupo unificado de irmãos. Quando unidos pelas cerimônias e práticas da Maçonaria, os indivíduos trabalharão juntos para ajudar uns aos outros e a sociedade como um todo.

Figura 7-7: A trolha é o símbolo da união dos membros em um grupo de irmãos.

por cortesia de Christopher Hodapp

Aperto de mão

Um símbolo de duas mãos que se apertam representa o *aperto de mãos* ou *toque* de um maçom, a maneira pela qual os membros reconhecem uns aos outros em silêncio, e isso de fato existe.

Pedra bruta e pedra polida (ou perfeita)

As duas pedras em forma de tijolo em ambos os lados da vela do meio são silhares. Uma *pedra bruta* é uma pedra áspera e quadrada da pedreira, a qual foi moldada, mas ainda não está perfeitamente polida. Uma *pedra perfeita* (ou *polida*) é a peça acabada da obra, polida para o uso em um edifício por um artesão.

A pedra bruta representa o homem em seu estado bruto, rude e imperfeito. Os maçons são ensinados que, por meio da educação, da cultura, da disciplina e da fé, eles podem se tornar uma pessoa mais evoluída, como a pedra perfeita, assim encaixando a si próprios "como pedras vivas para aquela casa espiritual, não feita com mãos, eterna nos céus".

Colunas

As colunas são um dos símbolos mais característicos encontrados na obra maçônica (veja a Figura 7-8). Cada Loja tem algum tipo de representação dessas duas colunas, que são uma parte importante da cerimônia de grau de Companheiro.

Figura 7-8: As Colunas do Pórtico, Boaz e Jaquim.

por cortesia de Christopher Hodapp

As duas colunas representam os pilares erguidos na entrada do templo do Rei Salomão. Elas eram feitas de bronze e chamadas de Jaquim e Boaz, como 2 Crônicas 3:15-17 descreve:

> Fez também, diante da casa, duas colunas de trinta e cinco côvados de altura; e o capitel, que estava sobre cada uma, era de cinco côvados.
>
> Também fez cadeias no oráculo, e as pôs sobre as cabeças das colunas; fez também 100 romãs, as quais pôs nas cadeias.

E levantou as colunas diante do templo, uma à direita, e outra à esquerda; e chamou o nome da que estava à direita Jaquim, e o nome da que estava à esquerda Boaz.

Uma descrição mais detalhada aparece em 1 Reis 7. As colunas (ou *Pilares do Pórtico*, como às vezes são chamados) encontradas em Lojas maçônicas também têm globos em cima delas, representando a Terra (terrestre) e os céus (celeste). As verdadeiras colunas do Templo de Salomão não possuíam tais globos, e a invenção provavelmente se deve a uma ilustração da Bíblia de Genebra, publicada em 1560, a qual mostrava vasos que, quando impressos, pareciam quase como globos.

No decurso do grau de Companheiro, o candidato passa entre as duas colunas em seu caminho simbólico para a Câmara do Meio do Templo de Salomão. Individualmente, elas representam força e fundação, e suas descrições dos relatos bíblicos são explicadas detalhadamente no ritual.

A pá, o malho, o caixão e o ramo de acácia

Os quatro símbolos na parte inferior da Figura 7-1 são imagens do grau de Mestre Maçom, por isso não posso revelar tudo que eles representam. O que posso dizer, entretanto, é que a pá, o malho, o caixão e o ramo de acácia são lembretes de que a morte chega para todos os homens e de que a Maçonaria nasceu em uma época em que os homens viviam vidas mais curtas. A ameaça de uma morte precoce era mais prevalente do que é hoje. Cuidados médicos eram mais uma questão de sorte do que ciência. As famílias eram maiores, mas a taxa de mortalidade infantil era muito superior. Doenças da infância bem como enfermidades de adultos eram muito mais mortais do que em nossa época, e epidemias ou guerras dizimaram famílias inteiras. Como resultado, imagens de morte eram comuns e, talvez, não tão chocantes ou bizarras como são para nós hoje. A morte é um fato da vida, e é, em última análise, mais agourenta do que os pássaros e as abelhas. Em algumas Lojas, esses símbolos são acompanhados por uma caveira e por ossos cruzados. Nós temos a tendência de associar caveiras e ossos cruzados com filmes piratas, uniformes da SS nazistas e caixas de veneno de rato, mas, há pouco mais de um século, eles eram lembranças comuns da fragilidade da vida propriamente dita.

O crânio na alquimia era chamado de *caput mortuum*, o resíduo inútil de morte, e é um símbolo do declínio e da decadência. Os alquimistas da Idade Média buscavam o segredo da *transmutação*, ou de como transformar metais comuns em ouro ou prata. A primeira parte do processo chamava-se *putrefação*, quando o metal de base era aquecido e decomposto em ar, água e terra. Os alquimistas nomearam isso de a *Grande Obra* — a transformação de um metal de base comum em ouro. Da mesma forma, a transformação de um homem de base comum em um Mestre Maçom é não apenas uma transformação semelhante, mas também a grande obra da Loja maçônica.

Capítulo 7: Os Símbolos da Maçonaria **159**

> ### Símbolos maçônicos de todo o mundo
>
> Os símbolos neste capítulo são os mais comumente utilizados na Maçonaria norte-americana, mas outras ferramentas e ícones aparecem fora dos Estados Unidos, tal como nos rituais utilizados na Inglaterra e na Escócia. Alguns deles incluem as seguintes imagens:
>
> - **Cinzel:** O cinzel é uma ferramenta de trabalho do Aprendiz em rituais no Reino Unido (embora apareça na versão americana do grau de Mestre de Marca do Rito de York). Ele ensina não apenas perseverança, mas também que a perfeição só pode ser alcançada por meio do trabalho constante.
>
> - **Carretel de linha:** Um carretel de linha é um carretel de cordão com uma haste ou um pino que atravessa o centro. O pino é preso ao chão, e o cordão é estendido para desenhar um círculo ou traçar uma linha reta, frequentemente quando se levanta a planta do alicerce de um edifício. Nos rituais escocês e inglês, o carretel de linha é uma ferramenta de trabalho do grau de Mestre Maçom. Ele aponta uma linha reta, sem desvios de conduta e moralidade.
>
> - **Lápis:** O lápis ensina que o Grande Arquiteto do Universo observa e registra nossos pensamentos, nossas palavras e nossas ações, e que um dia nós seremos responsabilizados pelo que foi registrado. O lápis também é uma ferramenta de trabalho do grau de Mestre Maçom em rituais escoceses e ingleses.

Assim como a foice, os símbolos da sepultura lembram aos maçons que eles um dia morrerão e virarão pó. A vigorosa acácia que cresce na Terra Santa muitas vezes pode parecer voltar à vida a partir de um ramo quase morto, e isso nos lembra a esperança de imortalidade que une todas as religiões.

Em alguns rituais franceses e escoceses, a Loja no grau de Mestre Maçom é decorada de preto e coberta com lágrimas brancas ou prateadas, representando a tristeza da morte.

Régua de 24 polegadas e o martelo de corte

A régua e o martelo pendurados na coluna da esquerda na Figura 7-1 são conhecidos como a régua de 24 polegadas e o martelo de corte, e são mais ferramentas de pedreiros. Obviamente, usa-se a régua para medir o trabalho, e o martelo, para quebrar os cantos e as bordas da pedra bruta. Os maçons especulativos usam-nos por razões mais simbólicas. A régua de 24 polegadas representa as 24 horas do dia, e os maçons aprendem a dividir o seu dia em três partes iguais: oito horas de trabalho, oito horas para servir a Deus e seus semelhantes e oito horas para descansar e dormir.

A função do martelo de corte é lembrar os maçons de se esforçarem para eliminar as arestas de seu próprio caráter, a fim de tornarem-se mais semelhantes à pedra perfeita.

Parte II: Os Funcionamentos Internos da Maçonaria

Capítulo 8

Mitos e Equívocos sobre os Maçons

Neste Capítulo

▶ Refletindo por que os mitos sobre a Maçonaria são tão comuns

▶ Derrubando os mitos maçônicos predominantes

Quando você dirige por aí com um símbolo maçônico em seu para-choque ou usa um anel maçônico, você, às vezes, torna-se um ímã para comentários estranhos. Meu pai achava que eu precisaria montar em um bode a fim de entrar para uma Loja. O pároco da minha mãe enviou suas condolências pela minha alma. A nova recepcionista do nosso médico de família monopolizou as atenções durante dez minutos falando não apenas sobre os maçons e os seus sacrifícios de galos, mas também sobre como todas as doces senhoras de cabelos grisalhos que jogam cartas em nosso capítulo da Estrela do Oriente adoravam Satanás.

Comece a procurar informações sobre os maçons na internet, e os principais sites que encontrará são antimaçônicos em sua natureza. Os maçons são acusados de dominar os governos do mundo, assassinar líderes não maçônicos, mexer caldeirões de poções do mal, criar o Anticristo e construir orfanatos, a fim de ter uma fonte infinita de criancinhas para usar em seus sacrifícios pedófilos.

A Maçonaria sempre aconselhou seus membros a manter silêncio quando confrontados com pessoas que não sabem nada sobre ela. O problema é que, quando você não lhes responde, os mentirosos patológicos e os malucos desvairados nunca são contrabalançados pela verdade, deixando os confusos espectadores, digamos, confusos.

Neste capítulo, exploro alguns dos mitos, equívocos, lorotas, fraudes e mentiras catastróficas mais comuns espalhados sobre os maçons ao longo dos anos.

Explorando a Raiz dos Mal-entendidos da Maçonaria

Por muito tempo, os próprios maçons, membros de base, compreenderam mal o que se entende por *sigilo maçônico*. Tecnicamente, os segredos que os maçons são proibidos de discutir com o mundo exterior baseiam-se nos apertos de mão, nas senhas, nos passos e nos sinais dos graus. Esses são *modos de reconhecimento* que permitem a um maçom identificar o outro "tanto na escuridão como na luz".

Infelizmente, gerações de maçons entenderam que seu juramento de segredo significava que eles não poderiam falar sobre a fraternidade fora da Sala da Loja. Sem dúvida, alguns maçons vão me querer fora da fraternidade apenas por ter escrito este livro, apesar de eu não revelar nenhum desses apertos de mão, palavras, passos e sinais.

Parte da razão pela qual os maçons não revidam é que estão francamente surpresos com o fato de tantas pessoas ao redor do mundo terem distorcido sua organização fraternal, benevolente e caritativa, que visa melhorar a sociedade ao melhorar os homens, transformando-a em combustível para zombaria, ódio ou medo. Nós simplesmente não entendemos.

Enquanto isso, o resto do mundo apenas não consegue entender como um bando de marmanjos que juram segredo e se encontram por trás de portas fechadas, protegidos por um cara com uma espada, seja capaz de alguma coisa boa. *Eles* simplesmente não entendem.

O problema é que, em um vácuo de informação, as pessoas podem com facilidade preencher os buracos com informações erradas — ou apenas mentiras, se você estiver determinado a vender livros e vídeos ou a promover seu site. As mentiras aumentam conforme são repetidas, e os antimaçons modernos continuam a usar citações erradas, rituais inventados, fontes falsas e mentiras completas de séculos anteriores. E raramente se envergonham de inventar coisas novas (para saber muito mais sobre esse assunto, leia *Conspiracy Theories & Secret Societies For Dummies*, que escrevi junto com Alice Von Kannon).

Desmascarando Mitos Comuns sobre a Maçonaria

A Maçonaria moderna existe oficialmente desde 1717. As primeiras inverdades forjadas sobre a Ordem foram publicadas quase ao mesmo tempo. Os Estados Unidos eram consumidos por histeria antimaçônica no final da década de 1820, e a Europa transformou os ataques aos maçons em um esporte popular durante dois séculos, muitas vezes associando-os à propaganda antissemita. A internet tem servido apenas para ressuscitar esses mitos, levando-os a persistir e repetindo-os novamente. Nesta seção discuto alguns dos mais comuns.

Montando no bode da Loja

Deixe que eu me livre dessa logo de cara. Os maçons não montam em um bode em suas Lojas. É uma piada, muitas vezes perpetrada pelos próprios maçons entre os novatos nervosos.

Pelo menos desde a Idade Média o bode tem simbolizado o diabo, e divulgaram-se histórias na época de bruxas invocando Satanás, que surgia na cidade montado em um bode para participar de suas orgias blasfemas. Então, à medida que os maçons ganhavam popularidade, os detratores acusavam-nos de bruxaria, e é daí que, provavelmente, veio a noção de os iniciados andarem de bode.

Para colocar mais lenha na fogueira, há o fato de alguns antigos livros rituais da fraternidade se referirem a Deus como *God of All Things* (Deus de Todas as Coisas) e abreviarem isso como G.O.A.T. (bode, em inglês). Essa expressão não foi usada por muito tempo, e agora os maçons se referem a Deus pela sigla GADU, de *Grande Arquiteto do Universo*.

Catálogos antigos de empresas de fornecimento para fraternidades no final do século XIX chegaram a oferecer bodes mecânicos para uso em outras organizações fraternais e graus "divertidos". Como a idade de ouro do fraternalismo resultou em literalmente centenas de outros grupos aparecendo para concorrer com os maçons, alguns eram, claro, menos sérios do que outros. Esses itens serviram apenas para perpetuar o mito de que os maçons e outras fraternidades exigiam um ritual de montaria de bode para suas iniciações. A Maçonaria nunca teve isso.

Tenha certeza: não existe bode de Loja. Os graus da Maçonaria são um negócio sério para os maçons, e não há nenhuma brincadeira (ou bodaiada).

De olho em você com o Olho Que Tudo Vê e a nota de US$1

Se você viu o filme *A Lenda do Tesouro Perdido* ou leu o livro *O Símbolo Perdido*, de Dan Brown, já sabe tudo sobre esse item. A parte de trás da nota de 1 dólar contém a imagem maçônica do Olho Que Tudo Vê sobre uma pirâmide egípcia (veja a Figura 8-1). E todos sabem que isso é um símbolo maçônico, certo?

Figura 8-1: O Grande Selo dos Estados Unidos.

por cortesia de Christopher Hodapp

Bem, na realidade não. O olho e a pirâmide são, na verdade, parte do Grande Selo dos Estados Unidos, colocado na parte de trás da nota de US$1, em 1935. Há, de fato, um Olho Que Tudo Vê flutuando sobre uma pirâmide inacabada, com as palavras *Annuit Coeptis* (latim para "Ele [Deus] tem favorecido nossos empreendimentos").

Abaixo dele, estão as palavras *Novus Ordo Seclorum*, cuja tradução é "Uma nova ordem dos séculos". Isso *não* significa "uma nova ordem mundial", como se alega, o que é apenas mais um motivo para lamentar o fato de as escolas não ensinarem mais o Latim ("Nova ordem mundial" seria escrito como *Novus Ordo Mundi*. Pronto. Agora vá conjugar dez verbos irregulares).

Uma comissão de quatro homens, incluindo Benjamin Franklin (o único maçom no grupo), desenhou o Grande Selo dos Estados Unidos em 1776. O único artista entre eles, Pierre du Simitiere, que não era maçom, sugeriu a imagem do olho dentro de um triângulo para representar Deus. E duas outras comissões ajustaram o desenho antes de ser aprovado. Francis Hopkinson (outro não maçom) sugeriu a pirâmide incompleta, assim, nenhum dos desenhistas finais era maçom.

O olho dentro de um triângulo para representar Deus aparece ao longo do Renascimento, muito antes de a Maçonaria especulativa surgir. O triângulo de três lados representa a crença cristã na Trindade de Deus — Pai, Filho e Espírito Santo. Nenhum registro associa a Maçonaria ao símbolo antes de 1797, nem é o símbolo relacionado, de alguma forma, com os Illuminati da Baviera (ver o Capítulo 2).

Quanto à pirâmide inacabada, ela representa a nova e forte nação dos Estados Unidos, destinada a resistir por séculos, assim como as famosas pirâmides resistem no Egito. Ela possui 13 fileiras de pedras, representando as 13 colônias originais, com a imagem de Deus olhando por sobre elas.

Muitas Lojas maçônicas, especialmente na Europa, exibem o Olho Que Tudo Vê assim como ele é usado na nota de US$1 — como uma representação não sectária de Deus. Não há nada de sinistro ou oculto a respeito do Olho, e ele aparece em numerosos exemplos da arte cristã de 1600 em diante.

Lendo uma bíblia maçônica

Os maçons foram acusados de usar a sua própria bíblia, presumivelmente satânica, em suas cerimônias. Muitas pessoas viram Bíblias maçônicas à venda no eBay e em outros lugares e claramente acreditam que os membros não usam a Bíblia cristã.

Esse mito, na verdade, tem duas partes. Um costume comum das Lojas em comunidades predominantemente cristãs é presentear o novo Mestre Maçom com uma Bíblia hereditária comemorativa. Nos Estados Unidos, o mais comum é a tradução de 1611 da versão King James, publicada especialmente para Lojas maçônicas pela Heirloom Bible Publishers, de Wichita, Kansas. Ela contém uma área na frente para o maçom comemorar datas importantes em seu trabalho de grau, além de lugares para seus irmãos assinarem o registro de seus graus, e um glossário de 94 páginas de referências bíblicas relacionadas às cerimônias maçônicas, com ensaios sobre a Maçonaria e algumas perguntas e respostas mais comuns. O resto dela é todo da versão King James do Antigo e do Novo Testamento, disponível em qualquer livraria.

A segunda parte desse mito relaciona-se com o uso do Volume da Lei Sagrada em uma Loja maçônica. Todas as Lojas regulares e bem governadas devem ter um livro considerado sagrado para seus membros aberto em seu altar durante as reuniões. Dependendo de qual parte do mundo é a Loja e as crenças dos membros dela, esse livro sagrado pode ser a Bíblia, o Tanach hebreu, o Alcorão muçulmano, o Veda hindu, o Zend-Avesta zoroastrista ou os Provérbios de Confúcio. É simplesmente chamado de *Volume da Lei Sagrada* por ser um termo não sectário.

Nenhuma bíblia maçônica estranha é usada nas Lojas. Na minha própria Loja, abrimos um Tanach, o Alcorão e a Bíblia por respeito aos vários credos de nossos membros.

Algumas pessoas alegaram que o livro de Albert Pike, *Moral e Dogma*, é, de fato, a "bíblia maçônica" usada como o Volume da Lei Sagrada. Falarei sobre Albert Pike mais adiante neste capítulo, mas aqui eu simplesmente direi: não, não é. Nenhuma Loja maçônica convencional regular e reconhecida ou corpo maçônico — nem mesmo o Rito Escocês, onde Pike é especialmente admirado — usaria seu livro como um Volume da Lei Sagrada.

Nas Lojas que operam dentro do Grande Oriente da França, os ateus são autorizados a participar. O Grande Oriente acredita que as crenças religiosas de um homem — ou a falta delas — só dizem respeito a ele e que seria impróprio às Lojas exigir que ele acredite em qualquer coisa.

Além disso, em vez de encher seus altares com muitos livros sagrados para satisfazer a membros de diferentes credos, suas Lojas estão autorizadas a usar um livro com páginas em branco no lugar de seu Volume da Lei Sagrada, para não impor crença religiosa alguma sobre qualquer dos seus membros. **Lembre-se:** o Grande Oriente da França é considerado irregular e não é reconhecido pelas Grandes Lojas convencionais em todo o mundo. Mesmo assim, um livro em branco também não é a bíblia maçônica.

Adorando deuses estranhos

A reunião maçônica não é um ato de adoração. A Loja não é uma igreja, e a Maçonaria não é uma religião. Os maçons usam orações para abrir e fechar suas reuniões, mas o Congresso e o Parlamento também. Os integrantes fazem juramentos (ou *obrigações*) sobre a Bíblia ou outro livro sagrado da fé do candidato em particular, mas os juízes da Suprema Corte, o presidente dos Estados Unidos, policiais, testemunhas no tribunal e até escoteiros também.

Algumas pessoas têm a ideia errada de que as reuniões maçônicas são uma espécie de culto de adoração secreto e bizarro, oferecido a um deus pagão. Ou deusa. Ou bode. Ou o próprio Satanás. De qualquer forma, as reuniões não são cerimônias religiosas. Então, de onde é que essa noção ridícula veio? É uma longa história...

Seguindo o rastro do burburinho até Albert Pike

Você encontrará referências a Albert Pike ao longo de todo este livro. Nascido em 1809, ele pode ser justamente classificado como um gênio, com base em qualquer padrão. Falo sobre ele com mais detalhes no Capítulo 11; Pike é uma grande figura da história da Maçonaria norte-americana.

Em sua época, Pike era considerado o maior estudioso e autor maçônico. Muitas de suas opiniões sobre as origens da Maçonaria e suas cerimônias já foram dispensadas como comprovadamente falsas, porém, na época, Pike era o Sr. Sabe-Tudo do Ofício.

Seu mais famoso feito maçônico foi a reformulação das leis, dos rituais e das palestras de todos os 33 graus do Rito Escocês Antigo e Aceito, começando apenas quatro anos depois de se tornar um maçom em 1850. Os comentários de Pike sobre os graus foram registrados em um tomo de 860 páginas chamado *Moral e Dogma*, publicado em 1871. A maioria dos estudiosos maçônicos hoje concorda que *Moral e Dogma* é grande, impressionante, obscuro — e errado a respeito de muitas das suas conclusões.

Pike retirou parte do material para o livro de obras de um místico francês nada confiável chamado Eliphas Levi. O ocultismo era um tema muito popular na década de 1860, e na de 1890 tornou-se uma mania absoluta. Levi era um escritor extremamente prolífico sobre temas místicos (principalmente porque ele inventava o que não sabia) e Pike acreditou piamente nele. Levi afirmava que a Maçonaria se originara de antigos mistérios pagãos, alquimia, misticismo egípcio, Cabala, gnosticismo, zoroastrismo, bramanismo e uma série de outros *ismos*, e Albert Pike acreditou em quase tudo isso (não fique nervoso; eu chegarei na parte do satanismo).

Apresentando a besta Baphomet

O livro de Levi de 1855, *Dogme et Rituel de la Haute Magie* (literalmente, Dogma e Ritual de Alta Magia), discutia o personagem Baphomet. O agora clássico desenho de Levi mostra uma criatura com a cabeça de um bode com barba e chifres, seios femininos, cascos fendidos, asas e um pentagrama sobre sua testa. Uma mão feminina aponta para o sol, e a masculina, para baixo, para a lua escura, uma ilustração do dito hermético "O que está em cima é igual ao que está embaixo" e um símbolo do bem e do mal. O bastão empertigado com duas cobras enroladas subindo de seu colo é o símbolo da vida eterna. Baphomet também contém antigos elementos alquímicos da Terra (ele está sentado em um globo), como fogo (chamas da inteligência ardem sobre sua cabeça), ar (ele tem asas em suas costas) e água (escamas cobrem seu corpo).

A Figura 8-2 mostra Baphomet em toda a sua glória. Olhe a imagem com atenção — você não vai encontrá-la em uma Loja maçônica.

O nome *Baphomet* veio dos julgamentos dos Cavaleiros Templários durante o início do século XIV, quando foram acusados de adorar essa criatura demoníaca (veja o Capítulo 10 para conhecer a história dos Cavaleiros Templários). Levi encontrou gárgulas em edifícios templários nos quais baseou seu desenho e acreditava que essas gárgulas conheciam segredos místicos do universo. Porém, Levi não considerava Baphomet como Satanás.

Figura 8-2: Baphomet, na forma como apareceu na capa do livro de Eliphas Levi.

por cortesia de Christopher Hodapp

Parte II: Os Funcionamentos Internos da Maçonaria

Levi descreveu essa entidade peculiar como a personificação ilustrada de todas as forças do universo, e você pode ver que ele é um pequeno desenho conceitual bastante carregado. Infelizmente para Levi, a maioria das pessoas olha a figura e diz: "Satanás!" Vamos falar a verdade — ele se *parece* com tudo aquilo que achamos que Satanás deve ser. Também não ajudou o fato de Baphomet ter aparecido como a ilustração mais popular para o Diabo em baralhos de tarô.

Então, qual a conexão disso com a Maçonaria? Na realidade, absolutamente nenhuma, mas isso nunca impediu uma boa lenda urbana. Entra Leo Taxil.

Revelando as invencionices de Leo Taxil

Leo Taxil foi um dos maiores fornecedores de mentiras maçônicas de todos os tempos. Isso não é minha opinião, era a dele, que, alegremente, admitiu isso depois de tapear o mundo ocidental por muitos anos com um livro antimaçônico cada vez mais ridículo depois do outro.

Leo nasceu Gabriel Jogand-Pagès, em 1854, na França. Depois de uma temporada escrevendo pornografia da era vitoriana, seguida de uma vida miserável produzindo tratados anticatólicos, ele focou nos maçons. Ao contrário da Igreja, ali estava um grupo sobre o qual ele poderia escrever praticamente tudo e se safar, pois os maçons não revidariam. Seu objetivo final era criar uma farsa tão ridícula que faria com que os católicos crentes nela parecessem tolos.

Em 1889, Taxil inventou uma ordem elaborada supersecreta e toda fictícia da Maçonaria chamada *Palladium*, que supostamente admitia mulheres, realizava orgias sexuais, conduzia assassinato ritual, e, o mais importante, adorava um demônio chamado Baphomet. Albert Pike era o suposto chefe da organização. Taxil perpetrou a seguinte história:

> Em 14 de julho de 1889, Albert Pike, Soberano Pontífice da Maçonaria Universal, dirigiu aos 23 Conselhos Supremos Confederados do mundo as seguintes instruções:

> *O que nós temos que dizer a uma multidão é — Nós adoramos um Deus, mas é o Deus que se adora sem superstição. Para vocês, Soberanos Grandes Inspetores Gerais, nós dizemos isso, que vocês podem repetir aos Irmãos dos 32º, 31º e 30º graus — A Religião Maçônica deveria ser, por todos nós, iniciados nos altos graus, mantida na pureza da Doutrina do Luciferianismo.*

> *Se Lúcifer não fosse Deus, iria Adonai, cujas ações provam sua crueldade, a perfídia, o ódio do homem, o barbarismo e a repulsa pela ciência, iria Adonai e seus padres caluniarem-no? Sim, Lúcifer é Deus, e infelizmente Adonai também o é. Porque a lei eterna é essa, não há nenhuma luz sem sombra, nenhuma beleza sem feiura, nenhum branco sem negro, pois o absoluto só pode existir como dois deuses: a escuridão, que é necessária à estátua, e o freio para a locomotiva.*

Assim, a doutrina do Satanismo é uma heresia; e a verdadeira e pura religião filosófica é a crença em Lúcifer, o igual de Adonai; mas Lúcifer, Deus da Luz e Deus do Bem, está lutando pela humanidade contra Adonai, o Deus da Escuridão e do Mal.

Para adicionar um cruzado de direita em toda essa bobagem, a capa do livro que contém essa história incluía a ilustração de uma mulher do lado de fora de uma reunião do Palladium, segurando a cabeça decepada de uma vítima, enquanto Baphomet fica em segundo plano, cercado de adoradores maçônicos entusiasmados.

Assustador. E nenhuma palavra disso é verdade. Pike nunca disse isso; ele nunca escreveu isso. Nunca foi Sumo Pontífice da Maçonaria Universal, nem qualquer outra pessoa no que diz respeito a esse assunto — esse cargo jamais existiu. Não houve Conselhos Supremos Confederados. Não há religião maçônica. E os maçons nunca aprenderam a Doutrina Luciferiana, seja lá o que isso for.

Outras partes não fazem sentido também. Nos Estados Unidos, os maçons que se unem ao Rito Escocês progridem nos graus em momentos diferentes, mas praticamente todos eles recebem o 32º grau com bastante rapidez depois de entrarem, mesmo que não recebam muitos dos outros ao mesmo tempo. Portanto, ao limitar um supersegredo aos membros dos 30º, 31º e 32º graus, 99% dos membros seriam incluídos de qualquer maneira.

Além disso, Pike estava morto a essa altura. E é sempre mais seguro caluniar um homem morto do outro lado do oceano.

Em 1897, Taxil admitiu publicamente as suas mentiras, ao mesmo tempo em que tirava sarro de forma impiedosa de quem acreditara nelas. Ele ficou especialmente alegre por ter enganado a Igreja Católica, até o papa, levando-os a emitir declarações antimaçônicas.

No entanto, os autores antimaçônicos continuam a divulgar essas bobagens com grande regularidade e afirmam que os maçons adoram Satanás. Por causa de Taxil, infelizmente, a Maçonaria, Albert Pike e o grande demônio com chifres Baphomet estão interligados para sempre. Se quiser saber mais sobre Taxil, consulte o Capítulo 18.

Juntando Pike e Lucifer

Como mencionei no início deste capítulo, *Moral e Dogma*, de Albert Pike, é um livro muito longo. Ele estudava as religiões, civilizações mundiais e filosofias. Possuía uma mente voraz sempre em busca de novos conhecimentos. Sua biblioteca pessoal, hoje preservada na Casa do Templo do Rito Escocês, em Washington, D.C., era enorme em seu escopo. *Moral e Dogma* é, literalmente, um livro didático sobre estudos religiosos comparativos. Nele, Pike explica em que as culturas antigas e estrangeiras acreditavam e como isso afetou suas religiões.

Escondida no livro está uma frase que é citada diversas vezes como prova de Albert Pike ser um satanista e de incluir cultos secretos a Satanás nos graus do Rito Escocês. Ela diz: *"Lúcifer,* o Filho da Manhã! É ele que traz a luz, e com seus esplendores intoleráveis cega as Almas frágeis, sensuais e mesquinhas? Não duvide!"

Vá em frente, diga. A-ha! Aí está! Adoração a Satanás tão clara como água! Porque todo mundo sabe que Lúcifer é Satanás. Há, no entanto, um problema em maldizer Pike sobre falar a respeito de Lúcifer, e ele se perdeu na tradução.

Reconhecendo (Localizando) Lúcifer na Bíblia King James

Lúcifer aparece no Antigo Testamento, em Isaías 14:12: "Como caíste do céu, ó Lúcifer, filho da manhã! Como foste lançado por terra, tu que debilitavas as nações!" Essa é a única referência a Lúcifer na Bíblia King James, e é um nome latino, e não hebreu.

De acordo com os estudiosos bíblicos, o texto original do capítulo 14 de Isaías *não* é sobre um anjo caído, mas sobre um rei babilônico que havia perseguido israelitas. Satã nunca é mencionado no capítulo, nem pelo nome ou por inferência. Na verdade, se você ler Isaías 14 todo, e não apenas uma frase selecionada, verá que ele se refere, de modo claro, ao sujeito de seus escritos como um rei mau, e definitivamente um homem. Os textos hebraicos se referiam ao rei por seu título cerimonial, *Helal, filho de Shahar*, traduzido como "Estrela do Dia, filho da Aurora".

Em latim, Lúcifer é o nome dado pelos astrônomos romanos para a Estrela da Manhã, o planeta brilhante visto no céu da alvorada. Nós a conhecemos como Vénus. Lúcifer, na verdade, vem do termo latino *lucem ferre*, que significa "portador de luz", e a estrela foi assim chamada por aparecer no céu pouco antes do sol. O simbolismo consistia em a estrela chamada Lúcifer ser o arauto que anunciava a chegada do sol da manhã.

Infelizmente, os estudiosos traduziram erroneamente o título floreado do rei "Estrela do Dia, filho da Aurora", usando a palavra romana *Lucifer.* Lúcifer, a estrela da manhã, foi transformado, pelo erro na tradução de leitores descuidados, em um anjo desobediente, expulso do céu para governar eternamente no inferno. Os tradutores não entenderam que o termo, na verdade, descrevia a posição do rei, ou que ele havia caído desta posição. Em vez disso, a palavra manteve-se e parece ser um nome, não um estado de ser.

Temos de agradecer ao livro de 1667, *O Paraíso Perdido,* de John Milton, por gravar Lúcifer na mente ocidental como um bom nome para Satanás. Teólogos, escritores, poetas e místicos ocasionalmente agravam o erro muito além de qualquer coisa na única referência em Isaías, e Lúcifer tornou-se apenas mais um apelido para Satã, o diabo, e, paradoxalmente, o Príncipe das Trevas.

Apenas uma nota: a Nova Bíblia inglesa traduz Isaías 14:12 como: "Como caíste do céu, brilhante estrela da manhã..."; Lúcifer não está em lugar nenhum. E para ficar *realmente* obscuro, os textos originais da Bíblia Vulgata em latim usaram o termo *Lúcifer* muitas vezes para descrever a estrela da manhã, ou o "portador de luz", incluindo descrições do próprio Jesus (II Pedro 1:19 e Apocalipse 22:01). Não importa o que o seu professor da escola dominical lhe disse, não importa o que eles lhe disseram na escola bíblica de férias, não importa o que Milton escreveu em *O Paraíso Perdido*, o Lúcifer mencionado em Isaías 14 — a única referência a Lúcifer na Bíblia King James — *não* é Satanás.

Compreendendo a intenção de Pike

Ok, então se essa história de Lúcifer é tão obscura, por que Pike a colocou em seu livro, sabendo muito bem que a maioria dos cristãos acredita que Lúcifer *é* Satanás, afinal? Conforme a passagem de Pike continua, ele obviamente diz quão estranho é o Príncipe das Trevas ser chamado por um nome que significa "portador de luz". Novamente, *Moral e Dogma* é um livro enorme, muito preocupado em localizar a fonte das ideias culturais e religiosas. Pike tentava dizer a uma população inculta e não muito bem-educada para procurar as origens dos costumes e rituais, pois ele realmente sentia que uma compreensão mais profunda daquilo que veio antes tornaria um homem mais religioso e contemplativo.

Sinceramente, havia uma certa quantidade de ostentação intelectual acontecendo no livro também. Se não houvesse, a obra teria cerca de um terço de sua extensão e de seu peso.

Só para você saber, os termos *Lúcifer* e *Luciferino* não aparecem em nenhum ritual ou palestra reconhecidos da Maçonaria, incluindo as cerimônias do Rito Escocês, escritas por Albert Pike. Ele era um cristão devoto, e suas próprias crenças certamente o classificariam hoje na categoria do cristianismo renascido — as próprias pessoas que com frequência o acusam de ser adorador de Satanás.

Dominando o mundo

O ator Howard Da Silva costumava contar a história de um amigo intimado a comparecer perante o Comitê de Atividades Antiamericanas da Câmara durante os tensos anos 1950 da Guerra Fria. Quando perguntaram ao amigo de Da Silva se ele era comunista, sua mordaz réplica foi: "Nós não estamos autorizados a dizer." A maioria das pessoas acha que o mesmo ocorre na Maçonaria.

Maçons são proibidos de discutir política na Loja. Finalizar planos de dominação mundial é difícil se você deve disfarçá-los de discussão sobre os peixes fritos de sábado ou sobre quem deveria cortar o gramado da Loja. Os rituais da Loja diferem de uma jurisdição para outra. As Grandes Lojas discordam a respeito de uma ampla variedade de questões. E nenhum órgão governante internacional coeso administra os maçons. Para um bando de caras que dominam o mundo, estamos muito desorganizados.

A Maçonaria regular, reconhecida e convencional não aspira agora, nem nunca aspirou, a ser um império secreto de dominação mundial. Nem aspira a ser a eminência parda controladora por trás dos tronos, outra acusação comum. Os maçons são uma organização fraternal que apenas visa melhorar os homens para que eles possam, por sua vez, melhorar a sociedade que os rodeia. Ela não lhes diz como fazer isso, nem lhes dá comandos políticos, comerciais ou religiosos. Alguns reis e líderes religiosos do século XVII e XIX desconfiavam da Maçonaria porque ela incentivou as liberdades de pensamento, de religião e de expressão, a antítese do que a maioria dos teóricos da conspiração a acusam.

Alguns maçons, ou homens que se denominavam maçons, já usaram a organização e as cerimônias básicas do Ofício para criar sua própria sociedade secreta com objetivos nada virtuosos? Certamente — e foram expulsos das fileiras da fraternidade quando suas atividades foram descobertas. Além disso, o Grão-Mestre, o oficial líder de uma Grande Loja, tem, durante o seu mandato, o poder supremo de suspender os maçons acusados de delito, e até mesmo de suspender Lojas inteiras se seus membros se envolverem em conduta não maçônica ou ilegal.

Ainda assim, essa ideia de que os maçons querem dominar o mundo continua a ser um dos equívocos mais comuns sobre o Ofício. Sim, eu sei, se eu estivesse envolvido em uma conspiração mundial secreta, é claro que diria a você que ela não existe. É o que você espera de mim, certo?

Violando a lei

Ter uma placa ou um adesivo maçônico em seu carro não impedirá que você tome uma multa de trânsito, por isso, nem tente. Irmãos juízes e policiais não deixam de cumprir a lei só porque um maçom lhes dá um aperto de mão secreto.

Para os amantes das conspirações, as sociedades secretas são ótimos alvos. A verdade é que a Maçonaria, como instituição, não tem poder de controlar seus membros, em esfera particular ou profissional. Os não maçons geralmente acreditam que os membros juram proteger e guardar os segredos uns dos outros, mas os maçons não juram manter o silêncio sobre traição, assassinato ou outros atos criminosos. O dever de um maçom é defender as leis do país em que reside, e suas obrigações para com seu Deus, seu país e sua família têm prioridade sobre suas obrigações para com os seus Irmãos Maçons. Além disso, os integrantes que se envolvem em comportamentos ilegais estão sujeitos à instauração de acusações maçônicas, uma ação legal dentro da fraternidade, além de serem julgados, repreendidos ou suspensos, caso considerados culpados.

Parte III
Quando uma Loja Não É Suficiente: Os Corpos Aliados

"Sim, eu entrei recentemente para a Ordem Mística da Nobre Batata-Doce. Como você sabe?"

Nesta parte...

Os maçons rapidamente descobriram que, se três graus eram enriquecedores e divertidos, mais graus poderiam ser ainda *mais* enriquecedores e ainda *mais* divertidos. A Maçonaria oferece algo para todo mundo, e nesta parte eu provo isso. Apresento os diferentes ramos da Maçonaria e as muitas organizações de que os maçons e toda sua família podem participar.

Capítulo 9

Apresentando os Corpos Aliados: Quem É Quem, e Quem Não É

....

Neste Capítulo

▷ Definindo corpos aliados e concordantes

▷ Identificando os grupos não maçônicos

....

Os três graus maçônicos da Maçonaria Simbólica são divertidos, interessantes e enriquecedores. O estudo de sua história, sua filosofia, seu simbolismo e seu ritual pode consumir uma vida inteira de pesquisa e prática. Entretanto, após a formação da Grande Loja da Inglaterra, em 1717, os maçons não conseguiram resistir a ajustar as coisas. Se três graus eram enriquecedores e divertidos, os maçons decidiram rapidamente que mais graus poderiam ser ainda mais enriquecedores e ainda mais divertidos! Assim nasceram os *corpos aliados* da Maçonaria.

Em primeiro lugar, esses corpos aliados funcionaram como tentativas de embelezar a história contada pelos três primeiros graus. Eles acrescentaram mais coisas na história da construção do Templo de Salomão, em Jerusalém. Em seguida, expandiram-se para dramatizar mais lições de moralidade e virtude.

Esses novos graus primeiro se desenvolveram em Lojas individuais, e outros maçons os viram ou ouviram falar sobre eles. As Grandes Lojas estabeleceram, com rapidez, regras segundo as quais uma Loja só poderia apresentar os três primeiros graus da Maçonaria — e nenhum dos novos graus. O resultado: esses novos graus cada vez mais populares se tornaram órfãos e precisavam ser apresentados por algum grupo que não fossem as Lojas de bairro. À medida que mais rituais de grau eram escritos, muitas vezes havia a demanda por apresentações mais teatrais, com adereços e figurinos, representadas em palcos em vez de Salas de Lojas. Por fim, muitos desses graus díspares e sem conexão foram reunidos para serem apresentados por organizações administrativas maiores e coesas.

Nesta parte do livro, ofereço um vislumbre desses muitos grupos e os explico com mais detalhes. Este capítulo em especial fornece não apenas uma visão geral de toda a organização da comunidade maçônica, mas também quem pode se associar a esses corpos adicionais e por que alguém faria isso. Aqui também falo sobre alguns dos grupos *não* maçônicos, apenas para ajudá-lo a esclarecer as coisas sobre quem é e quem não é.

A Figura 9-1 é um gráfico que você deve consultar enquanto lê este capítulo; ele descreve os diferentes corpos aliados, com seus símbolos, para você ver como eles se relacionam entre si.

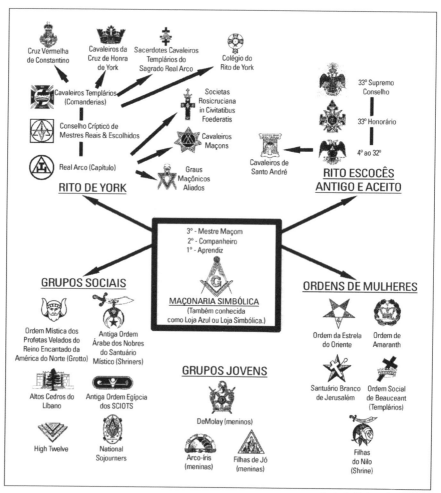

Figura 9-1: Os corpos aliados da Maçonaria.

por cortesia de Christopher Hodapp

O que São Corpos Aliados?

Aliados significa exatamente o que parece — membros, ou coisas associadas a outra coisa. A palavra é usada para descrever grupos que exigem que você seja um Mestre Maçom (ou tenha um relacionamento com um maçom) como pré-requisito para o ingresso.

Tenha em mente que toda Grande Loja regular e reconhecida é a única autoridade em sua jurisdição para conferir os três graus de Loja de Aprendiz, Companheiro e Mestre Maçom. *Nenhum outro corpo aliado tem permissão para conferir os três graus.* Qualquer grupo que afirme o contrário está violando a lei maçônica aceita. Cada Grande Loja, em cada estado ou país, possui suas próprias regras em relação a quais outros grupos maçônicos seus membros podem se associar, e cada Grande Loja decide quais outros grupos que operam em seu território são compatíveis com as suas próprias leis maçônicas.

Dependendo da terminologia preferida pela Grande Loja local, você pode ouvir esses grupos serem descritos como *aliados* ou *concordantes*. Tecnicamente, um grupo *concordante* confere graus maçônicos adicionais considerados como uma continuação dos três graus básicos da Loja. Esses grupos normalmente são o Rito de York (veja o Capítulo 10) e o Rito Escocês Antigo e Aceito (veja o Capítulo 11)[1]. Jurisdições que fazem distinção entre *concordante* e *aliado* consideram qualquer outro grupo que requeira associação maçônica ou relação com um maçom como *aliado*. Confuso? Não deixe isso o preocupar. Se você se referir a qualquer um desses grupos como *aliado*, a maioria dos maçons saberá do que você está falando.

Os corpos aliados/concordantes desenvolveram-se ao longo dos anos para atender a diferentes interesses dos maçons. Os graus dos Ritos de York e Escocês floresceram na Inglaterra e na França no final do século XVIII e no início do século XIX a partir de uma mania literária de escrever rituais baseados em fontes bíblicas e lendárias. Grupos de mulheres surgiram em meados do século XIX para não apenas enfraquecer as críticas antimaçônicas, mas também atender ao novo movimento sufragista das mulheres. Os grupos partidários não ortodoxos e amantes da diversão começaram na década de 1870 como uma reação contra a proibição do álcool, da rígida obsessão cerimonial e da seriedade sombria nas Lojas maçônicas. Os Cavaleiros Templários começaram suas equipes de treinamento após a Guerra Civil, enquanto grupos de veteranos e outros cultivavam uma obsessão nacional por desfiles e insígnias militares. Os grupos de jovens surgiram após a Primeira Guerra Mundial, quando o interesse pelo escotismo entre crianças e adolescentes tornou-se um fenômeno mundial.

---

[1] No Brasil, além do Rito de York e do Rito Escocês, há outros grupos menores que podem ser considerados como corpos concordantes: o Rito Moderno, o Rito Adonhiramita, as Ordens Inglesas de Aperfeiçoamento, o Rito Brasileiro e o Rito Escocês Retificado.

Corpos concordantes

Os corpos concordantes conferem graus maçônicos adicionais que ampliam e expandem os três graus da Loja maçônica. Você deve ser um Mestre Maçom para se afiliar a esses grupos.

Até 2000, os Shriners, um popular ramo social da Maçonaria dos Estados Unidos, requeria que os maçons fossem membros de uma Loja maçônica e completassem os graus do Rito de York ou do Rito Escocês antes de serem autorizados a juntar-se à sua diversão. Um dos efeitos da velha exigência era levar alguns novos maçons a acreditar que o Shrine fosse o auge da realização maçônica. Essa exigência já foi descartada, e os Shrines agora aceitam todos os Mestres Maçons. Tal mudança obrigou os ritos de York e Escocês dos Estados Unidos a fortalecerem-se por seus próprios méritos, em vez de dependerem, a cada ano, de um fluxo de novos candidatos apenas de passagem em seu caminho para se tornarem Shriners. Fora dos Estados Unidos, os Shrines são em grande parte desconhecidos, e os dois Ritos sempre foram vistos como empreendimentos mais sérios, em vez de simplesmente como um degrau para outro grupo.

O Rito de York

O *Rito de York* é um termo usado para descrever um sistema de graus que se desenvolveu ao longo de muitos anos, principalmente na Inglaterra.

Alguns estudiosos contestam o termo *Rito de York*, preferindo os termos Sistema *Capitular*, *Críptico* e *de Cavalaria*. Fora dos EUA, é conhecido como *Rito Americano*.

Nos Estados Unidos, o Rito de York é dividido em três grupos menores e cooperativos que conferem dez graus: três ou quatro graus do Real Arco, dependendo da jurisdição; três graus dos Maçons Crípticos; e três Ordens de Cavalaria de cavalheirismo cristão (culminando na Ordem dos Cavaleiros Templários). Os graus do Real Arco e Críptico não exigem a crença no cristianismo, mas a Ordem dos Templários é decididamente baseada nele. Os graus do Rito de York são em geral conferidos em um ambiente semelhante a uma Loja com os candidatos participando das cerimônias.

O Rito de York é bastante complexo, pois se desenvolveu no decorrer de um longo período de tempo de uma forma bastante caótica. Os graus do Rito de York dos Estados Unidos são organizados de maneira diferente dos graus do Rito no Canadá, no Reino Unido e em outros lugares. Grupos adicionais operam dentro do Rito de York, incluindo os Graus Maçônicos Aliados, os Cavaleiros Maçons, o Colégio do Rito de York, os **Sacerdotes Cavaleiros Templários do Sagrado Real Arco**, os Cavaleiros da Cruz de Honra de York, a Cruz Vermelha de Constantino e muitos mais. Esses grupos oferecem novos graus e honrarias para maçons do Rito de York após eles completarem os dez graus básicos. Depois de começar a se associar a esses grupos, é como comer batatas fritas — você não consegue parar.

Detalho mais sobre o Rito de York no Capítulo 10.

Trabalhando no obscuro

Desde o início moderno da Maçonaria, em 1717, literalmente milhares de graus, sistemas, Ordens e ritos que afirmam serem maçônicos têm sido escritos, realizados e conferidos com proporções muito diferentes de popularidade e sucesso. Alguns foram escritos por verdadeiros estudiosos e legitimamente fornecem conhecimentos filosóficos e práticos, além de benefícios aos seus destinatários, de acordo com a ideologia da Maçonaria. Outros foram apenas concebidos como esquemas de enriquecimento rápido, oferecendo títulos grandiosos em Lojas inexistentes com certificados de grau de aparência fabulosa para um grupo que só existia no papel, em uma caixa postal ou na mente fértil de seu inventor. E muitos outros caíram em algum lugar do vasto abismo entre iluminação intelectual e completa babaseira.

A decisão de quais corpos aliados se tornaram aceitos como legítimos e de quais foram lançados no abismo do esquecimento, do escárnio ou da ridicularização foi muitas vezes temperamental. Os livros de história e manuais são em geral escritos pelos vencedores, e um grau, ou sistema de graus, era usualmente aceito como regular e reconhecido depois que se tornou popular entre as fileiras de uma Grande Loja. O Rito de York e o Rito Escocês são os dois grupos principais desses graus nos Estados Unidos e normalmente no resto do mundo, com algumas diferenças locais.

O Grande Colégio de Ritos dos Estados Unidos da América é um corpo maçônico regular aberto a qualquer Mestre Maçom. Fundado em 1932 para estudar a história e o ritual de todos os ritos, os sistemas e as ordens da Maçonaria que não estivessem sob o corrente controle de qualquer Grande Loja existente, regular e reconhecida, ou de outro corpo maçônico. Seu objetivo principal é a coleta e a preservação de rituais de vários ritos, ordens e sistemas da Maçonaria que de outra forma não estariam disponíveis para os historiadores maçônicos.

Um dos outros objetivos do Grande Colégio de Ritos é a prevenção de todos os esforços para ressuscitar ou perpetuar esses antigos ritos, sistemas e Ordens nos Estados Unidos. Ele realiza isso vasculhando o mundo atrás de cópias de ritos e graus obscuros, publicando-os em sua *Collectanea* anual e, então, registrando-os e controlando-os. O Grande Colégio de Ritos presta um serviço para as Grandes Lojas ao impedir que iniciantes desenterrem algum ritual de grau francês velho e mofado, finquem a bandeira no chão e afirmem ser maçons regulares. O Grande Colégio de Ritos nem sempre foi inteiramente bem-sucedido, mas tem reduzido a propagação da Maçonaria irregular e não reconhecida, em especial nos Estados Unidos.

Rito Escocês Antigo e Aceito

Você já deve ter ouvido sobre maçons do 32º e do 33º graus. Tecnicamente, eles são maçons do 32º e do 33º graus do *Rito Escocês*.

O Rito Escocês não veio da Escócia. Suas origens são, na verdade, francesas, e ele chegou nos Estados Unidos no século XVIII. O primeiro Supremo Conselho do Rito Escocês foi fundado em Charleston, Carolina do Sul, em 1801. Hoje, existem dois órgãos nacionais nos Estados Unidos:

- A **Jurisdição Maçônica do Norte (JMN)** foi formada em 1867 e inclui os 15 Estados ao leste do rio Mississippi e ao norte da linha Mason-Dixon e do rio Ohio.

- A **Jurisdição Sul (JS)** abrange os 35 estados restantes, o Distrito de Colúmbia e outros territórios e possessões dos Estados Unidos.

Fora dos Estados Unidos, as estruturas e divisões administrativas do Rito Escocês são muito diferentes, e cada jurisdição tem sua própria maneira de lidar com esses graus adicionais.

O Rito Escocês confere dos graus 4 ao 32, e eles são normalmente apresentados como peças teatrais, com figurinos, adereços, cenários e efeitos especiais. Ao contrário do Rito de York, os candidatos em geral assistem às peças da plateia, e, em razão da natureza elaborada e cara de tais produções, elas são encenadas apenas algumas vezes por ano. No Brasil, os graus 4 ao 32 são conferidos em Salas de Lojas, cedidas por Lojas maçônicas para tal finalidade, e contando com a participação dos candidatos, similar ao que ocorre no Rito de York. Existem diferenças substanciais entre os graus nas jurisdições do Norte e do Sul, mas ambos os grupos reconhecem um ao outro como regulares.

Além disso, o 33º grau é um título honorífico concedido por cada Supremo Conselho por extraordinários serviços prestados ao Rito, à Maçonaria ou à humanidade. Eu entro em mais detalhes sobre o Rito Escocês no Capítulo 11.

Corpos aliados

Como os maçons às vezes precisavam relaxar, os grupos sociais nasceram. Em função disso, a família se cansou de ser deixada em casa pelo papai todas as noites da semana, pois seus compromissos da Loja o mantinham cada vez mais ausente. Desse modo, criaram-se novos grupos para esposas e filhos a fim de que eles pudessem compartilhar a vida na Loja e as novas amizades do pai.

O restante dos grupos relacionados resumidamente nas seções seguintes não confere graus maçônicos, e a maioria das Grandes Lojas não os considera "organizações maçônicas". Eles são apenas grupos que exigem que os membros sejam Mestre Maçom ou parente de um. Muitas vezes, são referidos como parte da "Família da Maçonaria". Discuto esses grupos com mais detalhes nos Capítulos 12 e 13.

Os grupos sociais

Existe uma variedade de grupos sociais para que os maçons se concentrem em atividades sociais e divertidas. Eles incluem os seguintes:

- Antiga Ordem Árabe dos Nobres do Santuário Místico (agora oficialmente conhecidos como Shriners; veja o Capítulo 12)
- Ordem Mística dos Profetas Velados do Reino Encantado da América do Norte (os Grotto; veja o Capítulo 13)
- Altos Cedros do Líbano (veja o Capítulo 13)
- Antiga Ordem Egípcia dos SCIOTS (veja o Capítulo 13)
- National Sojourners (uma organização maçônica de veteranos; veja o Capítulo 13)
- High Twelve International (veja o Capítulo 13)

"Carteira de sócio e um broche? Estou dentro!"

No auge da popularidade maçônica na década de 1950, era muito comum para um maçom e sua família pertencerem a cada grupo concordante e corpo aliado na Maçonaria. Colecionar graus, carteiras de associado, broches comemorativos, medalhas de honra e chapéus engraçados tornou-se um hobby divertido, ainda que caro, para muitos maçons. Todas as noites da semana, havia algo maçônico para o homem da casa, bem como para toda a família fazer, além de convenções estaduais e nacionais das quais participar.

Um dos efeitos colaterais dessa tendência foi o fato de, embora a Maçonaria ser um ótimo lugar para construir novas amizades, a Loja maçônica tornar-se pouco mais do que um passo introdutório ao maior e complexo mundo da ampliada família maçônica. As Lojas foram bastante pressionadas a manter suas mensalidades artificialmente baixas, porque os maçons possuíam muitos outros grupos para os quais pagar mensalidades. O novo maçom raramente tinha a oportunidade de estudar as cerimônias e os simbolismos dos três primeiros graus, pois seus amigos logo o pressionavam a juntar-se aos Ritos e, então, aos Shrines, para em seguida envolver-se (e sua esposa) com a Estrela do Oriente. A Maçonaria das décadas de 1950 e 1960 tornou-se um evento social colossal.

Hoje, muitas Lojas sofrem com esse legado de mensalidades baratas e com uma variedade estonteante de outras oportunidades para os maçons se associarem e se divertirem. Elas também enfrentam custos significativos de manutenção para os elaborados edifícios construídos durante o auge da Maçonaria. Quando a realidade financeira chegar, algumas Lojas, sem dúvida, terão de diminuir, fundir ou fechar. Os corpos aliados enfrentam um momento ainda mais difícil à medida que homens mais jovens descobrem a Maçonaria, mas evitam os outros grupos. O tempo dirá quais desses grupos aliados continuarão fortes. Alguns se reinventarão, enquanto outros, sem dúvida, desaparecerão.

Grupos andróginos

Não estou falando de David Bowie, Tilda Swinton ou Adam Lambert. Grupos andróginos no sentido maçônico estão abertos a Mestres Maçons, bem como às suas esposas, às suas filhas e a outros parentes do sexo feminino. Tenha em mente que esses grupos não possuem graus da Maçonaria para as mulheres; são apenas grupos formados por mulheres que têm uma conexão com os membros da fraternidade maçônica.

- Ordem da Estrela do Oriente
- Ordem de Amaranth
- Santuário Branco de Jerusalém
- Filhas do Nilo (uma organização Shriners)
- Ordem Social de Beauceant (uma organização dos Templários)

Para mais informações sobre grupos andróginos, consulte o Capítulo 13.

Os grupos jovens

Estes grupos são destinados aos filhos de maçons ou são operados por maçons para crianças da comunidade (sejam os pais das crianças maçons ou não):

- DeMolay International (para meninos)
- Filhas de Jó Internacional (para meninas)
- Ordem Internacional do Arco-íris (para meninas)

Para mais informações sobre grupos jovens, consulte o Capítulo 13.

Então, e Esses Outros Grupos?

Até agora, este capítulo abordou os muitos grupos com algum tipo de afiliação maçônica. Agora quero mostrar a você alguns outros grupos que parecem iguais, mas *não* são compostos de maçons. Maçons podem e, de fato, associam-se a alguns deles, mas os grupos não apresentam qualquer ligação maçônica.

Eu os incluo aqui porque saber quem *não* está ligado à Maçonaria, apesar das muitas semelhanças, é útil. O importante a saber é que a Maçonaria foi a primeira organização fraternal do mundo e continua a ser a maior e mais antiga.

Saber sobre esses grupos também é útil, não apenas por seus serviços passados e atuais para a sociedade e seus milhões de membros, mas também para ajudar a identificar a antiga faixa, espada ou broche de lapela do vovô que você encontrou no sótão. As seções seguintes descrevem os grupos comuns que sobrevivem hoje. No Capítulo 2, menciono outros que não sobreviveram ao século XXI.

Lojas animais

Refiro-me a estas como Lojas animais, porque havia uma tendência comum no final do século XIX de dar às fraternidades os nomes de um extenso zoológico de criaturas.

Ordem Leal dos Alces

Em 1888, o Dr. John Henry Wilson começou a Ordem Leal dos Alces (www.mooseintl.org — site em inglês) em Louisville, Kentucky, como um clube social de homens. Depois de um pequeno crescimento em Ohio, Indiana e Missouri, a entidade enfraqueceu e desapareceu até 1906, quando James J. Davis, um imigrante galês em Indiana, filiou-se a uma Loja do Alce local e a transformou completamente. Davis ajudou a converter o Alce em uma organização de seguro benefício para as pessoas da classe trabalhadora. Em apenas seis anos, ela cresceu de duas Lojas e 247 membros para 100 lojas de 500 mil membros. Hoje, ela opera Mooseheart, uma casa para crianças carentes em Illinois, e Moosehaven, uma casa de repouso na Flórida. É uma organização internacional com 1,5 milhão de membros, concentrando-se em serviços para a comunidade.

Ordem Benevolente e Protetora dos Alces

Em 1868, Charles Vivian e um grupo de colegas artistas teatrais ingleses e americanos que viviam em Nova York formaram a Ordem Benevolente e Protetora dos Alces (www.elks.org — em inglês) como um clube de bebida chamado Jolly Corks. Os amigos de Vivian queriam uma organização mais nobre dedicada ao fraternalismo, e, assim, padronizaram-na com base em um grupo fraternal inglês, o Royal Antediluvian Order of Buffaloes. Eles substituíram os búfalos pelo alce americano, que é "veloz, receoso de errar, mas sempre pronto para lutar em defesa de si mesmo ou da fêmea da espécie". Hoje, a ordem é uma organização fraternal, beneficente e de serviço com mais de um milhão de membros.

Ordem Fraternal das Águias

A Ordem Fraternal das Águias (www.foe.com — em inglês) começou como a Order of Good Things (Ordem das Coisas Boas) em Seattle, Washington, em 1898. Seis donos de cinema concorrentes deram início a ela enquanto solidarizavam uns com os outros em razão de uma greve de músicos e desfrutavam uma ou três bebidas. Depois de algumas semanas, outros se juntaram a eles no ramo do entretenimento. Assim, os homens adotaram a águia como sua mascote e oficialmente apelidaram-se de Ordem Fraternal das Águias. Eles se referiam aos seus grupos locais não como Lojas, mas como *aeries*, palavra cujo significado é "ninhos de águias".

No início, eles eram compostos principalmente de artistas, ajudantes, músicos e outras pessoas de teatro. À medida que os shows viajaram pelos Estados Unidos e pelo Canadá, a fraternidade cresceu com rapidez, e os Águias foram um dos primeiros grupos fraternais a oferecer cuidados médicos e outros benefícios de seguro aos seus membros. Eles também se tornaram ativos no lobby por leis justas de trabalho, indenização dos trabalhadores, Seguro Social e outras questões trabalhistas e de aposentadoria. Hoje, os Águias operam uma casa de repouso e estão envolvidos em questões sociais e patrióticas.

Clubes de serviço

Os clubes de serviço internacional começaram de forma semelhante ao longo de um período de 15 anos. Todos se iniciaram como grupos orientados aos negócios e rapidamente mudaram sua missão para uma mais caridosa, ajudando suas comunidades. Estes quatro são os clubes de serviço mais importantes e conhecidos.

Rotary International

Em 1905, Paul P. Harris começou o Rotary International (`www.rotary.org`), em Chicago, como um clube social e profissional para promover elevados padrões éticos entre líderes empresariais. Tornou-se famoso pela sua "Prova Quádrupla" da ética:

- É a verdade?

- É justo para todos os interessados?

- Criará boa vontade e melhores amizades?

- Será benéfico para todos os interessados?

Após a Segunda Guerra Mundial, o Rotary tornou-se ativamente envolvido em programas das Nações Unidas. Hoje, promove intercâmbios culturais e educacionais internacionais, sendo um forte defensor do voluntariado entre seus 1,2 milhões de membros em todo o mundo.

Lions Clubs International

Melvin Jones, um empresário de Chicago, fundou o Lions Club International (`www.lionsclubs.org` — em inglês) em 1917. O sonho de Jones era uma organização empresarial cuja missão se centrasse em serviços altruístas à comunidade. Em 1925, Helen Keller discursou na convenção nacional do Lions e incentivou o clube a ajudá-la na luta contra a cegueira. Desde aquela época, sua obra principal de caridade são programas relacionados à visão. O clube também trabalhou com as Nações Unidas para desenvolver o papel das organizações não governamentais em todo o mundo. O Lions conta com 1,4 milhão de membros em todo o mundo.

Nota: caso você esteja se perguntando, eu não agrupo o Lions com os outros grupos de animais, porque a sua missão desde o início foi muito diferente das fraternidades animais.

Kiwanis Internacional

O Kiwanis International (`www.kiwanis.org`) foi formado em Detroit em 1915, como forma de promover contatos comerciais. Em quatro anos, sua missão desenvolveu-se mais em direção a serviços para a comunidade, e as suas principais obras de caridade ajudam crianças. O nome *Kiwanis* supostamente vem de uma expressão indígena americana, *Nunc Kee-wanis*, ou seja, "nós fazemos comércio" ou "nós nos divertimos". O Kiwanis possui 300 mil membros em 96 países.

Sertoma

O Sertoma (www.sertoma.org — em inglês) originou-se em Kansas City, Missouri, como o Clube Co-Operativo, em 1912. O termo *Sertoma* foi cunhado em 1949, a partir de seu slogan "SERvice TO MAnkind" (Serviço à Humanidade). Seus programas incluem subsídios para serviço comunitário, programas para jovens, além de bolsas para estudantes surdos e com dificuldade de audição, bem como para estudantes universitários que estudem audiologia e patologia da fala. O Sertoma tem 20 mil membros nos Estados Unidos, no Canadá, no México e em Porto Rico.

Outros grupos fraternos não relacionados

Os Estados Unidos no século XIX foram um terreno fértil para organizações fraternais que pareciam ser, em sua maioria, cópias idênticas da Maçonaria. Muitas plagiavam diretamente a estrutura organizacional e a terminologia da Maçonaria e apenas substituíam por seus próprios rituais cerimoniais. Durante o período antimaçônico entre as décadas de 1820 e 1850, esses grupos concorrentes surgiram em todos os lugares (veja o Capítulo 2 para mais detalhes).

Aqui estão os principais grupos sobreviventes que, à primeira vista, podem parecer maçônicos, mas são, na verdade, organizações próprias.

Ordem Independente dos Odd Fellows

A fraternidade que talvez tenha o nome mais engraçado teve início em Londres, na década de 1740. Acredita-se que o termo *odd fellow* (camarada estranho) foi usado para descrever os membros de profissões que não possuíam guilda de comércio ou sindicato próprio. De muitas maneiras, sua organização em Lojas e Grandes Lojas (acompanhada por cismas entre Grandes Lojas concorrentes) refletiu o desenvolvimento da Maçonaria durante quase exatamente o mesmo período de tempo.

Os Odd Fellows (www.ioof.org — em inglês) chegaram aos Estados Unidos em 1806, e, em 1834, a Ordem Independente dos Odd Fellows separou-se de seu correspondente inglês. Seu símbolo é composto por três elos de uma corrente, que representam a amizade, o amor e a verdade. Aos Odd Fellows são ensinados que todos eles têm o dever de visitar os doentes, aliviar os aflitos, sepultar seus mortos e educar os órfãos.

Existem muitas semelhanças entre os Odd Fellows e a Maçonaria em ritual, crenças e organização. Assim como a Maçonaria, o grupo exige a crença em um Ser Supremo, e proíbe as discussões política e religiosa na Loja. Além disso, possui grupos afiliados de mulheres (chamados Rebekahs), grupos de jovens, uma unidade militar semelhante aos Cavaleiros Templários Maçônicos chamada os Patriarcas Militantes, casas de retiro e orfanatos.

No final do século XIX, os Odd Fellows apresentavam uma ligeira vantagem sobre a Maçonaria em termos de números de membros. O século XX não foi tão gentil com a Ordem Independente dos Odd Fellows, e ela sofreu tremendas perdas de membros. No entanto, continua sendo a maior organização fraternal internacional no mundo governada por uma autoridade central.

Improved Order Of Red Men

A Improved Order Of Red Men (Ordem Melhorada dos Homens Vermelhos) (www.redmen.org — em inglês), afirma ter sido formada em 1765 sob o nome de os Filhos da Liberdade. Sim, aqueles sobre os quais você leu na aula básica de História dos Estados Unidos, que se vestiam como índios e despejaram todo aquele chá no porto de Boston. Duvidoso, mas é uma história imaginativa.

A atual Improved Order Of Red Men foi formada em 1847 em Baltimore e baseava suas cerimônias e organização nas tradições tribais dos Iroqueses.

As Lojas locais são chamadas de *tribos*. Os Red Men possuem forte herança patriótica, e seus programas públicos muitas vezes são focados em cerimônias de bandeira. Eles ergueram uma capela em Valley Forge para comemorar o amargo acampamento de inverno de Washington e suas tropas durante a Guerra Revolucionária, e realizam cerimônias religiosas no Arlington National Cemetery. Possuem, ainda, um grupo de mulheres (Pocahontas) e grupos de jovens (Hiawatha para os meninos e Anona para as meninas). Hoje o grupo conta com cerca de 38 mil membros.

Ordem dos Cavaleiros de Pítias

Formada em 1864, por Justus H. Rathbone, em Washington, D.C., a Ordem dos Cavaleiros de Pítias (www.pythias.org — em inglês) foi a primeira organização fraternal constituída pelo Congresso dos EUA. Sua formação foi, de fato, incentivada pelo presidente Abraham Lincoln a fim de ajudar a curar as feridas da Guerra Civil, ensinando o amor fraternal e a amizade. Seu nome e suas cerimônias rituais são baseados na antiga história grega de Damão e Pítias, a qual, em 1821, foi dramatizada em uma peça muito popular de um autor irlandês chamado John Banim.

Na peça de Banim, Damão e Pítias são dois amigos na escola do filósofo grego Pitágoras. Quando Damão é preso e condenado à morte por falar contra o rei de Siracusa, seu amigo Pítias concorda em ser um refém a fim de que Damão seja autorizado a deixar a prisão e despedir-se de sua esposa e de seu filho. O retorno de Damão atrasa, e Pítias será executado em seu lugar. No momento final, antes de ser decapitado, Damão retorna, empurra Pítias fora do caminho e diz ao rei para poupar seu amigo e levar a cabo a sua própria sentença de morte. O rei fica tão comovido com a honestidade, o amor fraterno e a devoção dos dois homens que ambos são poupados e tornados conselheiros reais.

Como a Maçonaria, o Pitianismo é religioso, mas não sectário.

Cavaleiros de Colombo

Os católicos foram proibidos pelo Vaticano de se associarem aos maçons desde 1738, mas isso não significa que eles não querem se envolver em diversão fraterna. Em 1882, Michael McGivney, um padre em New Haven, Connecticut, fundou os Cavaleiros de Colombo (www.kofc.org — em inglês). Uma forte onda de sentimento anticatólico agitava os Estados Unidos naquela época, então a Ordem dos Cavaleiros do padre McGivney deu aos católicos sua própria fraternidade e um senso de orgulho público da sua religião. Ela recebeu esse nome em homenagem a Cristóvão Colombo, o descobridor católico da América, e a missão do grupo foi claramente projetada para competir com outras fraternidades populares. O grupo prometia ajudar as viúvas e os órfãos de membros, com o fornecimento de planos de seguros.

Os Cavaleiros oferecem quatro graus cerimoniais, lidando com a caridade, a unidade, a fraternidade e o patriotismo. Eles têm equipes de treinamento militares chamadas de Fourth Degree Color Corps. Na verdade, quando os Cavaleiros Templários Maçônicos, os Patriarcas Militantes dos Odd Fellows, os Color Corps dos Cavaleiros de Colombo e vários outros marchavam em desfiles, essas ordens de equipes de treinamento militares, todas muito semelhantes, eram as orgulhosas faces públicas dessas fraternidades.

Os Cavaleiros de Colombo são a maior organização de serviço fraterno familiar católica do mundo, com 11 mil conselhos e cerca de 1,6 milhão de membros, envolvidos em programas de serviço voluntário para a Igreja católica, suas comunidades, suas famílias, os jovens e uns aos outros. Ao contrário dos maçons, os Cavaleiros de Colombo têm posições fortes sobre questões sociais, em consonância com a doutrina católica. Todos os membros devem ser da fé católica.

Nos últimos anos, grupos maçônicos e os Cavaleiros de Colombo envolveram-se em atividades conjuntas, como cafés da manhã solidários e arrecadação de fundos, para espalhar a amizade do fraternalismo e superar divergências antigas.

Woodmen of the World

Os Woodmen of the World, ou Lenhadores do Mundo (www.woodmen.com — em inglês), foram iniciados em 1883, em Omaha, Nebraska, por Joseph Cullen Root como uma sociedade fraternal de benefícios. Originalmente chamada de Modern Woodmen of America, o sermão de um pastor que falou sobre "o trabalho do lenhador pioneiro abrindo clareiras na floresta" inspirara Root (Raiz), que gostou da analogia de abrir clareiras no fardo financeiro de um membro ao sustentar sua família, com a ótima conexão entre seu próprio nome e o simbolismo da raiz da árvore. Essencialmente, os Woodmen tornaram-se uma companhia de seguros com um ritual de iniciação.

Eles se tornaram conhecidos por oferecer às viúvas de membros 100 dólares e uma lápide gratuita para seu Irmão falecido, na forma de um tronco de árvore, com o logotipo do grupo nele. Depois de uma cisma dentro da organização, ela tornou-se os Woodmen of the World, e hoje é a maior organização fraterna de seguros e benefícios financeiros no mundo. Os Woodmen têm duas mil Lojas e mais de 80 mil membros.

Grupos que soam como maçônicos

Vários grupos soam como se *pudessem* ser maçons, ainda que não o sejam. Maçons que ficaram impacientes, frustrados ou foram simplesmente expulsos começaram alguns deles. Outros ou nasceram a partir de uma autêntica filosofia maçônica ou não são mais do que flagrantes imitações baratas da Maçonaria.

Ordo Templi Orientis (Ordem dos Templários Orientais)

A *Ordo Templi Orientis* é um grupo pseudomaçônico popularizado pelo famoso mágico, místico, aventureiro, vigarista e profissional versátil depravado britânico Aleister Crowley. O grupo foi originalmente iniciado por volta de 1901, como uma variação não reconhecida, irregular e mística da Maçonaria, por Theodor Reuss, um vigarista alemão que o elaborou como uma imitação barata da Maçonaria com "magia sexual" inserida em suas cerimônias. Crowley associou-se mais tarde e acrescentou suas próprias preferências sexuais incomuns, além de detalhes de adoração satânica. Finalmente, Crowley assumiu o cargo de chefe da ordem, fazendo da *Ordo Templi Orientis* não apenas uma serva de sua própria religião inventada, Thelema, mas também um parque privado para seus interesses sexuais bizarros e ocultistas.

Existem variações britânicas e norte-americanas da *Ordo Templi Orientis*, e ela obteve renovada popularidade nos últimos anos. O *califa* (líder) do grupo da Califórnia atende pelo nome de Hymenaeus Beta (um pouco mais forte do que o seu nome real, William Breeze). Ele ensina a prática de "magick" sexual e oculta, e tem a sua própria religião, *Ecclesia Gnostica Catholica* (Igreja Gnóstica Católica). Seus 61 graus parecem exatamente com os da Maçonaria, e suas Lojas usam apetrechos maçônicos, títulos de cargos e rituais de antigas farsas maçônicas. Algumas Lojas até mesmo ensinam seus membros a se "infiltrarem" em Lojas maçônicas regulares, mas a *Ordo Templi Orientis* definitivamente *não* é Maçonaria regular ou reconhecida, e os maçons regulares precisam estar ciente delas.

Ordem Hermética da Aurora Dourada

A Ordem Hermética da Aurora Dourada é uma fraternidade mística formada em Londres, em 1888, por A.F.A. Woodford e outros maçons. Woodford encontrou, em uma livraria de Londres, um "antigo" manuscrito cifrado que falava sobre Cabala e tarô. Uma nota estava anexada direcionando qualquer um que decifrasse o manuscrito para entrar em contato com Fraulein Ann Sprengel na Alemanha. Woodford, com o S.L. MacGregor Mathers e William Wynn Westcott, fizeram exatamente isso, e a recompensa foi a permissão de seu misterioso contato alemão para iniciar uma sociedade Rosacruciana na Inglaterra.

Capítulo 9: Apresentando Oo Corpos Aliados **189**

A fraternidade foi popular por um tempo, atraindo o autor ocultista e maçônico Arthur Edward Waite (que popularizou cartas de tarô no século XX), o poeta William Butler Yeats, os autores H. Rider Haggard e Bram Stoker, o dramaturgo August Strindberg, o artista Edward Munch (pintor do famoso *O Grito*), Aleister Crowley e muitas outras personalidades famosas da época.

A Aurora Dourada dividiu-se em várias facções, quando foi revelado que o manuscrito no qual a Ordem se baseava era uma farsa e que a fictícia Fraulein Sprengel não podia ser encontrada. A Aurora Dourada ensina filosofia oculta, espiritual e psíquica, bem como projeção astral, e o que eles chamam de "aplicações práticas de magia" (em oposição às aplicações "não práticas" de magia, eu suponho). Pelo menos meia dúzia de grupos afirma ser descendente autêntico da Ordem original, a origem da maioria dos conceitos mágicos rituais florescendo no mercado de ocultismo moderno.

Caveira e Ossos e os Cavaleiros da Eulogia

Caveira e Ossos é a mais antiga fraternidade na Universidade de Yale. Fundada em 1832 por William Huntington Russell em função de ele não ter conseguido entrar na Phi Beta Kappa, ela foi originalmente chamada de Eulogian Club, sendo um capítulo norte-americano de uma organização estudantil alemã. O clube se reunia em uma capela do campus, e os membros colocavam o símbolo da fraternidade — a caveira e os ossos cruzados — na porta enquanto seus encontros estivessem acontecendo. O nome do clube veio de Eulogia, a deusa grega da eloquência que subiu aos céus em 322 a.C., e os "Bonesmen" referem-se a si mesmos como os Cavaleiros da Eulogia. O número 322 aparece no seu papel timbrado.

Em 1856, a fraternidade se mudou para seu atual e imponente edifício sem janelas no campus da Yale, onde é conhecido como a *Tumba*. Suas cerimônias são segredos rigorosamente guardados, e, como resultado, não há fim à especulação sensacionalista sobre o que se passa na Tumba. Os Bonesmen, sem dúvida, deleitam-se com esse tipo de infâmia, como a maioria dos estudantes universitários o faria. Houve recentes arrombamentos e gravações em vídeo clandestinas do interior da Tumba, mostrando ser pouco mais do que uma fraternidade universitária convencional, apesar de sua porção de decoração peculiar.

Como a Caveira e Ossos possui uma impressionante lista de membros famosos e poderosos, no passado e no presente, as teorias da conspiração têm crescido em torno da fraternidade, alegando que se trata de um ramo supersecreto da Maçonaria e dos Illuminati (veja o Capítulo 4). Os Bonesmen são acusados de assumir posições de poder internacionais e de controlar o comércio mundial e os governos; além disso, é verdade que eles representam a elite dos graduados de Yale. Apenas 15 veteranos são iniciados a cada ano, e a lista inclui não apenas uma grande variedade de líderes empresariais e governamentais, como também formadores de opinião. O presidente George W. Bush, seu pai presidencial e seu avô eram Bonesmen. Assim como o senador John Kerry, que concorreu contra George W. Bush na eleição presidencial de 2004. Henry Luce, fundador da revista *Time,* foi um Bonesman, bem como o foi William F. Buckley, fundador da *National Review*.

Embora os teóricos da conspiração afirmem que as listas de membros são mantidas em segredo, estes, na verdade, foram listados nos arquivos anuais de Yale desde o seu início. A Caveira e Ossos recentemente começou a admitir "Boneswomen".

Como você provavelmente adivinhou de seu apelido, os Bonesmen parecem ter uma obsessão por imagens de ossos, caixões e mortalidade. Embora símbolos de caveiras, ossos cruzados e caixões existam em algumas partes da Maçonaria (de forma mais notável na Ordem dos Cavaleiros Templários do Rito de York, bem como na representação do grau de Mestre Maçom de algumas jurisdições), o propósito do simbolismo parece ser a mesma mensagem nos dois grupos: o Tempo na Terra é curto para cada homem, e ele deve viver cada dia como se fosse o seu último, contribuindo tanto quanto puder para o mundo. Representações da morte eram muito comuns no século XIX, sendo mais um lembrete da brevidade da vida em uma época de alta mortalidade do que de fato simbolismo oculto.

O fundador da Caveira e Ossos, Russell, poderia estar familiarizado com rituais maçônicos alemães e até mesmo com aqueles da extinta Illuminati da Baviera de seus estudos na Alemanha, mas o grupo não possui conexão com a Maçonaria, além daquilo que Russell talvez pegou emprestado.

Grupos maçônicos irregulares

Por décadas, a comunidade Maçônica Afro-Americana tem sido atormentada por grupos não reconhecidos e irregulares que afirmam ser maçons. As Grandes Lojas Prince Hall (veja o Capítulo 2) combatem o problema, mas, assim como as enlouquecedoras ervas daninhas, você os corta, e eles aparecem novamente em outro lugar. Estes incluem a Grande Loja do Rei Salomão, a Grande Loja da Ordem do Rei David Hebreu, os Modernos Maçons Livres e Aceitos Internacionais, a Grande Loja Empire State Twin Towers, a Grande Loja Mystic Tie, e centenas de outros.

Maçonaria na margem

Grupos marginais que chamam a si mesmos de Maçons, mas na verdade não o são, são um problema. Surgem histórias de vez em quando que acabam manchando a Maçonaria convencional regular e reconhecida com a sujeira de grupos falsos. Contos de festas sexuais maçônicas, escabrosas cerimônias satânicas, ou membros sendo extorquidos em quantidades cada vez maiores de dinheiro para avançar mais na organização parecem e soam sensacionais no papel e na internet, mas essas histórias não têm relação alguma com a autêntica prática da Maçonaria.

Infelizmente, quando coisas ruins acontecem e o rótulo maçônico está sobre eles, explicar a longa história do motivo pelo qual algum grupo não é *realmente* maçônico pode se tornar difícil, de modo que a explicação acaba soando evasiva ou apenas pouco convincente. A explicação confusa e muitas vezes tediosa não cabe em uma curta frase de efeito, e a maioria

> das pessoas pensa que a Maçonaria é um grande, feliz e homogêneo grupo de garotos.
>
> Mais uma vez, nenhum grupo único e internacional governa a Maçonaria em todo o mundo. Organizações maçônicas tradicionais regulares e reconhecidas têm pouca autoridade legal para impedir alguém de afirmar ser maçom, tanto quanto o Conselho Nacional de Igrejas pode me impedir de afirmar que sou o Messias e que o mundo acabará na próxima quarta-feira.
>
> Lojas maçônicas legítimas e regulares são afiliadas a Grandes Lojas e terão uma carta ou uma autorização pendurada na parede de sua Loja proclamando sua afiliação. Em caso de dúvida, peça para ver a sua carta ou ligue para a Grande Loja responsável e pergunte se a Loja em questão é legítima.

Periodicamente, novos grupos se formam usando antigos rituais maçônicos, alegando que eles possuem os "autênticos" ou secretos ensinamentos da Maçonaria e que o resto do mundo maçônico regular está todo errado. Essas organizações são algumas vezes compostas por maçons aspirantes ou descontentes tentando demarcar um pedacinho do mundo maçônico para si. Eles são também, por vezes, vigaristas vendendo participações em grupos existentes apenas no papel.

A internet torna os golpes mais fáceis do que nunca, uma vez que qualquer um pode fazer um site impressionante de modo que pareça autêntico. E a maioria das livrarias vende cópias de antigos rituais maçônicos. Ninguém é dono do nome *Maçom*, portanto qualquer um pode usar e abusar dele.

Antes de entrar para uma Loja maçônica, faça alguma pesquisa e certifique-se a quem e a que você está se afiliando. Pergunte sobre a história e sobre a genealogia de sua Grande Loja. Para sua referência, o Anexo C relaciona Grandes Lojas regulares e reconhecidas tradicionais e a de Prince Hall. As Grandes Lojas irão ajudá-lo a encontrar Lojas locais em suas jurisdições.

Capítulo 10

O Rito de York

Neste Capítulo

▶ Conhecendo o sistema do Rito de York

▶ Apresentando os graus do Real Arco, Crípticos e de Cavalaria

▶ Descobrindo a história dos Cavaleiros Templários originais

▶ Entendendo os corpos e as instituições beneficentes mediante convite do Rito de York

*O*s três primeiros graus da Maçonaria (e os únicos conferidos na Loja maçônica) são os de Aprendiz, Companheiro e Mestre Maçom. Por volta da década de 1730, esses graus foram uniformemente declarados como a mais básica pedra angular da Maçonaria, e toda Grande Loja regular e reconhecida no mundo administra exclusivamente tais graus nas Lojas de sua jurisdição.

Mas só porque as Grandes Lojas pararam nos três primeiros graus, isso não significa que os maçons criativos interromperam a escrita das cerimônias de rituais. Era divertido. Era interessante. E cada novo livro que surgia com histórias sobre as antigas civilizações ou religiões pouco conhecidas resultava em uma tentativa febril de escrever um novo ritual maçônico sobre elas. Na Inglaterra e na França especialmente, o desenvolvimento de novas e mais complicadas cerimônias continuou em um ritmo rápido ao longo dos séculos XVIII e XIX. Um grupo popular de graus franceses adicionais acabou se formando sob o nome de Rito Escocês (veja o Capítulo 11). Os graus ingleses adicionais tornaram-se conhecidos nos Estados Unidos como o *Rito de York*, em homenagem à cidade na Inglaterra onde a Maçonaria Operativa recebeu sua carta constitutiva pela primeira vez por decreto real.

Neste capítulo, discuto os graus do Rito de York e como as várias organizações que os conferem são organizadas. Além disso, informo a respeito de alguns dos outros grupos de ramos honorários e de pesquisa que geralmente são agrupados com o Rito de York.

O Sistema do Rito de York

Rito de York é na verdade um termo descritivo usado para três grupos cooperativos que conferem um total de dez graus nos Estados Unidos. Existem quatro graus do Real Arco, três graus de maçons Crípticos e três Ordens de Cavalaria (culminando na Ordem dos Cavaleiros Templários). Os graus que compõem o Rito de York são considerados *concordantes* com os três primeiros graus maçônicos, o que significa que eles conferem graus maçônicos adicionais que ampliam e expandem os três primeiros graus da Loja. É necessário que você seja um Mestre Maçom antes de poder se unir ao Rito de York.

Existem algumas diferenças entre o Rito de York norte-americano e a forma como os graus do Rito são organizados no Canadá, no Reino Unido e em outros lugares. Em algumas áreas, você ouvirá sobre os sistemas *Capitular*, *Críptico* e da *Cavalaria*. Alguns dos graus trabalhados nos Estados Unidos não são usados em outras jurisdições, e vice-versa.

Os graus do Rito de York geralmente são conferidos em um ambiente semelhante à Loja, com os candidatos participando das cerimônias. Os graus do Real Arco e dos Maçons Crípticos não exigem a crença no cristianismo, mas as Ordens de Cavalaria, especialmente dos Cavaleiros de Malta e dos Cavaleiros Templários, são decididamente baseadas no cristianismo. Todos os graus de Cavalaria baseiam-se nos Antigo e Novo Testamento da Bíblia, o que é um dos principais motivos para que esses graus, assim como os graus do Rito Escocês, sejam considerados totalmente opcionais e anexos aos três graus da Loja. Eles foram criados em parte por maçons que desejavam uma organização mais cristianizada após os primeiros decretos antimaçônicos terem sido aprovados pelos papas católicos em 1700.

Outras organizações operam como subgrupos dentro do sistema do Rito de York. A maioria é formada por grupos honorários ou mediante convite, oferecendo mais graus e honrarias aos maçons do Rito de York, e cada qual determina as suas próprias regras e exigências para a adesão. Fora dos Estados Unidos, algumas podem ser organizações independentes ou classificadas como pertencentes a órgãos administrativos diferentes. Abordarei mais sobre elas mais tarde neste capítulo.

Já disse isso anteriormente, mas vale a pena repetir: o Rito de York — como o Rito Escocês — oferece graus adicionais aos maçons, ainda que *não* sejam mais importantes do que os três graus da Loja maçônica. Eles acrescentam mais conhecimento, ensinam mais lições e proporcionam mais oportunidades de amizades e participação fora da Loja. No entanto, um maçom cujo peito está repleto de medalhas do Rito de York, carrega uma espada dourada dos Cavaleiros Templários, ou usa um chapéu branco do 33º grau no Rito Escocês não é melhor que o mais novo Mestre Maçom em uma Loja rural. Não é exigido — ou esperado — que os maçons avancem para graus adicionais. Muitos nunca o fazem.

Por que York?

É geralmente aceito que York, no norte da Inglaterra, é a origem do que se tornou a Maçonaria moderna. As primeiras guildas de pedreiros foram organizadas em tal lugar, possivelmente já em 600 d.C., e o bom e velho rei Athelstan, neto de Alfredo, o Grande, e o primeiro rei reconhecido de "toda a Inglaterra", concedeu carta constitutiva para a primeira Grande Loja de maçons em York, em 926 d.C.

Quando as Grandes Lojas Moderna e Antiga na Inglaterra estavam se digladiando sobre quem iria finalmente governar a Maçonaria inglesa no século XVIII (veja o Capítulo 2), os Antigos proclamaram que York constituía a antiga sede do Ofício por causa de sua longa herança e associação, e que Londres era um bando de meros emergentes modernos. "Quem existe há mais tempo?" formava quase sempre a questão mais importante no início da Maçonaria, e é por isso que você vê a palavra *antigo* aplicada a tantas coisas, mesmo a algumas que acabaram de ser inventadas.

Apesar de as Lojas de Londres estarem conferindo apenas os três graus de Aprendiz, Companheiro e Mestre Maçom, por volta da última metade do século XVIII a Loja em York conferiu um total de cinco: os três primeiros, além dos graus de Real Arco e de Cavaleiro Templário. Graus mais altos começaram a aparecer mais tarde, por volta de 1737, para continuar a história do Templo de Salomão e mais.

Curiosamente, o sistema e os rituais dos EUA, hoje, estão na verdade mais próximos de suas origens em York do que os realizados atualmente na Inglaterra, por causa de muitas concessões feitas para reunificar as Grandes Lojas da Inglaterra em 1813. Também digno de nota é que as histórias contadas no Rito Escocês e alguns dos graus do Rito de York têm muitas semelhanças (veja o Capítulo 11). Como os graus mais elevados tiveram sua origem na França, vários conceitos paralelos ocorrem entre eles. Os três grupos distintos de graus que vieram a ser chamados de Rito de York foram importados para a Inglaterra e desenvolveram seus próprios costumes.

Outra razão para ter sido cunhado o termo *Rito de York* refere-se às áreas onde o Rito Escocês Antigo e Aceito ofereciam um sistema diferente de graus mais elevados. Amontoar os três grupos distintos sob uma única bandeira do Rito de York tornou-se uma maneira mais simples de se reportar a eles, permitindo que uma conversa outrora confusa ficasse um pouco mais clara.

Todos os membros do Real Arco, Crípticos e Cavaleiros Templários são maçons. Mas esses são graus opcionais, e nem todos os maçons se unem a essas outras organizações.

Como é organizado

Cada estado nos EUA tem a sua própria Grande Loja para gerir suas Lojas maçônicas individuais, o que acontece também no Canadá e na Austrália, onde as províncias mantêm as suas próprias Grandes Lojas. Como regra, a maior parte do resto do mundo tem uma Grande Loja administrativa regular e reconhecida em cada país. O Brasil tem os dois modelos, no caso, as Grandes Lojas em cada estado e também o Grande Oriente do Brasil.

Nos EUA e no Canadá, o Rito de York tem três órgãos administrativos separados. Em vez de uma única administração nacional ou internacional, o Rito de York é composto por três organizações distintas, uma para cada grupo de grau, e cada uma com sua própria estrutura local, estadual e nacional. No entanto, os grupos trabalham todos em conjunto e colaboram com políticas, requisitos, trabalho dos graus e agendamento. Em ordem crescente, são eles:

- **O Real Arco:** O Real Arco tem capítulos individuais que funcionam como as Lojas, com membros e oficiais que conferem graus. Os capítulos são supervisionados pelos Grandes Capítulos estaduais e provinciais, e um Grande Capítulo Geral nacional dos Estados Unidos está acima deles. Encontros estaduais dos Capítulos e Grande Capítulo são chamados de *convocações*. O Grande Capítulo Geral nacional se reúne em uma *convocação trienal* para eleger diretores e definir a política nacional.

- **O Rito Críptico:** O Rito Críptico está organizado em Conselhos de Mestres Reais e Escolhidos locais, e o oficial principal é o Ilustre Mestre. Há Grandes Conselhos estaduais e um Grande Conselho Geral nacional, embora muitos estados não participem do grupo nacional.

3 + 1 = 3?

O grau do Real Arco foi um dos principais pontos da discussão entre as rivais Grande Loja Antiga e Grande Loja Moderna, na Inglaterra, no fim do século XVIII e início do século XIX (veja o Capítulo 2). Os Antigos consideravam o Real Arco como a conclusão do grau de Mestre Maçom, incluindo-o em suas cerimônias da Loja. Os Modernos achavam que o Real Arco deveria ser um grau separado, administrado não pela Grande Loja, mas por um Grande Capítulo separado. Quando os dois lados finalmente fizeram as pazes em 1813, chegou-se a uma conciliação que foi um dos acordos mais confusos. O decreto da União determina que *Está declarado e proclamado que a pura Maçonaria Antiga consiste de três graus e não mais, a saber: os de Aprendiz, Companheiro e Mestre Maçom, incluindo a Suprema Ordem do Real Arco.*

Qualquer um que pudesse contar até quatro ficaria muito confuso. Ainda assim, o acordo significou que as Lojas poderiam formar os capítulos do Real Arco e seguir conferindo os graus adicionais com a bênção — e sem o controle — da Grande Loja. Em muitas Lojas inglesas, filosoficamente você não é considerado como um *verdadeiro* Mestre Maçom até que tenha recebido o grau do Real Arco.

✓ **Ordens de Cavalaria:** As Ordens de Cavalaria estão organizadas em comanderias locais de Cavaleiros Templários. O oficial principal de uma comanderia é o Eminente Comandante. Os órgãos estaduais são conhecidos como Grandes Comanderias, e o órgão nacional é chamado de Grande Acampamento da Ordem dos Cavaleiros Templários. O Grande Acampamento se reúne em um conclave trienal e é, na verdade, um órgão legislativo composto por representantes das Grandes Comanderias do estado. As comanderias templárias também têm, com frequência, *pelotões de frente* — unidades que funcionam separadamente do trabalho de grau da comanderia. Elas são a face pública dos Templários e participam de desfiles, além de agirem como guardas de honra e porta-bandeiras em cerimônias maçônicas públicas.

Um aspecto muito confuso dos sistemas mais elevados de grau centra-se no fato de que os rituais propriamente ditos não costumam ser apresentados em uma ordem cronológica apropriada. Apesar de se basearem no tema e na história dos três graus da Loja, inclusive elaborando-os, alguns graus do Rito de York acontecem antes dos eventos dos graus anteriores, e outros graus vêm depois. Os graus são organizados em ordem de importância das mensagens que transmitem, *não* de acordo com um cronograma de eventos descritos. Cada grau deve ser encarado como uma lição individual e não como parte de uma história longa e linear que está sendo contada.

Maçonaria do Real Arco

Os quatro graus do Real Arco são os primeiros passos dentro do Rito de York. *Cimalhas* (ou *cumeeiras*) caracterizam-se por ser as fileiras de pedras que constituem a moldura superior de uma parede, e esses graus, especialmente o grau do Real Arco, são descritos como a cimalha dos três graus conferidos na Loja maçônica. Assim, em outras partes do mundo, descrevem-se tais graus como os *graus capitulares*.

A Figura 10-1 mostra o símbolo do Real Arco, composto por um círculo, um triângulo e três *taus* gregos, que significam o nome "verdadeiro" de Deus.

Figura 10-1:
O símbolo da Maçonaria do Real Arco.

por cortesia de Christopher Hodapp

O Real Arco tem quatro graus que serão abordados nas seções seguintes.

Mestre de Marca

Os pedreiros que construíram as grandes catedrais e outros edifícios da Idade Média deixaram para a história um pequeno registro de suas obras individuais. Eles cinzelaram, a fim de identificar seu trabalho, aquilo que é chamado de *marca do maçom* nas pedras. Cada maçom tinha sua própria marca individual que funcionava como uma assinatura, em uma época em que a maioria das pessoas era analfabeta. Classificava-se um pedreiro pela qualidade do seu trabalho, e, como dizia o antigo slogan publicitário da Ford Motor Company: "A qualidade entra em cena antes que a marca siga em frente."

O grau de Mestre de Marca apareceu pela primeira vez na Inglaterra em 1769, sendo provavelmente o mais antigo. Ele se refere aos operários que construíam o Templo do Rei Salomão. O grau de Mestre de Marca ensina ao candidato o valor do trabalho, a honestidade e a caridade. Como os antigos pedreiros, os Mestres de Marca modernos concebem sua própria marca de maçom que cada Capítulo mantém catalogado em um Livro de Marcas.

Past Master

O grau de Past Master, conhecido por outros nomes, dependendo da jurisdição, é também chamado de *Past Master Virtual* ou o grau de *Mestre Instalado*. A confusão advém do fato de que muitas jurisdições conferem algum tipo de cerimônia que é nomeada de forma semelhante aos membros que são instalados como o Venerável Mestre de sua Loja maçônica. Um maçom que trabalhou como Venerável Mestre de uma Loja tem direito ao título de Past Master (ou Ex-Venerável). No entanto, no sistema do Rito de York, o Past Master é um grau simbólico, e o candidato não está realmente instalado como o Mestre de uma Loja.

O grau de Past Master foi desenvolvido como uma brecha cerimonial. Uma regra muito mais antiga dos últimos dias dos maçons operativos determinava que o grau do Real Arco só poderia ser conferido a maçons que tinham sido instalados como Veneráveis Mestres. À medida em que esses graus foram se tornando mais populares, essa exigência se tornou um pouco limitante. A maneira sorrateira de contorná-la era criar um Past Master Virtual, originando um novo grau que simbolicamente o instalasse como Venerável Mestre, sem nenhuma daquelas eleições irritantes de Loja e certamente sem lhe fornecer verdadeiramente qualquer autoridade para administrar.

Os maçons que receberam apenas o grau de Past Master e não trabalharam como um real Venerável Mestre não têm direito ao título de Past Master de praxe e não são chamados de Venerável Irmão, como acontece com os Past Masters autênticos.

Convém destacar que esse grau não é trabalhado na Pensilvânia ou na Inglaterra.

É Loja ou não é Loja?

No início do uso desses graus — especialmente os graus do Real Arco e dos Cavaleiros Templários —, uma Loja regular maçônica os conferiria, da mesma forma como conferiam os três primeiros. Elas simplesmente abriam a reunião usando o ritual de abertura adequado para esse grau e davam prosseguimento à cerimônia. Mais tarde, as Lojas restringiam-se à abertura e à concessão apenas dos graus de Aprendiz, Companheiro e Mestre Maçom. Os graus do Real Arco estavam submetidos ao controle de órgãos administrativos chamados de Capítulos do Real Arco, uma espécie de Loja dentro da Loja, o que também aconteceu com o grau de Cavaleiro Templário. Eles ainda podiam ser conferidos na Sala da Loja, no entanto um grupo não formado pelos oficiais de Loja maçônica tinha de fazer isso.

Ao longo dos anos, tornou-se mais prático — logística e financeiramente — para os graus do Rito de York cooperarem. Muitos dos mesmos maçons que trabalhavam os graus do Real Arco também estavam nos grupos Crípticos e Templários, mas nem toda Loja tinha a mão de obra, o tempo ou o espaço para apresentar esses graus adicionais. Eles exigem mais pessoas para memorizar muito mais papéis do que os três graus da Loja, e as cerimônias, quando feitas de forma adequada, são produções bastante complicadas.

Requisitos para encenação também foram incluídos nos rituais, fazendo com que a concessão deles em uma Sala da Loja fosse menos eficaz do que se feita em um espaço projetado especificamente para eles. Os Templários, em particular, acrescentaram marchas, apresentações de bandeira e exercícios com espada difíceis de serem realizados em uma sala estreita, com um teto de 2,5 metros.

Além disso, nem todos os que se associaram a uma Loja queriam pertencer a esses outros grupos. Ser ativo na comanderia dos Templários era — e é — um projeto caro, por causa dos uniformes e outros adereços necessários. Desse modo, escolher uma grande localização central ou popular e criar um grupo de corpos do Rito de York que pudesse atrair membros de várias Lojas maçônicas em torno fazia mais sentido. Como resultado, alguns estados têm centenas de Lojas maçônicas, dezenas de Capítulos do Real Arco e Conselhos Crípticos e, talvez, apenas algumas comanderias Templárias.

No entanto, como muitos maçons britânicos não consideram os graus da Loja completos até que o maçom tenha recebido o Real Arco, é muito mais comum que uma Loja inglesa tenha um Capítulo do Real Arco ligado a ele do que ocorre nos Estados Unidos.

Mui Excelente Mestre

O grau de Mui Excelente Mestre trata da conclusão do Templo de Salomão. Sua versão norte-americana, possivelmente compilada por Thomas Smith Webb, é semelhante àquela trabalhada na Escócia, em 1700, conhecida lá e na Inglaterra como o *Super Excelente Mestre*. E, se isso não é impressionante, eu não sei o que é. Na Inglaterra, esse grau na verdade é trabalhado como parte dos graus Crípticos (veja "O Rito Críptico", mais adiante neste capítulo).

Real Arco

Dependendo da parte do mundo em que você está, o grau do Real Arco é também conhecido como o grau do *Santo Arco Real*. Ele constitui um grau antigo que aparece pela primeira vez nos registros em York, em 1744, e em Boston, Massachusetts, em 1769, com os graus de Past Master e Mui Excelente Mestre.

A história do grau ocorre após a destruição do Templo de Salomão, começando com a descoberta de uma cripta escondida sob as ruínas e os segredos nela encontrados. Portanto, é a conclusão da história que começou nos primeiros três graus da Loja sobre a busca por segredos outrora perdidos.

O Rito Críptico

Nos Estados Unidos, o Conselho de Mestres Reais e Escolhidos, ou Conselho Críptico, geralmente confere três graus. A Figura 10-2 mostra o símbolo do Rito Críptico, que inclui um triângulo quebrado, uma trolha e uma espada.

Figura 10-2: O símbolo da Maçonaria Críptica.

por cortesia de Christopher Hodapp

O termo *críptico* na Maçonaria não significa assustador, oculto ou obscuro. Ele refere-se simplesmente à cripta no fundo da nona abóbada onde havia o nome inefável de Deus.

Os graus de Mestre Real e de Mestre Escolhido desse rito baseiam-se na lenda de Enoch, o patriarca, o bisavô de Noé. Enoch escavou nove abóbadas subterrâneas, uma abaixo da outra sob o Monte Moriá, em Jerusalém, onde o Templo de Salomão acabou por ser construído. Em cada abóbada havia segredos, e na parte inferior da nona abóbada estava o maior de todos: o inefável e indizível nome de Deus, representada pelo *Tetragrammaton* (veja a Figura 10-3). O Tetragrammaton é composto por letras hebraicas (da direita para a esquerda) *Yod, He, Waw* e *He*.

Figura 10-3: O Tetragrammaton representando o nome verdadeiro ou indizível de Deus.

por cortesia de Christopher Hodapp

As quatro letras hebraicas do Tetragrammaton correspondem às letras YHWH, ou IHWH, e são pronunciadas como *Iavé* ou *Jeová*. Ele vem do hebraico e significa "Eu sou". A lei e as tradições judaicas consideravam que dizer o verdadeiro nome de Deus era blasfemo, assim, quando o nome de Deus aparecia nas escrituras, era geralmente traduzido para as palavras substitutas *Adonai* ou *Senhor*. Nem o hebraico bíblico nem o árabe têm sons de vogais e, de fato, foram adicionados marcas de vogais aos textos bíblicos hebraicos na Idade Média para ajudar na pronúncia. A verdade é que ninguém realmente sabe ao certo como se pronuncia o Tetragrammaton. Hoje, alguns rabinos dizem que o mandamento dado a Moisés é explícito — "Não tomarás o nome de YHWH, teu Deus, em vão" — e que *qualquer* pronúncia do Tetragrammaton é uma blasfêmia. Quando ele aparece nas escrituras ou na oração, é substituído por *Adonai* ou Ha Shem, que significa simplesmente "o Nome". O Tetragrammaton desempenha um papel central no estudo da Cabala.

O Rito Críptico apresenta três graus, e algumas jurisdições dos EUA acrescentam um grau adicional, em um total de quatro:

- **Mestre Real:** O grau de Mestre Real retorna aos dias anteriores à conclusão do Templo de Salomão, fornecendo mais informações sobre Hiram Abiff, o Grande Arquiteto do Templo, e seu sucessor, Adoniram.

- **Mestre Escolhido:** O Mestre Escolhido trata parcialmente do depósito dos segredos do Templo em seu local escondido na cripta e descreve o período de tempo entre a primeira e a segunda metade do grau de Mestre Real.

- **Super Excelente Mestre:** O grau de Super Excelente Mestre diz respeito ao período de tempo após a destruição do Templo de Salomão e do êxodo dos hebreus.

✔ **Três vezes Ilustre Mestre:** Quando o oficial principal de um Conselho Críptico está instalado em sua posição eleita, algumas jurisdições dos EUA lhe conferem o grau de Três Vezes Ilustre Mestre, por vezes denominado a *Ordem da Trolha de Prata*. Essa prática não é universal.

Os graus do Rito Críptico possivelmente apareceram entre 1760 e 1780 e estão entre os mais instrutivos e bem escritos da Maçonaria.

Ordens de Cavalaria e os Cavaleiros Templários

Os três graus de cavalaria cristã (ou *Ordens*, como eles são mais corretamente chamados) são conferidos nos Estados Unidos por uma comanderia de Cavaleiros Templários. As três Ordens são: a Ilustre Ordem da Cruz Vermelha, a Ordem de Malta e a Ordem do Templo. As duas últimas, em particular, são baseadas nas tradições de Ordens de cavaleiros da Idade Média.

As Ordens de cavalaria também são expressamente cristãs em sua natureza. Isso não significa que os não cristãos não possam recebê-las; simplesmente significa que, diferente da maioria dos outros graus da Maçonaria, elas são sectárias. Pergunta-se ao candidato à Ordem Maçônica dos Cavaleiros Templários se ele estará disposto a defender a fé cristã, ao que muitos não cristãos não têm nenhum problema em responder afirmativamente.

Você pode ver um dos símbolos dos Cavaleiros Templários na Figura 10-4. A maioria deles contém uma cruz vermelha e uma coroa. O lema em latim *In Hoc Signo Vinces* significa "Por este sinal vencerás".

Figura 10-4: Um símbolo dos Cavaleiros Templários.

por cortesia de Christopher Hodapp

A Maçonaria não continha absolutamente nenhuma referência a cavaleiros de qualquer tipo até a afirmação altamente criativa — e que não pode ser comprovada — do Cavaleiro escocês Andrew Ramsay, na década de 1730, de que a Maçonaria se espalhou pela Europa a partir do Oriente Médio como forma de retorno dos cavaleiros cruzados durante a Idade Média (veja o Capítulo 2). Essa história era empolgante e emocionante e romântica — e uma bobagem absoluta —, mas os maçons na França e na Inglaterra engoliram tudo de qualquer maneira, resultando em uma crescente lista de novos graus baseados em lendas de cavalaria.

As ordens de cavalaria

As ordens de cavalaria conferidas em uma comanderia de Cavaleiros Templários são cerimônias fascinantes, comoventes e belas, mas, em função das ordens individuais e da realidade da história, constituem uma mistura um pouco bizarra. Essas ordens têm pouco a ver com as verdadeiras Ordens de cavalaria de mesmo nome que existiram ao longo da história, e não há nenhuma conexão histórica genuína entre os Cavaleiros Templários das Cruzadas e aqueles na Maçonaria.

A sala em que uma comanderia se reúne e onde as Ordens são conferidas é denominada de *asilo,* ou seja, um santuário ou lugar de refúgio do mundo externo.

A Ilustre Ordem da Cruz Vermelha

A história contada no ritual para a Cruz Vermelha funciona como um elo entre os graus Crípticos e os que se seguem, e estende-se pelo período que vai do Antigo ao Novo Testamento. Esse grau tem um nome semelhante ao de outros que aparecem em diferentes ramos da Maçonaria, e não é conferido dentro do sistema Templário britânico (que só confere as duas Ordens a seguir).

Ordem de Malta

A história dessa ordem começa ao fazer do candidato um Cavaleiro de São Paulo ou o Passe Mediterrâneo, que funciona como um pré-requisito necessário dentro da cerimônia para se tornar um Cavaleiro de Malta. Para os amantes de títulos, essa ordem em particular faz do maçom um Cavaleiro Hospitalário de São João de Jerusalém, da Palestina, de Rodes e da República de Malta.

Os fãs de história vão achar que a inclusão desses títulos, amontoados com os Cavaleiros Templários, são uma heresia histórica. No entanto, ele, assim como a Ordem Templária a seguir, está entre os mais comoventes dos graus mais elevados da Maçonaria.

Ordem do Templo

A última ordem é a que confere ao maçom o título de Cavaleiro Templário, e a maioria daqueles que passaram por ela vai descrever a cerimônia como uma das mais memoráveis, instigantes e impressionantes que já testemunharam. Ela é verdadeiramente única entre os graus da Maçonaria.

Caveira e ossos cruzados!

A caveira e os ossos cruzados foram adotados como um emblema dos Cavaleiros Templários entre a terceira e quarta Cruzada. De acordo com uma lenda estranha, um Templário perverso e Senhor de Sidon quebrou seus votos e se apaixonou por uma bela aristocrata armênia, que morreu muito jovem. Como o cavaleiro não podia suportar estar separado dela, exumou seu corpo e teve relações sexuais com o cadáver. Depois ele enterrou novamente o corpo e voltou para casa, mas uma voz falou com ele em um sonho e disse-lhe para voltar em nove meses, e encontraria um filho. Quando ele voltou, deparou-se apenas com uma caveira e dois ossos de pernas cruzados na sepultura. Então, a voz falou novamente com ele e disse-lhe para guardá-los e protegê-los sempre, e ele seria bem-sucedido em todos os seus empreendimentos. O cavaleiro prosperou e venceu todos os inimigos, muitas vezes apenas lhes mostrando a cabeça mágica.

Ok, a lenda é pouco macabra. Quão doce pode ser uma história sobre crânios, ossos e necrofilia?

O crânio e os ossos foram supostamente repassados aos Templários quando o Templário malvado morreu, e sua ascensão à riqueza e ao poder é atribuída aos restos mortais. A lenda, na verdade, foi criada no século XII, e no início sequer estava ligada aos Templários. Mas, se você pertence a um grupo de monges guerrei-

ros que tenta manter seus inimigos infiéis com medo, vai afirmar-lhes qualquer coisa que funcione a seu favor.

Infelizmente, quando os Templários foram presos e acusados de heresia, as lendas a respeito de dormir com mulheres mortas e usar cabeças mágicas de uniões profanas funcionaram contra eles. Os inquisidores da Igreja não só acreditaram na lenda, como também ela foi usada para ligar os Templários a uma seita de gnósticos conhecidos como Cátaros, estigmatizados como hereges pela Igreja.

A bandeira de batalha dos Templários, chamada de *beauseant,* era preta e branca, significando proteção aos amigos e seguidores de Cristo e morte aos Seus inimigos. Muitas pessoas acreditam que os Templários usavam a caveira e os ossos cruzados brancos em um fundo preto como a bandeira de sua esquadra. Mais tarde, ela foi utilizada, como qualquer um que já foi à Disneylândia sabe, como a bandeira dos piratas (o termo Jolly Roger [nome dado a este tipo de bandeira negra com os ossos em branco], caso você esteja pensando, na verdade vem de um termo usado para uma bandeira naval francesa, conhecida como *drapeau jolie rouge,* que significa "bandeira vermelha bonita").

Quando os Cavaleiros Templários Maçônicos foram formados, seus primeiros aventais continham o simbolismo da caveira e dos ossos cruzados (veja a figura abaixo), assim como o seu ritual. O desenho é usado dessa forma no simbolismo do grau de Mestre Maçom simplesmente como um lembrete da mortalidade. O avental tinha a forma de um triângulo de veludo preto. Havia uma aba triangular menor na parte de cima, perfurada com 12 buracos. No centro da aba estavam duas espadas cruzadas, enquanto no centro do avental se registrava um crânio e ossos cruzados. Esse desenho está obsoleto hoje em dia.

por cortesia de Christopher Hodapp

Um curso intensivo sobre a história dos Templários

Eu falo sobre os Templários brevemente no Capítulo 2, porque algumas pessoas ainda acreditam na alegação do Cavaleiro de Ramsay de que os Templários foram os maçons originais. A maioria dos estudiosos sérios não é adepto dessa teoria, embora não faltem livros recentes que estabelecem conexões instigantes entre eles. Mas, por causa da Ordem dos Templários que é parte do Rito de York, torna-se importante saber um pouco mais sobre eles. Continue lendo para receber um curso intensivo. Para saber muito mais sobre os Cavaleiros Templários medievais e modernos, consulte *The Templar Code For Dummies*, de Chris Hodapp e Alice Von Kannon.

Origem

No ano de 1099, Jerusalém foi tomada pelos guerreiros da Cruzada, exércitos de cavaleiros cristãos que viajavam da Europa para a Terra Santa a fim de expulsar os muçulmanos. Os cerca de 500 cavaleiros que não retornaram para seus lares começaram a criar estados independentes na área, e os peregrinos iniciaram longas e perigosas viagens para visitar os locais sagrados do cristianismo.

Naquela época, como acontece com os muçulmanos que viajam a Meca hoje em dia para o *hajj*, uma peregrinação à Terra Santa era o ato de piedade cristã máximo. Na verdade, às vezes os cavaleiros e senhores excomungados eram condenados à difícil e perigosa viagem como penitência. Os papas regularmente perdoavam os pecados de criminosos dispostos a ir à guerra contra os infiéis.

Em 1115, Hugo de Payens e outros oito cavaleiros do norte da França escoltaram peregrinos de Jerusalém para Jericó e depois para a Jordânia, onde Jesus foi batizado. Três anos depois, os cavaleiros prestaram juramento de pobreza, castidade e obediência, além de votos militares, e tornaram-se um pequeno grupo de algo que ninguém havia visto antes: monges guerreiros. Eles se chamavam de os Pobres Cavaleiros de Cristo, e a imagem de dois cavaleiros pobres compartilhando um cavalo tornou-se seu símbolo.

Em 1124, Hugo de Payens viajou até a França e recebeu o apoio oficial da Igreja Católica, no Concílio de Troyes. Com a importantíssima bênção do papa, junto com vários patronos influentes, como São Bernardo de Clairvaux, doações de dinheiro, terras e honras, de repente começaram a se destacar, e os Templários rapidamente se tornaram o assunto da cristandade. Eles passaram a residir no palácio próximo do antigo local do Templo de Salomão e foram rebatizados como a Ordem dos Pobres Soldados de Cristo e do Templo de Salomão.

Desenvolvimento dos Templários

Em 1139, o Papa Inocêncio II concedeu aos Templários poderes desconhecidos a qualquer outra Ordem. Eles respondiam apenas ao próprio papa, e nenhum outro clérigo poderia questionar-lhes a autoridade. Também foram autorizados a ficar com toda a pilhagem capturada dos muçulmanos, e assim estavam ganhando dinheiro com os terrenos e os edifícios que lhes eram concedidos como doações. De fato, em 1131, as terras do reino de Aragão, na Espanha, foram concedidas conjuntamente a eles, aos Cavaleiros Hospitalários e à Igreja do Santo Sepulcro para que as defendessem, com sua riqueza em troca.

Conforme suas propriedades na Europa cresciam, os Templários construíram postos avançados fortificados chamados de *comanderias* ou *preceptorias*, estruturas que geralmente incluíam igrejas construídas em uma forma redonda incomum e muito característica (veja a Figura 10-5). Com um número crescente de peregrinos dirigindo-se para a Terra Santa, os Templários criaram o primeiro sistema bancário internacional. Um viajante poderia depositar dinheiro no Templo em Londres, Paris ou Roma, ou em uma preceptoria local, e recebia o equivalente em cartas de crédito que ele poderia descontar quando chegasse a Jerusalém.

Se você não pudesse pagar a viagem à Palestina, relaxe. Sua amável preceptoria templária ficaria feliz de receber terras ou bens em troca de um pouco do dinheiro vivo deles. Desse modo, os Templários tornaram-se uma grande campanha de imagem pública para a Igreja e as Cruzadas: eram guerreiros, agentes de viagem, tradutores, banqueiros e conselheiros de crédito em zonas francas. Virar um dos Templários era uma coisa muito legal para um nobre. Os Templários foram úteis na abertura da estrada para o comércio e os negócios com o Oriente Médio.

Figura 10-5: Uma Igreja Templária em Londres, construída com uma forma circular característica.

por cortesia de Christopher Hodapp

No final do século XII, os Templários se tornaram os maiores proprietários de terras na Síria e na Palestina, e seu poderio militar era mundialmente conhecido. Uma lenda comum dizia que eles não recuariam, a menos que se encontrassem em menor número numa proporção de três homens para um, e seus votos militares incluíam a promessa de nunca se renderem a infiéis incrédulos. Eles eram os primeiros no campo de batalha e os últimos a sair. E também desenvolveram uma marinha poderosa, usada para transportar peregrinos por todo o Mar Mediterrâneo e para acossar a frota muçulmana.

Derrota

Em 1291, o castelo em Acre, perto de Haifa, foi sitiado por um exército muçulmano de 160 mil homens e uma gama desconcertante de catapultas e armas de cerco (dramatizada no filme de 2005, *Cruzada*). Embora os Templários e os Hospitalários tenham lutado bravamente até o fim, as defesas da cidade foram violadas, e os cristãos expulsos da Terra Santa. Aqueles que tinham lutado mais bravamente sob terríveis circunstâncias foram acusados de perder a Palestina para os infiéis.

Inveja

Depois de um breve período de tempo na ilha de Chipre, os Templários consolidaram suas posses na Europa e se estabeleceram nos negócios bancários. Os Hospitalários e os Templários tinham sido rivais na Terra

Santa, e, agora que ela fora perdida, muitos na Igreja não viam nenhuma razão para ter mais monges guerreiros circulando pela Europa além dos que fossem realmente necessários. Um novo sentimento crescia entre os sacerdotes ciumentos da Igreja em favor da fusão dos Hospitalários e dos Templários, afinal, o status como os Intocáveis da Igreja Católica fora pouco útil para torná-los estimados pela nobreza da Europa, especialmente reis que precisavam de grandes empréstimos para financiar suas próprias ações militares.

O Rei Filipe IV da França era desses nobres. Conhecido como Filipe, o Belo, o rei estava em sérias dificuldades financeiras após enfraquecer a moeda francesa, tentar sequestrar o Papa Bonifácio VIII, expulsar todos os judeus do reino e confiscar-lhes a propriedade em 1306, além de provocar uma briga com um grupo de banqueiros italianos em 1311 para que pudesse roubar seus bens. Durante um motim especialmente perigoso em Paris, em 1306, Filipe se escondeu na preceptoria dos Templários de Paris; ele nunca conseguiu esquecer a imagem da riqueza armazenada lá e de si mesmo colocando suas luvas reais nela.

Um Templário renegado chamado Esquiu de Floyrian dirigiu-se a Filipe alegando que os Templários estavam envolvidos em blasfêmia, idolatria e sodomia. Quando um novo papa foi eleito em novembro de 1305, o rei francês viu a chance de se livrar dos Templários e roubar as riquezas deles na França ao mesmo tempo.

Os cardeais tinham levado um ano inteiro para eleger o novo Papa Clemente V, e ele havia premeditado um acordo com Filipe prevendo que, após sua posse como o Santo Padre, eliminaria as leis do Vaticano que tinham sido aprovadas contra a França por seu antecessor. De fato, em 1309, Clemente V mudou a administração da Igreja Católica de Roma para Avignon, bem no quintal do rei Filipe. Esse movimento deu início a um longo período de caos dentro da Igreja, conhecido pelos católicos como o *Cativeiro Babilônico*. Desde o princípio, o novo papa fez o papel de bobo de Filipe.

Prisão

Filipe colocou pressão crescente sobre o papa para acusar os Templários de crimes contra a Igreja, e em uma sexta-feira, 13 de outubro de 1307, todos os Templários na França (algo em torno de 2 mil a 15 mil) foram presos simultaneamente e acusados de heresia, incluindo seu idoso Grão-Mestre, Jacques de Molay. Filipe confiscou seus bens na França, e Clemente V ordenou que os cavaleiros em todos os outros países católicos fossem presos, algo que a maioria dos outros reis da Europa não tinha nenhuma pressa de fazer.

Robert Bruce, rei da Escócia, já havia sido excomungado — e, por associação, todo seu reino também. Como resultado, irritar o papa foi um bônus adicional quando ele discretamente divulgou que a Escócia poderia ser um refúgio para os Templários que estivessem fugindo da prisão. Em Portugal, os Templários apenas mudaram seu nome para a Ordem de Cristo, e contribuíram para as grandes descobertas navais do Infante D. Henrique, que chefiou a Ordem até sua morte.

Acusações de heresia

De Molay e os Templários passaram mais de um ano em masmorras francesas, sendo torturados para confessar terem negado Cristo, cuspido na cruz, estarem envolvidos em atos de homossexualidade e adorado ídolos, incluindo uma divindade misteriosa chamada *Baphomet*.

É evidente que a sua exposição às influências de outras religiões — islamismo, catarismo e outras filosofias orientais "perigosas" — tinha os deixado vulneráveis às acusações de heresia. Embora os Templários tenham confessado uma grande variedade de crimes, eles sofreram terríveis torturas nas mãos dos inquisidores. Um dos cavaleiros disse mais tarde que teria admitido ter matado o próprio Deus para parar seus algozes. A maioria dos Templários que foi presa fora da França e evitou a tortura negou veementemente todos os crimes.

Julgamento e morte

Quando Jacques de Molay compareceu perante uma comissão papal em 1308, ele e os outros cavaleiros desmentiram suas confissões. Claro, desmentir uma confissão era um ato de heresia punível com a morte, e, em 11 de maio de 1308, 54 Templários foram queimados na fogueira.

Em 1314, depois de sete longos anos de prisão, tortura, confissões, julgamentos e comissões papais, o fim dos Templários finalmente chegou. De Molay, então com 70 anos, junto com três de seus oficiais superiores, foi colocado em uma plataforma do lado de fora da catedral de Notre Dame, em Paris, onde todos foram condenados à "prisão perpétua". De Molay não aguentava mais, e ele e seu amigo Geoffri de Charney gritaram para toda a ordem que eram inocentes de qualquer delito, negando ainda toda e qualquer confissão que eles e a Ordem tivessem feito sob tortura.

Os Templários e Baphomet

O termo *Baphomet* aparece em diversas confissões dos Templários, razão pela qual sabemos que os Templários comumente veneravam algo com esse nome. Muitos estudiosos acreditam que Baphomet era simplesmente uma variação da palavra latina *Mahomet*, uma versão europeia medieval de Maomé, o nome do profeta do Islã. Outros acreditam que a palavra, na verdade, vem do árabe *abufihamet*, pronunciado em espanhol como *bufihimat*. Em árabe, pode significar "pai da compreensão" ou "fonte de sabedoria".

A palavra foi usada frequentemente em referência a uma "cabeça barbada" que, conforme se supõe, era reverenciada pelos Templários. Algumas teorias têm sido sugeridas a respeito da cabeça, mas ninguém sabe a verdade ao certo. Pode ter sido a cabeça lendária de João Batista, e havia uma seita religiosa (chamada *Johannites* ou *Mandeísmo*) durante o perío-

(Continua)

(Continuação)

do que acreditava ser Jesus um impostor e João Batista o Salvador autêntico. O pai da compreensão também pode ter sido a cabeça decepada do fundador da Ordem, Hugues de Payen. E, claro, há o mito sobre o crânio de Sidon, discutido anteriormente neste capítulo.

Quatrocentos anos após os julgamentos dos Templários, o místico francês Eliphas Levi acreditava claramente que o Baphomet citado nas confissões dos Templá-

rios era de fato a Fonte de Sabedoria, o conhecimento misterioso descoberto pelos cavaleiros. Levi acreditava que os Templários criaram sociedades secretas detentoras desse conhecimento místico, sendo os maçons seus descendentes que tinham simplesmente perdido ou esquecido tais poderes sobrenaturais. Para saber mais sobre Levi e Baphomet, consulte o Capítulo 8.

Naquela noite, os dois homens foram levados até o fim de uma pequena ilha no rio Sena, a Ile-des-Javiaux, e amarrados a estacas de madeira. O antigo Grão-Mestre pediu que fosse posicionado voltado para Notre Dame, com as mãos desamarradas para que pudesse morrer orando. Enquanto as chamas foram acesas e subiam ao seu redor, de Molay continuamente gritava a inocência da Ordem e convocava tanto o Rei Filipe quanto o Papa Clemente a encontrarem-no perante Deus antes do fim do ano. Clemente morreu no mês seguinte, e Filipe seguiu-o sete meses mais tarde.

Perdão secreto

A Igreja Católica defendeu durante muito tempo que os Templários eram inocentes de qualquer delito e que Clemente havia sido ameaçado a ceder ao Rei Filipe. Pode haver muita verdade nessa teoria. Em 2001, a Dra. Barbara Frale descobriu um documento nos arquivos do Vaticano chamado de *Pergaminho de Chinon*, por causa do castelo na França onde Jacques de Molay foi preso. Ele afirma que o Papa Clemente V na verdade perdoou qualquer delito dos Templários em 1314, pouco antes de morrer.

Mistérios dos Templários

Parte da razão pela qual todo mundo, desde os maçons até Aleister Crowley, passando por Dan Brown, se interessa pelos Templários relaciona-se aos mistérios e às lendas que surgiram após a sua extinção. Os Templários escavaram em torno do local do Templo do Rei Salomão durante todo o tempo em que estavam em Jerusalém, e é possível que tenham encontrado um tesouro enterrado ali, incluindo relíquias sagradas que datam à época de Salomão. Dito isso, é questionável que os Templários tenham encontrado qualquer coisa, porque Jerusalém fora saqueada, pilhada, roubada e bastante destruída ao longo de quase 2 mil anos entre o momento em que o templo foi construído e a chegada dos Templários. Mas, ainda assim, pode ter acontecido. Os achados dos Templários são o lendário tesouro descrito nas cenas de abertura do filme de 2004, *A Lenda do Tesouro Perdido*.

Quando as tropas do Rei Filipe prenderam os Templários de Paris, elas ficaram chocadas ao descobrir que alguém tinha avisado os cavaleiros e que a maior parte do tesouro que o rei tinha visto no templo estava longe de ser encontrada. Até hoje, ninguém sabe onde foi parar a maior parte da riqueza dos Templários. No dia das prisões em massa na França, a frota templária partiu de La Rochelle, e o seu conteúdo e destino continuam um mistério. Muitas pessoas acreditam que a frota zarpou para a Escócia.

Tanto o Infante D. Henrique de Portugal quanto o sogro de Cristóvão Colombo eram membros da Ordem de Cristo, o grupo de Templários que operava em Portugal depois das prisões de 1307. Os navegadores de Colombo eram da mesma Ordem, e as velas dos seus navios curiosamente foram pintadas com a cruz vermelha característica dos Templários. Alguns dizem que os Templários colocaram seu tesouro a bordo de navios e enviaram-no para o Novo Mundo, possivelmente da Escócia em 1398, com Henry Sinclair, cuja família construiu a famosa e misteriosa Capela de Rosslyn, que desempenha papel significativo no livro *O Código Da Vinci*, de Dan Brown. E muitos afirmam que os membros do clã Sinclair tornaram-se Templários, usando rituais e estruturas organizacionais templárias para criar o que se tornou a Maçonaria moderna.

Uma ilha na Nova Escócia, chamada Oak Island, oculta um mistério que ninguém foi capaz de desvendar. Um enorme poço foi descoberto no final do século XVIII, com plataformas de pedra e madeira de carvalho, uma evidência óbvia de escavação feita pelo homem. Durante 200 anos, fizeram-se inúmeras tentativas de explorar o "poço do dinheiro", e muitos acreditam que ele foi construído pelos Templários para esconder seu ilusório tesouro. Uma misteriosa torre arredondada em Newport, Rhode Island, foi construída com um estilo semelhante ao dos designs português e dos Templários, e muitos acreditam que ele é um edifício Templário também.

Os Templários foram ainda associados a lendas de que teriam descoberto a Arca da Aliança, contendo os pedaços de tábuas dos Dez Mandamentos, e até mesmo o Santo Graal. Jamais se comprovou nenhum desses mistérios, sendo fácil ver por que qualquer fraternidade com uma pitada de mistério ao seu redor teria prazer de ser associada aos Cavaleiros Templários.

Outros Corpos do Rito de York

Como mencionei no início deste capítulo, o Rito de York não é governado ou organizado por nenhuma autoridade central. É um termo vago usado para descrever uma reunião de vários grupos. Como resultado, o que é considerado um corpo do Rito de York em um país pode não ser parte do Rito de York em outro. Nas seções a seguir estão algumas outras organizações agrupadas nos Estados Unidos sob a bandeira do Rito de York. Quase todas são apenas por convite, abertas apenas aos maçons que receberam os graus do Capítulo, do Conselho e dos Templários do Rito de York.

Colégio do Rito de York

Criado em Detroit, Michigan, em 1957, o Colégio do Rito de York (www.yrscna.org, em inglês) é uma organização para os membros dos três ramos do Rito de York, e a adesão é mediante convite. Cerca de 200 Colégios individuais existem nos Estados Unidos, regidos pelo Soberano Colégio do Rito de York da América do Norte. Eles promovem excelência em rituais e educação nos diferentes corpos do rito.

O Colégio confere a Ordem da Cruz Púrpura, um prêmio dado aos membros que se destacaram no serviço ao Rito ou à comunidade.

Cavaleiros Maçons

Os Cavaleiros Maçons (www.knightmasons.org, em inglês) são um órgão do Rito de York, com adesão mediante convite, que apresenta graus que se desenvolveram na Irlanda no início do século XVIII. O Cavaleiro da Espada, o Cavaleiro do Oriente e o Cavaleiro do Oriente e do Ocidente são conhecidos como os *Graus Verdes* por causa de sua origem irlandesa. Eles são semelhantes a alguns dos graus do Rito Escocês. Até meados do século XIX, eles eram trabalhados nos Capítulos irlandeses do Arco Real e, em seguida, em comanderias Templárias.

Em 1923, um Grande Conselho de Cavaleiros Maçons foi formado em Dublin, Irlanda, vindo para os Estados Unidos em 1936. Hoje, existem cerca de 70 Conselhos de Cavaleiros Maçons nos EUA, com cerca de sete mil membros.

Graus Maçônicos Aliados

Os Graus Maçônicos Aliados (www.alliedmasonicdegrees.org, em inglês) é uma organização de pesquisa acadêmica, dedicada a preservar antiquados rituais maçônicos do Rito de York, os quais, de outra forma, já teriam desaparecido na obscuridade. Eles reúnem-se de modo muito parecido com uma Loja maçônica, mas trabalhos de pesquisa maçônicos e apresentações são fortemente encorajados.

Os Graus Maçônicos Aliados (AMD) são os que em algum momento fizeram parte do período maçônico vagamente controlado do século XVIII. Muitos desses graus isolados desapareceram em alguns lugares. Com o tempo, o melhor deles foi agrupado em um corpo organizado sob o título de Graus Maçônicos Aliados.

A adesão é apenas por convite e está aberta a *Companheiros* (membros de um Capítulo do Real Arco) que tenham concluído os graus do Capítulo do Real Arco do Rito de York. Os corpos locais são chamados de *Conselhos*, e o número máximo de membros ativos de qualquer conselho é limitado a 27.

Capítulo 10: O Rito de York *213*

O AMD é um dos grupos maçônicos com crescimento mais rápido nos Estados Unidos, o que é um sinal do crescente interesse na história e no simbolismo da Maçonaria. Além disso, como os conselhos são limitados a apenas 27 membros, os grupos permanecem pequenos e íntimos, formados por maçons ativos e não apenas por pessoas sociáveis em busca de um novo cartão de sócio em sua carteira. Nas curtas reuniões, apresentam-se trabalhos ou oradores convidados, e, em geral, um jantar vem depois do término.

Societas Rosicruciana in Civitatibus Foederatis

Originalmente fundada em 1880 como a *Societas Rosicruciana Republicae Americae*, muitos maçons classificam esse grupo como um corpo do Rito de York, mas, tecnicamente, a sua única exigência é que os membros sejam Mestres Maçons e cristãos (com exceção do Brasil, onde é exigido que o membro seja um maçom do Real Arco). Ele também é um órgão com participação mediante convite. A SRICF (`www.sricf.org`, em inglês) constitui um pequeno grupo formado por 31 *colégios* (capítulos locais) nos Estados Unidos, Canadá e no Brasil, e não mais do que 72 membros podem estar em um Colégio.

Rito Retificado ou Chevalier Bienfaisant de Cite Saint (CBCS)

O Rito Retificado (`www.knightstemplar.org`, em inglês) é uma Ordem Templária que foi formada em 1782, na França, e mudou-se para a Suíça. Hoje é uma Ordem com participação mediante convite que confere seis graus, um dos quais é o Cavaleiro Beneficente da Cidade Santa. Ela é considerada a mais antiga ordem de cavalaria maçônica cristã operando continuamente no mundo, e suas raízes remontam ao "Rito da Estrita Observância", do Barão Karl Gotthelf von Hund, na Alemanha, na década de 1750. Em 2010, o Grande Acampamento dos Cavaleiros Templários nos Estados Unidos restabeleceu essa Ordem no país sob a sua autoridade com uma carta constitutiva francesa, depois que ela tinha se transformado em pouco mais que um clube social. Hoje em dia, ela está crescendo regularmente.

Sacerdotes Cavaleiros Templários do Sagrado Real Arco

Os Sacerdotes Cavaleiros Templários do Sagrado Real Arco (`www.hraktp.org`, em inglês) é um corpo composto por Comandantes e Ex-Comandantes das comanderias dos Cavaleiros Templários. A adesão é apenas por convite. O grupo se reúne em *tabernáculos* regionais, sendo a participação em cada tabernáculo limitada a 33 membros.

Cavaleiros da Cruz de Honra de York

Outro corpo cuja participação ocorre mediante convite, a Ordem dos Cavaleiros da Cruz de Honra de York (www.k-ych.org, em inglês) é conferida aos maçons do Rito de York que serviram como o Mestre de uma Loja maçônica, o Sumo Sacerdote de um Capítulo do Real Arco, o Mestre de um Conselho Críptico e o Comandante ou Preceptor de uma comanderia ou preceptoria dos Cavaleiros Templários. Ela representa um excelente e dedicado serviço à fraternidade, sendo, consequentemente, um grupo de elite.

O KYCH presenteia seus membros com uma joia impressionante e, à medida que eles servem o Rito de York em base estadual e nacional em seus grandes corpos, quadrantes de cores diferentes são adicionados à joia. Os titulares de todos os quatro quadrantes são muitas vezes chamados de *generais de quatro estrelas*.

Cruz Vermelha de Constantino

A Ordem da Cruz Vermelha de Constantino (www.redcrossconstantine. org, em inglês) é uma organização com adesão mediante convite, sendo considerada por muitos como a maior honra que pode ser concedida dentro da Maçonaria do Rito de York. Ela remonta a 1865, na Inglaterra, e a 1869, nos Estados Unidos, mas sua origem lendária está em uma Ordem fundada por Constantino, o Grande, após a batalha de Saxa Rubra, em 312 d.C., quando ele se converteu ao cristianismo.

São Tomás de Acon

A Ordem Comemorativa de São Tomás de Acon (www.stthomasofacon. org, em inglês) é um órgão com adesão mediante convite, e exige que seus membros sejam Cavaleiros Templários Maçônicos com boa reputação. Seus rituais e ensinamentos baseiam-se em quase 20 anos de estudo de John E.N. Walker na Biblioteca Guildhall de Londres, e a Ordem foi fundada na Inglaterra em 1974. Existem 80 grupos de reuniões, chamadas de Capelas, na Inglaterra, no País de Gales, na Espanha, no Canadá, nos Estados Unidos, na Austrália, na Nova Zelândia e no Brasil. A Capela dos EUA foi criada em 2005.

Os Operativos

Mais corretamente conhecida como a *Venerável Sociedade dos Maçons Livres e Maçons de Obras Rústicas, Muros, Telhados, Pavimentação, Reboco e Alvenaria de Tijolos*, o termo mais fácil para este grupo é Os Operativos (www. operatives.org.uk, em inglês). A sociedade existe para perpetuar ou preservar um memorial das práticas de maçons operativos existentes antes, ou que continuaram, independentemente da Maçonaria especulativa moderna.

O fundador do que é hoje Os Operativos foi Clement Edwin Stretton, um engenheiro civil inglês, em 1860. Como parte de seu treinamento, Stretton foi enviado para uma pedreira em Derbyshire a fim de realizar um curso intensivo de um mês de duração para aprender algo sobre como o setor da construção funcionava desde a pedreira até o local da obra. Naqueles dias, as guildas dos pedreiros operativos estavam diminuindo em tamanho e influência, mas ainda existiam. Embora ele tenha sido tratado com indiferença no início, o seu pedido de adesão à guilda dos pedreiros lhe abriu um mundo novo. A guilda ainda conferiu uma série de sete graus operativos em seus membros pedreiros, e as suas tradições são muito anteriores à formação da Maçonaria especulativa.

Stretton se tornou um maçom em 1871, mas ficou perplexo com as muitas diferenças entre as duas organizações. Ele acreditava que as alterações e inovações feitas pela primeira Grande Loja em Londres haviam diluído a filosofia e os ensinamentos das guildas de pedreiros originais. Embora tenha servido em muitos cargos ativos de oficial na Maçonaria Simbólica e do Real Arco, ele acreditava que o grau de Mestre Maçom, adicionado pela Grande Loja na década de 1720, foi baseado em um conhecimento inadequado do Festival Anual de Operativos que relembrava o assassinato de Hiram Abiff. Então, Stretton dedicou seus últimos anos a preservar os graus operativos. Hoje, a sociedade tem mais de dois mil membros em todo o mundo.

Instituições de Caridade do Rito de York

Cada um dos três corpos principais do Rito de York tem suas próprias instituições de caridade nos Estados Unidos:

- O Grande Capítulo Geral de Maçons do Real Arco apoia um fundo de doação para a DeMolay International for Boys, um grupo jovem maçônico (veja o Capítulo 13). Além disso, o Programa de Auxílio à Pesquisa do Real Arco foi criado em 1974 para apoiar a pesquisa para o tratamento de deficiência auditiva.

- O Grande Conselho Geral de Mestres Reais e Escolhidos (o Rito Críptico) apoia uma fundação para a pesquisa e tratamento da arteriosclerose.

- O Grande Acampamento dos Cavaleiros Templários estabeleceu um programa de empréstimo de bolsa de estudos em 1922 para estudantes universitários carentes. Em 1955, criou-se a Knights Templar Eye Foundation, que tem contribuído com milhões de dólares para a pesquisa em oftalmologia e prevenção de doenças oculares. Além disso, as comanderias templárias locais costumam apoiar atividades de jovens e patrocinar viagens de representantes locais para a Terra Santa.

Capítulo 11

O Rito Escocês Antigo e Aceito

Neste Capítulo

▶ Apresentando o Rito Escocês

▶ Explicando sua estrutura e sua organização

▶ Identificando o Norte e o Sul

▶ Familiarizando-se com Albert Pike

▶ Compreendendo os graus do Rito Escocês

O Rito Escocês Antigo e Aceito (ou o *Rito Escocês*, para encurtar) talvez seja o corpo aliado mais visível e menos compreendido da Maçonaria. Ele não é particularmente antigo, e não se originou na Escócia. Os não maçons (e até mesmo alguns maçons) acreditam que o grau 32 é a mais alta "patente" da Maçonaria, superado apenas pelo seu grau 33 megassupersecreto, o qual, em particular, atraiu toda uma linha de histeria antimaçônica que insiste ser um pequeno grupo de "superiores ocultos" conhecedores dos verdadeiros segredos da Maçonaria, deliberadamente mantidos escondidos dos membros humildes como um todo.

Enquanto isso, o maior defensor e sábio do Rito Escocês, Albert Pike, é um para-raios de críticas, desconfiança e ódio pelos críticos da Maçonaria, sendo, talvez, o autor mais erroneamente citado na história moderna.

A organização costuma ter auditórios enormes considerados marcos em grandes cidades. Os cidadãos confusos raramente sabem o que significa *Rito Escocês*, e muito menos que são parte da fraternidade maçônica. No entanto, nos anos que antecederam 1920, o Rito Escocês se tornou a fraternidade que mais crescia nos Estados Unidos. As inscrições cresceram muito, e a Maçonaria desfrutou uma enorme onda de expansão, pois, para participar do rito, você deveria aderir a uma Loja antes.

Asas para baixo? Asas para cima?

Se você circular pela internet olhando sites do Rito Escocês, deparará com o seu principal símbolo: a águia de duas cabeças. É provável também que você a encontre retratada algumas vezes com as asas para baixo (veja a figura) e, em outras, com as asas para cima. Esse é um daqueles dilemas envolventes que atormentam os maçons do Rito Escocês desde a sua primeira viagem à joalheria para comprar um anel do Rito Escocês. Então qual é a diferença entre águias duplas com asas para cima e águias duplas com asas para baixo?

O logotipo oficial adotado da Jurisdição do Sul (SJ) tem as asas para baixo. No que diz respeito ao Supremo Conselho da SJ, tudo o que tem "asas para cima" é puramente uma licença artística e não possui simbolismo oficial algum.

Na Jurisdição Maçônica do Norte (NMJ), as asas para baixo também são o logotipo oficial do Supremo Conselho. No entanto, a versão com asas para cima é usada no NMJ para distinguir os seus cerca de 50 membros ativos do grau 33 (o equivalente aos membros do conselho administrativo), e mais ninguém.

Outras jurisdições do Rito Escocês Antigo e Aceito (REAA) usam as asas para cima como seu logotipo oficial, incluindo alguns REAAs Prince Hall, bem como algumas clandestinas e não reconhecidas. Outras jurisdições fora dos EUA, incluindo o Canadá e o Brasil, utilizam a versão com as asas para cima também. Mas, nos Estados Unidos, o símbolo apresenta essencialmente as asas para baixo.

por cortesia de Christopher Hodapp

Neste capítulo, tentarei simplificar a complexa história do desenvolvimento e do crescimento do Rito Escocês, sua expansão nos Estados Unidos, e seu lugar na família da Maçonaria. Analiso, também, Albert Pike e por que ele é tão importante para o Rito. Por fim, descrevo brevemente a desconcertante formação dos graus do Rito Escocês e por que você pode me tratar como "Príncipe". Por favor, mantenha sua cabeça baixa e não dê as costas para mim ao sair da sala.

Examinando o Sistema do Rito Escocês

O Rito Escocês Antigo e Aceito é um corpo aliado da Maçonaria, e, como o Rito de York (veja o Capítulo 10), é considerados opcional para os maçons se afiliarem. Tecnicamente, é um corpo concordante, pois alguns de seus graus continuam a história da construção do Templo de Salomão, iniciada nos três primeiros graus da Loja (para mais informações sobre corpos aliados e concordantes, consulte o Capítulo 9).

O Rito Escocês confere regularmente graus que vão do 4º ao 32º aos seus candidatos. Além disso, também concede o grau 33 a certos membros, o qual é um grau por serviço especial prestado à Maçonaria ou à comunidade.

Esses graus de números mais elevados não devem ser considerados postos mais altos. O 3º grau, o de Mestre Maçom, é mais alto e mais importante na Maçonaria, e quaisquer outros graus são considerados simples extensões de um Mestre Maçom.

Organização: Conhecendo os departamentos que conferem graus

Nos Estados Unidos, o Rito Escocês é dividido em dois territórios geográficos: Jurisdição Maçônica do Norte (JMN) e Jurisdição Sul (JS). Cada território é regido pelo seu próprio Supremo Conselho. Os Capítulos locais do Rito são chamados *Vales*.

Dentro de cada Vale, dividem-se os graus conferidos entre o que equivale a vários departamentos internos. Cada um está responsável pela apresentação de seus graus particulares, além de ter seus próprios oficiais e reuniões. Eles são uma espécie de Lojas internas dentro de cada Vale do Rito Escocês, e há diferenças entre as jurisdições do Norte e as do Sul em relação a como dividem os "departamentos". Eles são assim:

- **Loja de Perfeição:** Essa Loja preside os graus que vão do 4º ao 14º. Esses graus são considerados os *graus inefáveis* e tratam de mais histórias do Templo do Rei Salomão e da busca pelo inefável, indizível e desconhecido nome de Deus (esses graus são muito semelhantes em tema aos graus do Real Arco do Rito de York; consulte o Capítulo 10 para mais informações sobre as crenças hebraicas a respeito do nome de Deus).

- **Conselho dos Príncipes de Jerusalém:** Na JMN, o Conselho dos Príncipes de Jerusalém preside os 15º e 16º graus. Essa divisão não existe na JS. Esses graus dizem respeito à reconstrução do Templo após o domínio babilônico.

- **Capítulo da Rosa Cruz:** Na JMN, o Capítulo da Rosa Cruz preside os graus 17 e 18, enquanto na JS o Capítulo é responsável pelos graus que vão do 15 ao 18.

- **Conselho de Kadosh:** A JS classifica os graus de 19 a 30 como parte do Conselho de Kadosh. A JMN não possui esse conselho.

- **Consistório:** A JMN coloca os graus 19 a 32 sob a autoridade do Consistório, mas a JS só coloca os 31º e 32º graus nesse grupo.

No Brasil, o Supremo Conselho do Grau 33 do Rito Escocês Antigo e Aceito da Maçonaria para a República Federativa do Brasil, único reconhecido no país por ambos os Supremos Conselhos da JS e JMN, adota a divisão departamental da JS.

O Rito Escocês confere o grau 33 como um posto para os membros que realizaram um grande serviço à Maçonaria, ao Rito Escocês ou à comunidade. Os destinatários recebem uma medalha ou uma joia especial e são chamados de "Ilustre Irmão", e podem assinar 33º depois do seu nome. A Diretoria do Supremo Conselho é composta por membros do grau 33, e frequentemente é feita uma distinção entre 33º honorários e 33º *ativos* (trabalhando na diretoria).

Adesão: Conquistando os graus no Rito Escocês

Deixe-me esclarecer alguns equívocos populares. Para ser um Maçom do Rito Escocês, você não precisa ser *da* Escócia ou ir *para* a Escócia (você ficaria surpreso com quantas pessoas perguntam isso). Basta ser um Mestre Maçom com boa reputação em sua Loja. Nos Estados Unidos, ser um maçom do grau 32 do Rito Escocês não significa que você deve possuir todos os graus do 4º até o 32º conferidos a você. Nem precisa vivenciar os graus na ordem — eles são lições independentes. Alguns são considerados mais essenciais do que outros para se ter uma compreensão básica da filosofia do Rito, mas, se você vivenciar o grau 32, é um maçom do grau 32. Os outros graus além do 32º são apresentados nos vales do Rito Escocês durante todo o ano, e os membros podem viajar para outras áreas a fim de assistir aos graus que não tenham visto em seus Vales em casa. Ainda assim, vivenciar todos os graus do Rito Escocês pode demorar muitos anos.

As regras variam de um país para o outro, e algumas jurisdições exigem que um maçom siga a ordem dos graus, começando no 4º e terminando no 32º (como no Brasil). Em alguns países, por exemplo, para afiliar-se ao Rito Escocês, é necessário convite, e chegar ao grau 32 pode levar anos. Seguir a ordem dos graus não é necessário nos Estados Unidos, onde os Mestres Maçons peticionam ao rito pelos graus e, no mínimo, o grau 32 será conferido a eles.

Capítulo 11: O Rito Escocês Antigo e Aceito **221**

> ## Norte e Sul
>
> O território da Jurisdição Maçônica do Norte (JMN) inclui os 15 Estados ao leste do rio Mississippi e ao norte da linha Mason-Dixon e do rio Ohio (Connecticut, Delaware, Illinois, Indiana, Maine, Massachusetts, Michigan, New Hampshire, Nova Jersey, Nova York, Ohio, Pensilvânia, Rhode Island, Vermont e Wisconsin). Sua sede fica em Lexington, Massachusetts.
>
> A Jurisdição do Sul (JS) engloba os 35 estados restantes, o Distrito de Colúmbia e todos os territórios e as colônias dos Estados Unidos. Sua sede fica em Washington, D.C. A JS possui a maior parte do país porque as linhas divisórias foram desenhadas praticamente iguais quando o país era muito menor. A JS, melhor organizada, manteve o direito de expandir para qualquer novo estado e território norte-americano e, como resultado, uma vez que o país cresceu, a JS expandiu dramaticamente.
>
> Os dois grupos não violam o território do outro, e eles são os únicos responsáveis por conferir os graus do Rito Escocês na Maçonaria dos EUA. Eles não conferem os graus de Aprendiz, Companheiro ou Mestre Maçom, reservados apenas para Lojas administradas por Grandes Lojas.

Há uma certa dose de humor no fato de muitos antimaçons acreditarem que o grau 32 significa que qualquer um com um título e um grau de tão alto nível tenha recebido certo conhecimento sombrio e misterioso e potencialmente mau, negado a qualquer um do grau 31 para baixo. A verdade é que nos Estados Unidos, de qualquer maneira, ser um membro do Rito Escocês significa ser um maçom do grau 32, mesmo que você não tenha recebido dos graus 4 a 31.

Mais adiante neste capítulo, listo os diferentes graus. Muitos dos nomes se parecem com alguns daqueles dos graus do Rito de York (veja o Capítulo 10). Tenha em mente que tanto o Rito Escocês quanto o de York se desenvolveram como ramos distintos mas provenientes do mesmo tronco, que brotou pela primeira vez na França.

Apresentação: Levantando a cortina e acendendo as luzes

Tal como o Rito de York, os graus do Rito Escocês devem ser pensados como um curso de educação continuada na Maçonaria. Cada grau é apresentado para ensinar uma lição moral ou filosófica, mas, ao contrário do Rito de York, a apresentação dos graus é tratada de uma maneira muito diferente.

Os graus do Rito de York foram projetados para serem apresentados em uma Sala de Loja maçônica, mas o Rito Escocês se transformou em algo mais complexo. Nos Estados Unidos, ele apresenta suas cerimônias de rituais em um auditório para vários candidatos, as quais são encenadas dramaticamente como peças curtas, em geral completas com cenários, decoração, maquiagem, iluminação, efeitos sonoros, música e fantasias. Os corpos do Rito de York podem ter vários Capítulos, Conselhos e comanderias diferentes em todo o estado, mas há, comparativamente, poucos capítulos do Rito Escocês, os quais são chamados de *Vales*. A maioria dos estados não possui mais do que dois ou três, e a conferência de grau (chamada de *cerimônias* ou *reuniões*) é realizada apenas uma ou duas vezes por ano, porque a apresentação dessas peças de rituais é uma grande produção envolvendo um grande elenco de voluntários e equipe técnica.

A atribuição de graus do Rito Escocês a muitos candidatos de uma só vez é feita com a apresentação da parte dramática da cerimônia de grau, muitas vezes com um membro da plateia no palco para atuar como um extra, ou *exemplar,* para o resto do grupo. Cada grau tem a sua própria *obrigação* (juramento) e seu *sinal* de identificação (gesto). No momento adequado em cada cerimônia, o público se levanta e, em uníssono, faz o sinal e recita a obrigação. Nos Estados Unidos, a maioria dos membros vê ou experimenta os graus do Rito Escocês dessa maneira.

Outros países variam na maneira como conferem os graus do Rito Escocês. As grandes cerimônias com dezenas, centenas e até milhares de candidatos são desconhecidas fora dos Estados Unidos. Existem, também, muitas diferenças no texto e na apresentação dos graus propriamente ditos. O que eles têm em comum são as lições de moral básicas transmitidas por cada grau, independente da história usada para contar cada lição.

Vendo Como o Rito Escocês Começou

Por mais estranho que pareça, muito do que se tornou o Rito Escocês não veio da Escócia, embora algumas das lendas usadas para criar os graus certamente vieram. A verdadeira fonte da maioria dos graus do Rito Escocês veio da França, possivelmente de expatriados escoceses que viviam lá. As seções seguintes explicam como o Rito Escocês se estabeleceu e cresceu.

França: O forno de fundição da franco-maçonaria

Ninguém se apegou à Maçonaria como os franceses. Por 150 anos, os maçons franceses formaram Grandes Lojas, Conselhos, Capítulos e Ordens, então ficavam bravos uns com os outros, separavam-se e juntavam-se de novo, apenas para criar alianças com alguns, mas não com outros. Sua política desconcertante é a mesma coisa.

No meio de toda essa confusão maçônica, houve uma declaração do Cavaleiro Andrew Michael Ramsay, da Escócia, de que a Maçonaria descendia de antigas Ordens e religiões místicas e fora trazida para a Europa pelos cavaleiros cruzados durante a Idade Média. Quando ele colocou tal ideia na mente dessas pessoas criativas, foi impossível detê-los.

Ao longo da história da França, mais de 1.100 graus foram conferidos por 26 Ordens diferentes que admitiam homens, mulheres ou ambos, além de mais de 30 grupos pseudomaçônicos. A maioria dos grupos que surgiu depois de 1737 se baseava, em grande parte, na sugestão da teoria de cavaleiros e nobreza de Ramsay, que provavelmente se tornou popular pelo fato de os comerciantes de classe média agora poderem ser chamados por títulos e honrarias tão impressionantes quanto o roliço aristocrata afetado que vivia no enorme castelo no final da rua.

Ramsay afirmou que os cavaleiros cruzados trouxeram a Maçonaria para a França (muitos acham que ele quis dizer os Cavaleiros Templários) e que ela atravessara o Canal para a Escócia em 1300, onde se escondeu durante 400 anos. Na verdade, os jacobitas escoceses que viviam na França enquanto esperavam os reis Stuart voltarem ao trono da Inglaterra tiveram um papel importante na criação desses graus, que ficaram conhecidos como os graus *Ecossais* (francês para "escocês"). Os graus vinham de diferentes lugares, mas alguns se tornaram mais populares do que outros e se espalharam. Hoje os franceses às vezes se referem a eles como *Hauts Grades*, que significa "Altos Graus".

Em 1758, um Conselho de nome muito pomposo, chamado Grande Conselho dos Imperadores do Oriente e do Ocidente, organizou o Rito de Perfeição, composto de 25 graus. O grau 25, o mais alto deles, era o de Sublime Príncipe do Real Segredo. Em 1760, a Grande Loja da França tomou o rito sob sua proteção, mas repetidamente irrompiam discussões sobre de quem era o direito de organizar e administrar os graus. Assim, o Rito Escocês começou sob condições confusas e tumultuadas.

As Américas: A verdadeira casa do Rito Escocês

Em 1761, Etienne Morin foi nomeado o "Grande Inspetor de todas as partes do Novo Mundo" e enviado para espalhar os graus pelo mundo. Em 1763, Morin formou um Rito de Perfeição de 25 graus em Santo Domingo, nas Índias Ocidentais, e a partir desse momento a Maçonaria do Rito Escocês realmente começou a se espalhar pelo mundo. Quatro anos mais tarde, o amigo de Morin, Henry Francken, da Jamaica, exportou os graus para Nova York, e, em 1783, Isaac de Costa iniciou um Rito de Perfeição em Charleston, na Carolina do Sul.

Eu vou pular os detalhes verdadeiramente soníferos sobre quem começou o quê primeiro e quem tinha a devida permissão para fazê-lo — os historiadores maçônicos debatem sobre isso há anos. Em vez disso, eu apenas generalizo e digo que, em 1801, um documento apareceu, antedatado de 1786 e supostamente sob a autoridade real do Rei Frederico, o Grande, em Berlim, concedendo ao portador o direito de organizar novos Capítulos. Essa constituição adicionou mais oito graus aos já usados no Rito de Perfeição e se referia ao sistema completo como o "Rito Escocês Antigo e Aceito". Os dois rapazes que andavam por Charleston com ele eram John Mitchell e Dr. Frederick Dalco, e eles se anunciavam Soberanos Grandes Inspetores Gerais. Isso sem dúvida impressionou bastante gente, e, em 31 de maio de 1801, eles formaram oficialmente o Supremo Conselho Mãe 33°, Rito Escocês Antigo e Aceito.

O Rito de York já era o grupo dominante conferindo seus próprios graus adicionais no Norte, de modo que o Rito Escocês foi mais lento para se expandir lá. O grupo do Rito Escocês em Charleston, por outro lado, espalhou-se rapidamente por todo o sul. Ainda assim, havia grupos do Rito Escocês operando no Norte que tinham sido formados por Henry Francken, com vários grupos ilegais não autorizados. Joseph Cerneau organizou um desses grupos irregulares e causou uma grande guerra de territórios nos estados do Norte por muitos anos. Os grupos do Norte vagaram sem rumo até 1867, quando a Jurisdição Maçônica do Norte (JMN) foi formada, com a autoridade para conferir os graus do Rito Escocês em 15 estados.

Conhecendo Albert Pike: O Sábio do Rito Escocês

Albert Pike é importante em função de seu enorme impacto na Jurisdição do Sul (JS) do Rito Escocês e pelo volume de seus escritos maçônicos. *Gênio* é uma palavra usada em demasia hoje em dia, como "A música genial de Lady Gaga!", mas Albert Pike era de fato um gênio. Mesmo sem suas contribuições maçônicas, a sua vida foi verdadeiramente surpreendente. Dito isso, ele continua sendo o autor mais erroneamente citado da Maçonaria, e muitas de suas passagens desconexas são usadas de forma fraudulenta como uma vara para bater na cabeça da Maçonaria. Por isso, é importante compreender quem ele era e o que ele fez.

A vida de Pike fora da Maçonaria

Aos 15 anos de idade, Pike passou no vestibular para Harvard. Ele completou um programa de dois anos em um ano, mas não podia pagar pelos dois anos restantes necessários para se formar. Assim, deixou a faculdade e estudou sozinho as matérias dos dois últimos anos, enquanto dava aulas para ganhar dinheiro. Aos 22 anos, partiu para explorar o Oeste, onde encontrou tribos indígenas e tornou-se interessado em suas culturas. Por fim, ele se estabeleceu em Arkansas, primeiro como editor e depois como advogado autodidata.

Pike era um homem de muitos talentos, e em sua vida notável ele se tornou juiz estadual da Suprema Corte, editor de jornal, comandante na guerra com o México, general de brigada confederado na Guerra Civil e diplomata para as nações indígenas.

Por ser um confederado adotado vindo de uma educação ianque, Pike, como muitos outros americanos, perdeu tudo na guerra. Ele conseguiu recomeçar a vida em Washington, D.C., como advogado. Pike passou o resto de sua vida lá, defendendo vários casos perante a Suprema Corte norte-americana.

Descobrindo a Maçonaria

Em 1850, Pike se afiliou à Loja Western Star nº2, em Little Rock, Arkansas. Ele ficou fascinado com a Maçonaria e rapidamente começou a participar de tudo o que conseguia encontrar. Em 1852, ele e outros 16 fundaram a Loja Magnolia nº60, e Pike foi o seu Mestre em 1853 e 1854. Ele recebeu os dez graus do Rito de York e tornou-se ativo na Grande Loja do Arkansas e no Grande Capítulo do Real Arco de Arkansas. Antes de 1853, Pike nunca sequer ouvira falar do Rito Escocês, mas em março do mesmo ano ele viajou para Charleston, Carolina do Sul, e recebeu desde o grau 4 até o 32. Estima-se que, ao longo de sua vida, 130 graus diferentes relacionados à Maçonaria lhe foram conferidos.

Em 1853, ano em que ingressou no Rito Escocês, Pike foi nomeado Inspetor Adjunto de Arkansas para o Rito Escocês. Intrigado, mas insatisfeito com os graus na forma em que foram apresentados, Pike copiou à mão todos os graus maçônicos arquivados na biblioteca do Supremo Conselho e começou a tarefa pela qual ele se tornou famoso no mundo maçônico. Em 1855, ele foi nomeado para um comitê encarregado de preparar versões novas e melhoradas dos rituais de grau. Como na maioria dos comitês, o homem mais jovem e com menos experiência acabou realizando o trabalho. Posteriormente, ele reescreveu todos os graus.

Depois de apenas seis anos como membro do Rito Escocês, Pike foi eleito e instalado como Grande Comendador do Supremo Conselho para a Jurisdição do Sul em janeiro de 1859. Ele ocupou esse cargo até sua morte, em 1891.

Você diz Cabala, eu digo Kabbalah

Este pequeno box é um sonífero em potencial, portanto fique à vontade para ignorá-lo, se quiser. Mas, se você der uma olhada em assuntos esotéricos, herméticos ou místicos em livros ou na internet, geralmente encontrará menção a alguma coisa chamada *Kabbalah* (ou Cabala ou Kabala, ou Qabala, ou mesmo Cabbalah — todas essas grafias são usadas). Muito do encontrado nos escritos de Albert Pike sobre os graus do Rito Escocês foi influenciado pelo seu estudo da **Kabbalah**.

A Kabbalah é um curso judaico extraordinariamente complexo e místico de estudo bíblico. Suas diversas grafias são uma pequena amostra da inacreditável complexidade da Kabbalah, traduzida como "recebido" ou "tradição" (ou seja, a tradição oral de fórmulas místicas recebidas pelos iniciados dos adeptos versados da Kabbalah). Durante séculos, foi transmitida oralmente por esses eruditos, e um aluno deveria ter mais de 40 anos de idade a fim de ser considerado digno o suficiente para sequer ouvir falar dela. A Kabbalah teve seu começo escrito e formalizado no século XII, embora a tradição do misticismo judaico remonte pelo menos ao século VI a.C.

O objetivo essencial da Kabbalah é encontrar os rostos ocultos de Deus e compreender as origens e as operações do universo. Como no judaísmo tradicional, o seu livro sagrado é o Torá, composto pelos cinco primeiros livros da Bíblia (ou *Pentateuco*) e pela compilação de comentários sobre os cinco livros, um corpo de literatura judaica e leis que era, no passado, uma tradição estritamente oral. A Kabbalah utiliza a metáfora constante da Árvore da Vida, que possui dez ramos emanando do *sephiroth*, os dez números sagrados hebraicos, com a árvore como um todo representando um caminho progressivo para a iluminação e o conhecimento de Deus.

Existem dois tipos principais de Kabbalah: a variedade especulativa ou filosófica e a Kabbalah prática (ou aos nossos olhos ocidentais, a mágica). Há uma quantidade impressionante de material escrito na Kabbalah, mas as duas obras principais são o *Sefer Yetsirah* (Livro da Criação) e o *Sefer Zohar* (Livro do Esplendor). Os primeiros praticantes chamavam-se *viajantes Merkabah*, homens que se colocavam em um estado estático, como um transe, por meio do jejum e da oração, a fim de viajar no *Merkabah* (Carruagem de Deus), passando pelo *hekhaloth* (Sete Salões do Céu), que levava ao trono de Deus. Os viajantes levavam com eles os longos feitiços secretos ou talismãs físicos que os protegeriam dos demônios que guardam cada portal, uma ideia surpreendentemente similar a aspectos do antigo misticismo egípcio relacionados com a história de Ísis e Osíris.

O *Sefer Zohar* dizia que a Kabbalah ilumina o *dualismo*, a ideia de que o Bem e o Mal travam um combate mortal pelo universo, e chamava essa força do mal sobrenatural de *Sitra Ahra* (o "outro lado"). Não pense que George Lucas não tinha lido um pouco de Kabbalah antes de fazer de Darth Vader e Obi-Wan Kenobi os lados opostos da Força. Mas o Sitra Ahra existe não para combater Deus, mas para dar ao homem o livre-arbítrio para escolher entre o bem e o mal.

Os aspectos bem mais famosos da Kabbalah estão na tradição prática, ou mágica. A mais conhecida delas é a *Guematria*, ou a prática mística de numerologia. No idioma hebraico, cada letra tem um equivalente numérico, e os cabalistas acreditavam que a análise infindável e complexa das letras nos livros sagrados poderia desvendar verdades e profecias ocultas na Torá, resultando em tudo, desde anagramas simples a cálculos geométricos complexos.

Um *anagrama* é apenas uma palavra ou uma frase formada a partir das letras rearranjadas de outra palavra ou frase. Um exemplo muito simples disso pode ser encontrado em um anagrama cristão antigo (sim, havia cabalistas cristãos, mas esse detalhe só complica ainda mais as coisas, então eu não abordo isso). Um dos primeiros símbolos cristãos era um peixe, em função de a palavra grega para peixe, *ichthus*, ser usada como um anagrama para as primeiras letras da frase "Jesus Cristo, o Filho de Deus, o Salvador". Em hebraico, a mais conhecida delas é o Tetragrammaton, o nome de Deus com quatro letras, YHVH, ou às vezes IHVH, traduzida como *Jeová* ou *Javé*. As quatro letras são um anagrama para a afirmação bíblica de Deus de sua identidade a Moisés:

"Eu sou o que eu sou." Para os judeus, ele significa o grande e inefável nome de Deus, santo demais para ser falado em voz alta. Pode-se encontrar esse famoso anagrama em alguns lugares em cerimônias maçônicas, especialmente nos graus de Mestre Real e Escolhido do Rito de York (veja o Capítulo 10).

Devido à manipulação complexa da linguagem, como uma espécie de intensa elaboração cósmica, compreender verdadeiramente a Kabbalah sem compreender a língua hebraica é quase impossível. No entanto, é importante conhecer um pouco da Kabbalah, porque praticamente não há qualquer irmandade secreta ou organização oculta, seja ela de adeptos sérios ou de bobões sonhadores, que não adapte, pegue emprestado ou roube dela.

Sua mais recente encarnação popular foram os Centros de Kabbalah de Los Angeles e Nova York, dirigidos por Philip Berg. Essa versão do Kabbalah tem vários fãs famosos (mais notavelmente Madonna), bem como abundância de detratores que o chamam de culto, e alguns estudiosos religiosos estão simplesmente horrorizados com a interpretação pop de Berg. Parece que tudo que é velho fica, mais uma vez, novo.

Escrevendo e revisando rituais, morais e dogmas

Pike finalmente terminou de reescrever os rituais em 1868. Além dos graus 4 a 33, ele também escreveu uma cerimônia para constituir não apenas um novo capítulo, mas também um serviço fúnebre, uma cerimônia de Loja memorial chamada Loja de Tristeza e até mesmo rituais para um grupo de mulheres, chamados de Loja de Adoção.

Albert Pike, racista?

Frequentemente alegações de racismo foram feitas a respeito de Pike ao longo dos anos, apesar de ele ter sido amigo pessoal de Thornton A. Jackson, o Supremo Grande Comendador do Supremo Conselho da Jurisdição do Sul de Prince Hall. Na verdade, Pike presenteou Jackson com um conjunto completo de seus rituais para uso no Rito Escocês Prince Hall. Pike não via problema algum de os negros terem a sua própria organização maçônica "separada, mas igual".

Pike foi um homem de seu tempo. Ele passou anos vivendo no sul do país e foi general da Guerra Civil pelo lado confederado.

Embora dono de vários escravos domésticos em Little Rock, pessoalmente não gostava da instituição da escravidão. A separação das raças era um modo de vida no Norte e no Sul, e o conceito de grupos paralelos para negros e brancos era a norma aceita, antes e depois da Guerra Civil. Pike não possuía interesse em unificar a Maçonaria, mas ele não tinha receio de compartilhar conhecimento maçônico com os maçons negros.

Muitos antimaçons tentam ligar Pike aos primórdios da Ku Klux Klan. No entanto, nenhuma evidência autêntica conecta ambos.

Pike também produziu o que deveriam ser palestras adicionais para explicar melhor os graus. Ele publicou-os como o enorme *Moral e Dogma*. O livro não seguia realmente os graus, nem mesmo os ilustrava muito bem, mas é um volume enorme que explora a filosofia e a religião assim como culturas antigas e estrangeiras. A intenção era proporcionar aos candidatos as informações necessárias para entender as origens e o histórico de cada grau. Pike se fiava muito em escritos fantasiosos de antigos autores maçônicos e místicos; ele acreditava de verdade que a Maçonaria, especialmente os graus do Rito Escocês, descendera do antigo Egito, da Grécia e de outros lugares.

Os graus do Rito Escocês originaram-se de autores criativos na França, os quais apreciavam contar histórias e embelezar mitos. Nunca foi provado que a Maçonaria nasceu da alquimia, do Rosacrucianismo, do misticismo, do antigo Egito e de outros mistérios pagãos antigos. Essas influências certamente estavam nos *haute* graus franceses, mas apenas porque os maçons que os escreveram os colocaram lá por imitação, por fascínio ou simplesmente pelo desejo deles. Hoje, nenhum pesquisador maçônico sério acredita que a Maçonaria moderna descende diretamente dessas fontes antigas.

Entretanto, Pike com certeza acreditava. Ele se baseou fortemente em um livro em particular do ocultista francês Eliphas Levi (veja o Capítulo 8), chamado *Dogme et Rituel de la Haute Magie* ("Dogma e Ritual da Alta Magia"), publicado em 1855. Embora a obra não apresentasse muitas pesquisas e fosse recheada de erros e de invenção, Pike acreditou nela. Passagens inteiras do livro de Levi entraram no de Pike. Nos anos posteriores, quando lhe foram mostradas evidências claras de que o livro de Levi continha falhas, Pike demonstrou pouco interesse pela difícil tarefa de revisar seu *Moral e Dogma*.

Colocando Pike em perspectiva

Os antimaçons têm usado os escritos de Pike em *Moral e Dogma* quase desde o início como algo com que bater na cabeça dos maçons, sempre procurando passagens isoladas dele e seletivamente deixando de fora palavras essenciais e até mesmo frases inteiras de citações (discuto muitos desses casos nos Capítulos 4, 8 e 18). É fácil interpretar mal *Moral e Dogma*, afinal, não foram muitas pessoas que o leram de verdade.

Albert Pike foi e continua a ser extremamente importante dentro da Jurisdição do Sul do Rito Escocês. Ele foi o Grande Comendador da JS por 32 anos. Seu conhecimento e suas conquistas são regularmente elogiados no mundo maçônico. No entanto, nem a Jurisdição Maçônica do Norte nem o resto do mundo do Rito Escocês fora dos Estados Unidos adotaram uniformemente suas obras. Ele não teve qualquer efeito sobre a Maçonaria Simbólica regular e reconhecida; possuía autoridade apenas sobre os estados e outros territórios da JS. Apesar de *Moral e Dogma* ser dado para todos os membros de grau 32 da JS até 1974, a maioria o usava como peso de porta, sem, de fato, ler a obra. Fora da JS, raramente se ouviu falar dele. Alguns tendem a considerar Pike o líder maçônico mais importante da história. Ele era, com certeza, um gênio, e não há praticamente assunto algum em relação à Maçonaria sobre o qual ele não tivesse, e escrevesse, uma opinião. Mas sua influência precisa ser considerada sob a perspectiva correta.

Listando os Graus do Rito Escocês

Ao contrário dos dez graus do Rito de York (veja o Capítulo 10), o desenvolvimento caótico do Rito Escocês fez de uma simples lista e da explicação de seus graus uma tarefa complexa demais para este livro. Não são muitos os maçons do Rito Escocês que conhecem todos eles, e alguns até mesmo nunca os viram sendo realizados.

Cada um dos Supremos Conselhos (um para a Jurisdição Maçônica do Norte e outro para a Jurisdição do Sul) é o proprietário e o guardião dos scripts oficiais de rituais, e uma Comissão de Ritual tem o poder de fazer mudanças nos graus, as quais, entretanto, nunca são feitas de forma inconsequente, ainda que ambas as jurisdições tenham realizado grandes modificações desde 2000.

Os graus da Jurisdição do Sul

A JS do Rito Escocês utiliza essencialmente os mesmos rituais escritos por Albert Pike em 1860, com uma ligeira atualização do vocabulário e remoção de longas e elaboradas orientações de encenação. Pike escreveu em épocas

Parte III: Quando uma Loja Não É Suficiente: Os Corpos Aliados

vitorianas e liberalmente incluiu mitologia hebraica, grega e romana, bem como expressões gregas e latinas, além de referências bíblicas prontamente compreendidas naqueles tempos. As escolas da era vitoriana se concentravam bastante nesses assuntos, mas qualquer estudante de ensino médio moderno hoje seria incapaz de passar em um exame de graduação de 1870 (da mesma forma como um estudante de 1870 seria incapaz de tirar uma boa nota no vestibular). Era uma época diferente, e o conhecimento comum daquele tempo não é tão comum hoje em dia. Como resultado disso, o trabalho de Pike deixou muitos maçons modernos do Rito Escocês perplexos.

Os rituais da JS passaram por uma revisão iniciada em 1995 e finalizada em 2000, a qual foi feita visando eliminar a repetição de falas, referências desnecessariamente obscuras, e cerimônias inconvenientemente prolongadas. Alguns também foram rearranjados para colocá-los em ordem cronológica adequada. Cada grau agora pode ser apresentado em cerca de uma hora, e foram padronizados de modo que todos os Vales do Rito Escocês usem os mesmos materiais de apresentação. Eles mantêm a linguagem e as definições dos originais de Pike e são chamados de *Ritual Padrão de Pike Revisado*.

Listarei os graus da JS na Tabela 11-1.

Tabela 11-1   Os Graus da Jurisdição do Sul

Divisão	Número do Grau	Título do Grau
Lojas de Perfeição	4	Mestre Secreto
	5	Mestre Perfeito
	6	Secretário Íntimo
	7	Preboste e Juiz
	8	Intendente dos Edifícios
	9	Cavaleiro Eleito dos Nove
	10	Cavaleiro Eleito dos Quinze
	11	Sublime Cavaleiro dos Doze
	12	Grande Mestre Arquiteto
	13	Real Arco de Salomão (Cavaleiro do Nono Arco)
	14	Sublime Maçom (Grande Eleito Perfeito)
Rosa Cruz	15	Cavaleiro do Oriente ou da Espada ou da Águia
	16	Príncipe de Jerusalém (Grande Conselheiro)
	17	Cavaleiro do Oriente e do Ocidente
	18	Cavaleiro Rosa Cruz

Divisão	Número do Grau	Título do Grau
Conselho de Kadosh	19	Grande Pontífice
	20	Soberano Príncipe da Maçonaria ou Mestre "ad Vitam"
	21	Cavaleiro Prussiano ou Noaquita
	22	Cavaleiro do Real Machado ou Príncipe do Líbano
	23	Chefe do Tabernáculo
	24	Príncipe do Tabernáculo
	25	Cavaleiro da Serpente De Bronze
	26	Príncipe da Mercê ou Escocês Trinitário
	27	Cavaleiro do Sol ou Príncipe Adepto (antigamente era o 28º grau)
	28	Grande Comendador do Templo (antigamente era o 27º grau)
	29	Grande Cavaleiro Escocês de Santo André ou Patriarca dos Cruzados
	30	Cavaleiro Kadosh
Consistório	31	Inspetor Inquisidor
	32	Mestre do Real Segredo
Supremo Conselho	33	Inspetor Geral

Os graus da Jurisdição Maçônica do Norte

Os rituais de Albert Pike nunca foram adotados pela JMN. Apesar de a JS se manter bastante fiel à estrutura e ao fraseado originais de Pike, a JMN sentiu-se mais livre para mexer com os graus e atualizá-los. Como resultado, o 20º grau, Mestre Ad Vitam, conta uma história sobre George Washington, e o 25º grau, Mestre da Realização, é sobre Benjamin Franklin. A JMN acredita que os graus possuem um impacto maior se alguns deles narrarem verdades e morais antigas, usando referências mais familiares para os maçons modernos. A JS tende a desdenhar e a dizer que eles têm os rituais mais "autênticos", como se fossem transmitidos dos lábios de Deus para a caneta de Albert Pike. Eles podem ser mais antigos, mas a verdade está onde você a encontra. Ambos os sistemas ensinam lições semelhantes, e ambos têm mérito.

Em 2004, a JMN reescreveu e reorganizou seus graus, e continua a revisá-los. A Tabela 11-2 lista sua mais recente formação.

232 Parte III: Quando uma Loja Não É Suficiente: Os Corpos Aliados

Tabela 11-2 Os Graus da Jurisdição Maçônica do Norte

Divisão	Número do Grau	Título do Grau
Lojas de Perfeição	4	Mestre Viajante
	5	Mestre Perfeito (era, antigamente, parte do 23º grau)
	6	Cavaleiro da Serpente De Bronze
	7	Preboste e Juiz
	8	Intendente dos Edifícios
	9	Mestre do Templo (antes era parte do 23º grau)
	10	Mestre Eleito
	11	Sublime Mestre Eleito
	12	Grande Mestre Arquiteto (antigamente era o 26º grau)
	13	Mestre do Nono Arco
	14	Grande Eleito Maçom
Conselho dos Príncipes de Jerusalém	15	Cavaleiro do Oriente ou da Espada
	16	Príncipe de Jerusalém
Rosa Cruz	17	Cavaleiro do Oriente e do Ocidente
	18	Cavaleiro da Rosa Cruz de Heredom Conselho de Kadosh
Consistório	19	Grande Pontífice
	20	Mestre "ad Vitam" (George Washington)
	21	Patriarca Noaquita
	22	Príncipe do Líbano
	23	Chefe do Tabernáculo
	24	Irmão da Floresta
	25	Mestre da Realização (Benjamin Franklin)
	26	Amigo e Irmão Eterno (antes Príncipe da Mercê)
	27	Cavaleiro de Jerusalém
	28	Cavaleiro do Sol ou Príncipe Adepto
	29	Cavaleiro de Santo André

Divisão	Número do Grau	Título do Grau
	30	Grande Inspetor (antigamente o 31º grau)
	31	Cavaleiro Aspirante (antigamente Parte 1 do 32º grau)
	32	Sublime Príncipe do Real Segredo
Supremo Conselho	33	Inspetor Geral

Servindo às Comunidades por meio do Trabalho Beneficente

Os corpos do Rito Escocês patrocinam uma série de instituições de caridade. A JMN patrocina centros de aprendizagem para crianças disléxicas e fundos de pesquisa para o tratamento da esquizofrenia. Além disso, opera o National Heritage Museum, em Lexington, Massachusetts (www.monh.org, em inglês).

A JS opera 165 clínicas e programas RiteCare para crianças com dificuldades de aprendizagem e transtornos de linguagem. Em Dallas, ela opera o Texas Scottish Rite Hospital for Children (www.tsrhc.org — em inglês). Além disso, a Casa do Templo, sua sede em Washington, D.C., é um magnífico marco contendo não apenas a gigantesca biblioteca pessoal de Albert Pike, mas também um museu e uma das maiores coleções de livros e periódicos sobre as Maçonarias norte-americana e internacional do mundo.

Cavaleiros de Santo André

Um dos mais recentes grupos maçônicos criados é o dos Cavaleiros de Santo André, organização de serviços desenvolvida por maçons do grau 32 do Rito Escocês. O Capítulo está sob a supervisão imediata de seu Consistório do Rito Escocês, e, essencialmente, eles prestam serviço onde quer que sejam necessários. Os membros atuam como recepcionistas, acompanham dignitários em eventos especiais, trabalham como guias, auxiliam no trabalho de grau do Rito Escocês e muito mais.

Cada membro dos Cavaleiros de Santo André usa um distintivo com o xadrez carac-terístico da Escócia e um emblema preso nele. Alguns capítulos usam kilts, *sporrans* (a bolsa usada no traje típico escocês) e outros acessórios escoceses para complementar o traje formal.

Além disso, cada capítulo tem sua própria carta, seu regimento e seus rituais de iniciação, abertura e encerramento. Weldon J. Good fundou o primeiro Capítulo dos Cavaleiros em 1993, em Tulsa, Oklahoma. Desde então, ele se espalhou pelas jurisdições do Norte e do Sul do REAA com grande entusiasmo.

Capítulo 12

Shriners International

Neste Capítulo

▶ Fazendo a ligação Shriners-Maçonaria

▶ Compreendendo a origem com tema árabe

▶ Ajudando crianças e se divertindo

Provavelmente você deve ter visto desfiles com homens adultos dirigindo carros pequenos, ou tocando gaitas de fole, ou, ainda, fazendo cavalos de pau em motocicletas, em sua grande maioria usando chapéus que parecem vasos vermelhos de flores virados. Olhe um pouco mais de perto aqueles chapéus e você verá nomes estranhos, com sons que lembram vagamente o Oriente Médio, como *Mispa, Zoran, Hadji, El Bekel, Síria, Ben Ali* e *Abdallah,* escritos com strass brilhante. Se você mora em uma cidade de tamanho moderado, talvez tenha visto o Shrine Circus. Se você é fã de futebol, provavelmente assistiu ao jogo Shrine Leste-Oeste. Dirigindo pela interestadual, pode ter passado por um caminhão com um anúncio na traseira, mostrando um homem carregando uma menina em uma mão e suas muletas na outra.

Todas essas imagens vêm de uma única fonte: a Antiga Ordem Árabe dos Nobres do Santuário Místico (ou Shriners International, para abreviar). Os Shriners possuem e administram 22 hospitais em toda a América do Norte, oferecendo tratamento de queimaduras, de medula espinhal e ortopédico sem custo para crianças. O que você pode não saber é que cada um desses Shriners também é maçom.

O Shrines é um outro corpo aliado da Maçonaria (para saber mais sobre corpos aliados, consulte o Capítulo 9), e, sem dúvida, o mais popular. Sua missão é muito simples: divertir-se e ajudar as crianças. Neste capítulo, explicarei um pouco sobre a origem do Shrines, como ele se tornou uma das maiores organizações filantrópicas em todo o mundo, e qual a ligação do Shrine com a Maçonaria. Também conto tudo sobre aqueles pequenos chapéus e do que se trata aquela maluquice pseudoárabe.

Conhecendo os Shriners

O Shrine tem sido muitas vezes chamado de o "playground da Maçonaria". Antes que um homem se torne um Shriner, ele deve tornar-se um maçom. Na verdade, se você olhar atentamente para o nome original — Antiga Ordem Árabe dos Nobres do Santuário Místico —, verá que pode reorganizar as letras A.O.A.N.S.M. e soletrar "A MASON" ("Um maçom", em inglês).

Todos os Shriners são maçons, mas nem todos os maçons se tornam Shriners. Na verdade, o Shrine é em grande parte desconhecido fora da América do Norte e do Panamá, com exceção de alguns clubes de Shriners americanos que vivem no exterior. Mesmo assim, o Shrine possui agora quase 500 mil membros entre os 191 *centros* do Shrine, ou Capítulos, nos Estados Unidos, no Canadá, no México, no Panamá e no Brasil. O centro Shrine mais populoso é o Murat Shrine em Indianápolis, com quase 10 mil membros.

Até o final da década de 1990, antes de serem autorizados a participar dos Shriners, os maçons eram obrigados a participar de uma Loja local, a receber os seus três graus da Loja, e também a participar ou do Rito Escocês ou do Rito de York, além de concluir seu trabalho de grau. Essa política mudou: hoje, os candidatos para o Shrine devem apenas ser um Mestre Maçom.

Mesmo que os Shriners sejam maçons, o Shrine *não* é uma organização maçônica — ela não confere qualquer grau que continue ou aumente os graus maçônicos. É simplesmente uma organização que requer a adesão a uma Loja maçônica como pré-requisito para o ingresso.

Seguindo o Curso da História desde os Festeiros até os Filantropos

No capítulo 2, discuto a retirada gradual de bebidas alcoólicas das Lojas maçônicas dos Estados Unidos em meados do século XIX. Embora a fraternidade da Maçonaria tenha começado em tabernas e cervejarias, por volta da década de 1850, a maioria das Grandes Lojas proibira bebida alcoólica no local. As Lojas locais, bem como as comanderias e os templos dos Ritos de York e Escocês, haviam se tornado estabelecimentos sem álcool, concentrando-se mais na atribuição de graus e no desenvolvimento de rituais e simbolismo do que em diversão e fraternidade festiva. Salas maçônicas tornaram-se lugares solenes de introspecção. Os maçons tinham de ir para o bar local, um restaurante ou um clube privado para as suas festas e brindes no estilo antigo. Uma dessas reuniões regulares tornou-se a origem do Shriners International.

Os meninos Knickerbocker dão início à diversão

Em 1870, um grupo de maçons de Nova York se reunia regularmente para o almoço no Knickerbocker Cottage, um restaurante na Sexta Avenida. Eles tinham uma mesa regular e a reputação de ser um grupo de homens especialmente barulhento. Eles sentiam que a Loja se tornara muito monótona e muito dedicada ao ritual, perdendo, assim, muita da diversão e do companheirismo que a Maçonaria já tivera. O Dr. Walter Fleming e um ator itinerante chamado Billy Florence decidiram fazer algo a esse respeito.

Florence tinha viajado o mundo, e, uma noite, após uma apresentação para um diplomata otomano em Marselha, na França, a festa pós-teatro foi uma elaborada comédia musical sobre uma antiga sociedade secreta, cheia de costumes árabes e com um enredo do Oriente Médio. No final do show, os convidados foram todos empossados como membros dessa divertida "sociedade" de ficção.

Florence descreveu o show para o Dr. Fleming, em Nova York, e forneceu detalhes e desenhos depois de vê-lo apresentado novamente no Cairo e em Argel. Fleming adorou o espetáculo, e ele e os meninos Knickerbocker expandiram o conceito. Charles McClenachan e William Sleigh Paterson eram especialistas em ritual maçônico, enquanto Albert L. Rawson era um estudioso proeminente do Oriente Médio, que forneceu mais conhecimento e vocabulário árabe. Eles escreveram um ritual de iniciação, conceberam títulos exóticos para os cargos dos oficiais, e criaram a frase de saudação da Ordem com base em uma expressão árabe, *Es Selamu Aleikum!*, que significa "A paz esteja convosco!".

Em 1872, o pequeno grupo de amigos declarou a si mesmo membros fundadores do Templo Meca da Antiga Ordem Árabe dos Nobres do Santuário Místico, elegendo o Dr. Fleming como o Potentado.

Então por que os chapéus bobos?

Nenhum grupo fraternal do século XIX que se preze poderia existir sem os acessórios adequados. O Rito Escocês, os Altos Cedros e os Cavaleiros Templários tinham chapéus especiais. Como seu acessório oficial de cabeça, os Shriners adotaram o fez de feltro vermelho (em homenagem a Fez, cidade marroquina do século XIV, onde se registra que o chapéu surgiu pela primeira vez para substituir o turbante, bastante incômodo e difícil de enrolar). Ligado a ele está uma longa borla preta (veja a Figura 12-1). Os Shriners usam o seu fez durante todas as atividades oficiais.

No meio do fez, há uma joia característica, em forma de meia lua. O crescente representa as garras de um tigre de Bengala. No centro, está a cabeça de uma esfinge. O crescente paira sob uma *cimitarra* curva (espada), e uma estrela de cinco pontas paira sob a cabeça da esfinge.

Figura 12-1:
Um típico fez dos Shriners.

por cortesia de Christopher Hodapp

O primeiro crescimento do Shrine

Inicialmente, o Shrine continuou um grupo principalmente da cidade de Nova York. Outro templo foi fundado em Rochester, Nova York, mas, depois de quatro anos, possuía apenas 43 *nobres* (termo do Shrine para os membros). Em 1876, o grupo não apenas fez alterações, mas também ampliou a cerimônia de iniciação e inventou uma elaborada "história". Eles estabeleceram um Grande Conselho Imperial e começaram uma investida nacional de relações-públicas para aumentar o novo grupo. Deu certo, e em 1890 havia 50 templos Shrine nos Estados Unidos e no Canadá, com cerca de 7.500 membros. Por volta de 1900, a participação aumentou para 50 mil participantes em 79 templos Shriners. A América estava aparentemente cheia de maçons sedentos.

A pólio e o primeiro hospital Shriner

Um surto de poliomielite atingiu os Estados Unidos em 1919. Nós não pensamos muito na poliomielite hoje, porque as últimas três gerações de americanos foram vacinadas contra o vírus. Mas, em 1919, a doença matou 6 mil pessoas nos Estados Unidos e deixou 27 mil paralisadas. Como consequência da pólio, uma grande parte da população, incluindo muitas crianças, precisava de cuidados ortopédicos. Em 1920, a Sessão Imperial do Shrine votou pela cobrança de US$2 por ano aos seus membros para construir o primeiro Shriners Hospital for Crippled Children (Hospital Shriners para Crianças Aleijadas), em Shreveport, Louisiana.

As regras eram simples. Forneciam-se cuidados sem custo para qualquer criança com menos de 14 anos (e, mais tarde, 18), cuja família fosse incapaz de pagar. Não havia restrição alguma baseada em raça, religião, cor ou país de origem — a única exigência era haver uma chance de melhora na condição da criança.

O editorial sem palavras

O desenho que enfeita outdoors, caminhões e outros cartazes para os Hospitais Shriners é conhecido pelos seus membros como "o editorial sem palavras", porque a história que ele conta não precisa de explicação. A imagem mostra um Shriner, usando o seu fez, carregando uma menina em uma mão e suas muletas na outra.

Sua origem é uma fotografia real tirada em 1970, em um parque de diversões em Evansville, Indiana. A menina na foto é Bobbi Jo Wright, que nasceu com paralisia cerebral. Seus problemas ortopédicos foram tratados no St. Louis Shriners Hospital, e ela se formou pela Anderson University, em Indiana.

O Shriner que a carrega é Al Hortman, que se tornou maçom e Shriner depois que sua própria filha foi tratada no hospital de St. Louis. A imagem, feita quase por acidente por um fotógrafo do jornal local, tem sido reproduzida em broches, adesivos, camisas, chapéus e até mesmo vitrais. Uma estátua em tamanho real da imagem está do lado de fora da sede dos Shriners em Tampa, na Flórida, bem como em muitos centros Shriners em todo o país.

Depressão e crescimento

Quatorze Hospitais Shriners foram construídos nos Estados Unidos e no Canadá entre 1922 e 1927. Em 1929, houve a Grande Depressão, e o Shrine, assim como outras organizações fraternais, passou por dificuldades. Muitos outros grupos não sobreviveram. Ainda assim, os Shriners e sua corporação hospitalar separada conseguiram investir mais de US$1 bilhão em títulos do governo durante os quatro anos da Segunda Guerra Mundial. Após a guerra, uma nova explosão de fraternalismo trouxe novos membros em números recordes, e a construção recomeçou com um novo hospital na Cidade do México, em 1945.

Maior filantropia no mundo

Desde 1920, um total de 22 Hospitais Shriners foram construídos, todos mantendo os mesmos critérios de admissão e ainda sem custo algum para a família pelos cuidados. O tratamento ortopédico estendeu-se ao longo dos anos, e, em 1962, o sistema expandiu-se para o tratamento de queimaduras graves. Em 1980, foi ampliado novamente para a reabilitação da medula espinhal. Os Hospitais Shriners estão na vanguarda da pesquisa para esse tipo de cuidado e desenvolveram novos métodos de tratamento, bem como avanços no desenvolvimento de membros artificiais e outras próteses. Só os custos com pesquisa chegam a US$25 milhões por ano, e os Shriners gastam US$1.6 milhões por dia nos hospitais. Todo o dinheiro vem de doações dos Shriners.

Em 1996, em função da gama crescente de serviços e tratamentos, o Shrine mudou oficialmente o nome do sistema para Hospitais Shriners para Crianças, tirando o termo "aleijadas". Ele é conhecido hoje como a "maior filantropia do mundo".

Devolvendo um Pouco do Menino ao Homem

Desde o início, o Shrine foi intencionalmente concebido para ser divertido — na verdade, até um pouco juvenil. Os maçons que procuram por simbolismo e conhecimento profundos e intelectuais não vão encontrá-los no Shrine. O que eles encontrarão é a socialização à moda antiga, com direito a tapinhas nas costas, brindes e baforadas de charuto, tudo em alto volume. A história do grupo está repleta de contos das travessuras dos Shriners, especialmente quando reunidos em suas convenções anuais. Talvez montar a cavalos em saguões de hotel que não queriam abrir o bar cedo o suficiente resultaria em algumas ações judiciais hoje, mas é uma lenda que lhes deu a merecida reputação de festeiros pioneiros da América.

Sendo iniciado

A maioria dos Shrines realizam uma cerimônia de iniciação de duas partes. A primeira seção é uma encenação dramática de uma história de moralidade, bem parecida com aquelas feitas no Rito Escocês. Os candidatos sentam-se na plateia, e, no momento de prestarem a obrigação do Shrine, os candidatos fazem-no em uníssono.

A segunda seção é tradicionalmente chamada de *Areias Quentes*, e os iniciados devem atravessar de modo simbólico as "areias quentes do deserto" para completar a cerimônia. Alguns Shrines removeram ou alteraram essa parte da iniciação ou, ainda, tornaram-na opcional. O Shrine tem apenas um "grau", e os membros são chamados de *nobres*.

Reunindo-se em templos

Os templos dos Shriners (ou *centros,* como cada vez mais eles são chamados hoje em dia) são muito grandes. Como a maioria dos estados possui apenas alguns, cada templo atrai dezenas ou mesmo centenas de Lojas maçônicas para participarem. Os templos Shrine costumam ter milhares de membros.

O Shrine construiu seus próprios edifícios exclusivos durante épocas de prosperidade, e eles costumavam ser projetados com detalhes arquitetônicos inspirados no Oriente Médio (veja a Figura 12-2). Os edifícios Shrine parecem estranhamente incongruentes, plantados no meio das cidades americanas, com seus minaretes altos e telhados em cúpula. De acordo com as funções do

Shrine, eles muitas vezes têm grandes auditórios, além de salas de convívio, salões de dança, restaurantes e bares. Com 6.300 lugares, o Al Malaikah Shrine Auditorium, em Los Angeles, é o maior teatro do mundo. É o local do Oscar, do Grammy Awards e do American Music Awards.

Formando unidades de acordo com cada Shriner

A maioria dos templos Shrine é dividida em clubes ou unidades. Palhaços, grupos de motos, patrulhas a cavalo, bandas, clubes de modelismo de trem, gaiteiros, proprietários de carros clássicos — a variedade é interminável. Como o Shrine pretende ser mais socialmente envolvente, os membros são incentivados a encontrar uma unidade que agrade a seus interesses ou hobbies.

Figura 12-2: O Al Malaikah Shrine Auditorium em Los Angeles foi construído em 1926.

por cortesia de Christopher Hodapp

Algumas das unidades são projetadas para lidar com o transporte de crianças e suas famílias para os Hospitais Shriners, e os templos costumam ter uma pequena frota de carros ou vans conduzida por voluntários. Outros templos podem até ter unidades para os proprietários de aviões particulares que levam pacientes para hospitais em todo o país voluntariamente.

As Filhas do Nilo é um grupo de senhoras para as esposas e as filhas dos Shriners. Fundado em 1913, ao longo dos anos, o grupo contribuiu com quase US$40 milhões para os Hospitais Shriners.

Divertindo-se em carros pequenos

Os Shriners realizam eventos de angariação de fundos para apoiar tanto a si mesmos quanto aos hospitais. Um dos mais visíveis é o Shrine Circus, um circo itinerante à moda antiga, com tenda e três picadeiros, o qual percorre os EUA e o Canadá. Qualquer evento designado como angariação de fundos para hospitais destina 100% dos rendimentos aos Hospitais Shriners.

Uma tradição se desenvolveu ao longo dos anos entre os Shriners e os desfiles. Os Shriners gostam de participar de desfiles para promover uma imagem positiva em suas comunidades e se orgulham de suas fanfarras e de seus trajes extravagantes. Como uma forma de se tornarem mais inconfundíveis, os Shriners começaram a inserir carros, motos, minimotos, karts e carros pequenos nos desfiles. Parece que os Shriners apreciam qualquer coisa com rodas.

Um grupo de Shriners em Omaha, Nebraska, famoso por viajar para Detroit a cada ano e reservar os 23 primeiros Chrysler Imperial conversíveis que saíam da linha de montagem, era conhecido como os Imps de Omaha, e encomendavam os carros em cores que combinavam.

Humor, homenagem ou gozação?

Embora o Shrine considere suas cerimônias, decorações e tradições como uma boa diversão, muitos muçulmanos e árabes não acham isso. Muçulmanos fundamentalistas e alguns muçulmanos convencionais sentem que o Shrine zomba de sua religião e de seus costumes. Alguns templos do Shrine têm os nomes de localidades árabes e persas reais (como Síria, Irã e Meca), mas outros têm nomes obviamente ridículos como Moolah. Referências solenes a Allah foram incluídas nas cerimônias do Shrine na década de 1870 a fim de deixá-lo mais exótico e diferente de qualquer outra fraternidade naquela época. Algumas dessas referências foram removidas das cerimônias do Shrine ao longo dos anos, mas as queixas permanecem.

Fundamentalistas muçulmanos que acreditam que os maçons são parceiros em uma conspiração judaico-sionista para dominar o Oriente Médio e o resto do mundo estão particularmente enfurecidos com o fato de os maçons talvez usarem sua própria cultura para zombar deles. Discorro mais sobre o Islã e a Maçonaria no Capítulo 4.

Refletindo Sobre o Lugar do Shrine na Maçonaria

Nos últimos anos, a sociedade alcançou e talvez tenha até mesmo ultrapassado o Shrine, virando as costas para algumas de suas atividades. O que se passa no Shrine parece ser uma fraternidade universitária para adultos. O foco nas bebidas, no fumo, nas farras, nas festas ou nos trotes nos novos iniciados parece fora de lugar em uma sociedade cada vez mais politicamente correta e normativa que decreta leis cada vez mais severas contra essas coisas. Os Shriners também têm sido pegos por ações judiciais em função de algumas de suas proezas mais zombeteiras que saíram do controle. Talvez o Shrine esteja deslocado atualmente. Ou pode ser apenas que a sociedade precise levar as coisas um pouco menos a sério.

O Shrine e os maçons sempre possuíram uma aliança instável, e alguns membros de ambos os lados da cerca pedem o rompimento de qualquer conexão entre eles. Para alguns, a Maçonaria ainda precisa de um lugar para relaxar e se divertir um pouco de forma barulhenta. Já outros pensam que algumas das atividades do Shrine estão 180 graus opostas aos ensinamentos morais da Maçonaria. Muitos acreditam ainda que a filantropia do hospital do Shrine é um exemplo brilhante da maior conquista da caridade maçônica.

Quando os Shrines e a Maçonaria estavam no auge das adesões na década de 1950, havia sempre a questão de qual cachorro abanava qual rabo. O Shrine era mais popular, e, desse modo, os homens se associavam às Lojas maçônicas em massa só a fim de entrar para o Shrine? Ou o Shrine era apenas visto como a realização máxima da Maçonaria, a recompensa divertida por passar pelos muitos graus da Loja e dos Ritos York ou Escocês? É difícil dizer hoje, mas ambos os grupos com certeza se beneficiaram mutuamente da associação. Em 2008, a organização livrou-se de seu nome com cara antiga e oficialmente se tornou a Shriners Internacional para refletir seu apelido mais conhecido e enfatizar sua conexão com os Hospitais Shriners para Crianças.

Capítulo 13

A Família Maçônica Estendida

....

Neste Capítulo

▶ Trazendo a Maçonaria para toda a família
▶ Conhecendo os grupos mais obscuros
▶ Encontrando grupos de pesquisa maçônicos

....

O Rito de York, o Rito Escocês e o Shrine são três dos mais populares ritos e corpos aliados da Maçonaria, mas não são os únicos. A partir de meados do século XIX, os maçons queriam sempre um número maior de grupos dos quais participar, incluindo mais formas de envolver suas famílias. Alguns grupos se desenvolveram e passaram a conferir graus mais complexos de estilo maçônico. Outros satisfizeram o desejo por equipes de treinamento com estilo militar. Outros, ainda, foram criados para permitir que mulheres e crianças participassem da experiência na Loja.

No auge do fraternalismo nos Estados Unidos — tanto no fim do século XIX como em 1950 —, a Loja tornou-se uma parte importante da vida de milhões de homens e de suas famílias. Algumas pessoas estavam tão envolvidas que poderiam participar de algum tipo de grau, cerimônia, jantar, dança, evento de angariação de fundos ou passeio quase todos os dias da semana. A Loja se tornou um centro social para toda a família, um lugar onde foram feitas amizades duradouras, não apenas entre irmãos maçônicos, mas também entre as esposas, os pais, os filhos e as filhas.

Este capítulo aborda alguns dos mais comuns desses outros grupos maçônicos, de onde vieram e como eles se encaixam no mundo adulto masculino da Maçonaria. Além disso, apresenta alguns dos grupos menos conhecidos que possuem uma conexão maçônica. Concluo o capítulo com várias sociedades de pesquisa maçônicas para os maçons mais interessados nos meios acadêmico e esotérico do que nos aspectos sociais do Ofício.

Trazendo Mulheres para a Loja

Quase imediatamente após a Maçonaria chegar à França no início do século XVIII, surgiram organizações de estilo maçônico que autorizavam a participação das mulheres. A Inglaterra e suas colônias não tinham a mente tão aberta.

Um dos princípios inabaláveis da Maçonaria regular e reconhecida é ela ser uma organização somente para homens. O problema estava no fato de as mulheres desejarem saber o que seus maridos faziam durante todas aquelas longas noites na Loja, e muitas delas começaram a manifestar o desejo de ter algo como a Maçonaria para si.

A partir de meados do século XIX, como o movimento antimaçônico começou a se acalmar, surgiram vários grupos de mulheres relacionados aos maçons, com variados graus de sucesso. O The Martha Washington Degree (O Grau de Martha Washington), o Heroines of Jericho (Heroínas de Jericó), o Good Samaritans (Boas Samaritanas), o True Kindred (Verdadeiras Parentes), o Rite of Adoption (Rito de Adoção), a Order of Amaranth (a Ordem de Amaranth) e vários outros se desenvolveram ao longo do século XIX, mas a maioria deles não sobreviveu. Descrevo os mais populares e duradouros deles nesta seção.

A Ordem da Estrela do Oriente

A Ordem da Estrela do Oriente (OEO) foi criada para ser uma organização no estilo maçônico aberta às mulheres, sem ser simplesmente uma cópia, uma paródia ou uma imitação barata dos graus maçônicos. O Dr. Rob Morris, um advogado e professor de Boston, criou o ritual para a Ordem da Estrela do Oriente por volta de 1849. Morris tinha um amor sem limites pelas cerimônias maçônicas, e imaginou a OEO como um ramo feminino da Maçonaria. Ele de fato sentia que toda a família deveria poder compartilhar dos benefícios e da inspiração da Maçonaria. Infelizmente, a recepção inicial dada à sua ideia foi muito hostil. Os maçons não queriam particularmente um monte de mulheres em suas Salas de Loja e, assim, Morris não foi louvado.

Morris persistiu na ideia, incentivado por sua esposa, Charlotte. Seu ritual contava histórias das famosas heroínas da Bíblia, tanto do Velho quanto do Novo Testamento: Ada, Ruth, Ester, Marta e a "senhora eleita" mencionada no segundo livro de São João Evangelista, a quem Morris chamou de Electa. O problema estava no fato de Morris amar pompa, e, assim, criar suas cerimônias tão intricadas e tão complexas que apresentar sua visão de forma correta demandava muito tempo, esforço, prática, cenários caros e adereços, além de pessoas, claro.

Em 1860, ele simplificou o ritual e projetou um sistema de administração nacional de grupos de todo o país chamado de *constelações*, além de grupos locais chamados de *estrelas*. Ao longo dos dez anos seguintes, Morris emitiu cartas constitutivas para mais de 100 estrelas.

Em 1867, Morris se envolveu com Robert McCoy, um editor maçônico que gostou da ideia por trás da OEO. McCoy desenvolveu a ideia e publicou um novo ritual, que começou a se tornar popular. Em 1868, o conceito de estrelas-e-constelações foi descartado, dando início a um Grande Capítulo Geral nacional surgido em uma reunião em Indianápolis, Indiana, em 1876. Os grupos locais são agora chamados de *Capítulos,* e os estados são governados por Grandes Capítulos.

O ritual das OEO, comovente e instrutivo, é uma estrutura semelhante à das cerimônias da Loja maçônica, mas diferente o suficiente para que não seja chamada de cópia barata ou de um simples texto reescrito. Um candidato é iniciado de forma simples na Ordem — existe apenas um grau. Os novos iniciados prestam uma *obrigação,* ou juramento, à Ordem e aprendem sinais de reconhecimento e senhas.

Associando-se

A Ordem da Estrela do Oriente está aberta a homens Mestres Maçons e a parentes, cônjuges e descendentes do sexo feminino de Mestres Maçons. Os ensinamentos da Ordem usam personagens tanto do Antigo como do Novo Testamento, e ela é, essencialmente, uma organização cristã, embora os não cristãos sejam certamente bem-vindos a participar. Assim como a Maçonaria, é necessário apenas crença em um Ser Supremo.

Os tempos eram diferentes nos Estados Unidos quando Morris e McCoy planejaram a Ordem da Estrela do Oriente. Naquela época, as mulheres não saíam sem um acompanhante masculino, e aquelas desacompanhadas tinham pouca vida social fora da igreja. Os estabelecimentos comerciais muitas vezes colocavam placas dizendo: "Senhoras desacompanhadas não são bem-vindas." A Estrela do Oriente foi criada para que dois Mestres Maçons estivessem presentes em todas as suas reuniões. Sem maçom, sem reunião. As mulheres estariam, assim, sob a proteção e a supervisão de pelo menos dois maçons de confiança. O arranjo protegia sua reputação, bem como sua segurança física.

Além disso, os maçons precisavam estar envolvidos com o grupo, de modo que não houvesse objeção à Ordem no uso das Salas da Loja que tradicionalmente eram dos homens. Essa era uma maneira de fazer com que as Grandes Lojas em todo o país vissem a Estrela do Oriente não como uma ameaça a esses bastiões do poder masculino, mas como uma companheira. Assim como em casa, as Lojas precisavam de alguém para cozinhar e limpar, além de tirar o lixo para eles, e as senhoras caíram de cabeça. A Estrela do Oriente rapidamente assumiu a posição de apoio às Lojas, fazendo as refeições para as reuniões maçônicas e noites de grau, decorando as áreas comuns, organizando vendas de bolos, patrocinando festas de Natal e dirigindo outros eventos de angariação de fundos.

As fortunas da Estrela do Oriente oscilavam com as ondas de fraternalismo, assim, com o tempo, a participação na organização comumente se tornou uma exigência "política" para oficiais do sexo masculino que desejavam avançar na Loja. Se você quisesse se tornar Mestre da Loja um dia, era bom que você e sua esposa contassem com a adesão ao Capítulo da Estrela. Essa situação não é tão comum nos dias de hoje porque a popularidade da Estrela do Oriente diminuiu.

Explicando o simbolismo e as pontas da estrela

O símbolo principal da Ordem da Estrela do Oriente é a estrela de cinco pontas invertida (veja a Figura 13-1). Dizem que ela propriamente dita representa a Estrela de Belém no Oriente, a qual guiou os reis magos ao local de nascimento de Cristo (ela está de cabeça para baixo porque dizem que a ponta inferior da estrela apontava para Belém). As iniciais FATAL, encontradas em algumas versões do emblema, representam a frase *A mais formosa entre milhares, totalmente amável* (*Fairest Among Thousands, Altogether Lovely*, em inglês).

Figura 13-1: A estrela de cinco pontas da Estrela do Oriente.

por cortesia de Christopher Hodapp

Cada ponta da estrela representa uma heroína diferente da Bíblia e parte do grau da Ordem, cada uma simbolizando uma virtude diferente. Eu as resumo nas seguintes seções.

Ada

Ada, filha de Jefté, é a primeira ponta; sua cor é azul, e seus símbolos são a espada e o véu. (Ela aponta para 1 hora.)

Jefté, um juiz de Israel, prometeu a Deus que, se ele conseguisse a vitória sobre os Amonitas, estaria disposto a sacrificar o primeiro membro de sua família que o cumprimentasse em seu retorno. Sua filha cumprimentou-o, e Ada aceitou de bom grado o seu destino. Embora seu nome não apareça no Livro dos Juízes, exceto como a filha de Jefté, ela é conhecida como Ada pela antiga tradição maçônica. A sua figura representa obediência e autossacrifício.

Ruth

Ruth é a segunda ponta (no sentido horário); sua cor é o amarelo, e seu símbolo é um feixe de trigo.

Ruth era nora de Noemi. Noemi e sua família eram judeus que haviam fugido da antiga Judá em função da fome, encontrando um lar em Moab (a atual Jordânia). Ambos os filhos de Noemi casaram-se com mulheres moabitas. Quando Noemi ficou viúva e seus filhos foram mortos, ela instruiu suas noras a ficarem em sua terra natal quando ela voltasse para Judá. Mas Ruth, embora não fosse judia, prometeu ficar ao lado dela, como descrito em uma das passagens mais adoráveis da Bíblia: "Aonde quer que tu fores, irei eu, e, onde quer que pousares, ali pousarei eu; o teu povo é o meu povo, o teu Deus é o meu Deus." Juntas, as duas mulheres sobreviveram à fome e à miséria, e Ruth acabou casando-se com um parente de Noemi, Boaz, originando, assim, a linhagem do Rei David. Ela representa os ideais de lealdade e amizade.

Ester

Ester, a esposa e rainha de Assuero (Xerxes, famoso por suas hordas vorazes), é a terceira ponta de estrela; sua cor é o branco, e o símbolo é uma coroa e um cetro.

Ester é muito importante na fé judaica, e tanto o Jejum de Ester quanto o *Purim*, a festa judaica que vem depois dele, celebram sua história. Ela era uma prisioneira hebreia do Rei Assuero da Babilônia, na Pérsia; por conta de uma reviravolta do destino e de um concurso de beleza, ela foi escolhida para ser a esposa do rei. Sua herança judaica foi mantida em segredo. Quando Hamã, o conselheiro mau do rei, conspirou para aniquilar os judeus na Pérsia, Ester corajosamente revelou a sua fé e sobrepujou Hamã, salvando seu povo. Assim, ela representa honra e coragem.

Marta

Marta, irmã de Lázaro, é a quarta ponta; a cor é o verde, e o emblema, uma coluna quebrada.

O Livro de João diz que Marta se preparara para receber Jesus como um visitante em sua casa. No momento em que Jesus chegou, Marta teve de lhe dizer que seu irmão Lázaro estava morto, afirmando que, se Jesus estivesse presente, o irmão dela certamente seria curado. Jesus pediu e recebeu a fé absoluta de Marta, dizendo-lhe a famosa frase: "Eu sou a ressurreição e a vida; aquele que crê em mim, ainda que esteja morto, viverá." Marta concordou em levantar a lápide, e Lázaro surgiu depois de estar morto por quatro dias. Marta representa a devoção à casa, bem como a crença na imortalidade da alma.

Electa

A quinta ponta da estrela é *Electa,* cujo nome vem de *eklekte kuria*, "a senhora eleita" da Segunda Epístola do apóstolo João. A cor é o vermelho, e o símbolo é um cálice.

A história de Electa não é bíblica, mas sim elaborada a partir do mito e da tradição maçônica. Durante os dias mais sombrios da perseguição de Roma aos cristãos, Electa e sua família moravam na cidade de Éfeso, na Turquia moderna. Quando um soldado ordenou que ela pisasse na cruz, a prática padrão para expor os cristãos que se mantinham escondidos, a moça, ao contrário do ordenado, beijou a cruz e professou seu amor e sua lealdade aos ensinamentos cristãos. Ela foi presa, açoitada e, por fim, crucificada com toda a sua família, mas não quis negar sua crença. Na OEO, Electa representa os ideais de amor e fé ardentes.

Refletindo sobre a Ordem da Estrela do Oriente moderna

A Ordem da Estrela do Oriente continua a ser a maior organização fraternal do mundo aberta a homens e mulheres, com mais de um milhão de membros e nove mil Capítulos em 20 países, incluindo o Brasil. O Grande Capítulo, com sede em uma mansão maravilhosamente preservada em Washington, D.C., é o órgão administrativo internacional. Curiosamente, as OEO de Nova York e Nova Jersey não são parte desse sistema. Eles possuem as suas próprias regras, seus rituais e seu sistema administrativo, mas desfrutam uma relação harmoniosa com o Grande Capítulo.

Os membros referem-se uns aos outros como Irmãos e Irmãs. Os principais oficiais do Capítulo local são a Digna Matriarca (o equivalente feminino do Venerável Mestre da Loja) e o Digno Patriarca (um Mestre Maçom masculino).

As Grandes Lojas Prince Hall de maçons em todo o país, que predominantemente têm membros negros, também costumam se afiliar a uma organização da Estrela do Oriente. O primeiro Capítulo da Estrela do Oriente composto por mulheres negras iniciou-se em Washington, D.C., em 1874. O Grande Capítulo da OEO não administra os grupos Prince Hall da Estrela do Oriente, pois eles têm a sua própria estrutura administrativa.

A Estrela do Oriente apoia os grupos maçônicos de jovens — DeMolay (para rapazes), Arco-Íris e Filhas de Jó (ambos para meninas) — discutidos mais tarde neste capítulo. Eles também apoiam uma grande variedade de instituições de caridade, e a escolha varia de estado para estado. Além disso, costumam ser grandes defensores de comunidades maçônicas para aposentados nos estados que as têm.

Para mais informações sobre as OEO, você pode fazer uma rápida pesquisa no Google (são muitos resultados, então seria injusto listar somente uma fonte).

A Ordem de Amaranth

Um segundo grupo para os maçons e suas esposas e parentes do sexo feminino é a Ordem de Amaranth. Embora não tão popular como a Ordem da Estrela do Oriente, os grupos estiveram ligados por um tempo, e Rob Morris e Robert McCoy também estavam envolvidos na Ordem de Amaranth.

O símbolo da Ordem é uma guirlanda de amaranto com uma coroa e uma espada no centro. O amaranto é uma planta de folhas largas com muitas sementes e pode ser trançado, como uma coroa de louros ou de oliveira. Pode-se, também, comer as folhas como espinafre. O amaranto era um grão sagrado para os antigos astecas e está desfrutando uma nova popularidade em todo o mundo por ser um grão nutritivo, de fácil cultivo. Ele pode resistir à seca e é considerado um símbolo da imortalidade.

Da Suécia, com amor

Em 1860, quase ao mesmo tempo em que Rob Morris desenvolvia a Ordem da Estrela do Oriente, James B. Taylor de Newark, Nova Jersey, trabalhava duro em uma nova sociedade maçônica que admitisse mulheres. Ele descobriu que, em 1653, a rainha Cristina da Suécia tinha reunido um grupo de Cavaleiros e Damas como desculpa para dar grandes festas. A Ordem dos Cavaleiros do Amaranto foi pensada para sua corte real e dedicada à lendária personagem Lady Amarantha, considerada uma mulher bonita, virtuosa e talentosa. A Ordem ainda existe hoje na Corte Real da Suécia.

A Ordem do Amaranto original não tinha ligação com a Maçonaria, mas Taylor ficou tão impressionado com o que leu que copiou muitos dos símbolos e termos que encontrou — até mesmo o nome.

Rito de Adoção

Em 1870, Robert McCoy fazia adaptações nos rituais de Rob Morris para a Ordem da Estrela do Oriente. Ao ouvir o ritual do Amaranth de James Taylor, acreditou que ele poderia complementar a OEO, da mesma forma que o Rito Escocês e o Rito de York complementam a Maçonaria. McCoy imaginou a Ordem da Estrela do Oriente como o grau de iniciação (primeiro), seguido pelo grau da Rainha do Sul, e, finalmente, a Ordem de Amaranth como o grau final. Um grupo administrativo global conhecido como o Rito de Adoção supervisionaria esses graus. Morris prontamente concordou.

Em 1873, formou-se um novo e melhorado sistema do ritual com Robert McCoy como o primeiro Supremo Patrono Real e Rob Morris como o primeiro Supremo Escrivão. A organização ficou conhecida como o Rito de Adoção do Mundo, composto pelos graus da Estrela do Oriente, do Rainha do Sul e do Amaranth. De 1873 até 1921, todos os membros da Ordem de Amaranth eram obrigados a ingressar na Ordem da Estrela do Oriente antes e continuar participando dela a fim de manterem-se como membros do Amaranth.

Depois que Morris e McCoy morreram, o Grande Capítulo da Ordem da Estrela do Oriente decidiu que não ligava muito para a ideia de ser apenas um trampolim para os graus "superiores" do Rito de Adoção e decidiu sair do sistema. Em 1921, o Rito de Adoção foi desfeito, e a OEO e a Ordem de Amaranth agora são organizações completamente distintas. A adesão nas OEO não é mais um requisito para ingressar na Ordem de Amaranth.

O Amaranth hoje

Apesar de suas cerimônias conterem alguns aspectos especificamente cristãos, a Ordem de Amaranth está aberta a todas as religiões. Como a Ordem da Estrela do Oriente, suas diretrizes são maçônicas na natureza — a crença em um Ser Supremo é necessária, mas ela é aberta a todas as convicções. Um Conselho Supremo e Grandes Cortes estaduais administram a Ordem de Amaranth, e grupos locais são conhecidos como *Cortes*.

Desde 1979, a Ordem se orgulha da angariação de fundos para a pesquisa de diabetes. Ela contribuiu com mais de US$7 milhões para a American Diabetes Association, bem como para o financiamento de cinco bolsas de pesquisa sobre diabetes, todas em curso. Caso esteja curioso, você pode visitar o site deles em: www.amaranth.org (site em inglês).

O Santuário Branco de Jerusalém

Apesar do nome, a Ordem Internacional do Santuário Branco de Jerusalém não é um grupo só para brancos, nem afiliada aos Shriners, mas sim um grupo completamente independente. Tal qual a Ordem da Estrela do Oriente e a Ordem de Amaranth, é aberto a Mestres Maçons e seus parentes do sexo feminino. Ao contrário dos outros dois, é uma organização abertamente cristã, devendo os membros professarem uma crença no cristianismo e vontade de defendê-la.

Charles D. Magee fundou o Santuário Branco de Jerusalém em Chicago, em 1894. Um grupo de homens e mulheres membros da Estrela do Oriente havia discutido a ideia de que a história do nascimento de Cristo e a vinda dos *Magi* (os três reis magos que seguiram a Estrela de Belém até o local de nascimento de Jesus) seriam a base maravilhosa para um ritual de estilo maçônico e um perfeito grau subsequente para a iniciação na Estrela do Oriente.

No início, o Santuário Branco exigia que todos os membros, homens e mulheres, pertencessem antes à Ordem da Estrela do Oriente. A OEO já estava descontente com a sua posição nos Ritos de Adoção, por ser apenas o primeiro de vários graus, e, quando o Santuário Branco surgiu, com o mesmo tipo de exigência, a OEO revidou. O Santuário Branco foi colocado em uma situação complicada ao exigir participação em um grupo que se recusou a reconhecê-lo ou se associar com ele.

O grupo ficou confinado a Illinois e Michigan durante muitos anos. Em 1911, ocorreram mudanças que lhe permitiu crescer substancialmente até a Grande Depressão. Após a Segunda Guerra Mundial, o Santuário Branco por fim desistiu de sua exigência de participação na Ordem da Estrela do Oriente, e o crescimento foi, mais uma vez, rápido e próspero.

Seus sucessos e fracassos têm acompanhado as tendências de adesão da Maçonaria, e, desde 1980, as baixas vêm ocorrendo. Hoje, o Santuário Branco conta com 335 grupos locais em 40 estados e no Canadá. A adesão gira em torno de 60 mil.

O Santuário Branco opera um programa benevolente chamado de Material Objective (Objetivo Material) para ajudar aqueles que precisam, independentemente de raça, credo, seita ou idade, e não se limita aos seus próprios membros. O programa é financiado por contribuições voluntárias e por um fundo de doação a partir do qual cada Santuário presta assistência a cinco casos por ano (até US$5 mil por caso). Coletivamente, os Santuários oferecem cerca de US$375 mil por ano em assistência financeira a pessoas carentes.

O símbolo do Santuário Branco é uma estrela, um cajado de pastor e uma cruz, com o lema em latim: *In Hoc Signo Spes Mea* ("Neste sinal está minha esperança"). Os membros referem-se uns aos outros como *Hóspedes*.

Você pode encontrar informações sobre o Santuário Branco de Jerusalém visitando seu site: `www.calodges.org/no194/WSJ93/Flyer/Flyer.htm` (site em inglês).

A Ordem Social de Beauceant

A Ordem Social de Beauceant (pronuncia-se *bo*-si-on) é incomum na Maçonaria americana, pois não exige nem mesmo admite homens. É uma organização de mulheres limitada às esposas e viúvas dos Cavaleiros Templários. Foi fundada em Denver, Colorado, em 1890, como um grupo de apoio para a comanderia Templária local, que planejava sediar um encontro nacional da Ordem (chamado de *conclave*). O grupo de Templários, relativamente pequeno, ficou tão assoberbado pelo trabalho de sediar o conclave que apelou para a ajuda de suas esposas.

As mulheres organizaram um grupo chamado Some of Our Business Society — SOOB (Sociedade de Alguns de Nossos Negócios), e até mesmo escreveram um curto ritual de iniciação. Após o fim do conclave, elas nunca se separaram; em vez disso, continuaram a reunir-se para ajudar seus maridos e apenas desfrutar a companhia umas das outras. Em 1913, as mulheres decidiram mudar o nome para algo mais templário e estabeleceram a Ordem Social de Beauceant, usando as mesmas iniciais.

Beauceant é um termo francês para a bandeira carregada por grupos de cavaleiros medievais.

A ordem é composta por assembleias locais, e seu emblema é uma cruz vermelha rodeada por uma coroa. Hoje, a SOOB tem cerca de 6.800 membros em 114 assembleias, em 35 estados. Os membros de cada assembleia de todo o país trabalham para instituições de caridade, incluindo a Knights Templar Eye Foundation. Desde 1957, ela já doou mais de US$1,5 milhão para a caridade.

Você pode encontrar mais informações sobre a Ordem Social da Beauceant em seu site: `www.yorkrite.com/SOOB.htm` (site em inglês).

Não É Só Brincadeira: Os Grupos Jovens

Logo após a Primeira Guerra Mundial, cresceu o interesse em oferecer grupos de jovens para os filhos de maçons. Tanto o Boy Scouts of America como Camp Fire Girls tinham começado em 1910, e o Girls Scout surgiu em 1912. Um movimento nacional demandava programas para crianças, supervisionadas por adultos, para não apenas ensinar algumas das habilidades que as escolas não ofereciam, mas também fornecer amizades mais próximas e significativas. Em um período muito curto de tempo, a Maçonaria criou seus próprios programas destinados à juventude: o DeMolay, para meninos, e a Ordem do Arco-íris e as Filhas de Jó, para meninas.

DeMolay Internacional para meninos

Frank S. Land era um maçom muito preocupado com os meninos que perderam seus pais durante a Primeira Guerra Mundial. Em 1919, Louis Lower, de 17 anos, e oito outros meninos se reuniram em Kansas City, Missouri, para criar um clube pós-escola. Lower recentemente perdera seu pai, e Frank Land gostava do menino e queria ajudá-lo. Ele sugeriu aos meninos se encontrarem no edifício do templo do Rito Escocês local. (Land era um membro da heroicamente chamada Loja Ivanhoé nº446, em Kansas City.)

Os meninos estavam à procura de inspiração para um nome e de uma estrutura para o clube. Land era um oficial na comanderia local de Cavaleiros Templários e contou aos meninos a história de Jacques de Molay, último Grão-Mestre dos Cavaleiros Templários originais que fora preso, falsamente acusado de heresia, torturado e por fim queimado vivo em 1314 (forneço mais informações sobre Jacques de Molay e os Templários no Capítulo 10).

Os nove meninos se entusiasmaram com a história de bravura e com o sacrifício de DeMolay e decidiram nomear o clube de DeMolay. Na segunda reunião, o grupo incluiu 31 meninos. "Tio" Land, como veio a ser conhecido, contatou um Irmão maçônico chamado Frank Marshall e pediu-lhe para escrever um ritual de iniciação para eles.

O DeMolay se espalhou como fogo por todo o país. Marshall teve o cuidado de não fazer seus graus muito próximos aos da Maçonaria, para não ser acusado de tentar criar a Maçonaria para crianças. O DeMolay confere a iniciação e a cavalaria aos meninos, seguido de prêmios de mérito, como a Legião de Honra, Chevalier, prêmios Honra Azul e Medalhas de Mérito. Seus membros exercem cargos e conduzem o ritual e os trabalhos do Capítulo, ensinando aos meninos habilidades de liderança, responsabilidade financeira, consciência cívica e oratória. Como a Maçonaria, ele exige a crença em um Ser Supremo, mas não em uma religião específica. Hoje, a participação é aberta a meninos com idades entre 12 e 21.

Capítulo 13: A Família Maçônica Estendida 255

Um acréscimo mais recente ao DeMolay permite que meninos com dez anos se tornem um Escudeiro da Távola Redonda e participem de reuniões e funções DeMolay. Isso elimina a pressão de aprender um ritual e suaviza as grandes diferenças de idade, que muitas vezes podem intimidar um menino mais novo em um grupo de outros mais velhos. Um membro regular da Ordem DeMolay, que faz o papel de "irmão mais velho" da Távola dos Escudeiros, atua como mentor dos meninos mais jovens. Como ocorre nas reuniões regulares da Ordem DeMolay, um adulto (conhecido como *Tio*) está sempre presente.

Hoje, existem mil Capítulos DeMolay nos Estados Unidos e em oito países estrangeiros, servindo cerca de 20 mil jovens. Entre os ex-alunos do DeMolay estão Walt Disney, John Wayne, Walter Cronkite, o jogador de futebol Fran Tarkenton, o apresentador David Goodnow e o ex-presidente dos EUA Bill Clinton.

Você pode encontrar mais informações no site da Ordem: `http://www.demolaybrasil.org.br/`

O escotismo e os maçons

A mania do escotismo tomou o mundo de assalto, grande parte devido aos esforços de Robert Baden-Powell, na Inglaterra. Powell fora um coronel do exército britânico na Guerra dos Bôeres na África do Sul e tinha escrito um pequeno manual chamado *Aids to Scouting* (Guia para Exploração), destinado a treinar novos recrutas militares jovens. Ele descreveu os métodos que desenvolvera para recrutar meninos africanos nativos como batedores do exército durante a guerra contra os Zulus — métodos bem-sucedidos que ensinavam aos jovens meninos iniciativa, pensamento independente e sobrevivência na selva.

Quando retornou à Inglaterra, descobriu que o *Aids to Scouting* se tornara um best-seller. Os professores e as organizações de jovens haviam absorvido seus métodos de ensino, e tropas de escoteiros surgiram espontaneamente pela Inglaterra. Em 1908, ele publicou uma edição revisada do livro, com base em seus sucessos com um pequeno acampamento experimental de escotismo para meninos vindos de uma grande variedade de origens sociais. O mundo enlouqueceu com o livro, e o escotismo para meninos e meninas se tornou um movimento internacional. Em 1922, havia mil escoteiros em 32 países.

Baden-Powell nunca foi maçom, mas, curiosamente, várias Lojas maçônicas têm seu nome, todas elas na Austrália. Algumas de suas ideias quando ele criou os Lobinhos foram moldadas pelos escritos de seu amigo, Rudyard Kipling, um maçom dedicado (veja o Capítulo 17).

O relacionamento da Maçonaria com os escoteiros nos Estados Unidos começou com um maçom chamado Daniel Carter Beard. No final do século XIX, Beard fundou um programa de meninos, chamado de Sociedade dos Filhos de Daniel Boone, que viria a se tornar os Meninos Pioneiros. Baden-Powell leu sobre o programa americano de Beard e claramente tomou emprestado alguns de seus conceitos para a edição revisada de seu livro Em 1910, Beard juntou seu grupo com os Boy

(Continua)

(Continuação)

Scouts of America e tornou-se seu primeiro comissário internacional. Ele desenvolveu os elementos do emblema e do uniforme do escoteiro, além de escrever várias das primeiras publicações dos Boy Scouts of America. Embora ele não tenha abertamente usado as Lojas como padrão para os Escoteiros, ele com certeza foi influenciado por ideais maçônicos.

Os Boy Scouts hoje deparam com várias influências de estilo maçônico na Order of the Arrow — OA (Ordem da Flecha), criada em 1915 por dois maçons do Rito Escocês chamados E. Urner Goodman e Carroll A. Edson, em Treasure Island, um acampamento de verão da Pensilvânia. Em 1922, a Grande Loja da OA foi formada, e, nessa época, existiam dez Lojas OA. Em 1934, havia 45 Lojas OA ativas, e os Boy Scouts of America aprovaram oficialmente o ritual OA para uso em todo o país.

O Order of the Arrow consiste em três honras — Provação, Fraternidade e Honra Vigilante — como os três graus maçônicos de Aprendiz, Companheiro e Mestre Maçom. Na OA, cada honra tem os seus próprios apertos de mão, bem como o sinal de saudação e a senha. Cada honra também tem sua própria obrigação e ritual, assim como na Maçonaria. Os candidatos são conduzidos por Kichkinet, que os une simbolicamente com uma corda, conduzindo-os ao redor da fogueira para as estações do guia, Nutiket; o curandeiro, Meteu; e, por fim, o grande chefe, Allowat Sakima. Na Maçonaria, o candidato tem uma corda (chamada de *cable-tow*) colocada em torno de seu pescoço, e é igualmente conduzido pelo Primeiro Diácono para o Segundo Vigilante, o Primeiro Vigilante e o Venerável Mestre. Depois que o iniciado na OA presta sua obrigação, ele é presenteado com uma faixa branca, assim como o maçom com um avental.

Há muitas outras semelhanças, e, de fato, as cerimônias originais eram muito mais próximas das práticas maçônicas do que as de hoje. Parte do acordo dos Boy Scouts pela aprovação da OA em 1934 consistiu em grande parte do conteúdo abertamente maçônico ser removido para evitar que fosse rotulado como uma organização maçônica.

A Ordem Internacional do Arco-íris para Meninas

William Mark Sexson, um pastor cristão e membro ativo de uma Loja maçônica, iniciou a Ordem Internacional do Arco-íris para Meninas, em Oklahoma, em 1922. O Reverendo Sexson passou sua vida dedicado tanto às organizações fraternais quanto ao seu ministério, e percebeu a necessidade de uma organização para jovens mulheres que fossem de uma casa maçônica ou da Estrela do Oriente. Embora seus ensinamentos sejam baseados em escritos cristãos, a Ordem é aberta a crianças de todas as religiões. Ela não busca converter as crianças ao cristianismo; as lições cristãs são usadas simplesmente para mostrar os valores básicos essenciais para muitas religiões.

Capítulo 13: A Família Maçônica Estendida **257**

O ritual do Arco-íris é baseado na história de Noé e no Dilúvio do Gênesis. Depois de as águas baixarem, Deus fez uma promessa de que nunca mais destruiria a Terra por dilúvio. Como um sinal daquela promessa, Ele colocou um arco-íris no céu. Assim, o arco-íris e suas cores são a base para os ensinamentos da Ordem: vermelho representa o amor; laranja, a religião; amarelo, a natureza; verde, a imortalidade; azul, a fidelidade; anil, o patriotismo; e violeta, o serviço.

A associação é aberta a meninas com idade entre 11 e 20. Uma menina é recomendada por outro membro, por um membro de uma Loja maçônica, ou por um membro da Ordem da Estrela do Oriente ou da Ordem de Amaranth. Ser parente de um maçom não é requisito para a adesão (ao contrário da Ordem Internacional das Filhas de Jó; veja a seção seguinte). Os pais são convidados e estimulados a participar das reuniões e das atividades. As Meninas do Arco-íris conduzem todos os trabalhos e planejam todas as atividades para a sua Assembleia local, o que possibilita a muitas garotas seu primeiro contato com a responsabilidade. O serviço à comunidade é enfatizado.

Os Capítulos do Arco-íris existem em 46 estados e em 8 países estrangeiros, entre eles o Brasil. Você pode encontrar mais informações sobre a Ordem Internacional do Arco-íris para Meninas visitando seu site em `http://harmoniadascores.com.br`.

Filhas de Jó

A Sra. Ethel T. Wead Mick fundou a Ordem Internacional das Filhas de Jó em 1920, cujo objetivo era unir jovens com um relacionamento maçônico para a construção do caráter por meio dos desenvolvimentos moral e espiritual, ensinando uma maior reverência a Deus e à Bíblia, além de patriotismo e respeito aos pais. A organização foi chamada de Filhas de Jó em função das três filhas de Jó na Bíblia e se baseou em Jó 42:15: "E em toda a terra não se acharam mulheres tão formosas como as filhas de Jó; e seu pai lhes deu herança entre seus irmãos."

As Filhas de Jó devem ter idades entre 11 e 20, e cada membro precisa ser descendente direto de um Mestre Maçom (ao contrário do Arco-íris; veja a seção anterior). Novamente, como a maior parte dos grupos maçônicos, a crença em um Ser Supremo é necessária. Embora o ritual baseie-se em relatos bíblicos, a participação está aberta a meninas de todas as religiões. Os capítulos locais, encontrados nos Estados Unidos, no Canadá, na Austrália, nas Filipinas e no Brasil, são chamados de *bethéis*. As reuniões são formais e ajudam a ensinar equilíbrio, respeito e confiança. As oficiais do bethel usam vestes gregas tradicionais, símbolos da democracia e da igualdade. Elegem-se as meninas como oficiais de cada bethel, dando-lhes seu primeiro vislumbre do processo parlamentar.

Você pode encontrar mais informações sobre as Filhas de Jó em diversos sites, basta uma pesquisa rápida.

Conferindo Grupos Inspirados na Maçonaria Menos Conhecidos

Além dos grupos descritos anteriormente neste capítulo, muitos grupos maçônicos menores e menos conhecidos proporcionam diversão ou serviço à família maçônica. As próximas seções detalham apenas alguns deles.

A Ordem Mística dos Profetas Velados do Reino Encantado da América do Norte

Sem brincadeira. A maioria de seus membros dificilmente consegue se lembrar do nome oficial, e o grupo é mais simples e carinhosamente conhecido como o Grotto. Ao longo dos anos, o Grotto ganhou injustamente o apelido pouco lisonjeiro de "Shrine de pobre", mas os grupos de fato possuem semelhanças, e é verdade que o Grotto nunca alcançou o sucesso popular e financeiro de seu primo mais próspero.

Em 1889, um grupo de maçons em Hamilton, Nova York, reuniu-se informalmente a fim de se divertir um pouco de forma saudável. O principal agitador do grupo foi Leroy Fairchild, e por um tempo o grupo ficou conhecido como o Comitê de Diabruras de Fairchild. Como os maçons que organizaram o Shrine, Fairchild acreditava que as Lojas haviam se tornado muito sérias e que os homens seriam maçons melhores se os ensinamentos solenes pudessem ser intercalados com um pouco de socialização e diversão.

A ideia pegou. Em 1890, Fairchild organizou um Supremo Conselho para a MOVPER, e o conceito rapidamente se espalhou. Novamente, como o Shrine, ela não é uma organização tecnicamente maçônica, mas um grupo que exige a seus membros serem Mestres Maçons. Ela também conta com um tema árabe/persa em suas cerimônias e nos nomes dos Grotto locais. Os membros usam fez preto com longas borlas vermelhas e referem-se uns aos outros como *Profetas*. O oficial de maior patente é o Poderoso Monarca. Estou apenas relatando isso.

Ao contrário do Shrine, o Grotto não se expandiu com a construção de hospitais. Ele dirige a Humanitarian Foundation of the Supreme Council (Fundação Humanitária do Supremo Conselho), que administra a Cerebral Palsy Child, uma instituição de caridade. Os fundos são concedidos anualmente para o United Cerebral Palsy Research and Educational Foundation bem como para o programa Dentistry for the Handicapped. Os Grottos, com outras instituições de caridade, projetos e organizações filantrópicas, já doaram muitos milhões para a pesquisa sobre paralisia cerebral.

Você pode encontrar mais informações sobre o Grotto em seu site: www. scgrotto.com (site em inglês).

A Antiga Ordem Egípcia dos SCIOTS

Outra das Ordens sociais que usam fez é a Antiga Ordem Egípcia dos SCIOTS. Iniciada em 1905, em San Francisco, seu lema é "Impulsionem Um ao Outro". A Ordem é dedicada não apenas a atividades sociais, mas também a ajudar uns aos outros em suas vidas pessoais e empresariais.

A organização era originalmente chamada de Boosters, mas, devido à sua rápida popularidade, outros grupos adotaram nomes semelhantes, imitando-os. Em 1910, o nome foi oficialmente mudado, e o grupo adotou termos egípcios, com os membros usando o fez do Oriente Médio. Os capítulos locais são chamados de *pirâmides*. É em grande parte desconhecido fora da Califórnia, apesar de novas pirâmides terem sido abertas em 2003, em Nova Jersey e Illinois.

Suas cerimônias são baseadas na democracia dos antigos gregos da Ilha de Scio e na lenda dos habitantes de lá. De acordo com o ritual da organização, os Sciots viajaram para levar a democracia ao Faraó do Egito por volta de 1124 a.C., cerca de 60 anos após a queda de Troia.

Você pode encontrar mais informações sobre os SCIOTS em seu site: `www.sciots.com` (em inglês).

Os Altos Cedros do Líbano da América do Norte

Em 1843, foi desenvolvido um grau na Pensilvânia e em Nova Jersey chamado de Ancient and Honorable Rite of Humility (O Antigo e Honrado Rito da Humildade). Ele se relacionava mais com um trote saudável com os candidatos do que com um ritual maçônico. Tornou-se mais conhecido apenas como o grau dos Altos Cedros (a referência é às árvores trazidas do Líbano para serem usadas na construção do Templo de Salomão). O grau circulou por Nova Jersey e pela Pensilvânia por mais de 60 anos e tornou-se um evento popular sempre que conferido.

Em 1902, um grupo se reuniu para organizar oficialmente os Altos Cedros do Líbano como sua própria organização fraternal, a fim de promover a "diversão, brincadeira e amizade" e padronizar o seu ritual. Os capítulos locais são chamados de *florestas*, e os membros, de *altos cedros*. O adereço de cabeça adotado por eles é um chapéu em forma de pirâmide com uma borla.

O grau é puramente por diversão. O grupo está, em sua grande maioria, concentrado na Costa Leste dos Estados Unidos. Desde 1933, seu principal interesse no que diz respeito à caridade tem sido a distrofia muscular, e eles fornecem dinheiro para a Muscular Dystrophy Association (MDA). Ela também gerencia o Jerry Lewis Tall Cedar Day Camp para crianças com a doença.

Você pode encontrar mais informações sobre os Altos Cedros no site deles: `www.tallcedars.org` (em inglês).

National Sojourners

Os National Sojourners começaram como um clube em Chicago após a Primeira Guerra Mundial. Em 1917, 15 maçons se reuniram para criar um grupo destinado a servir às necessidades dos irmãos maçons de todo o país que haviam se conhecido por acaso em função do serviço militar. Em apenas dez anos, os primeiros 15 homens se transformaram em uma organização nacional de quase 20 mil membros.

Os National Sojourners são um clube maçônico destinado a oficiais seniores não comissionados, comissionados e designados das Forças Armadas dos Estados Unidos. Ao contrário da prática comum na Grã-Bretanha, durante o século XVII, de dar carta constitutiva a Lojas militares que viajavam com um regimento, as Grandes Lojas dos Estados Unidos raramente autorizavam tais reuniões. Os Sojourners funcionam como um elo entre as Lojas locais e os militares que desejam se associar a elas.

Eles também possuem muitos programas para promover o patriotismo. Entre eles estão apresentações itinerantes sobre a origem da bandeira americana; o projeto Hino Nacional, que visa educar todos os americanos sobre o "Star-Spangled Banner" (o hino americano); reconstituições históricas; e um grau secundário, chamado Heróis do 76, criado em 1876 para celebrar o centenário da fundação dos Estados Unidos.

Em 1976, os National Sojourners estabeleceram uma biblioteca, um museu e uma sede nacional em uma residência imponente em Collingwood, Virgínia. Ela fica em uma porção de terra que já foi uma parte do River Farm, de George Washington, nas margens do rio Potomac.

Para mais informações sobre os National Sojourners, visite seu site: `www.nationalsojourners.org` (em inglês).

High Twelve International

O High Twelve começou em 1921 por E.C. Wolcott, em Sioux City, Iowa, como um clube de refeições para Mestres Maçons. Hoje, eles geralmente se encontram por uma hora, uma vez por semana, para não apenas desfrutar a camaradagem, como também apoiar causas maçônicas e patrióticas. São patrocinados oradores convidados oriundos do mundo dos negócios, da educação e do Governo, e não apenas para falar sobre temas maçônicos. O propósito do High Twelve é incentivar a participação de maçons em suas próprias comunidades.

Hoje, existem mais de 300 clubes ativos do High Twelve nos Estados Unidos, no Canadá e em outros países, com cerca de 25 mil membros. Os clubes locais são simples de serem formados, exigindo apenas 15 membros para receber uma carta, e as taxas são mínimas. Os grupos em geral se encontram em um restaurante local.

Capítulo 13: A Família Maçônica Estendida **261**

A Wolcott Foundation, Inc. do High Twelve fornece bolsas de estudo para estudantes universitários do serviço público na Universidade George Washington, em Washington, D.C. Taxas, presentes, memoriais e heranças mantêm a fundação. O High Twelve também é um dos maiores patrocinadores das conferências de treinamento em liderança da Ordem DeMolay. Você pode encontrar mais sobre o High Twelve em seu site: www.high12.org (em inglês).

Investigando as Sociedades de Pesquisas Maçônicas

Não importa o tema, as opiniões sobre a Maçonaria são como axilas — todo mundo tem pelo menos duas delas. Poucos assuntos além de opiniões religiosas e políticas motivaram tanta gente a escrever como a Maçonaria. Seus rituais e suas práticas variam de um país ou estado para o outro. Seu simbolismo está aberto à interpretação. Os detratores podem inventar absurdos sem motivo porque os porta-vozes da Grande Loja raramente, ou nunca, denunciam-nos de fato.

Como há tão pouco material de referência "oficial" publicado pelas Grandes Lojas, autores individuais têm assumido a responsabilidade de opinar sobre o tema. E, como ninguém pode falar oficialmente pela Maçonaria, muitos indivíduos tentam fazê-lo por conta própria — inclusive eu.

Embora não sejam tecnicamente corpos aliados, os grupos de pesquisa fornecem aos maçons alguns dos estudos acadêmicos mais atualizados sobre a Maçonaria. Várias sociedades maçônicas de pesquisa incentivam o trabalho acadêmico e estudos originais de temas maçônicos. Aqueles abordados nas seções seguintes são os mais proeminentes na Grã-Bretanha e na América do Norte.

Quatuor Coronati Lodge nº2076

Instituída pela Grande Loja da Inglaterra, a *Quatuor Coronati* ("Quatro coroas"), em Londres, é considerada o mais grandioso grupo de pesquisa maçônica no mundo. Foi criado em 1886 e publica uma coletânea de artigos a cada ano chamada de *Ars Quatuor Coronatorum*. Ela funciona como uma Loja maçônica regular, e a adesão plena é limitada a apenas 40 pessoas. No entanto, os maçons e as Lojas podem participar de seu Círculo de Correspondência e receber suas publicações. Seu site é: www.quatuorcoronati.com (em inglês).

Philalethes Society

A Philalethes (que significa "amantes da verdade") começou em 1928 e é a maior e mais antiga sociedade de pesquisa maçônica internacional do mundo. A participação está aberta a todos os maçons "regulares", e seu objetivo é trocar ideias, pesquisar problemas enfrentados pela Maçonaria, e transmitir esses temas para o mundo maçônico. Por meio da Philalethes, muitos maçons norte-americanos foram apresentados a temas com os quais nunca depararam, como o reconhecimento de Prince Hall e as diferenças nos costumes maçônicos estrangeiros.

Dos membros, 40 são escolhidos como Companheiros da Sociedade pelo seu serviço especial, e muitos integrantes foram proeminentes autores maçons. A Philalethes também foi um dos primeiros grupos maçônicos pioneiros no uso de e-mail e de grupos de discussão na internet para trocar ideias através de fronteiras internacionais.

A Philalethes Society publica uma revista trimestral e realiza uma reunião anual. Os capítulos locais da sociedade se reúnem por todo os Estados Unidos. O seu site é: `www.freemasonry.org` (em inglês).

Phylaxis Society

A Phylaxis Society (`www.thephylaxis.org`, em inglês) é especificamente dedicada à investigação de aspectos internacionais, históricos e literários da Maçonaria Prince Hall, em sua maioria negra. Foi criada em 1973 por um grupo de militares da ativa e aposentados. A sociedade publica uma revista de trabalhos de pesquisa e também oferece oficinas de ensino por todo os Estados Unidos. Embora com sede em Louisiana, tem capítulos locais por todo o país.

Scottish Rite Research Society

Iniciada em 1991, a Scottish Rite Research Society (Sociedade de Pesquisa do Rito Escocês) (`http://scottishrite.org/about/masonic-education/srrs`, em inglês) está localizada na sede do Scottish Rite Southern Masonic Jurisdiction (JS), em Washington, D.C. Embora sua ênfase esteja nas práticas, rituais e na história da JS ela publica artigos sobre uma ampla gama de temas maçônicos em sua coleção anual de trabalhos, *Heredom*. Por causa de sua afiliação com as instalações da Casa do Templo da JS, seus colaboradores frequentes têm fácil acesso a uma das maiores coleções de livros e periódicos maçônicos na Terra.

Lojas de pesquisa

Muitas Grandes Lojas também possuem Lojas de pesquisa para incentivar o estudo de temas maçônicos em suas jurisdições. Uma das mais notáveis é a Southern California Research Lodge — SCRL (Loja de Pesquisa do Sul da Califórnia), que publica uma coletânea mensal de artigos extraídos de uma grande variedade de publicações maçônicas de todo o mundo. A SCRL também oferece um programa introdutório para novos membros da fraternidade. A adesão não se limita aos maçons californianos. O seu site é `www.theresearchlodge.org` (em inglês)

Existem muitos outros tipos de Lojas de pesquisa em todo o mundo. Um dedicado maçom de Washington, D.C., chamado Paul M. Bessel, postou links para a maioria delas em seu extenso site: `http://bessel.org/resldgs.htm` (em inglês). O Irmão Bessel dedicou incontáveis horas para reunir estatísticas, histórias, práticas, costumes, regras, curiosidades e literalmente centenas de outros tópicos maçônicos. Ele é a sua própria sociedade de pesquisa de um homem só.

The Masonic Society

A Masonic Society (Sociedade Maçônica) foi formada em 2008 especificamente para os maçons regulares e reconhecidos. Como toda novidade, ela é mais jovem e impetuosa do que os outros grupos. Sua filiação internacional é limitada aos maçons das Grandes Lojas convencionais e Prince Hall que ou são parte da Conferência de Grão-Mestres da América do Norte ou são reconhecidas por eles. A sociedade publica uma revista trimestral impressionante, o *Journal of the Masonic Society*, e realiza reuniões sociais e educativas ao longo do ano. Os membros participam de uma conferência anual de organizações maçônicas na área de Washington, D.C., conhecida coletivamente como "Semana Maçônica". Além disso, também tem capítulos em cada estado e em províncias canadenses, bem como em países ao redor do mundo. O site é `www.themasonicsociety.com` (em inglês).

Parte IV
A Maçonaria Ontem e Hoje

A 5ª Onda — Por Rich Tennant

"Ok, vamos treinar aquele aperto de mão mais uma vez."

Nesta parte...

A Maçonaria é uma organização antiga em um mundo novo, e às vezes até mesmo as sociedades secretas precisam se renovar. Nesta parte, falo sobre como uma organização fraternal de 300 anos de idade continua a ser importante para os homens no século XXI. Discuto algumas das mudanças que acontecem dentro da fraternidade, tanto boas como ruins, e até mesmo lhe conto como participar de uma Loja, se você estiver disposto.

Capítulo 14

Então, a Maçonaria Ainda É Relevante?

Neste Capítulo

▶ Vivendo em uma sociedade nova e solitária

▶ Reconectando-se com a comunidade por meio da Maçonaria

A Maçonaria está por aí há muito tempo. Certa época, quase um quarto dos homens americanos eram parte da Maçonaria ou de outra organização fraternal. Bem, todos também costumavam ir a cavalo até o Walmart da fronteira, mas a sociedade mudou.

Os rituais e as cerimônias da fraternidade foram em grande parte desenvolvidos nos séculos XVIII e XIX e, além de pequenas mudanças na duração ou na prática ocasionais, eles permaneceram muito parecidos com a linguagem e a intenção originais. Na verdade, os maçons muitas vezes se horrorizam com a simples noção de mexer com qualquer coisa em seus rituais de grau ou regras.

O simbolismo utilizado em Lojas maçônicas surgiu de fontes antigas e bíblicas, e os métodos usados para ensinar seus significados progrediram pouco desde os dias em que eram desenhados no chão da taberna em giz. Os homens modernos não têm muito tempo ou paciência para ouvir sobre os detalhes de uma coluna arquitetônica ou explicações sobre os cinco sentidos.

A televisão, especialmente as mudanças trazidas pela TV a cabo, os DVDs, os jogos de vídeo, os programas on-demand e os DVRs corroeram o conjunto de novos membros potenciais, que trabalham durante longas horas ou em horários estranhos, com menos tempo livre, mas possuem mais controle do que nunca sobre o seu entretenimento. As quantidades crescentes de tempo gasto em atividades extraescolares de seus filhos, especialmente em programas de esportes, têm sobrecarregado os pais. Além disso, o computador de casa parece ter uma participação ainda maior no que resta dos momentos de lazer.

A situação não é muito animadora para os maçons. Então, como é que uma antiga sociedade "secreta" assume o seu lugar no mundo moderno? Neste capítulo, discuto por que a Maçonaria ainda é relevante para uma sociedade progressista e por que um número crescente de homens jovens participa dela.

Uma Ruptura na Comunidade

O final dos anos 1960 foi uma época de terrível turbulência na sociedade americana. Os filhos de veteranos da Segunda Guerra Mundial questionavam — e rejeitavam — a maioria das convenções sociais, bem como os costumes e as instituições de seus pais. Apesar de a extinção da segregação racial, os direitos das mulheres e a maior liberdade de expressão terem sido conquistas admiráveis desse período rebelde, a sociedade perdeu um pouco da cola que a unia quando a maioria de suas instituições estabelecidas tornou-se alvo legítimo. Os costumes, as condutas e as crenças pessoais anteriores à década de 1960 foram destinados ao lixo figurativo, por serem vistos como repressivos, resultando, assim, em três gerações de psicanálise, medicamentos estimulantes da personalidade e problemas sociais diferentes de tudo que veio antes, além de uma explosão de interesse em religiões, crenças e costumes alternativos e não ocidentais. É evidente que algo se perdeu, e as pessoas procuram novamente algo para preencher o vazio.

Outra mudança mais preocupante foi a substituição daqueles costumes, das condutas e da crença pessoal por substitutos legais, como legislação estatal ou ações judiciais. As pessoas já não controlam seu comportamento apenas por ser a coisa certa a se fazer; agora as leis e a intervenção do governo ditam o que as pessoas podem ou não fazer.

Vários anos atrás, a farmácia perto de minha casa instalou placas e adesivos em forma de pé no chão para me informar a que distância eu deveria estar dos outros clientes de modo a não violar a sua privacidade. Não faz muito tempo, as pessoas simplesmente tinham boas maneiras que as impediam de respirar no pescoço dos outros fregueses. Agora, os contornos no chão, como as linhas que um médico legista desenha em torno de um cadáver, mostram onde nossa educação morreu.

Isolando os indivíduos

A sociedade de hoje é marcada por seu isolamento. As pessoas estão mais solitárias do que nunca. Nos escritórios, mandam e-mail em vez de falar com os colegas de trabalho sentados a três metros de distância. Se você trabalha em um home-office, o máximo que você faz de manhã é andar do quarto para o computador a fim de fazer o logon. Além disso, fora sair para comer quando enjoa da pizza entregue em casa, é provável que você raramente saia de casa ou lide com alguém cara a cara. Os mercados instalaram caixas de autoatendimento, evitando qualquer bate-papo ocioso com o caixa. Os caixas eletrônicos têm substituído os funcionários humanos no banco. O posto de gasolina permite que

Capítulo 14: Então, a Maçonaria Ainda É Relevante? *269*

você pague na bomba. E Deus lhe ajude se você de fato precisar falar com um ser humano de verdade na companhia de água. Para obter uma lista das maneiras como a tecnologia *não* melhorou a sociedade, por favor, digite 3.

Ter mais amigos no Facebook do que você tem na vida real é uma outra possibilidade. O sucesso dos reality shows é sintomático de um desejo quase medonho de assistirmos a estranhos indo à loja de ferragens, jantando e brigando com seus filhos em vez de vivermos nossas próprias vidas.

Bowling Alone (Jogando Boliche Sozinho), o importante estudo do pesquisador de Harvard, Robert Putnam, trata detalhadamente sobre o impacto dessa solidão na sociedade. O título refere-se às ligas de boliche extremamente populares dos anos 1950 e 1960 que desapareceram. Essa perda, entretanto, vai mais além das ligas de boliche e dos clubes de bridge e pôquer, das festas de rua e das Lojas Moose.

Desconectando-se uns dos outros

A sociedade está mais móvel do que jamais foi, e as famílias mais amplamente dispersas do que em qualquer momento da história. As pessoas perderam o apoio de membros da família com os quais viviam em estreita proximidade. Enquanto isso, muitas pessoas vivem em uma casa ou em um apartamento durante anos sem conhecer seus vizinhos. As pessoas costumavam se sentar em suas varandas e interagir com outras pessoas que passassem andando pelo quarteirão. Nos dias de hoje, as pessoas não constroem casas com varandas, e os quintais são cercados com cercas de quase dois metros para privacidade. O ar-condicionado e a iluminação melhorada significam que você pode ficar em casa durante o dia e a noite inteiros. E a maioria das pessoas certamente não anda mais para lugar algum. Até mesmo as lavanderias e as farmácias possuem janelas de drive-thru a fim de você ficar envolto em segurança no casulo de seu próprio carro com clima controlado.

Todas as formas incrivelmente diversas de entretenimento de que as pessoas dispõem têm matado o velho ritual de parar em pé perto do bebedouro ou de se sentar na hora do almoço discutindo o mesmo programa de rádio, de televisão ou o filme que todos viram na noite anterior. As pessoas nem ao menos conseguem chegar a um acordo em relação à tecnologia do celular, ao formato de HDTV, ao MP3 player ou ao sistema operacional de computador.

A circulação dos jornais locais encolheu, e telejornais locais perderam audiência, substituídos por sites de notícias na internet e canais de notícias 24 horas na TV a cabo. As empresas nacionais apresentam estações de rádio locais consolidadas e pouco conteúdo de notícias locais é encontrado lá. O rádio por satélite só afasta mais os ouvintes da informação local. Devido à obsessão sem fim por notícias 24 horas, as pessoas muitas vezes sentem uma ligação pessoal mais profunda com um crime cometido a oito estados de distância do que com o que se passa em sua rua ou na prefeitura. Você pode nem saber o que se passa em seu estado e em seu governo municipal.

O resultado é que a maioria das pessoas não participa de seus próprios governos locais. Elas não contam com o apoio de suas famílias ou de seus vizinhos; assim, perderam as experiências comuns e se tornaram mais do que apenas sedentárias. Os americanos acreditam fortemente que sua cultura se tornou grosseira e descortês. Eles possuem mais direitos e liberdades do que qualquer sociedade desde que o homem se arrastou para fora da lama, e já não importunam tanto uns aos outros. Mas também não se conectam mais uns com os outros.

Sendo tapeado no capital social

Desde 1980, 58% menos pessoas frequentam algum tipo de reunião de clube, 45% menos pessoas dizem que convidam os amigos para suas casas e incríveis 33% menos pessoas dizem que jantam em família. Robert Putnam chama essas conexões de *capital social*, argumentando que o capital social é tão importante quanto o monetário. É importante para a comunidade e para o indivíduo que participem, conectem-se e comuniquem-se um com o outro. Seguidos estudos mostram que as comunidades que não se interligam têm taxas de criminalidade mais altas, além de piora no abuso de drogas, saúde inferior e mais suicídios.

As pessoas da área de negócios gostam do termo *networking* (ou rede de contatos), como se as amizades existissem apenas para fins comerciais, e, quer elas declarem isso ou não, o networking se resume a acreditar que alguém que você *realmente* conhece pode *realmente* fazer-lhe um favor. Ou, como Yogi Berra disse uma vez: "Se você não vai ao funeral de alguém, ele não irá ao seu."

As redes sobre as quais você pode nem pensar — como clubes desportivos, associações de bairro, grupos de ação política ou apenas uma amizade com outro casal — são tipos essenciais de capital social, e, quanto menos dessas conexões, menos provável que os membros de uma comunidade cooperem e trabalhem para o bem-estar mútuo dela. Amigos e familiares animam-no, levam canja quando você está doente, ajudam-no a encontrar um emprego quando é demitido, tomam conta de seus filhos quando você sai, pagam um drinque no bar, emprestam R$20 quando você está sem dinheiro e lembram-se do seu aniversário. E você faz isso por eles também. A vida sem essas conexões é bastante triste, e, acredite ou não, ter menos conexões desse tipo realmente reduz sua expectativa de vida.

Onde a Maçonaria Se Encaixa

A única coisa *ruim* sobre os princípios básicos da Maçonaria é que eles não mudam muito. E a coisa *boa* sobre os princípios básicos da Maçonaria é que eles não mudam muito. A Maçonaria foi desenvolvida durante um período de grandes transformações na sociedade. A Inglaterra estava envolvida em séculos de turbulência política e religiosa. As maiores expansões da Maçonaria nos Estados Unidos vieram após a Guerra Revolucionária, após a Guerra Civil e após a Segunda Guerra Mundial. Ela sempre parece crescer quando a sociedade está em um momento de caos ou de grande mudança, quando as pessoas anseiam por um sentido de unidade — o que torna curioso o fato de a Maçonaria não ter se expandido na década de 1960; em vez disso, ela tornou-se apenas mais uma instituição estabelecida a ser rejeitada.

Ainda assim, os conceitos e objetivos simples da Maçonaria se aplicam ao mundo de hoje tanto quanto se aplicaram a nossos avós, e eles certamente são tão necessários agora como antes.

Putnam e muitos outros sociólogos há muito tempo sustentam que a adesão a grupos locais ativos e comprometidos é fundamental para uma sociedade progressiva e crescente. Mas será que se tornar um maçom, ou um membro de qualquer outro grupo, é o mesmo que ser forçado a comer couve-de-bruxelas — faz bem para você, mas é difícil de engolir?

Transformando homens bons em homens melhores

A Maçonaria nunca foi concebida como um refúgio para os homens decaídos necessitados de salvação. Ela não salva almas, cura o alcoolismo, corrige maridos desgarrados nem coloca presidentes desonestos no caminho da honestidade. Na verdade, as suas regras e os seus costumes são especificamente projetados para deixar esses homens do lado *de fora*. A Maçonaria sempre teve padrões de conduta para os membros e aspirantes. Assim como os fuzileiros navais, ela está em busca de alguns homens bons.

Em um momento de mudança de padrões de moralidade e comportamento, a Maçonaria eleva os padrões de exigência. Seus princípios são pensados para encorajar seus membros a serem melhores pais, filhos, maridos e vizinhos, embora não force qualquer plano religioso ou político em particular sobre eles.

Apenas um terço dos americanos acha que pode confiar em seu próximo, uma parcela menor do que os mais de 50% de americanos que confiavam há 40 anos. Houve um declínio similar desde os anos 1950 na crença de que os americanos são tão honestos e dignos quanto já foram em outra época. Os maçons, por outro lado, encorajam uns aos outros a serem dignos e corretos, e cada membro tem a obrigação de ajudar, auxiliar e socorrer os Irmãos maçons e suas famílias. Esse senso de honestidade e responsabilidade estende-se a toda a comunidade.

Ao longo da história, as pessoas acusam a Maçonaria e outras "sociedades secretas" de elitistas. O *elitismo* é definido como o pertencimento a um pequeno grupo com mais poder, posição social, riqueza ou talento que o resto da sociedade. A Maçonaria não exclui os homens de suas fileiras em função dos status social, racial e econômico. Mas ela *certamente* espera que eles, depois de se tornarem membros, sejam os melhores trabalhadores, pais e cidadãos que puderem ser. Além disso, a Maçonaria une seus membros aos conceitos de honra, dever e humanitarismo. Se esses padrões são elitismo, a maioria dos homens se beneficiaria disso, e a sociedade certamente se beneficiaria se mais homens possuíssem essas qualidades.

Oferecendo algo para todo mundo

A Maçonaria é diversificada, oferecendo atividades divertidas, interessantes e benéficas para atrair qualquer pessoa, incluindo o seguinte:

- Frequentar a Loja permite a você criar um vínculo com um pequeno grupo de homens de todas as esferas da vida e conhecê-los de forma individual.

- Executar as cerimônias de rituais lhe dá confiança e a experiência de falar em público.

- Participar de cerimônias e aprender a história conecta você às tradições que remontam a milhares de anos.

- Participar de projetos especiais lhe dá a oportunidade de não apenas preparar jantares, mas também administrar instituições de caridade e desfrutar uma variedade ilimitada de outros grupos dentro da família da fraternidade.

Se um maçom quer participar, ele consegue encontrar algo maçônico para fazer quase todos os dias da semana. Se ele apenas quiser ficar à margem ou jantar e desfrutar a companhia de seus colegas, ninguém o obriga a fazer o contrário. Devido ao conforto da fraternidade, o mais improvável dos homens muitas vezes sai de sua concha tímida ou insegura.

A Maçonaria é feita sob medida para aumentar o *capital social*, os benefícios pessoais e sociais de se estar ligado a outras pessoas. Ao contrário de um clube de campo ou de um grupo social, os participantes não precisam transpor qualquer obstáculo financeiro ou de classe. Ao contrário de um grupo político, a Maçonaria não possui uma causa para qual convocar ou um objetivo que ignore qualquer outro ponto de vista. Ao contrário de um grupo religioso, ela não se dedica exclusivamente aos aspectos espirituais da vida. Em vez disso, ajuda a construir toda a comunidade, um homem de cada vez. E, acredite se quiser, de acordo com o estudo de Robert Putnam, associar-se a apenas um grupo ativo é tão benéfico para a sua saúde quanto parar de fumar.

Apoiando o amor fraternal

As cerimônias da Maçonaria reúnem homens de diversas origens e lugares ao redor do mundo, por meio de experiências comuns compartilhadas na Sala da Loja. Encontrar um Irmão maçom nas ruas de Paris, Londres, Cancun ou Hong Kong e ter um vínculo imediato com ele é uma sensação boa. A Maçonaria une homens que de outra forma nunca se encontrariam, além de atravessar todas as linhas sociais, econômicas, raciais, religiosas e políticas.

Capítulo 14: Então, a Maçonaria Ainda É Relevante? 273

Envolvendo as pessoas no trabalho beneficente

Qualquer um pode preencher um cheque para uma grande instituição ou grupo de caridade sem rosto. A Legião da Boa Vontade pode dar conta de um trabalho muito maior para ajudar a comunidade do que a pequena Loja maçônica do bairro, se você encara um problema a partir do ponto de vista financeiro.

No entanto, a Maçonaria encoraja seus membros a participar mais da comunidade. Ela inspira os maçons a serem voluntários, a doarem e a se engajarem em seus bairros, nos locais de culto e nos governos. Embora as muitas organizações dentro da fraternidade possuam dezenas de instituições de caridade, fundações e doações oficiais, seus maiores sucessos encontram-se nos atos individuais de bondade e generosidade realizados por seus membros.

Maçonaria e racismo

A história dos Estados Unidos é uma história segregada. A escravidão era uma instituição legal no país até 1863. A segregação durou legalmente por mais um século, e não apenas entre negros e brancos. Em várias ocasiões nos Estados Unidos, judeus, católicos, italianos, irlandeses, alemães, romenos, asiáticos e muitos outros grupos étnicos foram legal ou secretamente discriminados com diferentes graus de severidade. Como resultado, poucas organizações que existem há três séculos não podem ser acusadas de discriminação em algum momento de sua história.

O desenvolvimento das instituições "separadas, mas iguais" aconteceu em escolas, igrejas e clubes sociais por muitos anos. Apesar das tentativas do governo de forçar um fim legal para tais práticas, as pessoas são teimosas em suas atividades sociais privadas. A Maçonaria teve sua cota de luta com esse problema.

A Maçonaria Prince Hall, composta principalmente de afro-americanos, surgiu antes da Guerra Revolucionária em função de os maçons brancos não desejarem se associar aos maçons negros apesar de suas obrigações fraternais. Desde aquela época, dois sistemas paralelos de Grandes Lojas Maçônicas se desenvolveram lado a lado neste país, e por 200 anos elas se ignoram. Cada um sabia que o outro grupo existia, e, de fato, Albert Pike ainda cedeu uma cópia completa dos rituais do Rito Escocês para os líderes da Prince Hall, a fim de auxiliá-los na formação de sua própria organização de Rito Escocês. Mas nenhuma cooperação, visitação entre as Lojas ou reconhecimento um do outro como grupos maçônicos legítimos ocorreu.

Surgindo na década de 1980, as Grandes Lojas convencionais e as Grandes Lojas Prince Hall nos Estados Unidos lentamente começaram a admitir o reconhecimento uma da outra, e hoje é comum que atividades conjuntas ocorram entre Lojas de ambos os sistemas. Mas, em vários estados, tal interação não acontece, e um número lamentável de maçons dos dois lados do

(Continua)

(Continuação)

abismo da cor consideram as suas Lojas como um bastião privado de exclusividade racial. A complexidade e o ritmo lento do governo e da legislação maçônicos são ainda mais convenientes para os preconceitos de tais advogados da separação, mas seus números diminuem com rapidez.

Uma questão mais complexa se relaciona com os costumes e as tradições de mais de 200 anos de dois grupos que operam de forma isolada um do outro. Nenhum dos dois lados quer que os grupos Prince Hall, muito menores, sejam engolidos pelas Grandes Lojas convencionais, maiores. Muitos maçons Prince Hall acreditam que eles perderiam sua longa e orgulhosa herança, além do legado e das realizações de sua própria organização, que, na verdade, antecedem muitas Grandes Lojas convencionais. Em alguns estados, as Grandes Lojas Prince Hall não buscaram reconhecimento conjunto, resultando, assim, em uma improvável fusão entre as duas em um futuro próximo. No entanto, o reconhecimento e a cooperação conjuntas continuam a crescer. As Lojas convencionais possuem muitos membros negros, e as Lojas Prince Hall, muitos membros brancos, porque os homens costumam pedir para entrar nas Lojas às quais seus amigos pertencem. À medida que a sociedade se torna mais tolerante e daltônica, a escolha acabará por ser entre dois sabores diferentes de Maçonaria, e não duas cores diferentes.

Praticando a tolerância religiosa

A crença pessoal é apenas isso: pessoal. A Maçonaria não ensina religião específica alguma. As Lojas não são lugares de culto, e as reuniões e os rituais da Loja não pretendem ser um substituto da ida à igreja, ao templo ou à mesquita. A Maçonaria encoraja, *sim*, seus membros a assumirem papéis mais ativos em suas comunidades religiosas.

Os autores da Constituição dos EUA e da Declaração dos Direitos esboçaram a liberdade de religião. Os conceitos de tolerância religiosa eram sentimentos fortemente expressos nas Lojas maçônicas da época. A Maçonaria hoje continua a ser uma forte defensora da tolerância religiosa.

Confortando por meio da constância

Os princípios da Maçonaria são atemporais, e é assim que ela resiste ao longo dos séculos e de adversidades. Tão importantes quanto isso, os princípios são simples. Reduzida ao seu nível mais básico, a Maçonaria oferece aos seus membros um lugar para ir por um tempo a fim de escapar dos conflitos e das lutas do mundo exterior, deixando os temas mais polêmicos entre os homens do lado de fora das portas de sua Loja.

Não há dúvida de que a Maçonaria ainda é necessária e é importante no mundo. O mundo pode ter esquecido dela por um tempo, mas a Maçonaria sobreviveu e esperou pacientemente para ser redescoberta.

Capítulo 14: Então, a Maçonaria Ainda É Relevante? **275**

A fraternidade sempre mudou para se ajustar às necessidades de seus membros ao longo de sua história, ao mesmo tempo em que manteve seu caráter, suas formas e sua filosofia geral (veja o Capítulo 15 para mais informações sobre como a Maçonaria está adaptando algumas das suas práticas do século XVIII para os seus membros do século XXI).

A Maçonaria ressurge

Quando a União Soviética caiu no dia de Natal de 1991, a Maçonaria tinha sido proibida na Rússia há mais de 70 anos. Apenas três anos mais tarde, uma nova Grande Loja da Rússia foi formada. Seu Grão-Mestre declarou abertamente sua filiação maçônica, inclusive concorrendo, ele mesmo, à presidência.

A Maçonaria, como a religião, tem lentamente voltado à vida na Ucrânia, Hungria, Moldávia, Romênia, Bulgária, Armênia, Geórgia, Azerbaidjão, e em outras partes da Europa Oriental e nas antigas nações soviéticas. Nos países assolados por conflitos, não pode haver maior símbolo de tolerância do que a formação de Lojas maçônicas.

O antigo bloco soviético é uma parte do mundo onde se criou o Estado para controlar e suprir as necessidades cotidianas da sociedade, e onde a noção de voluntariado tornou-se extinta. A Maçonaria ajuda a trazer de volta a ideia de um vizinho ajudando o outro.

Infelizmente, a Maçonaria não está sem seus inimigos. O Parlamento da Ucrânia, por exemplo, quase adotou leis que condenariam qualquer funcionário do governo que se tornasse maçom a até sete anos de prisão; a sentença seria de três anos para os cidadãos privados.

Enquanto isso, a sociedade russa ainda desconfia da Maçonaria, em sua grande maioria, em função da propaganda fictícia conhecida como Os Protocolos dos Sábios de Sião (veja o Capítulo 4). No entanto, a Maçonaria continua a expandir-se conforme a liberdade cresce por essa parte do mundo.

276 Parte IV: A Maçonaria Ontem e Hoje

Capítulo 15

Os Maçons e o Futuro

Neste Capítulo

▶ Revivendo a Maçonaria

▶ Reinventando o futuro com base no passado

▶ Percebendo a fraternidade universal

A Maçonaria tem um passado longo e variado e recentemente enfrentou um futuro incerto à medida que a adesão a ela diminuiu e a internet propagou equívocos e percepções da fraternidade. O futuro da Maçonaria, entretanto, está agora um pouco mais certo já que os números de adesão estão se nivelando e a cultura popular parece finalmente entender a verdade sobre os rituais, a história e o papel da Maçonaria na sociedade. A Maçonaria moderna deve muito a Dan Brown e ao History Channel.

Os livros de Brown, *O Código Da Vinci*, *Anjos e Demônios* e *O Símbolo Perdido*, provocaram um interesse renovado na Maçonaria e em outras sociedades ditas secretas. Brown inclui maçons, Templários, Illuminati, o Priorado de Sião, a Opus Dei e uma série de outros grupos em suas obras.

O filme de 2004, *A Lenda do Tesouro Perdido,* foi uma criação única nos meios de comunicação modernos — realmente tratou os maçons com algum respeito, entrelaçado por uma história emocionante (ainda que inacreditável). Na esteira do filme, as Grandes Lojas observaram um aumento no interesse do público que viu o símbolo e ouviu o nome, mas desconhecia a Maçonaria. Outro aumento ocorreu após o lançamento de *O Símbolo Perdido.*

As "Sociedades secretas" começaram a sair de moda depois da Segunda Guerra Mundial, e aquelas que sobreviveram se concentraram em tornar-se clubes sociais ou organizações de serviços. A própria Maçonaria começou a menosprezar os seus aspectos esotéricos e a chamar atenção para o peixe-frito, o sopão, as vendas de bolos e as noites de cartas, e, assim, as Lojas tornaram-se pouco mais do que tapetes de boas-vindas para os membros que *realmente* queriam se tornar Shriners. Em algum ponto da transformação, um pouco da mística se perdeu em favor da transparência e da praticidade, além de servir um bom prato de chili. Até mesmo o inimigo da Maçonaria, a Igreja

Católica, ao mesmo tempo em que continua proibindo os paroquianos de se tornarem maçons, admitiu em pareceres recentes que a Maçonaria comum praticada nos Estados Unidos era em sua maior parte inofensiva.

A atenção pública vinda das referências populares e da internet começou a se focar mais na Maçonaria. Aumentos gigantes na adesão nos anos 1950 também significaram perdas enormes no século XXI conforme aqueles membros mais velhos morriam, mas esses números se estabilizaram. Uma nova geração de homens está se associando à fraternidade, mas o que eles encontram na maioria das Lojas não é a Maçonaria sobre a qual estudaram antes de se associarem. Alguns deles vão embora. Outros ficam e fazem mudanças para certificarem-se de que a Maçonaria continue a ser a maior, melhor e mais antiga fraternidade de cavalheiros.

Neste capítulo, faço a coisa mais perigosa que qualquer autor pode fazer: tiro a poeira da minha velha bola de cristal e prevejo um pouquinho do que o futuro reserva para a Maçonaria.

Os vilões maçônicos

A Lenda do Tesouro Perdido é único entre os filmes no que diz respeito às suas referências lisonjeiras à Maçonaria. As graphic novels de Alan Moore, *A Liga Extraordinária* e *Do Inferno,* assim como os filmes a que deram origem, elaboram alegações de envolvimento maçônico nos assassinatos de Jack, o Estripador e (naturalmente) em uma trama de dominação mundial por parte de um supercriminoso. O filme de 1979, *Assassinato por Decreto,* também explorava a teoria Jack, o Estripador/Maçonaria, usando Sherlock Holmes como veículo. Nos anos 1970, o maravilhoso conto de aventura *O Homem que Queria Ser Rei,* baseado na trama de Rudyard Kipling, narrava a história de dois soldados e maçons britânicos que partiam em uma viagem para tornarem-se reis em uma terra estrangeira, comportando-se, no caminho, de uma maneira nada maçônica.

Talvez a referência pseudomaçônica mais conhecida na cultura pop é a paródia de maçons e Shriners no episódio "Homer, o Grande" dos *Simpsons.* Homer se associa a uma Loja local de "Lapidários", que concede aos seus membros vantagens como cadeiras de escritório mais confortáveis e melhores vagas de estacionamento. A música de sua Loja tornou-se um clássico maçônico moderno. Você pode encontrar gravações dela no Youtube.

Capítulo 15: Os Maçons e o Futuro **279**

Especulando Sobre o Futuro do Ofício

A Maçonaria vem diminuindo há um tempo, e Lojas se apavoraram com isso. Prédios enormes, construídos durante os anos de crescimento, agora correm o risco de fechamento, e Lojas que já existem há 100 anos ou mais se fundem ou simplesmente fecham. O grande aumento no número de membros da década de 1950 também foi uma maldição, porque a grande onda de novos maçons naquela época significou as mortes infelizes em número recorde desses mesmos homens agora. E os Baby Boomers não se associaram.

O que não faltam são artigos obscuros e mal-humorados circulando pela internet por uma década sobre a iminente marcha da morte da Maçonaria em direção aos poços de piche. A boa notícia é que a fraternidade não está morta, ela só tem um cheiro engraçado.

Por volta da metade dos anos 1990, as Lojas locais começaram a gritar por socorro. Algo deveria ser feito, mesmo que elas não soubessem exatamente o que era esse "algo". Então, as Grandes Lojas se responsabilizaram por algumas respostas controversas. Se o problema eram os números, eles tinham maneiras de obter membros em potencial.

Turmas de um dia

Usando como exemplo a forma por meio da qual os graus do Rito Escocês são conferidos a muitos candidatos em um auditório, algumas Grandes Lojas dos Estados Unidos começaram a permitir que os graus de Aprendiz, Companheiro e Mestre Maçom fossem conferidos em grande escala a muitos homens ao mesmo tempo, em um único dia. Um *candidato exemplar* passava pelas cerimônias de rituais no palco, enquanto o resto dos candidatos assistia a elas.

Em um esforço para torná-los ainda mais populares, algumas Grandes Lojas se associaram aos grupos dos Shriners e do Rito Escocês em suas jurisdições, possibilitando que um homem entrasse no auditório ao nascer do sol como um não maçom e se tornasse um Mestre maçom de 3º grau, um maçom de 32º grau do Rito Escocês e um Shriner ao pôr do sol. Esses eventos "Tudo em Um Dia Só" ou "Calçada para o Shrine" são controversos, para dizer o mínimo. Muitos membros acreditam que eles são uma mudança terrível, e frequentemente se queixam que geram "Prodígios de Um Dia Só" ou McMaçons. Muitas jurisdições estrangeiras indignam-se com a prática, e circulam rumores a respeito da possibilidade de se suspender o reconhecimento de Grandes Lojas que permitem isso.

Do ponto de vista prático, esses eventos, muitas vezes realizados em vários locais em uma base estadual, produzem milhares de novos membros do dia para a noite. Do ponto de vista dos resultados, eles são um grande sucesso, pois não apenas permitem que os homens sem o tempo necessário para passar pelos graus da Loja, um de cada vez, ao longo de um período de semanas ou meses, tenham a oportunidade de tornarem-se maçons em um dia, como também ajudam as Lojas que talvez não tenham um elenco forte de ritualistas de grau a apresentar os graus com os devidos impacto e dignidade. Além disso, seguidos estudos mostraram que esses "Prodígios de Um Dia Só" têm tanta probabilidade de permanecer maçons comprometidos, de retornar às suas Lojas, de tornar-se oficiais e de participar regularmente quanto os homens que receberam os graus no tradicional método de um-de-cada-vez. Eu mesmo me beneficiei de um evento como esse, e não sou exatamente um maçom tímido que só fica em casa.

O outro lado é que a maior parte desses novos membros fica decepcionada com a grande experiência dos graus em grupo. O resultado é que esses novos maçons voltam para suas Lojas e insistem em aprender o ritual e apresentá-lo de modo correto, um homem de cada vez, precisamente em função das turmas de um dia.

Minha previsão: as turmas de um dia serão extintas. Na verdade, esse esgotamento já acontece, pois essas iniciações em massa atraem um número limitado de homens, e, então, a fonte seca. Os estados que experimentaram essas turmas têm visto um retorno diminuído em sua experiência em poucos anos. Como resultado, acredito que a lamentação interna, assim como as críticas internacionais, irão embora por conta própria com rapidez.

Publicidade

Frequentemente andando de mãos dadas com as turmas de um dia estão as novas campanhas publicitárias. Os maçons são lentos para procurar novos membros com a ajuda da publicidade, porque a maioria das jurisdições tem regras que proíbem convidar qualquer pessoa para se tornar um maçom. O antigo costume prevê que um homem deve pedir para se tornar um maçom, e não o contrário. Entretanto, no Brasil, o ingresso em Lojas regulares e reconhecidas somente se dá por meio de convite.

Outdoors, anúncios em rádio e comerciais de televisão são mudanças controversas. Como a Maçonaria está, em grande parte, invisível para a sociedade há quase 30 anos, algo precisa ser feito para lembrar ao mundo que ela ainda está viva. Infelizmente, muitas dessas campanhas seguiram a abordagem equivocada de promover as instituições de caridade da fraternidade como o grande motivo para associar-se à Maçonaria. Não faltam organizações de caridade eficazes para os jovens enviarem seu dinheiro, sem precisarem passar pelo incômodo adicional de aparecer para reuniões na Loja e participar de cerimônias de iniciação. Os homens não entram para uma Loja maçônica por ela fornecer dinheiro para caridade.

Pagando suas taxas

Um dos resultados da popularidade dos corpos aliados da Maçonaria sempre foi a crescente lista de grupos estendendo suas mãos em busca da carteira do maçom, e do tempo dele também. Grupos maiores, como o Rito Escocês e os Shriners, têm edifícios enormes para manter e instituições de caridade para apoiar, e, mesmo que possuam muito mais membros entre os quais dividir os custos do que uma Loja local, as taxas de adesão de todo mundo subiram ao longo dos anos — exceto, em um número inacreditável de casos, na humilde Loja maçônica. As Lojas muitas vezes eram pressionadas, parcialmente por todas as organizações às quais os maçons pertenciam, a manter suas taxas e tarifas de iniciação ridiculamente baixas. O resultado foi a Loja local, onde todo maçom começou sua carreira maçônica, morrer de fome devido ao sucesso de outros grupos.

As Lojas maçônicas entraram na discussão um pouco tarde, mas elas aos poucos percebem que as taxas baixas eram uma estratégia suicida. Além do fator monetário, as baixas taxas em geral se traduzem em baixo comprometimento emocional por parte de seus membros. Um clube que custa US$40 por ano simplesmente não é encarado como um grande comprometimento se comparado com um que custa US$200 por ano a seus membros. O argumento usado com frequência é o de que taxas maiores tornarão a Maçonaria mais elitista e esnobe, entretanto, as Lojas parecem finalmente pensar de modo sensato em relação às finanças, afinal, os irmãos de fato necessitados sempre podem pedir a ajuda de suas Lojas. Todavia, os maçons modernos pagam muito menos em taxas, ajustadas pela inflação, que os seus avós e bisavós pagavam, e já está na hora de eles entenderem isso.

Em muitas jurisdições europeias, as taxas anuais custam centenas de dólares, com menor número de reuniões por ano. Em vez de abertura e desmistificação, eles enfatizam o mistério e o sigilo da organização. No entanto, seus números de adesão estão em ascensão. É evidente não apenas que o custo não impede novos membros potenciais de se associarem, mas também que a imagem de sociedade secreta é um chamariz. Aí está uma lição para os maçons dos EUA.

Voltando Para o Futuro

Os jovens estão começando a redescobrir a Maçonaria, e essa nova geração de maçons quer se associar a:

- ✔ Algo antigo, algo mítico, algo lendário.

- ✔ Um grupo que por três séculos é a fraternidade dos homens mais nobres.

- ✔ A fraternidade que é mundial no seu âmbito e universal em seu acolhimento de todos os credos e todas as raças.

- ✔ Uma Loja local que ajuda a família vizinha e a escola do bairro.

- ✔ Um grupo que estava na vanguarda das questões que moldaram os Estados Unidos, e que, sem dúvida, foi o caldeirão originário da revolução, por serem homens de ação e consciência social.

✔ A fraternidade que reivindica, como seus membros, as mentes mais criativas e os mais bem-sucedidos dos homens.

Muitas vezes, a imagem do que eles procuram não coincide com o que encontram na Loja de seus bairros, e algumas pessoas podem argumentar que uma instituição tão idealista nunca existiu. Entretanto, em vez de irem embora, esses homens estão ficando e começando a construir a Maçonaria que se adapte às suas necessidades, assim como seus avós fizeram nos anos 1950.

Uma mudança interessante é o fato de que, embora os Baby Boomers tenham ficado longe da Maçonaria em massa, seus filhos e netos se unem em números muito maiores e trazem seus pais e vovôs Boomers para a Loja com eles. Essa situação é totalmente o oposto de como as coisas têm sido por quase 300 anos.

Ficando pequeno para sobreviver

Nos Estados Unidos, os maçons percebem, aos poucos, que não possuem muitas Lojas, apenas muitos *prédios*. Toda cidade pequena nos Estados Unidos tem seu próprio prédio para Loja, geralmente habitado por apenas uma Loja que se reúne nele. As áreas metropolitanas são com frequência piores — todos os grandes subúrbios muitas vezes têm o seu próprio edifício de Loja. Eu, por exemplo, vivo a cerca de 15 minutos de carro de mais de uma dezena de edifícios de Loja na área de Indianápolis.

Nem todo edifício é uma obra-prima ou um marco histórico. Muitos deles foram construídos em uma época em que sua Loja tinha 300, 500 ou até mesmo mil membros, mas esses números caíram, e as adesões reduzidas não conseguem manter cada edifício grande e belo.

A resposta terá de ser um maior uso de menos prédios por mais e menores Lojas. As Lojas fora dos Estados Unidos operam assim, com muitas Lojas usando menos edifícios com salas para Lojas muito pequenas, recebendo não mais do que 50 pessoas. As salas grandes e nobres são reservadas para eventos especiais, e não reuniões de trabalho mensais e típicas cerimônias de graus.

Uma nova onda de interesse sobre aquilo que é às vezes chamado de *Loja de Observância das Tradições* ou *Loja de Conceito Europeu* tem crescido constantemente nos Estados Unidos. As Lojas americanas estão sempre presas em longas reuniões de trabalho, pouca educação maçônica, e, o pior de tudo, comida ruim. A Loja de Conceito Europeu inclui:

✔ Um número limitado de membros (geralmente não mais do que 50).

✔ Excelência nos trabalhos do ritual de grau, feito pela Loja, sem depender de outras pessoas para obter ajuda.

✔ Um programa de educação maçônica para o progresso dos candidatos, incluindo a exigência de trabalhos de pesquisa originais.

✔ Uma *Loja de Mesa* (jantar) em um restaurante local após as reuniões.

- Um código de vestimentas digno.
- Comparecimento obrigatório, dentro do possível.
- Taxas com preços apropriados para a Loja ser autossuficiente.

Fora da Europa, a Loja Epicurean nº906, na Austrália, foi pioneira nessa fórmula, e começou a ganhar popularidade nos Estados Unidos. A Masonic Restoration Foundation (Fundação da Restauração Maçônica, no site http://traditionalobservance.com — em inglês) foi formada para compartilhar essas ideias com os maçons interessados.

Apesar de as Grandes Lojas norte-americanas terem percebido um declínio no número de membros, as Grandes Lojas de países que não falam inglês testemunharam um forte aumento no número de novos membros. Elas salientam os aspectos mais intelectuais da Maçonaria, além de levarem muito mais tempo entre os graus e não terem tamanho fascínio pelos corpos aliados fora da Loja. A Observância Tradicional e o Conceito Europeu tentam imitar o seu sucesso.

Voltando aos velhos hábitos

A partir de meados da década de 1840, a maioria das Grandes Lojas dos Estados Unidos exigia que os trabalhos das Lojas fossem conduzidos apenas com Mestres Maçons presentes. Os Aprendizes e Companheiros não podiam participar de reuniões de trabalho. Isso era feito para evitar que algum patife se associasse a uma Loja, passasse pelo primeiro grau e tagarelasse todos os segredos da Loja para os vizinhos. O resultado foi o avanço lento, metódico e cuidadoso entre os graus visando transformar novos membros em Mestres Maçons o mais rápido possível.

Hoje, quase um terço das Grandes Lojas dos Estados Unidos devolveram aos seus membros Aprendizes e Companheiros o direito de participar de reuniões de trabalho, modo como o resto do mundo maçônico funciona. Essa tendência, sem dúvida, continuará.

Para agradar aos crescentes movimentos de moderação do século XIX, as Grandes Lojas dos EUA viraram as costas coletivamente às origens na taberna e na cervejaria da Maçonaria e expulsaram a bebida. Proibiram as bebidas alcoólicas nos prédios das Lojas, e muitas Grandes Lojas se recusaram a iniciar homens que foram bartenders, cervejeiros ou que estavam de outra forma relacionados ao comércio de bebidas alcoólicas. O resultado foi a formação de grupos como o Shrine (veja o Capítulo 12) e o Grotto (veja o Capítulo 13), as organizações formadas por maçons, mas livres da tia velha, rígida, sóbria e solteirona na qual a Maçonaria se transformava.

Fora dos Estados Unidos, tais corpos aliados eram desnecessários, porque as Grandes Lojas nunca foram mordidas pelo bichinho da moderação da maneira que ocorreu com seus irmãos americanos.

Hoje, muitas Grandes Lojas norte-americanas estão suavizando essa postura e finalmente começam a permitir que as Lojas brindem as comemorações cerimoniais pelos 300 anos de idade com algo um pouco mais adulto do que o ponche não alcoólico do irmão Cletus.

Explorando lições antigas com novas tecnologias

Os maçons sempre usaram a tecnologia da época para ensinar suas lições. Os desenhos a giz no chão da taberna deram lugar a panos de chão, painéis, "lanternas mágicas", projeções e slides. O Rito Escocês se tornou a organização fraternal mais popular da virada do século passado usando o que havia de mais moderno em cenário teatral, iluminação e efeitos especiais. As apresentações em PowerPoint são a mais recente forma de apresentar os símbolos maçônicos e ensinar as lições da Loja. O próximo passo será, sem dúvida, o mapeamento de textura em 3-D do Templo de Salomão e palestras interativas na Câmara do Meio.

Algumas jurisdições da Grande Loja enfrentaram os desafios da liderança da Loja adotando cursos já existentes de liderança em negócios para o treinamento de oficiais maçônicos. A próxima geração desses programas serão cursos especificamente projetados sobre história, regras e simbolismo maçônico, junto com habilidades de liderança necessárias para operar as organizações de voluntários.

Derrubando Barreiras Por meio da Internet

As Grandes Lojas tendem a mover-se como petroleiros através de blocos de gelo. Elas são lentas na reação, difíceis de manobrar e quase impossíveis de serem paradas depois de delimitarem uma direção. Os maçons conservadores acreditam que essa característica é uma bênção, porque evita que surtos breves se transformem em ideias idiotas legalmente enraizadas. Os maçons revolucionários acreditam que essa lentidão é injusta, pois os impede de agir de acordo com cada novo esquema que surja. A verdade está em algum lugar no meio dos dois.

A estrutura aberta da internet é assustadora para uma organização conservadora como a Maçonaria. Os fóruns de discussão ou as páginas do Facebook podem se tornar celeiros de dissidência ou, ainda mais assustador, incubadoras de grandes ideias. Pela primeira vez na história, os maçons de todos os cantos do mundo podem conversar e trocar ideias. O problema para a Maçonaria regular convencional é haver uma enorme quantidade de outros maçons no mundo que *não* fazem parte das Lojas convencionais.

Capítulo 15: Os Maçons e o Futuro   *285*

As ideias de regularidade e reconhecimento maçônicos — políticas sobre quem pode legalmente visitar e falar um com o outro — começam a se deteriorar. O primeiro passo foi o reconhecimento em grande escala de Grandes Lojas Prince Hall, o que abriu a porta para a coexistência de várias Grandes Lojas na mesma área geográfica. Essa situação não existia antes de 1990. Agora a internet permite aos maçons conhecerem uns aos outros, quer suas Grandes Lojas reconheçam umas às outras ou não. E elas estão começando a se perguntar por que não reconhecem umas às outras. Isso ocorre, por exemplo, no Brasil, onde o Grande Oriente do Brasil, as Grandes Lojas Estaduais e os Grandes Orientes Estaduais Independentes compartilham o território em muitos estados brasileiros.

A comunicação instantânea do mundo conectado pode finalmente perceber a filosofia idealista que se encontra no cerne da Maçonaria: a ideia de fraternidade universal. Disputas políticas, diferenças locais e grupos concorrentes de líderes levantaram as paredes entre certas Grandes Lojas há muito tempo. A internet e a comunicação simples entre os irmãos vão derrubá-las.

O século XXI sem dúvida trará mudanças, assim como o século XX o fez. A Maçonaria sempre se adaptou. A atração da fraternidade continua sendo o mistério da porta fechada, e os homens sempre desejarão saber o que há do outro lado. Os jovens sempre serão atraídos pelas ideias centrais da Maçonaria, que permanecem verdadeiras e atemporais.

Capítulo 16

Então Você Quer Se Tornar um Maçom

. . . .

Neste Capítulo

▶ Compreendendo por que os homens se associam

▶ Familiarizando-se com os maçons e uma Loja

▶ Tornando-se um maçom

. . . .

Desde tempos imemoriais, os maçons têm a regra de nunca convidar alguém para se unir à fraternidade. Muitos pais carregavam petições dobradas em suas carteiras por anos, esperando pelo dia em que seus filhos pediriam para se tornar maçons — mas eles nunca pediam. Enquanto isso, muitos desses mesmos filhos passavam toda a sua vida se perguntando por que seus pais nunca lhes chamaram para se afiliarem.

Outros maçons enfrentaram um terrível mal-entendido a respeito do que poderiam ou não dizer sobre a fraternidade. Em vez de arriscar violar sua obrigação, eles acharam melhor não dizer nada a ninguém sobre a fraternidade: "Você sabe, é um grande segredo."

O problema de ser um membro de uma "sociedade secreta" é que você nunca tem muita certeza sobre quão secreta ela deve ser. Muitos anos atrás, algum maçom inteligente inventou a frase: "2B1, ASK1" (em português, seria algo como "Para ser um, pergunte/peça a um). O problema era que, se quem recebesse essa mensagem não soubesse o que era o logo do esquadro e do compasso que acompanhava a frase, ele certamente não saberia para qual "1" perguntar, muito menos tentar "2B1".

Os tempos mudaram, e encontrar uma Loja a qual se afiliar e maçons que realmente falarão sobre a fraternidade é mais fácil do que nunca. Neste capítulo, digo a você como escolher uma Loja, como o processo de petição funciona e quais são alguns dos benefícios da adesão. Também compartilho algumas observações pessoais de maçons, explicando por que eles se afiliaram.

Examinando Por que os Homens se Tornam Maçons

Os homens se tornam maçons por muitas razões, mas ouve-se sempre um traço comum, que geralmente conduz ao exemplo de um parente, um colega de trabalho, um professor, um amigo que o membro admirava — um homem cuja conduta ou filosofia se destacou como especialmente gentil, generoso ou nobre.

O que você ganha com a Maçonaria

Quando perguntados sobre os benefícios de sua participação na Maçonaria, a maioria dos membros fala das amizades que fazem ou dos crescimentos espiritual e filosófico que ela provocou neles. E os homens recebem outros benefícios ao se tornarem maçons, incluindo os seguintes:

- **Uma fraternidade mundial:** Os irmãos maçons vivem em quase todos os países da Terra e vêm de todas as origens sociais, religiosas, econômicas e étnicas. Fazer parte da maior e melhor sociedade de cavalheiros traz prestígio e honra.

- **Séculos de tradição:** Os rituais maçônicos de grau conectam-no a 300 anos de história, 1.100 anos de tradição e três mil anos de lenda.

- **Uma rede de amizade e de ajuda mútuas:** Os maçons se comprometem a ajudar, auxiliar e socorrer uns aos outros em todas as esferas da vida.

- **Ajuda para a sua comunidade:** As instituições de caridade da Maçonaria são vastas e podem ser tão grandes como a rede de Hospitais Shriners, tão locais quanto um programa de identificação de crianças, ou tão simples quanto remover a neve da calçada de uma viúva da Loja. Pode significar toda a Loja arrecadando dinheiro para uma causa comunitária ou um único Irmão comprando um casaco de inverno para uma criança pobre na escola municipal. Pode significar dinheiro ou tempo, ou, ainda, o simples ato de bondade humana.

- **Bolsas de estudos:** Muitas Grandes Lojas e também algumas Lojas locais oferecem bolsas de estudo para estudantes universitários. Algumas dessas bolsas de estudo são para os filhos e netos de maçons, enquanto outras são oferecidas para a comunidade.

- **Casas de retiro:** Uma das mais extensas instituições de caridade e benefícios das Grandes Lojas são as casas de retiro maçônicas, as quais são projetadas para os membros da fraternidade e seus parentes. Muitas delas oferecem de tudo, desde chalés independentes a instalações de cuidados intensivos em casas de repouso.

- **Consciência espiritual:** A Maçonaria não deseja ou tenta substituir as crenças religiosas de um homem, mas o incentiva a estudar a sua própria religião e a fortalecer a sua própria fé.

Capítulo 16: Então Você Quer Se Tornar um Maçom **289**

Cada jurisdição da Grande Loja é diferente e oferece seus próprios programas para seus membros. A maioria das Grandes Lojas publica uma revista regular para informar aos seus membros notícias de toda a sua região. Essas revistas podem ser encontradas online nos sites das Grandes Lojas (veja o Anexo C).

Ouvindo dos próprios maçons

Cada maçom tem a sua própria razão para se afiliar. Aqui estão alguns comentários de maçons famosos e seus sentimentos a respeito da fraternidade.

> _A Maçonaria adota as mais altas leis morais e passará nos testes de qualquer sistema de ética ou filosofia já promulgados para a elevação espiritual do homem._
>
> — General Douglas MacArthur

> _Nós representamos uma fraternidade que acredita na justiça e na verdade e na ação honrosa em sua comunidade... os homens que estão se esforçando para ser melhores cidadãos... [e] para fazer com que um grande país seja ainda maior. Esta é a única instituição no mundo onde podemos encontrar honestamente todos os tipos de pessoas que querem viver corretamente._
>
> — Harry S. Truman,
> presidente dos Estados Unidos, Ex-Grão-Mestre do Missouri

> _Uma das coisas que me atraiu tão fortemente à Maçonaria... foi que ela realmente fez jus ao que nós, como um governo, estamos comprometidos — tratar cada homem em relação a seus méritos como homem._
>
> — Theodore Roosevelt,
> presidente dos Estados Unidos

> _Quanto mais eu entro em contato com a obra da fraternidade maçônica, mais me impressiono com o grande trabalho de caridade e com o grande bem prático que estamos realizando._
>
> — Franklin D. Roosevelt,
> presidente dos Estados Unidos

> _Não há dúvida em minha mente de que a Maçonaria é a pedra angular da América._
>
> — Dave Thomas,
> fundador da Wendy's Internacional

Quando você entra em nossa Loja, atrás da cadeira do Cobridor estão as palavras "Conhece-te a ti mesmo". Isso é importante. Essa é a mensagem final para todos os maçons: realmente saber quem você é.

— Michael Richards,
ator (o Kramer de *Seinfeld*)

Por que eu me afiliei

Cada maçom tem a sua própria história, a sua própria razão para buscar a filiação na Maçonaria. Deixe-me compartilhar a minha, e então não mais incomodarei você.

Quando eu tinha mais ou menos 20 anos, se alguém me dissesse que, no momento em que eu tivesse 40, eu dirigiria um Chrysler com dois conjuntos de tacos de golfe no porta-malas e seria um membro da Maçonaria, eu teria rido na cara dele. Mas as pessoas mudam.

Eu passei muitos anos estudando os maçons, perifericamente num primeiro momento, em combinação com a pesquisa para um romance que minha esposa escrevia sobre os Templários modernos (muitos anos antes de Dan Brown, autor de *O Código Da Vinci*, descobri-los). Mais tarde, o meu interesse me levou às possíveis origens da Maçonaria, quais tinham sido essas origens e qual seu papel moderno. Mas, mesmo assim, os maçons eram uma mera curiosidade e me pareciam nada mais do que um clube social antigo de classe média que usava aventais engraçados e trocava apertos de mão cômicos — não mais significativo em minha mente do que Fred Flintstone e sua Loja dos Búfalos Asiáticos. Então, meu sogro morreu.

Bob Funcannon foi o que se conhece como uma personalidade local. Por quase 30 anos, se você compareceu ao Indianapolis Motor Speedway durante o mês de maio em qualquer dia que não fosse de corrida, você podia ouvir o timbre grave e ressonante de Bob no sistema de P.A. No resto do ano, ele era um vendedor de doces. Bob era um veterano da Batalha do Golfo de Leyte, um diácono na Igreja Presbiteriana local e um maçom. Ele nunca falou sobre isso, mas fora iniciado na Loja Social n°86 em Terre Haute, Indiana, em 1942. Ele não foi à Loja muitas vezes em seus últimos anos, mas pagava suas taxas e mantinha contato. Além disso, era um frequentador de Lawrence, Indiana, auxiliando na construção de um posto do VFW e sendo membro de outro. Bob e sua esposa, Vera, eram visitantes bastante regulares da pista de dança do Grotto local. Tudo que ele mais amava era sentar em uma taberna ou em um posto, bebericar a mesma cerveja durante toda a tarde, e contar histórias; aquela voz estrondosa saindo daquele homenzinho magro, mesmo quando ele tentava sussurrar, alcançava o outro lado de uma sala lotada.

Nos últimos anos, Bob retirou-se para Dallas, Texas, mas ainda conseguia dirigir de volta para casa em Indiana todo ano, em maio, para anunciar na pista. E, por fim, recebeu seu broche de 50 anos de maçom. Em Dallas, ele nunca ia a uma Loja, mas foi um dos pilares nos postos do VFW e

Capítulo 16: Então Você Quer Se Tornar um Maçom 291

estava sempre criando uma biblioteca, tocando discos em um baile ou apenas bebericando uma cerveja sem álcool e passando o tempo com os amigos. Ele parecia conhecer todos no bairro e sempre sabia como fazê-los sorrir. Ninguém era estranho para Bob, e, até mesmo quando sua saúde o abandonou, sua esposa faleceu e seu humor tornou-se menos paciente, em público ele sempre era o centro das atenções e seu amigo instantâneo. Bob sempre me tratou como um de seus próprios filhos.

Então, quando ele morreu, estávamos em um dilema e decidimos fazer o seu funeral no Texas, onde ele passou os últimos 15 anos de sua vida. Certificamonos de que a maior capela para funeral fosse reservada a fim de conseguirmos acomodar seus muitos amigos. No último minuto, minha esposa lembrou-se de que seu pai fora maçom, e nós sabíamos que os maçons realizavam um serviço fúnebre para os Irmãos falecidos. Então, tarde da noite de domingo, antes do funeral de segunda-feira, nós começamos a ligar loucamente para cada Loja maçônica em Dallas e Fort Worth. Por fim, encontramos um zelador que trabalhava até tarde, o qual disse que tentaria entrar em contato com alguns dos Irmãos. Nós não ficamos com muita esperança.

No dia seguinte, descobrimos, para nossa grande consternação, que praticamente ninguém apareceu, e que deveríamos tê-lo levado para casa em Indiana, afinal. Aquela capela cavernosa estava povoada por nós quatro de sua família, um vizinho e as três pessoas que viviam com ele. E dez maçons.

Dez homens que não o conheceram, chamados por um estranho em uma noite de domingo, largaram o que faziam naquela manhã para dizer adeus a um Irmão que nunca conheceram e prestar assistência à sua família. Tenho certeza de que todos os dez tinham obrigações no trabalho e com suas famílias. Mas nenhum deles estava cansado demais ou ocupado demais para estar lá por um Irmão. Eles realizaram um serviço memorial muito mais comovente, reconfortante e conclusivo do que o pastor alugado que pronunciava o sobrenome de Bob errado cada vez que o dizia. E, quando tudo acabou, eles permaneceram e deixaram claro que iriam nos ajudar da maneira que pudessem. Esse não foi um gesto vão, não era nenhuma recitação oca de chavões para estranhos. A sua oferta de ajuda era sincera, o cumprimento de uma obrigação que todos juraram respeitar.

Foi por isso que eu me afiliei.

Nós, infelizmente, estamos cercados por uma sociedade de indiferença e isolamento cada vez mais fria, povoada por pessoas que se tornaram amedrontadas ou ocupadas ou egoístas ou céticas ou entediadas demais para se dar ao trabalho de deixar suas casas e simplesmente descobrir os nomes de seus vizinhos da casa ao lado. No entanto, a Maçonaria sobrevive, ensinando e celebrando o comprometimento, a honra, a tradição, a integridade, a verdade, a responsabilidade — palavras e ideias que saíram de moda e tornaram-se conceitos estranhos para muitas pessoas neste mundo. Quando você ajuda no aprendizado e na passagem do ritual maçônico, torna-se outro elo numa longa, honrosa e antiga cadeia. A tradição dos Estados Unidos é povoada por maçons que infundiram as bases do país com as filosofias e os fundamentos intrínsecos que aprenderam com a Maçonaria.

Estou longe de ser um homem perfeito, mas o simples ato de colocar um daqueles aventais que eu há muito tempo ridicularizei, posicionar minha mão sobre a Bíblia e as ferramentas antigas de um ofício cujas origens estão envoltas em antiguidade, e prestar obrigações a um mundo de Irmãos — que estão tão prontos para me apoiar em uma capela vazia e silenciosa e estender suas mãos em amizade e ajuda para minha própria família quando eu me for, assim como os dez irmãos fizeram em Dallas naquele dia por Bob —, é um dever que me sinto honrado e orgulhoso de assumir.

Para Ser Um, Pergunte a Um

Com poucas exceções, os maçons não vão lhe convidar para se afiliar. Um dos princípios mais antigos da fraternidade é que um homem deve pedir "por sua livre vontade e iniciativa". Seus amigos maçons não devem pressioná-lo, e você deve bater na porta da Loja porque tem uma boa impressão da fraternidade, não por simples curiosidade ou pelo desejo de ascensão social ou financeira.

Existem algumas exceções para a regra do "não pergunte". Muitas Grandes Lojas alteraram suas regras para permitir leves sugestões hoje em dia, a fim de evitar aquele problema de por que o pai nunca chamou seu filho para participar.

Encontrando um maçom

Ficaram para trás os dias quando todos sabiam quem e o que os maçons eram. Você pode não conhecer maçom algum, mas, novamente, você pode muito bem conhecer um maçom sem perceber. Se o seu pai ou seus tios não são maçons, tente seu avô. Pergunte no seu local de trabalho, também.

Reconhecer maçons é muito fácil nos dias de hoje. Eles usam anéis maçônicos (como o mostrado na Figura 16-1), chapéus, fivelas de cintos, broches, gravatas e paletós. Seus carros têm pequenos medalhões redondos no para-choque, exibindo símbolos da Loja ou de alguns dos corpos aliados. Nos EUA, mais de 30 estados emitem, ainda, placas de carro especiais para os maçons.

Figura 16-1: Muitos homens reconhecem os maçons primeiro em função de seus anéis maçônicos.

por cortesia de Christopher Hodapp

Encontrando uma Loja

Se você não consegue encontrar nenhum maçom para pedir, procure uma Loja então. As Lojas não se escondem nos Estados Unidos (nem no Brasil). A maioria é bastante fácil de ser encontrada — elas geralmente exibem um esquadro e um compasso em algum lugar do prédio. As iniciais *M. L. & A.* (Maçons Livres e Aceitos) ou *M. A. L. & A.* (Maçons Antigos, Livres e Aceitos) também são uma pista. Se você não consegue encontrar uma Loja, veja se a sua cidade tem um Rito Escocês ou um Centro Shriner — eles poderão colocá-lo na direção certa. Peça para fazer uma visita quando você estiver lá — os maçons são muito orgulhosos de seus edifícios.

Quase toda Grande Loja tem um site com informações de contato, e muitas simplificaram o processo para encontrar uma Loja perto de sua casa ou empresa (uma busca rápida na internet é tudo o que precisa). A maioria das Lojas locais possuem sites também.

Entrar em um prédio de Loja quando você avista carros no estacionamento é uma péssima maneira de chamar a atenção dos membros. Entrar durante uma reunião da Loja provavelmente assustará o pobre do *Cobridor* (o guarda com a espada). Ele talvez não o ataque com a espada — esse tipo de coisa não é mais popular desde a Idade Média —, mas nunca se sabe. Só para ter certeza de que você não vai perder um dedo ou ter o olho arrancado, veja se a Loja possui um evento público para acontecer. As Lojas frequentemente têm cafés da manhã e jantares públicos, festas abertas ao público, posse dos oficiais ou eventos de captação de recursos onde você pode conhecer alguns dos membros.

Depois de encontrar uma Loja, é provável que você tenha muitas perguntas a fazer. Certifique-se de obter boas respostas. Você quer desfrutar a Loja a qual se afilia, então tenha certeza de que você se sinta confortável e bem-vindo.

Os maçons não querem apenas novos membros, mas também compartilhar as experiências da Loja com você. Eles não estão autorizados a dizer-lhe tudo sobre as cerimônias ritualísticas, mas devem ser muito abertos sobre todo o resto. Reúna-se com os membros algumas vezes. Pergunte se a Loja possui outros membros de sua idade, mas também seja receptivo ao fato de você fazer novos amigos de outras gerações. Os membros ativos em minhas próprias Lojas (eu pertenço a duas delas) têm idades que variam de 18 até 90 anos, e eles são todos grandes amigos. Não desanime de se afiliar a uma Loja só porque você viu um monte de cabelos grisalhos.

Afiliando-se a uma Loja

Quando você encontrar uma Loja da qual gostaria de participar, está pronto para começar o processo de petição. Nas seções seguintes, eu lhe informo sobre algumas qualificações básicas necessárias para você se tornar um maçom (as qualificações específicas variam de uma Loja para outra, mas algumas regras gerais se aplicam), e então eu lhe guio pelo processo que vai da petição à adesão plena.

Qualificando-se para a adesão

As qualificações para se afiliar a uma Loja podem variar de uma jurisdição para outra, mas algumas qualificações básicas são comuns a todas as Lojas maçônicas *regulares* (discuto a questão da regularidade e do reconhecimento maçônico no Capítulo 5):

- **Você deve acreditar em um Ser Supremo.** Nenhum ateu ou "libertino irreligioso" pode tornar-se um maçom, mas suas crenças e filiações religiosas são da sua conta. Os maçons só se importam com o fato de você acreditar em Deus, e não com o local onde você vai rezar para ele.

- **Você deve se associar por vontade própria.** A Maçonaria exige um comprometimento de tempo e esforço. Não deixe que o seu pai, seu tio, seu vizinho ou seu amigo pressionem você a se juntar. Afilie-se porque você quer.

- **Você deve ser um homem.** A Maçonaria regular e convencional é uma instituição só para homens.

- **Você deve ser "nascido de ventre livre".** A Maçonaria não se envolve em discriminação racial. O termo "nascido de ventre livre" é um resquício da época em que escravidão, servidão e vínculo eram comuns. Isso significa que um homem deve ser seu próprio senhor, e não estar preso a outro homem. Isso não é um problema hoje em dia, mas a linguagem é mantida devido à sua antiguidade e a um desejo de manter a herança da fraternidade.

- **Você deve ser maior de idade.** Dependendo da Grande Loja, isso pode ser qualquer idade entre 18 e 21 anos. A maioridade no Brasil é atingida aos 18, mas alguma Lojas exigem a idade mínima de 21 anos..
- **Você deve ser bem recomendado.** Pelo menos dois maçons da Loja para a qual você está peticionando devem recomendá-lo. Isso não é problema algum se seu amigo, parente ou colega de trabalho traz você para a Loja dele. Mas, se você é um estranho para todos os membros, deve investir um tempinho para conhecer um ou dois deles.

A Maçonaria não se preocupa com a sua riqueza terrena ou com sua posição social. Tanto o presidente quanto o zelador do banco podem solicitar a adesão, e eles são considerados igualmente qualificados.

Outras questões importantes serão feitas antes de você ser autorizado a participar de uma Loja:

- **Você é imparcial com os amigos e livre de influência de quaisquer motivos mercenários?** Não solicite a adesão se você acha que usará o seu cartão de membro para se livrar de uma multa ou para fazer contatos para o seu negócio.
- **Você tem uma opinião favorável sobre a Maçonaria?** Você deve ter um desejo de conhecimento e uma vontade sincera de servir à humanidade. Se você está apenas curioso sobre o que se passa por trás de portas trancadas, leia o resto deste livro.
- **Você concorda em seguir as regras?** Não há nada de especialmente assustador aqui. Há taxas a pagar, reuniões para assistir, e você deve evitar comportamentos inapropriados. Academias e parques na cidade têm os mesmos requisitos.

Peticionando para se afiliar à Loja

Quando você decidir sobre a Loja a qual quer se afiliar, faça uma petição. Esse documento é um questionário padrão, normalmente fornecido pela Grande Loja para as Lojas em sua jurisdição. Responda a todas as perguntas de forma completa e sincera.

Todas as Lojas cobram anuidade (na Europa e no Brasil, as taxas geralmente são pagamentos mensais, ou *assinaturas*). A maioria das Lojas também cobra uma taxa de petição ou de iniciação. Certifique-se de que você compreende todos os custos antes de aderir a uma.

Depois de entregar o seu pedido, o Secretário da Loja apresenta sua petição para os membros na próxima reunião regular de trabalho (às vezes chamada de uma reunião *declarada*). Nos Estados Unidos, a petição é lida para todos os membros, e o Venerável Mestre nomeia uma comissão de investigação para se encontrar com você em um âmbito oficial e investigativo.

Sendo investigado

Nos Estados Unidos e no Brasil, o método mais comum de investigação é por uma comissão de investigação, caracterizada por ser os olhos e os ouvidos da Loja. Como nem todos os membros da Loja podem se encontrar com você, a comissão se encontra e emite um relatório. A comissão pode encontrá-lo na Loja, em um restaurante local ou até mesmo em sua casa, de acordo com os costumes da Loja. Os membros da comissão podem encontrá-lo em grupo ou individualmente. Alguns podem até mesmo telefonar para você como parte da investigação.

Reunir-se com a comissão de investigação é quase como ter de passar por uma entrevista de emprego. Use a investigação como uma oportunidade para obter respostas para todas as suas perguntas, além de responder às perguntas que eles têm para você.

A comissão se apresenta na próxima reunião de trabalho. Estas duas reuniões — a reunião quando a comissão de investigação é nomeada e a reunião na qual ela relata suas conclusões — geralmente acontecem com um mês de intervalo. Em algumas jurisdições, você tem um atraso adicional, pois as petições são encaminhadas para a Grande Loja visando uma análise mais aprofundada. Esteja ciente de que algumas jurisdições podem também realizar uma verificação de antecedentes criminais e que condenações criminais não são bem-vistas.

Tenha em mente que algumas Lojas possuem o costume de não se encontrarem, ou *ficarem no escuro*, durante os meses de verão. Essa tradição remonta aos dias em que os agricultores precisavam estar em seus campos com constância durante parte do ano. Também era costume ficar no escuro devido à falta de ar-condicionado em salas quentes, abafadas e localizadas no andar de cima das Lojas. Por isso, se você notar uma demora de mais de um mês no verão, não ache que está sendo ignorado.

Fora dos Estados Unidos, o processo de investigação e entrevista pode variar muito. Algumas Lojas exigem que o postulante escreva uma redação explicando por que ele deseja se afiliar. Algumas levam o postulante à Loja com os olhos vendados e fazem-lhe perguntas. Outras colocam a petição e uma foto do postulante na Sala da Loja por um período e permitem a qualquer maçom que saiba alguma coisa sobre ele se manifestar e relatar o que sabe.

Votando

Depois que as comissões de investigação se reportam à Loja, a sua petição é votada. A eleição (ou rejeição) de um candidato em uma Loja maçônica é um voto secreto, e, com poucas exceções, deve ser completamente unânime. Um voto contra o postulante em geral o rejeita.

A Grande Loja de Nova York mudou recentemente suas regras para exigir três votos negativos a fim de rejeitar um postulante. Essa alteração foi feita para considerar a possibilidade de um eleitor louco. O raciocínio é que, se um membro

Capítulo 16: Então Você Quer Se Tornar um Maçom   *297*

da Loja tiver uma razão pela qual o postulante deva ser rejeitado, ele deve levantar-se e dizer à Loja o porquê, em vez de simplesmente votar em segredo.

Se uma Loja rejeita um postulante, a maioria das Grandes Lojas possuem regras que exigem um período de espera antes de ele poder peticionar para aquela Loja novamente ou tentar peticionar em outra. Esse período é de geralmente um ano.

Agendando suas cerimônias de grau

Depois que você é eleito para receber os graus da Maçonaria, o único passo restante é a Loja agendar suas cerimônias de grau (veja o Capítulo 6 para obter detalhes sobre os rituais de grau). Dependendo do estado ou do país onde você se encontra, bem como dos costumes de sua Loja, você pode ter algumas opções relativas à sua atribuição de grau.

Provando sua proficiência

A maioria das Lojas prefere que você passe pelos seus graus sozinho, um de cada vez, com um certo período de espera entre eles. Você, sem dúvida, terá de provar sua *proficiência* (conhecimento do grau) antes de passar para o próximo, então um mentor será designado para você — possivelmente um dos homens que assinaram a sua petição.

A cédula maçônica

Para votar na Grécia antiga, uma pequena bola de argila era dada a cada eleitor, que colocava a bolinha em um dos vários potes para eleger seu candidato favorito. A palavra *ballot,* cédula em inglês, vem da palavra italiana para uma bola pequena — *ballota*.

Em uma Loja maçônica, não há adulteração na apuração. A votação em uma Loja é feita com um sistema muito antigo e tradicional. O Primeiro Diácono carrega uma caixa por toda a sala e para em cada membro. Na caixa, há bolas brancas e pretas do tamanho de bolas de gude (veja a figura abaixo). A bola branca significa um *sim,* e a bola preta, um *não*. O membro coloca a mão em uma grande abertura em um dos lados da caixa, de forma que sua mão permaneça escondida da vista dos outros membros. No interior, do outro lado da caixa, há um orifício menor. Ele, então, escolhe a cor da bola que quer e a joga no pequeno orifício, onde ela cai em uma gaveta na parte inferior da caixa, registrando o voto. Quando todos tiverem votado, a gaveta é aberta, de modo que as bolas podem ser vistas, e o voto é contado.

É desse sistema de votação que o termo inglês *blackballing* (que significa ser excluído de um grupo) deriva. Em algumas Lojas, as bolas pretas foram substituídas por cubos a fim de evitar confusão enquanto se está tateando na urna escura.

(Continua)

(Continuação)

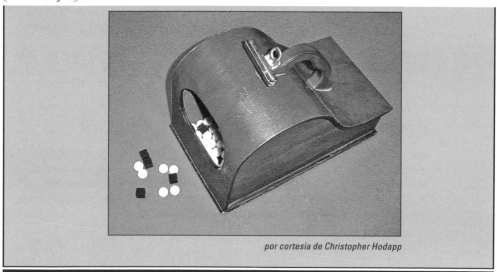

por cortesia de Christopher Hodapp

A proficiência maçônica é diferente de uma Grande Loja para outra e mesmo entre Lojas da mesma jurisdição. Há regras sobre alguns dos requisitos, enquanto os costumes locais prevalecem sobre outros. Alguns países exigem que você decore uma série de perguntas e respostas. Outros exigem um trabalho de pesquisa sobre um assunto maçônico, lido por você em Loja aberta. Outros ainda podem ter um programa de estudo para ensiná-lo sobre a história e os costumes da fraternidade. Cada jurisdição apresenta as suas diferenças.

Optando por classes de um dia

Algumas Grandes Lojas nos Estados Unidos oferecem controversas classes de um dia, o que lhe permite receber todos os três graus em um dia, sem período de espera. Em vez de participar nos graus, você se senta em uma plateia e testemunha o grau ser realizado, com um homem agindo como um *candidato exemplar*, representando você e seus "colegas de classe".

Cabe a você e à sua Loja decidir se uma classe de um dia se encaixa em sua situação. Essas classes não são universalmente oferecidas, e muitas jurisdições possuem grandes objeções a elas, como no Brasil.

Sendo recebido como um irmão

Quando você completar seus graus de Aprendiz, Companheiro e Mestre Maçom, será um membro pleno. Embora os corpos aliados ofereçam outros graus com títulos mais nobres, com números mais altos e joias mais impressionantes (veja os capítulos da Parte III), nenhum é mais importante do que se tornar um Mestre Maçom. Quaisquer graus adicionais devem ser

Capítulo 16: Então Você Quer Se Tornar um Maçom 299

considerados opcionais e uma espécie de equivalente maçônico a um curso de educação continuada. Um maçom do 32° grau do Rito Escocês, entretanto, não superará um Mestre Maçom de 3° grau.

Harry S. Truman: Um irmão maçônico

O presidente Harry Truman era maçom e Ex-Grão-Mestre da Grande Loja do Missouri antes de se tornar presidente. Ao passar por Indiana no trem da campanha eleitoral, um paramédico da marinha que havia servido como massagista do presidente disse a Truman que ele (o paramédico) ia receber seu grau de Mestre Maçom na Loja Beech Grove n°694, nos arredores de Indianápolis. Depois da parada de sua campanha, o presidente livrou-se da imprensa, pulou fora do trem e tomou um carro particular para a Loja com dois homens do Serviço Secreto atrás dele.

O Serviço Secreto tentou insistir em entrar na Sala da Loja com ele, mas o nervoso Cobridor não os deixava passar. Truman garantiu aos homens estar muito mais seguro na Sala da Loja do que em seu trem da campanha. Depois de examinar os maçons presentes e a própria Sala da Loja, Truman entrou para presenciar a elevação de seu Irmão maçônico. Naquela noite, Truman insistiu em ser apresentado não como presidente dos Estados Unidos, mas como o Ex-Grão-Mestre do Missouri.

Parte V
A Parte dos Dez

Nesta parte...

Nesta parte, você visualiza, de modo rápido e divertido, as pessoas, os lugares e as histórias notáveis conectadas aos maçons. Admito: o Capítulo 17 me deixou desconcertado, pois ele deveria ser uma lista de Dez Maçons Famosos, algo que não consegui. Escolher dez dentre milhões de homens maçons era quase indecente. Então, eu trapaceei: o Capítulo 17 é uma lista de dez *grupos* de maçons famosos. Pode me processar por isso.

O mesmo quase ocorreu no Capítulo 18. Tantas conspirações loucas, fraudes e acusações foram colocadas às portas da Maçonaria que é difícil deixar a lista em apenas dez. Portanto, no Capítulo 18, eu apresento as dez mais suculentas.

O Capítulo 19 ajuda você a planejar seu itinerário de viagem com dez grandes pontos turísticos maçônicos, desde as origens da Maçonaria até um bando de prédios extraordinários.

Capítulo 17

Dez Grupos de Maçons Famosos

Neste Capítulo

▶ Descobrindo maçons famosos por suas conquistas

▶ Identificando figuras históricas que eram maçons

*V*ocê poderia escrever uma lista dos dez maiores membros de muitas organizações. No entanto, como um número esmagador das melhores e mais brilhantes pessoas do mundo foram ou são maçons, uma lista de dez grupos de grandes membros faz mais sentido. O que apresento em todos os dez grupos está longe de ser uma lista abrangente dos maçons mais famosos e extraordinários — é apenas uma amostragem.

Fundadores

O maçom mais famoso dos Estados Unidos, **George Washington**, foi iniciado em 1752, em Fredericksburg, Virgínia. Após a Guerra da Independência, houve um forte movimento para unir os maçons do país em uma Grande Loja Nacional dos Estados Unidos, e a Washington foi oferecido o cargo de Grão-Mestre Nacional, o qual ele recusou. Em 1788, foi eleito Venerável Mestre da Loja Alexandria nº22. Quando a nova Capitol City, que acabaria por ter o seu nome, foi concebida sob o olhar atento do presidente, os maçons lançaram a pedra fundamental do novo edifício do Capitólio, em 1793, o qual Washington presidiu usando vestimentas maçônicas completas.

Outros maçons ilustres incluem:

▶ **Benjamin Franklin:** Inventor, editor, escritor e estadista, Grão-Mestre da Pensilvânia e membro da Loja das Nove Irmãs, em Paris;

▶ **Paul Revere:** Ourives americano e patriota, famoso por sua "Corrida noturna" e um Grão-Mestre de Massachusetts;

Marquês de Lafayette: Aristocrata francês que lutou com os Colonos Americanos contra os britânicos e era um grande amigo de George Washington;

Robert R. Livingston: Membro do Comitê Constitucional, que redigiu a Declaração de Independência, e um Grão-Mestre de Nova York;

John Hancock: Presidente do Congresso Continental de 1775 até 1777 e famoso por assinar seu nome em um tamanho grande na Declaração de Independência para que o "Rei George possa lê-lo sem os óculos";

John Marshall: Chefe de Justiça da Suprema Corte dos EUA de 1801 até 1835;

John Paul Jones: Pai da Marinha dos EUA;

Aaron Burr: Coronel da Guerra Revolucionária e aventureiro, vice-presidente de Thomas Jefferson depois de um empate ser decidido pelo Congresso, e responsável por matar Alexander Hamilton em um duelo famoso.

Exploradores e Aventureiros

A seguir estão alguns maçons pioneiros:

Davey Crockett: Explorador americano do Tennessee;

Jim Bowie: Explorador americano e inventor da faca Bowie, ou "palito de dentes do Arkansas";

Sam Houston: O homem que vingou o massacre no Álamo e derrotou Santa Anna na batalha de San Jacinto, tornando-se o primeiro presidente da República do Texas;

Christopher "Kit" Carson: Explorador americano e combatente de índios;

William "Buffalo Bill" Cody: Soldado americano e showman famoso por seu Wild West Show;

Meriwether Lewis e **William Clark:** Exploradores enviados pelo presidente Thomas Jefferson para o Pacífico com o intuito de mapear o desconhecido território ocidental dos Estados Unidos;

Charles Lindbergh: Pioneiro americano da aviação que fez o primeiro voo solo sem escalas pelo Atlântico em maio de 1927;

John Glenn, Gordon Cooper, Virgil "Gus" Grissom, Wally Shirra e **Edwin "Buzz" Aldrin:** Astronautas americanos, entre eles o primeiro americano a orbitar a Terra e o segundo homem a pisar na Lua;

Almirante Robert Edwin Peary, Matthew Henson, Robert Falcon Scott, Almirante Richard E. Byrd e **Sir Ernest Shackleton:** Cinco dos mais conhecidos exploradores do Ártico.

Os presidentes maçons

Quatorze presidentes norte-americanos são definitivamente conhecidos por terem sido maçons: George Washington, James Monroe, Andrew Jackson, James Polk, James Buchanan, Andrew Johnson, James Garfield, William McKinley, Theodore Roosevelt, William Taft, Warren Harding, Franklin Roosevelt, Harry Truman e Gerald Ford.

James Madison provavelmente foi maçom, mas não restou documentação alguma para provar isso. Lyndon Johnson recebeu o grau de Aprendiz em 1937, mas nunca seguiu em frente para se tornar um Mestre Maçom. Em 1988, Ronald Reagan tornou-se um maçom honorário do Rito Escocês ao mesmo tempo pelas Jurisdições maçônicas do Rito Escocês do Norte e do Sul, mas nunca recebeu os primeiros três graus da Maçonaria e não possuía os privilégios da adesão a ela. Bill Clinton se afiliou à DeMolay quando era adolescente, mas nunca se tornou um maçom.

Abraham Lincoln solicitou a adesão em uma Loja em Springfield, Illinois, logo depois de ser nomeado para a presidência em 1860. Lincoln retirou o seu requerimento porque se preocupava que isso fosse interpretado como uma manobra política para ganhar votos. Lincoln disse à Loja que a sua intenção era voltar a apresentar o seu requerimento quando retornasse à vida privada.

Pioneiros da Ciência e da Medicina

Muitos maçons desempenham um papel importante nas fronteiras científicas e médicas. Entre eles estão os notáveis:

- **Edward Jennen:** Descobridor da cura para a varíola e inventor do conceito de vacinação;
- **Joseph Lister:** Cirurgião e cientista, foi pioneiro no conceito de antissépticos na medicina;
- **Alexander Fleming:** Bacteriologista escocês que ganhou o Prêmio Nobel por sua descoberta da penicilina, abrindo as portas da terapia com antibióticos para doenças infecciosas;
- **Vannevar Bush:** Pioneiro da computação e o primeiro homem que previu a internet em 1945.

Atores e Apresentadores

Filmes, música... diabos, a indústria do entretenimento já teve bastante maçons em seu meio, incluindo estes homens:

- Todos os sete **Ringling Brothers**, famosos no circo;

- **Fiorenz Ziegfeld**, o maior showman da Broadway de todos os tempos e criador do Ziegfeld Follies;

- Os ases do Jazz **William "Count" Basie** e **Lionel Hampton**;

- Os influentes fundadores de estúdios de cinema **Louis B. Mayer** (MGM), **Jack L. Warner** (Warner Brothers), **Carl Laemmle** (Universal Studios) e **Darryl F. Zanuc**k (20th Century Fox);

- Os lendários diretores de cinema **Cecil B. DeMille** e **D.W. Griffith**;

- Os astros de Hollywood **Douglas Fairbanks, John Wayne** e **Clark Gable**;

- **Harry Houdini** (Erich Weiss era seu nome real), o imortal mágico americano, showman e artista da fuga;

- Os comediantes de Hollywood **W.C. Fields, Harpo Marx, Red Skelton, Richard Pryor** e **Bronson Pinchot**;

- O ator **Peter Sellers**, mais lembrado por *Dr. Fantástico* e pelos filmes da *Pantera Cor-de-Rosa*;

- **Ernest Borgnine** e **Telly Savalas**, atores notáveis;

- **Audie Murphy**, um ator que foi o soldado mais condecorado da Segunda Guerra Mundial;

- **Mel Blanc**, a voz de todos os personagens do Looney Tunes;

- O ator **Michael Richards**, conhecido como o Kramer em *Seinfeld* (Richards se afiliou depois de descobrir que seu ídolo cômico, **Red Skelton**, era maçom);

- **Brad Paisley,** guitarrista fenomenal e estrela da música country;

- **Phil Collins**, artista solo e vocalista dos Gênesis.

Atletas Incríveis

Entre os famosos maçons esportivos estão:

- **"Sugar Ray" Robinson:** Pugilista inesquecível, cinco vezes campeão mundial da categoria peso-médio do boxe;

- **Jack Dempsey:** O "Manassa Mauler", campeão peso-pesado de boxe de 1919 a 1926;

- **Joe Frazier:** Campeão peso-pesado de boxe;

- **Charlie Conacher:** Lenda do hóquei no gelo;

- **John Elway:** Quarterback dos Denver Broncos, pertencente ao Hall da Fama da Liga Nacional de Futebol Americano (NFL);

Capítulo 17: Dez Grupos de Maçons Famosos **307**

> ✔ **Scottie Pippen** e **Shaquille O'Neal:** Astros da NBA;
>
> ✔ **Sam Hornish Jr.:** Campeão da Indy Racing League.

Líderes Militares

Muitos líderes militares importantes da Europa e dos Estados Unidos foram maçons. **Arthur Wellesley, duque de Wellington**, grande herói de guerra inglês e brilhante soldado tático, conhecido como o "Duque de Ferro", e responsável por derrotar Napoleão em Waterloo, era maçom. Ele acabou tornando-se primeiro-ministro da Inglaterra. Embora muito se tenha especulado que seu inimigo eterno, Napoleão Bonaparte, foi um maçom também, não há qualquer prova documentada disso. No entanto, Napoleão restabeleceu a Maçonaria na França depois de ela ser proibida nos anos pós-revolucionários; além disso, todos os seus quatro irmãos eram maçons. Até mesmo a esposa de Napoleão, a **imperatriz Josephine**, era membro de uma Loja maçônica em Paris, a qual permitia mulheres.

O **Brigadeiro General Lewis Armistead**, que serviu com Pickett e Lee em Gettysburg, onde foi morto, era maçom (**George Pickett** também o era). Armistead era sobrinho do maçom **Major George Armistead**, cuja valente defesa do Forte McHenry contra a invasão britânica inspirou uma testemunha, o maçom **Francis Scott Key**, a escrever as letras para o hino nacional, "The Star-Spangled Banner" (cuja melodia na verdade é baseada em uma canção inglesa composta por **John Stafford Smith**, outro maçom). Até mesmo **James McHenry**, o Secretário da Guerra que deu nome ao forte, era maçom.

Os seguintes homens também foram maçons:

> ✔ **Eddie Rickenbacker:** Ás da aviação da Primeira Guerra Mundial, responsável por derrubar 21 aviões inimigos;
>
> ✔ **General Blackjack Pershing:** Herói das trincheiras na Primeira Guerra Mundial;
>
> ✔ **Jimmy Doolittle:** Intrépido aviador que, após o devastador ataque a Pearl Harbor, liderou um grupo corajoso de pilotos voluntários em uma espécie de ataque estilo Guerra nas Estrelas a Tóquio;
>
> ✔ **General Douglas MacArthur:** Lutou nas duas guerras mundiais, libertou as Filipinas durante a Segunda Guerra Mundial, e então governou o Japão no pós-guerra, onde é reverenciado como o pai da democracia japonesa;
>
> ✔ **General Omar Bradley:** General muito admirado da Segunda Guerra Mundial;
>
> ✔ **George Marshall:** General americano do exército e chefe de Estado maior do Exército dos EUA durante a Segunda Guerra Mundial; mais tarde, Secretário de Estado e Secretário de Defesa. Masrshall propôs um plano de recuperação da Europa após a Segunda Guerra Mundial, posteriormente conhecido como o *Plano Marshall*.

Empresários Importantes

Henry Ford, um titã da indústria americana, era maçom. Ele foi o fundador da Ford Motor Company, inventando o conceito de linha de montagem, a fim de alimentar o apetite insaciável dos Estados Unidos pelo seu Modelo T da Ford. Nem sempre um garoto-propaganda da boa conduta maçônica, ele era um antissemita virulento e nocivo, bem como antissindicalista capaz de usar toda e qualquer tática para controlar seus trabalhadores. No entanto, muitas das melhores ideias dos fundadores da indústria norte-americana, incluindo a semana de cinco dias de trabalho, a participação nos lucros, a jornada de trabalho média reduzida e os salários valendo duas vezes o salário-mínimo, foram ideias de Henry Ford.

Ford compartilhava os laços de fraternidade maçônica com **Walter P. Chrysler, Ransom E. Olds** (pai do Oldsmobile), **Andre Citroen** (conhecido como o Henry Ford da Europa) e **Harry Stutz** (criador da Stutz-Bearcat).

Outros maçons de espírito empresarial incluem os magnatas do século XIX, **Nathan Meyer Rothschild** e **John Jacob Astor**; **James C. Penney**, fundador da cadeia de lojas de departamento que leva seu nome; **Charles Hilton**, fundador da cadeia de hotéis Hilton; **David Sarnoff**, o "pai da televisão americana" e fundador da NBC; **Coronel Harland Sanders**, fundador do KFC; **Bob Evans**, fundador dos restaurantes Bob Evans; **Dave Thomas**, fundador do Wendy's; **Tim Horton**, jogador de hóquei canadense e fundador da maior cadeia de café e donuts do Canadá; e **Steve Wozniak**, cofundador da Apple Computer.

Jogadores no Mundo da Liderança

Os maçons tornaram-se grandes líderes ao redor do mundo. Entre eles estão:

- **Sir Winston Churchill:** Maior primeiro-ministro da Grã-Bretanha;

- **J. Edgar Hoover:** Fundador do FBI;

- **Fiorello Laguardia:** Três vezes prefeito de Nova York;

- **Robert Byrd:** Senador da Virgínia Ocidental;

- **Robert Dole:** Senador do Kansas;

- **Trent Lott:** Senador do Mississippi;

- **Jack Kemp:** Congressista de Nova York;

- **Hugo L. Black:** Juiz da Suprema Corte dos EUA;

- **Kalakaua:** Rei do Havaí;

- **John A. MacDonald:** O primeiro primeiro-ministro do Canadá;

- **Benito Juárez:** Presidente do México; herói nacional por expulsar a ocupação francesa e derrubar o imperador Maximiliano;

Capítulo 17: Dez Grupos de Maçons Famosos **309**

> ✔ **William IV, Edward VII, Edward VIII, George IV** e **George VI:**
> Reis ingleses.

Na Inglaterra, o cargo de Grão-Mestre é sempre oferecido a um membro da família real, geralmente o Príncipe de Gales. O atual Grão-Mestre é Sua Alteza Real, o **príncipe Edward**, **duque de Kent**, primo do príncipe Charles.

Líderes dos Direitos Civis Norte-americanos

Os maçons ativos na busca pela igualdade de direitos para todos os cidadãos dos Estados Unidos incluem os seguintes homens:

- ✔ **Josiah Henson:** Abolicionista e ex-escravo cuja fuga da escravidão no Kentucky inspirou Harriet Beecher Stowe a escrever *A Cabana do Pai Tomás*;

- ✔ **Booker T. Washington:** Educador e reformador; força motriz por trás do Instituto Tuskegee, a primeira escola normal e técnica para afro-americanos;

- ✔ **W.E.B. DuBois:** Sociólogo norte-americano; um dos fundadores da Associação Nacional para o Avanço das Pessoas de Cor (NAACP) e editor de sua revista, *Crisis*;

- ✔ **Julian Bond, Benjamin Hooks** e **Kweisi Mfume:** Outros notáveis participantes da NAACP com filiação maçônica;

- ✔ **Thurgood Marshall:** O primeiro membro negro da Suprema Corte norte-americana, o qual argumentou de forma bem-sucedida contra a doutrina de separados mas iguais no caso *Brown contra o Conselho de Educação*, decisão que integrou as escolas americanas;

- ✔ **Medgar Evers:** Ativista martirizado dos direitos civis;

- ✔ **Jesse Jackson:** Talvez o líder dos direitos civis mais famoso além de Martin Luther King, Jr.;

- ✔ **Al Sharpton:** Ativista e aspirante a político;

- ✔ **Thomas Bradley, Willie Brown, Cari Stokes** e **Andrew Young:** Prefeitos de Los Angeles, San Francisco, Cleveland e Atlanta, respectivamente.

Homens de Letras e Artes

O mundo das artes, da música e da literatura não seria o mesmo se não fossem as contribuições desses maçons famosos:

- **Wolfgang Amadeus Mozart:** Famoso compositor clássico e pianista virtuoso; deu um tema maçônico implícito a uma de suas óperas, *A Flauta Mágica*;

- **Joseph Haydn:** Compositor clássico da Áustria;

- **Jean Sibelius:** Compositor finlandês do período romântico;

- **Aleksander Pushkin:** Reverenciado poeta russo;

- **Jonathan Swift**: Escritor anglo-irlandês liberal e satirista, autor de *As Viagens de Gulliver*;

- **Alexander Pope:** Poeta e satirista;

- **Oscar Wilde:** Dramaturgo e poeta irlandês do século XIX, autor de *A Importância de ser Prudente* e *O retrato de Dorian Gray*;

- **Giovanni Casanova:** Escritor, estadista e saqueador aventureiro cujas exaustivas conquistas amorosas alcançaram a casa das centenas;

- **Robert ("Robbie") Burns:** O poeta nacional da Escócia; autor do poema *Auld Lang Syne*, cantado em muitos jantares maçônicos;

- **Sir Arthur Conan Doyle:** Criador de Sherlock Holmes;

- **Alex Haley:** Autor de *A Autobiografia de Malcolm X* e do muitíssimo popular *Negras Raízes*;

- **Sir Walter Scott:** Poeta escocês e autor de *Ivanhoé*;

- **Mark Twain:** Autor de *As Aventuras de Tom Sawyer, As Aventuras de Huckleberry Finn, Um Ianque na Corte do Rei Arthur* e muitos outros livros, todos repletos de comentários sociais mordazes disfarçados de ficção.

Rudyard Kipling

O autor e poeta Rudyard Kipling nasceu em Bombaim, Índia, em 30 de dezembro de 1865. Ele tornou-se maçom na Hope and Perseverance Lodge nº782 em Lahore Punjab, na Índia. Na verdade, na mesma noite em que foi elevado como um Mestre Maçom, foi, também, eleito secretário de sua Loja e registrou seus próprios graus na ata de lá. Sua exposição precoce às muitas raças e culturas da Índia, bem como à cultura distintamente britânica do Raj, deixou-o com um senso vitalício de fraternidade por toda a humanidade, o qual ele sentiu que seria melhor expresso na Maçonaria.

Quando Kipling deixou a Índia para ir à Inglaterra, ele se associou à Loja Mãe nº 3861 em Londres, bem como a outras duas, Authorˌs Lodge nº3456 e Lodge Builders Lodge of the Silent Cities Lodge nº4948. Em 1905, a Loja Canongate Kilwinning nº2 de Edimburgo, na Escócia, escolheu-o como poeta laureado. Em 1925, Kipling escreveu:

Capítulo 17: Dez Grupos de Maçons Famosos **311**

Fui Secretário por alguns anos na Hope and Perseverance Lodge nº782, EC (Constituição Inglesa) em Lahore, que incluía Irmãos de pelo menos quatro credos. Eu fui iniciado por um membro do Bramo Somaj, um hindu; fui passado por um muçulmano, e elevado por um inglês. Nosso Cobridor era um judeu indiano. Nós nos encontrávamos, é claro, no nível, e a única diferença que alguém poderia notar é que, em nossos banquetes, alguns Ir-mãos, impedidos de comer alimentos não preparados de maneira cerimonial, senta-vam-se diante de pratos vazios.

Os indianos de Lahore referiam-se à Loja Maçônica como uma "casa de má-gica" porque nada além de mágica po-deria reunir tantos homens de diferen-tes classes, castas e religiões. O poema de Kipling "A Loja Mãe" é uma bela ilus-tração da fraternidade especial que ele encontrou em sua Loja.

312 Parte V: A Parte dos Dez

Capítulo 18

Dez Conspirações, Antimaçons e Fraudes Incríveis

Neste Capítulo

▶ Descobrindo vigaristas astutos

▶ Expondo falsos maçons descontentes

▶ Desmascarando ardis diabólicos e estúpidos

Ao longo dos últimos três séculos, a Maçonaria tem sido acusada de tudo, desde adoração a Satanás e sacrifício de sangue até assassinato político e dominação do mundo. Como cada um desses mitos é relatado em todo o mundo com entusiasmo exaltado, cada um possui seu próprio ponto de exclamação (eles parecem mais autênticos dessa forma). Para conhecer muito mais histórias sensacionais, leia *Conspiracy Theories & Secret Societies For Dummies,* de Chris Hodapp e Alice Von Kannon.

Leo Taxil e a Grande Fraude!

Gabriel Antoine Jogand-Pagès nasceu em Marselha, França, em 1854, e, em uma idade muito tenra, apaixonou-se pela vida de um vigarista, assumindo, assim, o pseudônimo de Leo Taxil. Na sábia idade madura de 25 anos, Taxil decidiu capitalizar em cima da onda de sentimento anticatólico na França da época e começou a escrever uma série de sátiras, panfletos e histórias pornográficas contra a Igreja. Em 1881, ele aderiu a uma Loja maçônica. Depois de seu primeiro grau, foi expulso com rapidez por conta de seus repetidos desentendimentos com a lei devido a plágio e a outros ultrajes editoriais. Taxil precisava encontrar uma nova e melhor fonte de renda e diversão. Irritado por ser expulso da Loja, Leo concebeu uma fraude de mestre, mirando, dessa vez, em católicos *e* maçons.

Em 1885, ele dirigiu-se às pressas para a Igreja Católica e confessou seus pecados ao sacerdote local. Ainda adicionou, como brincadeira para testar o sigilo do confessionário, uma confissão completamente fictícia de um assassinato. Em seguida, sentindo-se um católico novo em folha e "indignado", começou a escrever uma série de denúncias fictícias dos rituais secretos dos maçons. Não importava a sua vivência apenas no primeiro grau, pois o que ele não sabia, inventava. Em pouco tempo, Leo publicou *Os Irmãos três pontos*, *O Anticristo e a Origem da Maçonaria*, *O Culto ao Grande Arquiteto* e *Os Assassinos maçônicos*.

Para sua grande diversão, Taxil tornou-se o queridinho da hierarquia católica e lhe foi concedida uma audiência privada em Roma com o Papa Leão XII, que se declarou seu maior fã e desejoso de não apenas mais livros, como também mais denúncias dos maçons, uma situação que Taxil achou ser absolutamente hilária e financeiramente lucrativa. Ele já estava se esgotando, mas logo criou o que se tornaria a história mais duradoura escrita por ele durante muitos anos.

A invenção mais fantasiosa de Taxil era uma versão da Maçonaria que ele alegou ser chamada de *Paladismo* ou *Alta Maçonaria Luciferiana*. Nessa obra, ele escreveu que o Paladismo fora criado e dirigido a partir de Charleston, Carolina do Sul, onde Albert Pike o fundou. De acordo com a sua história cada vez mais estranha, o Paladismo era uma versão unissex da Maçonaria, responsável por organizar orgias sexuais e adoração a Satanás entre os seus membros. Albert Pike, a quem Taxil deu o título de Sumo Pontífice da Maçonaria Universal, supostamente dirigia 23 Supremos Conselhos Confederados do Mundo, passando instruções a eles por meio de uma mulher chamada Diana Vaughan. De acordo com Taxil, a Sra. Vaughan foi capaz de dedurar Pike e seu bando profano de adoradores de Satanás quando escapou das garras diabólicas de uma Loja de Paladismo.

Toda a sua absurda e complicada história não continha um só grão de verdade, como também não havia uma verdadeira senhora chamada Diana Vaughan, que digitava os manuscritos de Taxil, mas o público engoliu. Felizmente para Taxil, Albert Pike morreu em 1891, então não houve muita chance de um processo de difamação do outro lado do mar. Desse modo, Taxil poderia alegremente escrever que Pike, o "Papa Luciferiano", reunia-se com Lúcifer toda sexta-feira às 15h (a nós só resta imaginar se era um almoço no meio da tarde, com direito a três martínis). As Lojas paladianas estavam envolvidas em adoração ao diabo, sexo ritual e quaisquer outros sacrilégios que Taxil pensasse.

Enquanto isso, outras pessoas febrilmente aumentavam as obras populares de Taxil sobre inexistentes Lojas paladianas para o sexo feminino. O bispo de Grenoble, na França, afirmou que essas Lojas femininas eram haréns das Lojas masculinas, e o bispo jesuíta Leon Meurin escreveu em seu livro *Sinagoga de Satanás* que *tudo* a respeito da Maçonaria era satânico, incluindo os aventais, os símbolos, os sinais e os apertos de mão.

Em 19 de abril de 1897, Taxil alugou um auditório da Paris Geographic Society e encheu o salão com uma lista de convidados cuidadosamente escolhidos, incluindo livres-pensadores, católicos e a imprensa. Em uma longa apresentação, ele soltou a bomba sobre todos eles: tudo o que ele havia escrito fora uma farsa meticulosamente concebida, com a intenção específica de humilhar a Igreja Católica por ser tão facilmente manipulada. A plateia irrompeu em clamores que se dividiam entre o riso e a raiva, dependendo de quem era o telhado de vidro. Sua confissão de 33 páginas foi impressa nos jornais na semana seguinte, tornando-se o assunto de Paris. Ele ganhara bastante dinheiro com seus livros e tirou sarro tanto dos maçons quanto da Igreja. Taxil deixou Paris e se recolheu para uma casa de campo muito agradável, onde morreu em 1907.

Mais de 100 anos depois de sua confissão, as citações de Taxil sobre a Maçonaria Luciferiana e suas citações fraudulentas dos escritos de Albert Pike ainda são apregoadas em novas obras antimaçônicas. Jack Harris, J. Edward Decker, James Holly, Gary H. Kah, William Schnoebelen, Jack Chick e até mesmo Pat Robertson (que *realmente* não deveria fazer isso, uma vez que seu próprio pai era maçom) publicaram livros antimaçônicos ao longo dos últimos 25 anos, utilizando porções das mentiras confessas de Taxil. Leo, o mentiroso, está morto há muito tempo, mas seu trote continua vivo.

Os Illuminati!

A versão para conspirações do mordomo em livros de mistério são os Illuminati. Se algo der *muito* errado ou *muito* certo no mundo, os teóricos da conspiração notoriamente começarão a gritar: "Foram os Illuminati!" Essa acusação instintiva ocorre por aí há mais de 200 anos, mas ninguém parece conseguir identificar exatamente o que ou quem de fato são os Illuminati ou o que eles fazem exatamente. Do mesmo modo, ninguém parece ter saído da organização e a denunciado.

Como discuto no Capítulo 4, Adam Weishaupt concebeu os Illuminati na Baviera na década de 1770. Originalmente, o pequeno grupo baseava-se em ideais do Iluminismo, e os membros questionavam os ensinamentos da Igreja e o direito divino dos reis de manterem seus cargos. No princípio, Weishaupt só queria ajudar a sociedade, mas ele rapidamente se convenceu de que as Igrejas e os governos precisavam ser derrubados para que o mundo se tornasse um lugar mais perfeito. Os Illuminati nunca atraíram, em seu auge, mais do que cerca de 2 mil membros europeus. A organização foi desmascarada publicamente, assim, Weishaupt fugiu desacreditado, e os Illuminati foram extintos por volta de 1785.

Em 1798, um pró-monarquista escocês chamado John Robinson escreveu *Provas de uma Conspiração Contra Todas as Religiões e Governos da Europa, Planejada durante as Reuniões Secretas de Maçons, Illuminati e Sociedades de Leitura, Coletadas de Boa Fonte* (ninguém faz títulos ágeis como esse hoje em dia). Enquanto isso, um abade francês chamado Augustin Barruel trabalhava em seu próprio best-seller de quatro volumes, *Memórias Ilustrando a História do Jacobinismo*. Ambas as obras desenvolveram a teoria de que os Illuminati causaram a Revolução Francesa ao vagar pela zona rural e plantar as sementes vis da heresia e da revolta entre os felizes e contentes camponeses franceses (os trabalhos de Barruel viriam a ser plagiados e reescritos como propaganda antijudaica, o notório *Os Protocolos dos Sábios de Sião*).

Para esses bajuladores do status quo, os Illuminati e os maçons eram a mesma coisa. Eles estavam em conluio entre si, e, mesmo que os Illuminati tenham acabado, ainda havia abundância de Lojas maçônicas por toda a zona rural a serem temidas e odiadas. Além disso, as mensagens perigosas de liberdade, igualdade e fraternidade foram incitadas neles. Assim nasceu o mito da Maçonaria como um celeiro de revolucionários e de Tramas de Dominação Mundial.

Ao longo dos anos, os Illuminati tornaram-se o bicho-papão geral de qualquer teoria conspiratória. Hitler achava que eles eram um grupo de judeus e maçons. A John Birch Society nos anos 1950 e 1960 levantou a bandeira anti-Illuminati, mas, diferente de Hitler, para essa sociedade, os Illuminati eram os fundadores do comunismo mundial. Dependendo de quem faz a acusação, os Illuminati são ou conservadores realmente assustadores ou liberais de fato assustadores.

A mais recente encarnação dos teóricos da conspiração Illuminati é aquilo rotulado como o movimento neoconservador americano. A internet está cheia de acusações afirmando que o governo dos EUA está agora repleto de membros dos Illuminati caracterizados como sionistas pró-Israel, usando seus poderes de controle do mundo para conquistar todas as nações árabes e islâmicas soberanas do Oriente Médio e colocá-las sob o controle do pequeno Israel. A saga continua.

Trilats, CFRs e Bilderbergers. Ai, Meu Deus!

Este mito é na verdade uma continuação das reivindicações da conspiração Illuminati. A crença é que *tem de* haver um grupo secreto de líderes mundiais obscuros que se reúnem e elaboram economias, políticas e eventos mundiais como uma partida realmente amigável de *Risk* com seus parentes menos queridos. *Tem* de haver. Os três grupos a seguir são os suspeitos mais comumente chamados. Entretanto, apesar das acusações sinistras em contrário, nenhum deles é uma organização maçônica, mas os fatos nunca reprimiram uma boa teoria da conspiração.

_____Capítulo 18: Dez Conspirações, Antimaçons e Fraudes Incríveis **317**

✔ **A Comissão Trilateral (The Trilateral Commission):** Este grupo (www.trilateral.org — em inglês) é na verdade um comitê não governamental de estudos interdisciplinares com cerca de 300 membros da América do Norte, da Europa e do Japão — as áreas dominantes da democracia no mundo. Os membros são líderes empresariais e antigos funcionários governamentais e das Nações Unidas, os quais se encontram regularmente e publicam os trabalhos apresentados em suas reuniões,

muitas vezes sobre questões a respeito da expansão da democracia. Se alguns maçons são membros, eles não constituem uma porção maior na comissão do que na sociedade em geral. Longe de ser secreto, você está livre para contatá-los visando obter uma lista de seus membros.

✔ **O Conselho de Relações Exteriores (Council on Foreign Relations):** O CFR (www.cfr.org — em inglês) é outro comitê de estudos formado por líderes dos EUA e do mundo dedicados à educação de políticos, jornalistas, empresários e estudantes sobre culturas, economias, políticas e questões de defesa internacionais. Mais uma vez, não é muito secreto. Ele publica a revista *Foreign Affairs*, e seu site lista os membros notáveis, com datas de reuniões e locais. Além disso, disponibilizam os relatórios anuais sobre uma ampla gama de tópicos para qualquer um.

✔ **O Grupo Bilderberg (The Bilderberg Group):** Esta organização (www.bilderbergmeetings.org — em inglês) é a mais estranha dos três. Criada em 1954 pelo príncipe Bernhard, em Oosterbeek, Holanda, seu nome foi tirado do hotel onde eles se reuniram nesse primeiro ano. Tudo começou no auge da Guerra Fria com o intuito de aumentar o entendimento entre os líderes da Europa e dos Estados Unidos. A teoria era de que se poderia evitar a Terceira Guerra Mundial no futuro se os líderes dos países envolvidos nas guerras mundiais anteriores tivessem a oportunidade de se encontrar e conhecer uns aos outros em um ambiente informal. A cada ano, 100 líderes governamentais, econômicos e empresariais são convidados para se encontrar e conversar livremente, sem a interferência dos meios de comunicação (ou de seus próprios eleitores). Alguns dos participantes notáveis no passado foram os ex-presidentes dos Estados Unidos, Bill Clinton, George H. W. Bush e George W. Bush; o ex-primeiro-ministro do Reino Unido, Tony Blair; os senadores norte-americanos, John Kerry e John Edwards; Bill Gates; Henry Kissinger; Donald Rumsfeld e Steven Spielberg, assim como celebridades europeias bem posicionadas. Os viciados em conspiração veem essa reunião ordinária como um plano maligno para um governo mundial, embora o grupo não proponha legislação alguma, não emita declarações políticas e não receba votos. Os participantes consideram-no uma oportunidade para conversar informalmente com as pessoas que são seus pares internacionais, sem CNN ou BBC analisando cada comentário informal *ad infinitum*. A lista de convidados a cada ano não é segredo, sendo disponibilizada por seu escritório na Holanda.

O 33º Grau Secreto!

Eu sou um maçom do grau 33, então sei tudo sobre as cerimônias Luciferianas e satânicas mega-hipermastersecretas que acontecem nas reuniões ultrassecretas dos membros do grau 33 do Rito Escocês. De qualquer forma, essa é a alegação desta farsa específica. Segundo a teoria, apenas 5% dos maçons do mundo conhecem os *verdadeiros* segredos da Maçonaria, e esses mesmos 5% controlam, de modo secreto, a fraternidade. Ou o mundo. Ou algo que é *realmente* grande. As razões e a extensão de seu controle maligno ficam um pouco nebulosas dependendo do acusador antimaçônico.

O grau 33 é uma honraria concedida aos maçons do Rito Escocês que serviram ao Rito Escocês ou à comunidade de forma extraordinária. Caracteriza-se como um prêmio de mérito ou serviço. *Não* é conferida secretamente. Na verdade, os destinatários do grau 33 são listados com regularidade, com suas fotografias, em revistas maçônicas. Os destinatários do grau 33 ficam inegavelmente orgulhosos de seu prêmio e têm direito de escrever *33º* após a sua assinatura em documentos maçônicos. Além disso, os maçons muitas vezes lhes dão um ar de dignidade extra, referindo-se a eles como "Ilustre 33".

Jack, o Estripador: Um Maçom!

Em 1976, Stephen Knight publicou *Jack the Ripper: The Final Solution* (Jack, o Estripador: A Solução Final), no qual teorizou que o assassino de Whitechapel, de 1888, era, de fato, o Dr. William Gull, médico particular de Vitória, a rainha da Inglaterra. Knight alegou que Gull era maçom e que fora ordenado pela rainha (ou pelo primeiro-ministro) a matar cinco prostitutas de Londres porque elas sabiam de um casamento secreto entre o neto de Vivi, o príncipe Albert Edward, e uma prostituta chamada Annie Crook. Eddy, como era conhecido, estava na linha sucessória do trono depois de seu pai, o Príncipe de Gales, e ser casado com uma prostituta era bastante ruim. O pior foi o fato de ela ser católica e, agravando o escândalo, supostamente ter dado luz a uma filha.

Segundo a teoria, o Dr. Gull matou as mulheres que sabiam sobre o casamento e a criança de acordo com o ritual maçônico. Cortou-as de orelha a orelha, conforme descrito na penalidade para o Aprendiz. Além disso, abriu não apenas a mama esquerda ou as duas, como na penalidade para o Companheiro, mas também o tronco, retirando os órgãos e até mesmo queimando-os, conforme descrito na penalidade do Mestre Maçom.

A outra "evidência" foi uma mensagem rabiscada em giz em uma parede perto de uma das cenas de assassinato: "The Juwes are the men That Will not be Blamed for nothing", ou, em português, "Os Judeus são os homens que não serão culpados por nada" (o autor não era exatamente um gramático, pois escreveu Judeus de forma errada em inglês). Sir Charles Warren, comissário da Polícia Metropolitana e maçom, ordenou a destruição da mensagem por medo de que sentimentos antijudeus fossem inflamados, e os judeus, culpados pelos assassinatos (já havia ocorrido vários quase motins e episódios de violência contra os judeus). A versão de Knight é que Warren apagou as palavras antes de elas serem fotografadas a fim de proteger os maçons. Knight acreditava que os "Juwes" eram os agressores de Hiram Abiff, chamados de Jubela, Jubelo e Jubelum, no Grau de Mestre Maçom. Não importa que ninguém além de Knight tenha se referido aos três rufiões no ritual como *Juwes*.

A teoria de Knight se baseia nas alegações de Joseph Sickert, que declarou ter aprendido a "verdade" por meio de seu pai, Walter Sickert, um conhecido excêntrico e pintor do período. Nos últimos anos, entretanto, Joseph desmentiu toda a história, alegremente chamando-a de "uma lorota colossal" e uma farsa. O livro de não ficção, *Jack, o Estripador: Retrato de um Assassino — Caso Encerrado*, da autora de mistério Patricia Cornwell, realmente traz um argumento convincente de que o Estripador era, na verdade, ninguém menos que o próprio Walter Sickert.

No entanto, Knight passou a escrever outro livro antimaçônico na tentativa de difamar ainda mais a fraternidade. Quando ele morreu, em 1985, em função de um tumor cerebral após ser atingido na cabeça durante uma partida de críquete, um companheiro antimaçom chamado Martin Short (não o comediante) foi ao rádio e deu a entender que os maçons tinham usado um raio ultrassom mortal para matá-lo. Não, eu não inventei essas coisas — eu não sou tão bom assim.

Nenhum pesquisador sério acredita na teoria William Gull/Maçonaria. Os três assassinos de Hiram Abiff foram removidos do ritual maçônico inglês 70 anos antes de os assassinatos do Estripador ocorrerem, e, de qualquer maneira, ninguém nunca os chamou de *Juwes*. Os corpos das mulheres foram horrivelmente mutilados, mas não havia um padrão neles que de fato sugerisse qualquer ligação com o ritual maçônico. Sir William Gull, então com 72 anos de idade, era cardíaco e recentemente sofrera um acidente vascular cerebral — muito improvável que fosse um homem propenso a correr por becos escuros atrás de jovens, e muito menos se encarregar do esgotante ato de trinchá-las enquanto elas se defendiam. Além disso, o público inglês dificilmente precisaria ser protegido dos escândalos de príncipes mulherengos, uma vez que eram tão comuns quanto capim. O direito inglês proibia um católico de ascender ao trono, e descobriu-se, para começo de conversa, que a verdadeira Annie Crook nem era católica. Hoje em dia, nenhuma evidência aponta para qualquer casamento secreto entre Crook e o Príncipe Albert Edward.

Essa teoria teria morrido na década de 1980 depois que Joseph Sickert se denunciou, se não fosse por seu renascimento em uma graphic novel de Alan Moore e Eddie Campbell chamada *Do Inferno*. O romance é considerado uma obra-prima do gênero das graphic novels (outro termo para uma história em quadrinhos muito longa, sofisticada e detalhada). Em 2001, foi transformado em um filme de mesmo nome, estrelado por Johnny Depp.

320 Parte V: A Parte dos Dez

Ainda assim, uma versão melhor da história foi feita em 1979. *Assassinato por Decreto* dramatizou a mesma história como um caso de Sherlock Holmes, estrelado por Christopher Plummer como Holmes e James Mason como Dr. Watson. Completamente falsa, ainda assim é uma história divertida — e apenas isso.

O Escândalo da Loja Italiana P2

Em 1895, a Loja maçônica chamada Propaganda Due (pronuncia-se *du-e*, italiano para "dois") abriu na Itália pela autoridade do Grande Oriente da Itália. Hoje, não é nenhum segredo que o governo da Itália, durante o século passado, estava tomado por corrupção, tanto antes como depois da Segunda Guerra Mundial. Na década de 1970, o Partido Comunista ganhou um enorme poder nas eleições Parlamentares Italianas, e o país foi assolado pela violência e pelo terrorismo. A Itália encontrava-se em uma confusão social, e os terroristas e membros da Máfia se deliciavam com isso. Foi a melhor coisa para a anarquia.

A Loja Propaganda Due encheu-se de empresários sem escrúpulos, assim como funcionários do governo e militares, muitos com ligações com a máfia. Em 1976, ela se tornou tão notória que o Grão-Mestre do Grande Oriente da Itália finalmente ordenou seu fechamento, retirou a sua carta e expulsou seus membros e seu Venerável Mestre, Lúcio Gelli, que recolheu os endereços dos membros e logo voltou à ação, batizando o grupo de P2 e, ainda, administrando-a como uma Loja maçônica. O fato de ela ser ilegal, não reconhecida e não sancionada por nenhuma entidade maçônica não importava.

Roberto Calvi, membro da P2, era um banqueiro milanês que, junto com Michele Sindora, um banqueiro a serviço da máfia, secretamente contrabandeava dinheiro para fora do país. Sindora também foi responsável pela gestão dos investimentos do Vaticano. Entre Calvi e Sindora, eles desviaram 80 bilhões de *liras* de dinheiro da Igreja (cerca de US$50 milhões). Logo quando o Banco Ambrosiano estava prestes a ser fechado, Calvi saiu da cidade e desapareceu.

Em 1981, os escândalos chegaram aos jornais. Havia tantos membros da P2 envolvidos no governo que a confiança do público despencou, resultando na queda do governo em maio. Explicações sobre a diferença entre os maçons reais e uma Loja fraudulenta de bandidos foram, em grande parte, ignoradas. Os jornais chamaram os maçons de ladrões e assassinos em alto e bom som. Eles foram acusados não apenas do assassinato do Papa João Paulo I, morto naquele ano depois de apenas 33 dias no cargo, mas também do bombardeio de um trem, matando 80 pessoas. Na época, o que não faltava na Itália era terrorismo antigoverno maluco, mas os maçons serviram como um ótimo bode expiatório.

Calvi apareceu em Londres em 1982, pendurado por uma corda sob a ponte Blackfriars, com os bolsos recheados de tijolos e os pés pendendo no rio Tâmisa. Os tijolos foram uma prova clara à imprensa de que os maçons o mataram. Por mais de 20 anos, o assassinato permaneceu sem solução, e os maçons foram quase universalmente culpados. Em 2005, apresentou-se uma

Capítulo 18: Dez Conspirações, Antimaçons e Fraudes Incríveis **321**

nova evidência que levou à acusação dos assassinos reais, comandados pelo chefe da máfia Pippo Calo — e não os maçons. No entanto, sempre que a P2 é mencionada hoje, a palavra *maçom* quase sempre se liga a ela.

Washington, D.C., É o Mapa de Satanás!

Dê uma olhada em um mapa de Washington, D.C., e olhe apenas para o norte e o leste da Casa Branca. Aí está! As ruas Massachusetts Avenue, Rhode Island Avenue, Connecticut Avenue, Vermont Avenue e K Street NW formam, de fato, um pentagrama de cinco pontas! É oculto! É o mal! É satânico! E o maçom George Washington colocou-o lá!

Aqui está a verdade chata: Washington contratou Pierre Charles L'Enfant para criar o projeto da nova cidade federal, mas foi o Secretário de Estado Thomas Jefferson que fez as recomendações iniciais de construção e a disposição das ruas, com base na topografia do terreno e em suas próprias ideias. Andrew Ellicott e Benjamin Bannecker foram contratados para pesquisar e executar os projetos. De todos os homens, apenas Washington e L'Enfant eram maçons e, além do fato de escolher o local, Washington estava pouco ligado ao projeto.

Mesmo se uma estrela de cinco pontas fosse deliberadamente incluída no projeto, para cair nessa brincadeira, presume-se que todos aceitam que uma estrela de cinco pontas é um símbolo do mal. Entretanto, apesar de todos aqueles filmes velhos de Peter Cushing sobre adoração ao diabo, nem todo mundo acredita nisso. Você também deve presumir que incluí-lo no plano de rua de Washington, de alguma forma, influenciaria o governo. E, por fim, você precisa acreditar que os maçons reverenciam o pentagrama como um símbolo de algum tipo de culto profano, o que não é o caso. Maçons não adoram símbolos. Eles usam-nos como dispositivos de ensino e mnemônicos, mas os símbolos propriamente ditos não são venerados. Algumas jurisdições maçônicas consideram a estrela de cinco pontas uma representação de Deus. Algumas a usam como um dispositivo mnemônico para os cinco pontos de irmandade, uma parte do grau de Mestre Maçom. Entretanto, a maioria nem sequer se refere a ela; é apenas um símbolo da Ordem da Estrela do Oriente, um grupo criado em meados do século XIX, muito depois que Washington, D.C., foi projetada (veja o Capítulo 13).

Não faltam pessoas que concordariam com a ideia de Washington, D.C. ser o mal, ou pelo menos um depósito incômodo de pragas, mesmo sem pentagramas Satânicos. Além disso, qualquer um que tenha dirigido por Washington em um dia movimentado provavelmente concordaria que a única explicação para os seus padrões de tráfego labirínticos é ele ter sido projetado pelo próprio Chifrudo. Posso sacar um mapa de praticamente qualquer cidade nos Estados Unidos e, de soslaio e ligando os pontos de forma seletiva, conseguir achar pentagramas. Qualquer cidade disposta em um formato de grade com uma ou duas ruas ocasionais na diagonal também chega a esse resultado. Indianápolis com certeza se parece com a rota de ônibus satânica de Belzebu.

A propósito, qualquer dia, pegue um mapa de Sandusky, Ohio. O maçom Hector Kilbourn planejou a cidade em 1818, usando dois conjuntos de ruas diagonais e alguns espaços abertos para reproduzir o compasso e o esquadro maçônicos e uma Bíblia aberta. Essa é a deixa para a música de órgão sinistra.

Um determinado site afirma que o Memorial Maçônico George Washington, na cidade vizinha de Alexandria, Virgínia, é um farol para os OVNIs e que o compasso e o esquadro gigantes na frente dele caracteriza-se como um sinal de navegação para suas aterrissagens. Essa história de mapa é bobagem, mas acredito que *isso* seja absolutamente verdadeiro (Ahã...).

Aleister Crowley, Satanista e Maçom!

O problema com a Maçonaria é que qualquer pessoa pode passear pelo interior do país e afirmar ser um maçom, sem que muitas pessoas possuam os recursos para questioná-la. Qualquer maluco pode escrever o seu próprio ritual, trancar-se em uma sala, colar um esquadro e um compasso em seu peito, e afirmar que está praticando Maçonaria. O que me leva a Aleister Crowley.

Crowley era um aventureiro do ocultismo. Ele era um místico, um escritor, um poeta, um crítico social e um pintor; escalou o Himalaia e estudou astrologia, química e ocultismo. Além disso, ele também era viciado em heroína e o que hoje chamaríamos de um predador sexual (ou, o que eles chamavam antigamente, um velho tarado doente da cabeça). Crowley sentia-se particularmente orgulhoso de ser chamado na imprensa de "O mais perverso do mundo". Mesmo quando criança, o jovem Aleister não ligava para a religião de seus pais, e sua mãe começou a se referir a ele, com frequência, como "a Besta" do livro do Apocalipse, um apelido que ele usava com orgulho em anos posteriores.

Na época em que entrou para a faculdade, Crowley estava obcecado com sangue, tortura e desejava ser sexualmente "degradado", tanto por homens quanto por "Mulheres Escarlates". Em 1899, ele se juntou a um clã de bruxas, onde rapidamente desgastou seu bom acolhimento com atitudes terríveis em relação às mulheres, além de exigências sexuais consideradas bizarras mesmo para os padrões de bruxas. Crowley abandonou a faculdade antes de se formar, mudou-se para Londres e começou a chamar a si mesmo de Conde Vladimir. Ingressou na Ordem Hermética da Aurora Dourada, um grupo místico em Londres, que acabou o processando pela publicação de seus rituais.

Os sentimentos de Crowley foram muito magoados. Ele adorava a notoriedade e desfrutava sua crescente reputação como satanista e bruxo negro. Em vários momentos de sua vida, ele se autodenominaria "Baphomet", ou se associaria com o 666, o número bíblico da Besta. Suas tentativas fracassadas de usar "magia sexual" para criar uma criança "mágica" foram romanceadas em seu livro *Moonchild*.

Capítulo 18: Dez Conspirações, Antimaçons e Fraudes Incríveis 323

Em seguida, Crowley tornou-se obcecado pela egiptologia e afirmou que o espírito do deus egípcio Horus divinamente ditara seu *Livro da Lei* para ele. O livro tornou-se a base para a sua própria religião, *Thelema*, e continha a regra primária pela qual ele baseava sua vida: "Faze o que tu queres será o todo da Lei." Isso não é uma filosofia, e sim uma desculpa — e não está exatamente no mesmo nível de "Ama o teu próximo".

Aleister Crowley foi iniciado em uma Loja maçônica irregular na Cidade do México em 1900. Ele recebeu o grau 33 de um corpo maçônico igualmente ilegal. Em seguida, afiliou-se a outra Loja francesa não reconhecida em Paris, em 1904. Crowley acabou por assumir e redefinir os rituais do *Ordo Templi Orientis*, inspirando-se bastante nos rituais da Maçonaria, bem como no Templarismo maçônico. As pessoas menos generosamente propensas diriam que ele os roubou. Independente da semântica, os rituais do *Ordo Templi Orientis* são muito diferentes daqueles da Maçonaria regular e reconhecida.

Ao contrário dos livros que afirmam outra coisa, e ao contrário das próprias alegações infinitamente fantásticas de Crowley, ele não possuía quase nenhum contato com a Maçonaria regular. Crowley nunca foi um maçom ativo, nunca foi reconhecido ou declarado como um maçom por qualquer corpo maçônico regular, e não teve absolutamente nenhum impacto sobre a Maçonaria. Ainda assim, o mito de ser maçom e de, de alguma forma, ser parte da Maçonaria persiste, e, com frequência, aparecem fotos de Crowley vestido com trajes maçônicos.

Os Maçons Fundaram o Nazismo!

Os maçons foram responsáveis pelo nazismo? Nem perto disso. Em 1912, um grupo de alemães crentes no ocultismo formaram uma fraternidade chamada de *Germanenorden*, com base nos escritos de Guido von List, um pesquisador austríaco de misticismo, que se tornou popular por escrever sobre *runas* (símbolos com significados e poderes supostamente místicos e mágicos). List também foi um dos primeiros a popularizar as teorias da raça ariana.

Um dos membros fundadores da *Germanenorden*, Rudolf von Glandeck Sebottendorff, estava envolvido em vários grupos ocultistas, místicos, antes e depois da Segunda Guerra Mundial, e, em 1909, alegou haver ingressado em uma Loja Memphis-Mizraim pseudomaçônica na Turquia. A partir de suas próprias descrições, essa Loja em particular combinava Rosacrucianismo, alquimia, astrologia e até mesmo sufismo islâmico — não exatamente o que alguém aceitaria como Maçonaria regular e reconhecida.

O *Germanenorden* rapidamente começou a sofrer com conflitos internos e, a partir dele, surgiu um outro grupo chamado de Ordem Germânica Walvater do Santo Graal, fundada por Hermann Pohl. Em 1918, Pohl fundou mais um grupo ocultista chamado *Thule Gesellschaft*, um grupo de estudo destinado aos que acreditavam nas filosofias de List, além de ser também uma agradável e inofensiva frente para estocar armas e munição visando atacar o crescente Partido Comunista.

Um ano depois, o Thule se juntou à Comissão de Trabalhadores Independentes e foi rebatizado de Partido dos Trabalhadores Alemães. Adolf Hitler encontrou um lar nesse paraíso infeliz de sem-tetos políticos e tornou-se o Membro nº7 no confuso grupo. Hitler rapidamente assumiu e escolheu a suástica como símbolo do grupo. No ano seguinte, mudou seu nome mais uma vez, desta vez para Partido Nacional-Socialista dos Trabalhadores Alemães, ou Partido Nazista, para encurtar. Durante esse período, as únicas pessoas a enriquecer eram aquelas que produziam as carteirinhas de sócio e material de escritório.

Depois de Hitler se tornar uma figura popular e chanceler em 1930, Sebottendorff decidiu seguir essa onda e se orgulhar, afirmando em um livro que suas próprias influências "maçônicas" e os trabalhos místicos e ocultos do *Thule* tinham sido não apenas uma grande e útil inspiração para Hitler, mas também a filosofia do nazismo. Hitler preferia acreditar que ele pensou em tudo por conta própria. O livro de Sebottendorff foi proibido pela polícia bávara secreta, e a Gestapo jogou-o em um campo de concentração antes de deportá-lo para a Turquia. Nenhum historiador sério jamais autenticou as alegações de Sebottendorff, e nenhuma organização maçônica legítima jamais apoiou o tipo estranho de Maçonaria que ele divulgava. O fato de Hitler proibir a Maçonaria em qualquer lugar que a encontrasse e executar ou jogar seus membros em campos de concentração deveria ser argumento suficiente de que não havia ligação séria alguma entre o nazismo e a Maçonaria. Mas o mito persiste.

Policiais Maçons! Juízes Maçons!

Há maçons no departamento de polícia! Há maçons sentados nos bancos da corte! Há maçons na prefeitura! E isso significa que...?

Litros de tinta foram derramados na imprensa britânica acusando a Maçonaria de ser um clube de elite de palermas de classe alta que preparam planos secretos com o intuito não apenas de excluir os arruaceiros e os vagabundos, mas também de ajudar uns aos outros enquanto pisoteiam sobre os incômodos pobretões. Se essas histórias ficassem apenas no festival de despeito e lamentações por parte dos editorialistas que se engajam em incitar as classes sociais, elas poderiam ser nada mais do que acusações insultantes e ignorantes. Infelizmente, na década de 1990, elas tornaram-se muito mais do que isso.

Em 1997, após uma longa e prolixa campanha, um membro do Parlamento chamado Chris Mullin finalmente convenceu o primeiro-ministro britânico, o ministro do Interior e a Câmara dos Comuns a permitirem audiências sobre a influência da Maçonaria no sistema de justiça criminal. Mullin estava convencido de que os policiais maçons concediam privilégios especiais para si próprios e para criminosos maçons, além de encobrirem a má conduta. Nos tribunais, ele acusou os juízes maçons de pegarem leve com os acusados que mostravam sinais maçônicos secretos do banco dos réus. Apesar de muita histeria na imprensa britânica, não foram encontrados padrões de corrupção, influência ou discriminação verdadeiros, mas permaneceu no público a percepção de que aquela panelinha de maçons não era nada de bom.

Por toda a Grã-Bretanha, foram aprovadas leis e regulamentos locais que exigiam que juízes, policiais, funcionários do governo e membros do Parlamento divulgassem publicamente a sua filiação à Maçonaria. Curiosamente, eles eram obrigados a fazê-lo, junto com a maioria de outros grupos de associação, como parte da Lei de Sociedades Ilegais da Grã-Bretanha, a qual foi revogada em 1967 por ser obsoleta. A diferença é que, até 2011, só os maçons eram apontados como algo perigosamente sorrateiro. Não importa o fato de outros membros de um clube de campo, de um grupo empresarial ou de qualquer outra associação poderem dar tratamento igualmente preferencial aos seus companheiros.

As leis antimaçônicas na Inglaterra e na Itália foram vistas pela União Europeia como violação da constituição da UE, sendo finalmente revogadas em 2009. No entanto, ainda persistem na Europa as suspeitas sobre policiais e juízes maçons.

Muitos antimaçons fazem bastante barulho sobre os juramentos prestados pelos maçons. Sim, os maçons prometem ajudar, auxiliar e socorrer os seus irmãos. A parte que a maioria dos detratores deixa de fora é que os maçons também prometem dar bons conselhos a um Irmão e, da forma mais gentil possível, lembrá-lo de seus erros e ajudá-lo na sua recuperação. Em nenhum lugar a Maçonaria incentiva um policial maçom a ignorar um Irmão fugindo de uma vitrine quebrada com um aparelho de televisão debaixo do braço.

326 Parte V: A Parte dos Dez

Capítulo 19

Dez Lugares Maçônicos Legais

Neste Capítulo

▶ Conferindo templos, salões e catedrais norte-americanos

▶ Descobrindo lugares maçônicos em todo o mundo

Se você está viajando pelo mundo em busca de grandes lugares maçônicos, o primeiro lugar para começar geralmente é a sede da Grande Loja de um estado ou país. Muitas vezes a sede é o maior e mais magnífico edifício maçônico na área, embora nem sempre seja o caso.

A Pantagraph Printing em Bloomington, Illinois, publica a indispensável *List of Lodges — Masonic*, atualizada a cada ano para ajudar o confuso viajante maçônico em busca de Lojas em diferentes jurisdições. Além disso, o livro em dois volumes *Freemasonry Universal,* de Kent Henderson e Tony Papa, é um guia completo para a Maçonaria reconhecida em todo o mundo; ele abrange muita coisa em matéria de contexto histórico e informações de contato para o maçom viajante.

Digamos, entretanto, que você está apenas à procura de uma grande oportunidade para uma foto enquanto passeia pela cidade. Ou você é um não maçom que não pode ir a uma reunião de Loja e ainda assim gostaria de espiar essas construções misteriosas. Neste capítulo, forneço uma lista dos meus dez locais maçônicos preferidos ao redor do mundo.

George Washington Masonic Memorial (Alexandria, Virgínia)

Localizado em Alexandria, Virgínia, no topo do Shooter's Hill, este monumento de 100 metros de altura serve a dois propósitos: é um memorial ao primeiro presidente e mais famoso maçom da América e também um monumento e um museu da fraternidade maçônica nos Estados Unidos. Ele inclui uma réplica da Sala da Loja maçônica de George Washington. A vista é incrível do ponto de observação. O local é apresentado no livro de Dan Brown, *O Símbolo Perdido*, e fez as vezes do Smithsonian no filme *A Lenda do Tesouro Perdido: Livro dos Segredos*. Por ser um símbolo da cooperação dos maçons nos Estados Unidos, uma parte da taxa de iniciação de cada maçom americano é destinada ao apoio desta estrutura magnífica. O site do memorial é `http://gwmemorial.org` (site em inglês).

Freemason's Hall (Filadélfia)

Localizado na 1 North Broad Street na Filadélfia, este edifício é a sede da Grande Loja da Pensilvânia e um dos mais incríveis edifícios de Grande Loja do mundo. Feito com exclusividade em 1873, baseia-se na arquitetura normanda. Cada uma de suas magníficas Salas de Loja tem um tema diferente. Você pode encontrar mais informações em seu site `www.pagrandlodge.org` (site em inglês).

Enquanto você está na Filadélfia, não deixe de visitar o Independence Hall. Há rumores de que um grupo de maçons se encontrava lá.

Masonic Temple (Detroit)

Localizado na 500 Temple Avenue, em Detroit, e inaugurado em 1926, o templo maçônico de estilo gótico é único entre os edifícios maçônicos do mundo. Contendo mais de 12 milhões de pés cúbicos de área, foi projetado para acomodar todas as Lojas Azuis de Detroit e corpos aliados. A torre de 14 andares oferece um lar para 26 Lojas, 1 consistório do Rito Escocês, 2 comanderias dos Cavaleiros Templários, 5 capítulos do Real Arco e 1 Conselho Críptico. O piso superior contém um auditório projetado para receber 800 espectadores apenas para conferir o grau de Mestre Maçom, e o auditório do Rito Escocês tem 1.600 lugares. Um andar inteiro é um enorme salão de treinamento para as marchas das equipes de treinamento dos Templários. O teatro principal (sim, outro) recebe 4.400 pessoas e é o principal local de eventos teatrais em Detroit hoje.

O Shrine domina a outra extremidade do edifício, uma outra estrutura de dez andares. Foi construído com salões de festas, uma biblioteca, uma sala de bilhar, uma barbearia, uma pista de boliche, uma piscina coberta e um ginásio, além de 80 quartos de hotel — no total, são mais de mil cômodos.

O maçom Henry Ford contribuiu generosamente para a construção do templo, e os maçons de Detroit sonharam alto antes da chegada da Grande Depressão — eles tinham ainda o seu próprio clube de campo. Seu site (em inglês) é `www.detroitmasonic.com`.

Catedral do Rito Escocês (Indianápolis)

Esta é a minha inclusão tendenciosa para o pessoal de casa. A Scottish Rite Cathedral (www.aasr-indy.org — em inglês), localizada na 650 North Meridian Street, em Indianápolis, é uma obra-prima gótica. Construída em múltiplos matemáticos de 33, é o maior edifício estritamente do Rito Escocês do mundo. Foi declarada "um dos sete edifícios mais belos do mundo" pela Associação Internacional de Arquitetos.

Igreja dos Templários (Londres)

Escondida atrás das paredes do Inns of Court, em Londres, junto a Fleet Street em Chancery Lane, a Igreja dos Templários, com o seu design circular característico e as efígies de pedra dos Cavaleiros Templários enterrados, é um lugar que todo membro dos Cavaleiros Templários deveria visitar (também é uma peça chave n'*O Código Da Vinci* de Dan Brown!). A Igreja pode ser um lugar muito ruim de se achar, e seus horários são muito fortuitos. Consulte o site (www.templechurch.com — em inglês) para encontrar os horários mais recentes — eles podem mudar por qualquer motivo. Continua a funcionar como uma igreja, e muitas vezes se realizam concertos lá.

Depois de ver a igreja, caminhe alguns quarteirões até a Chancery Lane e almoce no Pub Knights Templar.

Capela de Rosslyn (Roslin, Escócia)

Localizada em Roslin, na Escócia, seis milhas ao sul de Princes Street de Edimburgo, a Capela de Rosslyn é outro local importante para os fãs d'*O Código Da Vinci*, mas muito importante para os maçons também. A família St. Clair construiu-a, e ela contém muito simbolismo Templário e maçônico. Algumas pessoas acreditam que o Santo Graal está enterrado no fundo de seus alicerces. A capela é considerada por muitos uma ligação física entre os Cavaleiros Templários e a origem da Maçonaria escocesa. Seu site é www.rosslynchapel.org.uk (em inglês).

Grande Loge Nationale Française e Outros Prédios Maçônicos (Paris)

A *Grande Loge Nationale Française* (www.grandelogenationalefrancaise. com — em francês) tem uma sede contemporânea maravilhosa muito difícil de ser encontrada na 12 rue Christine de Pisan. É tão secreta que a maioria dos taxistas parece não conseguir descobrir onde ela fica. Muitas Lojas de Paris, assim como a Grande Loja, encontram-se nesse edifício.

Não deixe que questões de reconhecimento e regularidade impeçam-no de visitar outros ótimos locais maçônicos. Tanto a amplamente não reconhecida *Grande Loge de France* (`www.gldf.org` — em francês) como a irregular e não reconhecida *Grande Orient de France* (`www.museefm.org` — em francês) também têm edifícios memoráveis com museus. Você pode encontrar mais informações nos sites.

Os Cavaleiros Templários ficarão tristes ao saber que não há resquício da Preceptoria dos Templários em Paris, apesar de muitas ruas e até mesmo de uma estação de metrô terem nomes em homenagem ao templo. Napoleão III destruiu os últimos restos do templo no século XIX. No entanto, visite o lugar onde Jacques de Molay foi condenado à morte (veja o Capítulo 10). É o pequeno parque na borda ocidental da Isle de la Cité. O sul da França possui muitos locais Templários, e o Castelo de Chinon, no Vale do Loire, contém a torre onde de Molay foi preso; suas inscrições foram preservadas.

A Maçonaria no Brasil dá indícios de seu início por volta de 1797. Mas foi em 1801 que a primeira Loja regular foi formada no Rio de Janeiro. Durante este período, a Maçonaria deixou um rastro histórico muito bonito na construção do país. Infelizmente, muito desses monumentos ou Lojas, já não existem mais, mas é possível encontrar lugares onde todo o esplendor maçônico se mostra com o seu propósito para a humanidade.

Sede do Grande Oriente do Brasil (GOB) (Brasília)

Localizada na Avenida W-5, quadra 913, conjundo H Sul da Asa Sul, foi a primeira potência maçônica brasileira, também conhecida como obediência maçônica. Sua sede tem um grande espaço físico, com gramados ao seu redor e serve como o centro de direção das cerca de 2.400 Lojas ligadas a essa Obediência, o que engloba quase 100 mil maçons. Dentro existe uma biblioteca e um museu, onde é contada a história da Maçonaria brasileira.

Palácio do Lavradio (Rio de Janeiro)

Localiza-se na rua do Lavradio nº97. É uma edificação no melhor estilo neoclássico, considerado por muitos uma das mais importantes construções localizada no corredor cultural antigo desta cidade. A fachada traz um dos principais símbolos maçônicos, uma mãe pelicano alimentando sua prole e em seu interior é possível encontrar belíssimas obras de arte. Sua planta original é atribuída ao grande arquiteto francês Grandjean de Montigny. Foi a primeira sede do Grande Oriente do Brasil, fundado em 1822, que teve como seu primeiro Grão-Mestre José Bonifácio de Andrada e Silva seguido por Dom Pedro I, Imperador do Brasil.

Sede do Supremo Conselho do Grau 33 do Rito Escocês Antigo e Aceito para a República Federativa do Brasil (Rio de Janeiro)

Com uma fachada em mármore e vidro, a suntuosa sede do Supremo Conselho é um dos locais mais bonitos a serem visitados pelos interessados. Logo na linda entrada do jardim há uma bela estátua de um homem desbastando a pedra bruta como símbolo do trabalho maçônico. Há uma biblioteca maçônica, templos para reuniões e um auditório. Ela se localiza na Rua Barão, nº1317, Praça Seca.

332 Parte V: A Parte dos Dez

Parte VI
Apêndices

A 5ª Onda — Por Rich Tennant

- "Você quer saber por que uma organização idiota como a Maçonaria seria burra o suficiente para ter um esquadro e um compasso como símbolo? Bom, é aqui que o esquadro entra."

Nesta parte...

O mais antigo registro escrito da Maçonaria é um documento chamado de Manuscrito Régio, que estabelece a estrutura básica e as regras das guildas de pedreiros operativos da Idade Média. Deixo você dar uma olhada nele no Apêndice A.

Quase quatro séculos mais tarde, o Dr. James Anderson publicou o primeiro Livro das Constituições da Grande Loja da Inglaterra. Em contrapartida, são as regras e os regulamentos dos primeiros maçons especulativos, e a maioria das Grandes Lojas hoje adotaram as regras básicas estabelecidas por Anderson. Você vai encontrá-las no Apêndice B.

Apêndice A

O Manuscrito Régio

O Manuscrito Régio foi escrito por volta de 1390 d.C. É o mais antigo e, possivelmente, o mais importante documento maçônico existente. É incomum, por ser escrito como um poema, enquanto os documentos maçônicos que se seguiram estão em prosa. Além disso, foi escrito em uma época em que o catolicismo romano prevaleceu na Inglaterra, e contém uma seção sobre o comportamento apropriado na igreja. Inclui, também, muito da "história" lendária da Maçonaria e foi provavelmente interpretado de forma poética por um monge inspirado nos escritos maçônicos ainda mais antigos que já não existem mais. É um dos 99 documentos de idades diferentes chamados de *Constituições Góticas*, os quais compõem as primeiras regras para as guildas de pedreiros que acabaram por se tornar a moderna fraternidade da Maçonaria. Com o tempo, as Constituições Góticas tornaram-se menos influenciadas pelo cristianismo trinitário, e menos seculares, mas esse documento antigo possui um tom bastante religioso.

O documento original foi escrito em Inglês Antigo, difícil de entender. A versão que incluí aqui é uma tradução de James Halliwell, de 1840 (é, por essa razão, às vezes chamado de *Manuscrito Halliwell*). Ele encontra-se preservado no Museu Britânico, em Londres, ao qual foi doado em 1757 pelo Rei George II (razão pela qual é chamado de *régio,* "rei" em latim).

Um Poema de Obrigações Morais

Aqui se iniciam os regulamentos da arte da geometria, segundo Euclides.

Aquele que ler e procurar com atenção,
Encontrará escrito em um livro antigo
Sobre grandes senhores e também damas
Que tiveram juntos muitos filhos, por certo;
E não tinham recursos para mantê-los consigo,
Nem na cidade, nem no campo, nem na floresta cerrada;
Juntos, em assembleia, puderam se reunir
Para decidir o destino destas crianças,
Sobre como poderiam melhor conduzir suas vidas
Sem grandes males, preocupações ou disputas;

E também para a multidão que viria
De seus filhos após sua morte.
Eles os enviaram em busca de grandes funcionários
Para que então ensinassem a eles boas profissões.

E nós rezamos, pela graça de Nosso Senhor,
Por algum trabalho para nossos filhos fazerem,
Pelo qual possam ganhar suas vidas
Bem, honestamente e com segurança.
Naquela época, através da boa geometria,
Este honesto ofício da Maçonaria
Foi assim instituído e feito,
Reproduzido de todos esses funcionários;
A pedido desses senhores eles reproduziram a geometria,
E deram-lhe o nome de Maçonaria,
Para o mais honesto ofício de todos.
Os filhos desses senhores também começaram
A aprender dele o ofício da geometria
O qual ele havia tornado tão completo.

A pedido dos pais e também das mães,
Ele os ensinou este honesto ofício.
Ele era o melhor, e era honesto,
E deixou seus companheiros interessados,
Se naquele ofício ele os interessou
Ele deveria ser mais respeitado que os demais,
Esse grande funcionário se chamava Euclides,
Seu nome causava imensa admiração.
Porém esse grande funcionário ordenou,
A quem estivesse em mais alto grau que o seu,
Que ele deveria ensinar os mais simples
A serem perfeitos neste honesto ofício;
E então cada um poderia ensinar o outro,
E amarem-se uns aos outros como irmão e irmã.

Além disso, ainda determinou que
Ele deveria ser chamado de Mestre;
Pois, sendo o mais admirado,
Assim deveria ser chamado;
Porém os maçons nunca deveriam assim se chamar,
Entre eles, no ofício,
Nem súdito nem criado, meu querido irmão,
Ainda que um não seja tão perfeito quanto outro;
Cada um deverá se dirigir aos seus companheiros amistosamente,
Pois todos nasceram de mulheres.

Dessa forma, pelo bom engenho da geometria,
Começou o ofício da Maçonaria;
O funcionário Euclides sabiamente encontrou
Esta arte da geometria na terra do Egito.

No Egito, ele a ensinou amplamente
Em diversas terras, por toda a parte;
Muitos anos antes, bem o sei,
Deste ofício surgir nesta terra.
Este ofício chegou à Inglaterra, como lhes digo,
Nos tempos do bom Rei Athelstane;
Ele então construiu mansões e casas,
E altos templos de grande esplendor,
Para alegrá-lo dia e noite,
E para venerar seu Deus com toda sua força.
Este bom senhor amou muito seu ofício,
E propôs-se a reforçá-lo em toda a parte,
Pois encontrou diversas falhas no ofício;
Ele enviou mensageiros pela Terra

Em busca de todos os maçons do ofício,
Para virem a ele de forma justa,
A fim de corrigir todos esses erros
Em boa deliberação, caso ele viesse a decair.
Uma assembleia poderia ser constituída
De vários senhores em suas propriedades,
Duques, condes e também barões,
Cavaleiros, escudeiros e muitos mais,
E os grandes cidadãos daquela cidade,
Estariam ali todos em suas classes;
Estariam ali sempre presentes,
Para cuidar dos bens desses maçons,
Ali buscariam em sua sabedoria,
Como melhor administrá-los.

Quinze artigos eles ali buscaram,
E quinze pontos ali eles escreveram.

Aqui começa o primeiro artigo.

O primeiro artigo desta geometria;
O mestre maçom deve ser muito seguro
Firme, confiável e sincero,
Isto então jamais o fará se arrepender;
E pagará seus companheiros de acordo com o custo,
Como faziam com os mantimentos, bem o sabe;

E os pagará corretamente, por tua fé,
O que eles tiverem direito; E ao contratá-los não peça nada
Além daquilo que eles possam fazer;
E não os poupe nem por amor, nem por medo,

De ninguém aceitará suborno;
Nem do lorde, nem do companheiro, quem quer que seja,
Deles não aceite nenhuma forma de gratificação;
E como um juiz permaneça justo,
E então fará a ambos um grande bem;
E com sinceridade faça isso aonde for,
Sua admiração e seu ganho serão maiores.

Segundo artigo.

O segundo artigo da boa Maçonaria,
Como deve escutar aqui especialmente,
Que cada mestre, que seja maçom,
Deve estar presente à assembleia geral,
Portanto, ele deve ser sensatamente informado
De onde a assembleia terá lugar.

E àquela assembleia ele deve ir,
A não ser que tenha uma escusa razoável,
Ou de outra forma seja desobediente ao ofício
Ou a engano seja induzido,
Ou que uma doença o acometa gravemente,
Que ele não possa estar no meio deles;
Essas são escusas boas e adequadas,
Sem falsidade para aquela assembleia.

Terceiro artigo.

O terceiro artigo sem dúvida é este,
Que o mestre não tome um aprendiz,
Sem que possua bastante confiança para viver
sete anos com ele, como lhes digo,
A fim de aprender seu ofício, de forma compensadora;

Em menos tempo ele poderá não ser capaz
De dar lucro ao senhor, nem a si mesmo
Como deve saber, por bom senso.

Quarto artigo.

O quarto artigo deve ser este,
Que o mestre cuide bem dele,
Que não o torne um aprendiz escravo,
Nem o contrate por cobiça;
Pois o senhor a quem ele está ligado,
Pode chamar o aprendiz onde quer que ele esteja.
Se na loja ele for aceito,
Muito mal poderá causar ali,
E, se isso acontecer,
Pode ofender a alguns ou a todos.

Pois todos os maçons que estejam lá
Permanecerão todos juntos.
Se um aprendiz desses no ofício se estabelecer,
Com muitos infortúnios deverá contar;
Então, para mais tranquilidade, e por grandeza,
Tome um aprendiz de melhor nível.
Encontrei em escritos antigos
que o aprendiz deve ser de modos gentis;
E então em algum momento, o sangue de importantes senhores
Entrou nesta geometria que é muito boa.

Quinto artigo.

O quinto artigo é muito bom,
O aprendiz deve ser de sangue legítimo;
O mestre não deve, por nenhum motivo,

Tomar um aprendiz que seja deformado;
Isso significa, preste atenção,
Que ele deve ter todos os seus membros inteiros;
Para o ofício seria uma grande vergonha,
Formar um homem coxo e manco,
Pois um homem imperfeito de tal sangue
Não faria bem ao ofício.
Assim todos devem saber,
Que o ofício quer um homem vigoroso;
Um homem mutilado não tem forças,
Isso deve ser conhecido desde as noites de outrora.

Sexto artigo.

Não esqueça o sexto artigo

Que o mestre não prejudique o senhor,
Ao tomar um senhor como seu aprendiz,
Ainda que seus companheiros o façam, em sã consciência.
Pois naquele ofício eles devem ser perfeitos,
E o senhor não o é, veja bem.
Também é contra a boa razão,
Contratá-lo como seus companheiros o fazem.

Este mesmo artigo, neste caso,
Manda que o aprendiz dele receba menos
Do que seus companheiros, que são perfeitos.
Em diversos assuntos, saiba recompensá-lo,
O mestre deve então informar ao aprendiz,
Que seu pagamento logo aumentará.

E antes que seu contrato chegue ao fim,
Seu pagamento deve melhorar muito.

Sétimo artigo.

O sétimo artigo que aqui está agora,
Dirá muito bem a todos,
Que nenhum mestre, por favor ou temor,
Deve alimentar ou vestir um ladrão,
Nem deve jamais abrigar ladrões,
Nem alguém que tiver matado um homem,
Nem um outro quem tiver o nome manchado,
Para não levar o ofício à vergonha.

Oitavo artigo.

O oitavo artigo mostra aquilo
Que o mestre deve fazer muito bem.
Se ele tiver algum homem do ofício,
E se ele não for tão perfeito quanto deveria,
Ele deve substituí-lo o quanto antes,
E trocá-lo por um homem mais perfeito.
Tal homem, por imprudência,
Poderia trazer ao ofício pouco respeito.

Nono artigo.

O nono artigo mostra muito bem
Que o mestre deve ser sábio e forte;
Que ele não se encarregue de um trabalho,
A não ser que possa fazê-lo e terminá-lo;
E isso deve ser para proveito também dos senhores,
E de seu ofício, aonde quer que vá;
E que a fundação seja bem realizada,
Para que não falhe ou fenda.

Décimo artigo.

O décimo artigo é para que se saiba,
No ofício, de alto a baixo,
Que nenhum mestre deve suplantar outro,
Mas permanecer juntos como irmã e irmão,
Nesse ofício singular, de um e de todos,
Que pertence a um mestre maçom.
Nem deve suplantar outro homem,
Que tenha tomado para si um trabalho,
E sofre por ser muito pesado,

Aquele que não pesa mais que dez libras.
Mas que seja culpado,
Aquele que tomou primeiro o trabalho;
Pois nenhum homem na Maçonaria
Suplantará outro em segurança,
Mas se assim for feito,
Por sua vez o trabalho fracassará;
Então pode um maçom almejar este trabalho,
Para garantir o benefício ao senhor,
E se nesse caso o trabalho fracassar,
Nenhum maçom, apesar disso, se intrometerá.
Pois aquele que começou a fundação,
Se for um maçom bom e correto,
Tem a certeza em sua mente

De que levará o trabalho a bom termo.

Décimo primeiro artigo.

O décimo primeiro artigo, digo,
É tão justo quanto generoso;
Pois ensina, por sua força,
Que nenhum maçom deveria trabalhar à noite,
Mas se estiver praticando com habilidade,
Isso pode ser retificado.

Décimo segundo artigo.

O décimo segundo artigo é de grande integridade
Para todo maçom, onde quer que ele esteja,
Ele nunca deverá corromper o trabalho de seus companheiros,
Se quiser manter sua integridade;
Com palavras francas ele o louvará,

Com a sabedoria que Deus lhe concedeu;
Pois isso corrige tudo o que puder
Entre ambos, sem dúvida.

Décimo terceiro artigo.

O décimo terceiro artigo, que Deus me ajude,
Diz que se o mestre tiver um aprendiz,
Deve então ensinar a ele tudo,
E contar a ele os pontos mensuráveis,
Para que ele habilmente saiba sobre o ofício,
Aonde quer que vá sob o sol.

Décimo quarto artigo.

O décimo quarto artigo, por boas razões,
Mostra ao mestre como ele deverá agir;
Ele não deverá tomar para si um aprendiz,
A não ser que tome diversas precauções,
Para que o aprendiz, durante sua educação,
Possa aprender do mestre diversos pontos.

Décimo quinto artigo.

O décimo quinto artigo põe um fim
Naquele que, para o mestre, é um amigo;
Ao ensinar-lhe que nenhum homem
Deve tomar sob sua falsa proteção,
Nem tolerar os erros de seus companheiros,
Pois nenhum bem ele pode conquistar;
Nem padecer de falso juramento
Pelo temor do destino de suas almas,
A fim de que não leve à vergonha o ofício,
E ele mesmo a muita culpa.

Outros Regulamentos

Nesta assembleia, outros pontos foram definidos,
Por importantes senhores e mestres também.
Que aquele que aprender este ofício e alcançar sua classe,
Deve sempre amar muito a Deus e à Santa Igreja,
E também ao mestre ao qual estiver ligado,

Aonde quer que vá, no campo ou na floresta cerrada,
E a seus companheiros amará também,
Para que seu ofício seja aquilo que fizer.

Segundo ponto.

O segundo ponto é, como digo,
Que o maçom trabalhe na tarefa diária
Tão corretamente quanto pode ou deve,

Para merecer seu pagamento para o dia de folga,
E lealmente trabalhar em sua tarefa,
Para bem-merecer sua recompensa.

Terceiro ponto.

O terceiro ponto deve ser rigoroso,
Para que o aprendiz o saiba bem,
A opinião de seu mestre ele receba e guarde,
E de seus companheiros por suas boas razões;
Os segredos da assembleia não conte a ninguém,
Nem o que quer que façam na Loja;
O que quer que os ouça ou veja fazer,
Não conte a ninguém aonde quer que vá;
As deliberações gerais, e as privadas,

Guarde-as bem em grande reverência,
Para que não voltem para si como censura,
E levem o ofício a grande vergonha.

Quarto ponto.

O quarto ponto também nos ensina,
Que nenhum homem seja desonesto com seu ofício;
Erro nenhum ele deve apoiar
Contra o ofício, mas afastar-se dele;
Nem prejuízo ele deve causar
Ao seu mestre, ou também aos seus companheiros;
E embora o aprendiz esteja sob ordens,
Ainda assim ele seguirá a mesma lei.

Quinto ponto.

O quinto ponto é, sem dúvida,
Que quando o maçom receber seu pagamento
De seu mestre, destinado a ele,
Deve recebê-lo com muita humildade;
Ainda assim, o mestre deve, por boas razões,
Avisá-lo legitimamente antes do meio-dia,

Se não o quiser ocupar mais,
Conforme o fez anteriormente;
Contra essa ordem ele não deve se opor,
Se ele pensa muito em prosperar.

Sexto ponto.

O sexto ponto é dado a conhecer,
De alto a baixo,

Pois este caso poderá acontecer;
Entre os maçons, todos ou alguns,
Em razão de inveja ou raiva mortal,
Muitas vezes surgem fortes discussões.
Então deve o maçom, se puder,
Reuni-los durante um dia;
Mas um dia de conciliação eles ainda não farão,
Até que o dia de trabalho esteja terminado.
No dia santo vocês devem providenciar
Bastante descanso para reconciliar,
A fim de que um dia que o trabalho não seja
Atrapalhado com tal desordem;
Leve-os, então, para tal desfecho.

Que eles permaneçam fiéis à lei de Deus.

Sétimo ponto.

O sétimo pode bem significar,
O que Deus nos concedeu há muito tempo,
Como narrou abertamente,
Não deve deitar ao lado da esposa do seu mestre,
Nem das de seus companheiros, de qualquer modo,
Para que o ofício não o despreze;
Nem com a concubina de seus companheiros,
Não mais do que quisesse que eles fizessem com a sua.
A pena por isso, esteja certo,
Que ele seja aprendiz por sete anos completos,
Se tiver faltado em algum deles
Assim punido então ele deve ser;
Com muito cuidado deverá começar,
Por tal ofensa mortalmente vil.

Oitavo ponto.

O oitavo ponto, esteja certo,
Se tiver aceito qualquer remédio,
Sob seu mestre seja sincero,
Pois nunca se arrependerá disto;
Um sincero mediador precisa ser
Para seu mestre, e seus companheiros livres;

Faça sinceramente o que for preciso,
Para ambas as partes, e isso é certamente correto.

Nono ponto.

O nono ponto, devemos chamá-lo,
Que ele seja um servo de nossa congregação,
De modo que, se estiverem juntos em assembleia,
Cada um servirá o outro com humildade;
Companheiros gentis, saibam,
Sejam todos servos em turnos,
Semana após semana, sem dúvida,
Assim todos serão servos por sua vez,
Para servir amavelmente uns aos outros.
Como se fossem irmã e irmão;
Ninguém deve sacrificar, um ao outro,
Sua própria liberdade sem qualquer vantagem,
Mas cada homem deve ser igualmente livre

Naquele sacrifício, assim deve ser;
Cuide em sempre pagar bem cada homem,
De quem comprou cada alimento consumido,
Que nenhuma súplica seja feita a você,
Nem aos seus companheiros em qualquer nível,
A homem ou a mulher, quem quer que seja,
Pague-os bem e honestamente, como pagaríamos;
De seu companheiro faça honesto registro,
Deste bom pagamento que fez,
Para não envergonhar seu companheiro,
E trazer a si mesmo grande culpa.
Ele também deve fazer bons registros
Dos bens que recebeu,

Dos bens de seus companheiros que usou,
Onde e como e com que finalidade;
Tais registros deve mostrar,
Quando seus companheiros pedirem que o faça.

Décimo ponto.

O décimo ponto mostra uma boa vida,
Para viver sem preocupações e disputas;
Pois se o maçom viver impropriamente,
E em seu trabalho for falso, bem o sei,

E por tal escusa falsa
Tentar difamar seus companheiros sem motivo,
Através de difamação falsa tão notória

Pode trazer vergonha ao ofício.
Se ele trouxer ao ofício tal infâmia,
Então, sem dúvida, não o faça nenhum favor,
Nem o mantenha na vida imoral,
Para que isso não se torne preocupação e discórdia;
Mas ainda assim não o deixe demorar,
A menos que deva obrigá-lo,
A aparecer onde quer que você o queira,
Onde você estará, irritado ou sereno;
À próxima assembleia deverá chamá-lo,
A aparecer perante todos os seus companheiros,
E a menos que ele se apresente perante eles,

Ao ofício ele deve renunciar;
Ele será então punido perante a lei
Que foi criada há muito.

Décimo primeiro ponto.

O décimo primeiro ponto é de grande discrição,
Como deve saber por boas razões;
Um maçom, se este ofício conhece bem,
Vê seu companheiro desbastando uma pedra,
E está a ponto de estragar aquela pedra,
Corrige-o logo, se puder,
E ensina-o então a corrigir,
Para que o trabalho dos senhores não seja arruinado,
E ensina-o facilmente a corrigir,

Com justas palavras, que Deus lhe concedeu;
Por sua graça que paira acima,
Com doces palavras fomenta seu amor.

Décimo segundo ponto.

O décimo segundo ponto é de grande nobreza,
Onde a assembleia estiver reunida,
Lá estarão mestres e companheiros também,
E muitos outros grandes senhores;
Lá estará o encarregado da lei daquele país,
E também o prefeito daquela cidade,
Cavaleiros e escudeiros também lá devem estar,

E também os edis, como verá;
Tal decisão a que chegarem lá,

Eles manterão todos juntos
Contra aquele homem, de qualquer tipo,
Que pertence ao ofício, íntegro e livre.
Se ele causar qualquer disputa contra eles,
Ele deve ser tomado sob sua custódia.

Décimo terceiro ponto.

O décimo terceiro ponto é para nós muito precioso,
Ele jurará nunca se tornar um ladrão,
Nem socorrê-lo em seu falso ofício,
Por nenhuma posse que ele tenha roubado,
E você deve saber isso ou pecará,
Nem pelo bem dele, nem pelo de sua família.

Décimo quarto ponto.

O décimo quarto ponto é uma lei muito boa
Para aquele que deve ser respeitado;
Um juramento verdadeiro ele deve fazer
Ao seu mestre e aos seus companheiros que lá estão;
Ele deve ser constante e também correto
A todo este regulamento, aonde quer que vá,
E ao seu soberano, o rei,
Será fiel acima de tudo.
E todos esses pontos acima
A eles precisa jurar,
E todos farão igual juramento
Dos maçons, estejam de boa ou má vontade;
A todos esses pontos acima,

Que foram instituídos com grande saber.
E eles devem investigar cada homem
De seu grupo, tão bem quanto possível,
Se algum homem pode ser julgado culpado
Em qualquer desses pontos em especial;
E seja quem ele for, deixem que seja procurado,
E à assembleia ele seja trazido.

Décimo quinto ponto.

O décimo quinto ponto é de grande saber,
Para aqueles que lá terão jurado,
Tal regulamento foi apresentado em assembleia
De grandes senhores e mestres, acima citados;
Aqueles que forem desobedientes, bem sei,

Ao regulamento que existe,
Aos artigos que foram propostos
Por grandes senhores e maçons em conjunto,
Se forem examinados abertamente
Perante aquela assembleia, em algum momento,
E não se emendarem por suas faltas,
Então eles devem renunciar ao ofício;
E qualquer ofício maçom deverão recusar,
E jurar nunca mais o praticar.
Mas se eles quiserem se emendar,
Contra o ofício nunca devem agir novamente;
E se eles assim não o fizerem,
O encarregado pela lei logo os encontrará,

E colocará seus corpos em um profundo calabouço,
Pela transgressão que cometeram,
E seus bens e seu gado serão levados
Às mãos do rei, cada peça,
E lá permanecerão,
Enquanto for vontade de nosso soberano rei.

Outros regulamentos da arte da geometria.

Eles determinaram que uma assembleia aconteceria
Todos os anos, em qualquer lugar que quisessem,
Para corrigir defeitos, se algum fosse achado
No ofício, dentro dos limites da terra;
A cada um ou três anos deveria ter lugar,

Em qualquer lugar que quisessem;
Data e lugar também devem ser determinados,
Em que lugar deveriam se reunir,
Todos os homens do ofício devem lá estar,
E outros grandes senhores, como deve observar,
Para corrigir as faltas de que se falou,
Se algumas delas tiverem sido cometidas.

Ali todos devem jurar,
De acordo com a sabedoria do ofício,
Manter sempre seus estatutos
Que foram ordenados pelo Rei Athelstane;
Estes estatutos que aqui encontrei
Ordeno que eles sejam observados em minha terra,
Pelo respeito à minha nobreza,
Que possuo por minha dignidade.

Também em toda assembleia que realizarem,
Que venham ao seu rei soberano confiantes,
Suplicando por sua graça,
Para que esteja com vocês em todo lugar,
Para confirmar os estatutos do Rei Athelstane,
Que ele decretou a este ofício com boas razões.

A arte dos quatro coroados.

Roguemos a Deus Todo-Poderoso,
E à iluminada Virgem Maria,

Que possamos proteger aqui estes artigos,
E todos estes pontos juntos,
Como fizeram esses quatro mártires sagrados,
Que neste ofício tinham grande reputação;
Eles eram os melhores maçons na terra,
Também eram buriladores e criadores de imagens.
Por serem excelentes trabalhadores,
O imperador os tinha em alta estima;
Ele pediu a eles que criassem uma imagem
Que pudesse ser admirada em sua glória;
Tais monumentos eles tinham em seu tempo,
Para afastar o povo da lei de Cristo.

Mas eles eram constantes na lei de Cristo,
E em seu ofício, sem dúvida;
Eles adoravam Deus e toda sua sabedoria,
E estavam a seu serviço para sempre.
Eram homens sinceros naquele tempo,
E viviam de acordo com a lei divina;
Não pensavam em fazer monumentos,
Pois disso nada bom poderiam conseguir,
Acreditar naquele monumento para seu Deus,
Eles não poderiam, ainda que ele ficasse furioso;
Pois eles não renunciariam à sua verdadeira fé,

E acreditar em sua falsa lei,
O imperador os deteve sem demora,
E os colocou em um profundo calabouço;
Quanto mais ele os punia naquele lugar,
Mais júbilo viviam na graça de Cristo,
Então, quando ele não viu outra alternativa,
Ordenou que os matassem;
Aqueles que quiserem saber mais sobre suas vidas
No livro podem ser encontrados,
Na lenda dos santos,
Os nomes dos quatro coroados.

Sua festa será, sem dúvida,
No oitavo dia após o Dia de Todos os Santos.
Escutem agora o que eu leio,
Que muitos anos depois, para grande angústia,
Que o dilúvio de Noé houvesse terminado,
A torre da Babilônia foi começada,
Como um trabalho simples de cal e pedra,
Que qualquer homem deveria estimar;
Começou tão longa e ampla,
Que sua altura ocultava o sol por sete milhas.

O Rei Nabucodonosor a fez
Muito robusta em favor do homem,
Para que, se um outro dilúvio acontecesse,
A obra não fosse destruída;
Como eles tinham tanto orgulho, e tanto ostentavam,
Toda aquela obra estava perdida a partir de então;
Um anjo os castigou com tantas línguas,
Que nunca mais um entendeu o que o outro dizia.

Muitos anos depois, o bom funcionário Euclides
Ensinou o ofício da geometria pelo mundo,
Como havia feito em outra época também,
Sobre muitos outros ofícios.
Pela graça de Cristo nos céus,
Ele iniciou as sete ciências;

Gramática é a primeira ciência, bem o sei,
Dialéctica é a segunda, sejamos abençoados,
Retórica é a terceira, sem dúvida,
Música é a quarta, como lhes digo,
Astronomia é a quinta, percebo,
Aritmética é a sexta, sem dúvida,
Geometria, a sétima, encerra a lista,
Para aquele que é doce e cortês,
A gramática certamente é a raiz,
A quem quer que aprenda nos livros;
Mas o ofício ultrapassa esse nível,
Como o fruto vai além da raiz da árvore;

A retórica avalia com discurso atraente,
E a música é uma doce canção;
A astronomia calcula, meu caro irmão,
A aritmética mostra que uma coisa é igual a outra,
Geometria é a sétima ciência,
Que separa o que é falso do que é verdadeiro, bem sei,
Essas são as sete ciências,

Apêndice A: O Manuscrito Régio 351

Quem bem as usa pode atingir o céu.
Agora, queridos filhos, com bom senso
Deixem para trás o orgulho e a cobiça,
E cuidem bem da boa discrição,
E da boa educação, aonde quer que vão.
Agora eu rogo que prestem atenção,

Pois isto precisam saber,
Mas muito mais precisam saber
Do que encontrarão escrito aqui.
Se a inteligência lhes faltar,
Reze a Deus para que a envie a vocês.
Pois o próprio Cristo nos ensinou
Que a Santa Igreja é a casa de Deus,
Que não foi construída para nada mais
A não ser para se rezar nela, como o livro nos diz;
Lá as pessoas devem se reunir,
Para rezar e chorar por seus pecados.
Nunca chegue atrasado na igreja,
Depois de fazer indecências pelas ruas;

Então, quando for para a igreja,
Tenha sempre no espírito
Que deve honrar seu Senhor Deus dia e noite,
Com toda sua vontade e sua energia.
Quando chegar à porta da igreja
Use um pouco da água benta,
Pois cada gota que sentir
Perdoará um pecado venial, esteja certo.
Mas primeiramente deve baixar seu capuz,
Por amor àquele que morreu na cruz.
Quando entrar na igreja
Eleve seu coração a Cristo, sem demora;

Levante então o olhar para a cruz,
E fique de joelhos,
Então reze a ele para aqui trabalhar,
Conforme a lei da Santa Igreja,

Para defender os dez mandamentos,
Que Deus deu a todos os homens;
E reze a ele com voz suave
Para afastá-lo dos sete pecados,
Que mantenha você, em sua vida,

Longe de preocupações e disputas.
Além disso, que ele o conceda a graça
de ter um lugar na alegria do céu.

Na Santa Igreja, abandone palavras mesquinhas,
De discursos lascivos e gracejos impuros,
E deixe de lado toda a vaidade.
E reze seu *pai nosso* e sua *ave-maria*;
Cuide também para não fazer tumulto,
Mas sempre permaneça em oração;
Se você não puder rezar,
Não impeça outros homens de nenhuma forma.
Naquele lugar não sente nem permaneça em pé,
Mas sim de joelhos no chão,
E quando for preciso ler o Evangelho,

Erga-se à frente,
E faça o sinal da cruz, se puder,
Quando a *gloria tibi* começar;
E quando o Evangelho for dito,
Novamente você se ajoelhará,
Com os dois joelhos no chão,
Por seu amor que nos conquistou;
E quando ouvir o sino soar
Para aquele santo sacramento,
Devem se ajoelhar, tanto jovens quanto velhos,
E ambas as mãos elevar,
E dizer então desta forma,

Serena e suavemente, sem balbúrdia;
"Senhor Jesus, seja bem-vindo,
Na forma do pão, como eu o vejo,
Agora, Jesus, por seu santo nome,
Proteja-me do pecado e da vergonha;
Conceda-me a Confissão e a Comunhão,
Antes que eu deva partir,
E a contrição por meu pecado,
Para que eu nunca, Senhor, pereça em razão dele;
E, assim como nasceste de uma virgem,
Faça com que eu nunca esteja perdido;
Mas quando eu precisar partir,

Conceda-me a felicidade eterna;
Amém! Amém! Assim seja!
Agora, graciosa dama, reze por mim."
Assim você deve dizer, ou de outra forma,
Quando se ajoelhar no sacramento.
Pelo bem e não por cobiça, não se poupe
De adorar aquele que tudo criou;

Apêndice A: O Manuscrito Régio   **353**

Pois feliz seja um homem naquele dia,
Que o vir uma vez no dia;
Isso é de tal valor, sem dúvida,
Que seu valor nenhum homem pode dizer;
Mas tanto bem faz essa visão,

Que Santo Agostinho disse corretamente,
Que no dia em que você vir o corpo de Deus,
Terá garantidas estas coisas:
Comida e bebida sempre que precisar,
E em nenhum dia lhe faltará;
Promessas e palavras vãs,
Deus também perdoará;
Uma morte súbita em qualquer dia
Não há razão para temer;
Também neste dia, eu lhe garanto,
Não perderá sua visão;
E em cada passo que der então,

Em direção àquela santa visão,
Será, em vez disso, ordenado a parar
Quando tiver muita necessidade continuar;
A esta mensagem o anjo Gabriel
Será muito fiel para você.
Dessa forma, devo continuar,
A dizer mais benefícios da missa:
À igreja venha, se puder,
E atenda à missa todos os dias;
Se não puder ir à igreja,
Onde quer que trabalhe,
Quando ouvir soarem da missa os sinos,

Reze a seu Deus de todo o coração,
Para que o deixe fazer parte daquele serviço,
Que acontece na igreja.
Além disso, rezarei
Aos seus companheiros, para o ensinar,
Quando estiver diante de um senhor,
Em audiência pública, privada ou à mesa,
Tire o chapéu ou o capuz,
Antes de se dirigir a ele;
Duas ou três vezes, sem dúvida,
Deve prestar reverência a esse senhor;
Faça isso com seu joelho direito,

Para preservar seu próprio respeito.
Segure seu capuz ou chapéu também,
Até que seja dispensado.
Durante todo o tempo em que se dirigir a ele,

Faça-o de maneira amável e franca;
Conforme ensina o livro,
Olhe para seu rosto amavelmente.
Mantenha pés e mãos quietos, habilmente,
A fim de não se coçar ou tropeçar;
Não cuspa nem assoe o nariz também,
Alivie-se privadamente,
Pois se for sábio e discreto,

Precisará muito causar boa influência.
Quando for à casa de um senhor,
Entre os cavalheiros, bons e corteses,
Não se presuma bom demais
Em seu sangue ou sua sabedoria,
Nem se sente nem se curve,
Isso é um ensinamento bom e puro.
Não deixe seu semblante se abater,
Certamente a razão protegerá sua condição.
De pai e mãe, não importa o que sejam,
Digno é o filho que se comporta bem,
Em salões, em câmaras, aonde quer que vá;

Boas maneiras fazem um homem.
Observe sabiamente seus superiores,
Para respeitá-los, quando for preciso;
Não os cumprimente a todos, contudo,
A menos que você os conheça.
Quando estiver à mesa,
Coma correta e honestamente;
Primeiro, observe se suas mãos estão limpas,
E se sua faca está afiada e amolada,
E corte todo o pão e a carne,
Assim como devem ser comidos,
Se sentar ao lado de um homem mais valoroso,

Então seja também valoroso,
Sirva a carne primeiro a ele,
Antes que você a coma.
Não pegue o melhor pedaço,
Ainda que você o prefira;
Mantenha suas mãos limpas,
Para não sujar o guardanapo;
Não o use para assoar o nariz,
Nem limpe seus dentes à mesa;
Não esvazie sua taça,
Mesmo que tenha muita sede,
Para que seus olhos não vertam lágrimas.

Isso não seria cortês.
Não esteja com a boca cheia,
Quando começar a falar ou beber.
Quando vir qualquer homem beber,
Que fale mais que o razoável,
Sem demora interrompa seu discurso,
Esteja ele bebendo vinho ou cerveja,
Também não despreze nenhum homem,
De nenhuma forma que ele mereça;
Nem deve corromper nenhum homem,
Se quiser manter sua honra;
Pois tais palavras podem causar comoção,

Que o fariam repousar na maldade.
Guarde sua raiva,
E evite dizer "se eu soubesse".
Fique calado e observe;
Não ria estrepitosamente,
Nem aja com lascívia ou libertinagem.
Fale apenas com seus pares,
E não conte tudo que você ouviu;
Não faça alarde de suas obras,
Por prazer ou por interesse;
Com palavras francas conseguirá o que quer,
Com elas poderá se arruinar.

Quando encontrar um homem de valor,
Tire o chapéu e o capuz;
Na igreja, no mercado ou na rua,
Faça-lhe reverência de acordo com sua condição.
Quando caminhar com um homem mais valoroso,
Aja como um,
Caminhe atrás dele,
Pois isso é perfeita educação;

Quando ele falar, mantenha-se quieto,
Quando ele terminar, diga o que tem a dizer,
Em seu discurso seja prudente,
E pense bem no que dirá;
Mas não o interrompa,
Nem durante o vinho ou a cerveja.
Que Cristo, em sua grande graça,
Dê-lhes sabedoria e tempo,
Para ler e compreender bem este livro,
Para que o céu lhes seja a recompensa.
Amém! Amém! Assim seja!
Digamos todos, por caridade.

356 Parte VI: Apêndices

Apêndice B

Os Regulamentos de Anderson

Em 1723, o James Anderson e um comitê da Grande Loja elaboraram um novo conjunto de regras para as Lojas maçônicas, com base nas antigas leis transmitidas desde a Idade Média. Hoje, esse documento é adotado pela maioria das Grandes Lojas, e praticamente todas as Lojas maçônicas no mundo são obrigadas a ler essas regras, ou uma versão delas, em voz alta, pelo menos uma vez por ano. Elas são muitas vezes chamadas de Antigas Obrigações. Essa versão inclui a ortografia original, a pontuação e a capitalização da edição publicada em 1723.

As Obrigações de um Franco-maçom

Extraídas dos Antigos Arquivos das Lojas de Além Mar, e daquelas na Inglaterra, na Escócia e na Irlanda, para uso das Lojas de Londres:

Para serem lidas Na Iniciação De Novos Irmãos Ou Quando o Mestre da Loja o Ordenar.

Os Cabeçalhos Gerais, a saber:

i. Sobre Deus e Religião.

ii. Sobre o Magistrado Civil Supremo e Subordinado.

iii. Sobre as Lojas.

iv. Sobre Mestres, Vigilantes, Companheiros e Aprendizes.

v. Sobre a Gestão do Ofício em Andamento.

vi. Sobre o Comportamento, a saber:

1. Durante a cerimônia na Loja.

2. Após o término da cerimônia na Loja quando os Irmãos ainda não se foram.

3. Quando os Irmãos se encontram sem Estranhos, mas não em uma Loja.

4. Na presença de Estranhos que não são Maçons.

5. Em Casa e na Vizinhança.

6. Frente a um Irmão desconhecido.

i. Sobre Deus e Religião

Um Maçom é obrigado, por dever de Ofício, a obedecer à lei moral; e se ele corretamente compreende a Arte, nunca será um estúpido ATEU, nem um LIBERTINO sem religião. Contudo, embora em Tempos antigos os Maçons fossem obrigados em cada País a adotar a religião daquele País ou Nação, qualquer que ela fosse, hoje se pensa ser mais correto apenas obrigá-los a adotar aquela Religião com a qual todos os Homens concordam, guardando suas Opiniões particulares para si mesmos; ou seja, serem Homens bons e leais, ou Homens de Honra e Honestidade, por quaisquer Denominações ou Convicções que os possam distinguir; de forma que a Maçonaria se torna o Centro de União e um Meio de conciliar a verdadeira Amizade entre Pessoas que poderiam ter permanecido Distantes para sempre.

ii. Sobre o Magistrado Civil Supremo e Subordinado

Um maçom é um Pacífico Súdito dos Poderes Civis, onde quer que more ou trabalhe, e nunca se envolverá em Planos ou Conspirações contra a Paz ou o Bem-estar da Nação, nem se comportará irresponsavelmente ante Magistrados inferiores; pois, assim como a Maçonaria sempre foi prejudicada pela Guerra, pelo Derramamento de Sangue e pela Desordem, também antigos Reis e Príncipes estiveram muito dispostos a estimular os Homens do Ofício, em razão de seu Caráter Pacífico e de sua Lealdade, pelos quais sempre responderam adequadamente às Zombarias de seus Adversários, e promoveram a Honra da Fraternidade, que sempre floresceu em Tempos de Paz. Então, se um Irmão se tornar Rebelde contra o Estado, ele não deverá ser estimulado em sua Rebelião, mas pode ser lamentado por ser um Homem infeliz; e, se não for Condenado por qualquer outro Crime, ainda que a leal Irmandade precise e deva repudiar a sua Rebelião, e não Ofenda ou dê Razão para Desconfiança Política perante o Governo vigente, ela não deve expulsá-lo da Loja, e sua relação com ela permanece irrevogável.

iii. Sobre as Lojas

Uma Loja é um Lugar onde os membros se reúnem e trabalham; Assim, esta Assembleia, ou Sociedade de Maçons devidamente organizada, é chamada de Loja, e todo Irmão deve pertencer a uma, e estar sujeito às suas Leis e aos

Regulamentos Gerais. Ela é individual ou geral, e será melhor entendida pelo comparecimento a ela, e por meio dos Regulamentos da Geral ou Grande Loja até então anexados. Em Tempos antigos, nenhum Mestre ou Companheiro poderia estar ausente, especialmente quando solicitado a comparecer, estando sujeito à severa Censura, até que se apresentasse diante do Mestre ou dos Vigilantes, e alegasse que total Necessidade o impediu.

As pessoas admitidas como Membros de uma Loja devem ser Homens bons e leais, nascidos livres e de Idade madura e discreta, nenhum Escravo, nenhuma Mulher, nenhum Homem imoral ou escandaloso, mas de boa Reputação.

iv. Sobre Mestres, Vigilantes, Companheiros e Aprendizes.

Toda preferência entre os Maçons será baseada no real Valor e Mérito Pessoal apenas; para que os Senhores sejam melhor servidos, os Irmãos não encontrem Vergonha, nem o Ofício Real seja desprezado: dessa forma, nenhum Mestre ou Vigilante é escolhido por Idade, mas por seus Méritos. É impossível descrever essas coisas por escrito, e todo Maçom deve frequentar sua Loja, e aprendê-las de uma forma própria à fraternidade: apenas os Candidatos devem saber que nenhum Mestre deve tomar um Aprendiz sob seus cuidados a menos que tenha suficiente Trabalho para ele, e a menos que ele seja um Jovem perfeito, que não possua nenhuma Deformidade ou Defeito em seu corpo, que possam deixá-lo incapacitado para o aprendizado da Arte, ou para servir o Senhor de seu Mestre, e tendo-se tornado um Irmão, e depois um Companheiro no tempo devido, e mesmo após ter cumprido um Período de Anos, como a Tradição do País dita; e ele deve descender de Pais honrados; somente então, devidamente qualificado, ele poderá obter a Honra de se tornar o Vigilante, e finalmente o Grão-Mestre de todas as Lojas, conforme seus méritos.

Nenhum Irmão pode se tornar um Vigilante antes de ter sido um Companheiro; nem Mestre antes de ter sido um Vigilante, nem Grão-Vigilante até que tenha sido Companheiro antes de sua eleição, o qual também deve ser nobre de berço, ou um Cavalheiro da melhor Estirpe, ou algum notável Erudito, ou algum singular Arquiteto, ou outro Artista, descendente de Pais honrados, e que seja de singular grande Mérito na Opinião das Lojas. E, para o melhor, mais fácil e mais honroso desempenho de sua Função, o Grão-Mestre tem o Poder de escolher seu Grão-Mestre Representante, o qual deve então ser, ou ter sido anteriormente, Mestre de uma Loja em particular, e o qual terá o Privilégio de atuar da mesma maneira que o Grão-Mestre, seu Dirigente, deve agir, a não ser que o Dirigente esteja presente ou interponha sua Autoridade por Escrito.

Esses Regentes e Governadores, Supremos e Subordinados, da antiga Loja devem ser obedecidos em seus respectivos Cargos por todos os Irmãos, de acordo com as antigas Obrigações e Regulamentos, com toda Humildade, Reverência, Amor e Entusiasmo.

v. Sobre a Gestão do Ofício em Andamento.

Todos os Maçons devem trabalhar honestamente nos Dias úteis, assim como devem viver de modo respeitável nos Dias Santos; e a duração determinada pela Lei do País, ou confirmada pelo Costume, deverá ser observada.

O mais hábil dos Companheiros deverá ser escolhido ou apontado como Mestre ou Supervisor do Trabalho do Senhor; o qual deverá ser chamado de Mestre por aqueles que trabalham sob sua supervisão. Os Companheiros devem evitar toda Linguagem ofensiva e dirigirem-se uns aos outros por Nomes desagradáveis, que não sejam Irmão ou Companheiro; e devem se comportar com cortesia dentro ou fora da Loja.

O Mestre, sabendo de sua Destreza, deve conduzir o Trabalho do Senhor tão razoavelmente quanto for possível, e fielmente dispor dos Bens como se seus próprios fossem; e não devem dar melhores Salários a qualquer Irmão ou Aprendiz do que àqueles que de fato mereçam.

Tanto o Mestre quanto Maçons, recebendo seu Salário justo, devem ser fiéis ao Senhor, e honestamente terminar seu trabalho, seja Tarefa ou Jornada; e não devem realizar o Trabalho como Tarefa, se ele foi habitualmente Jornada.

Ninguém deve mostrar Inveja pela prosperidade de um Irmão, nem suplantá-lo, ou tirá-lo de seu Trabalho, se for capaz de terminá-lo; pois nenhum Homem pode terminar o Trabalho de outro para a Vantagem do Senhor, a menos que esteja completamente familiarizado com os Planos e Esboços daquele que começou.

Quando um Companheiro é escolhido Vigilante do Trabalho sob a supervisão do Mestre, ele deve ser leal tanto ao Mestre quanto aos Companheiros, deve cuidadosamente supervisionar o Trabalho na Ausência do Mestre para a Vantagem do Senhor; e seus Irmãos deverão obedecer a ele.

Todos os Maçons empregados devem humildemente receber seus Salários sem murmúrio ou Sedição, e não devem desertar o Mestre até que seu Trabalho seja terminado.

Um Irmão mais jovem deve ser instruído no trabalho, para prevenir o desperdício de Materiais por falta de Juízo, e para o crescimento e a continuidade do Amor Fraternal.

Todos os Instrumentos usados no Trabalho devem ser aprovados pela Grande Loja.

Nenhum Trabalhador deve ser empregado em trabalho próprio da Maçonaria; nem devem os Maçons trabalhar com aqueles que não livres, sem imperiosa Necessidade; e não devem ensinar Trabalhadores e Maçons não aceitos, da mesma forma como deveriam ensinar um Irmão ou Companheiro.

vi. Sobre o Comportamento

1. Durante a cerimônia na Loja.

Vocês não devem constituir Grupos particulares, ou Conversas paralelas, sem Permissão do Mestre, nem falar qualquer coisa impertinente ou inconveniente, nem interromper o Mestre ou os Vigilantes, ou qualquer Irmão que esteja falando com o Mestre; nem se comportar jocosa ou zombeteiramente enquanto a Loja estiver envolvida naquilo que é sério e solene; nem usar de Linguagem imprópria sob qualquer Pretexto que seja; mas sim prestar a devida Reverência ao seu Mestre, Vigilantes e Companheiros, e respeitá-los.

Se qualquer Queixa for trazida, o Irmão considerado culpado deverá aceitar a Sentença e a Decisão da Loja, que é a própria e competente Juíza de tais Controvérsias (a não ser que faça Apelo à Grande Loja), e a quem os Irmãos devem se dirigir a não ser que o trabalho do Senhor seja obstruído, caso em que uma Referência particular deve ser feita; mas vocês nunca deverão buscar a Lei sobre aquilo que concerne à Maçonaria, sem uma absoluta Necessidade aparente à Loja.

2. Após o término da cerimônia na Loja quando os Irmãos ainda não se foram.

Vocês poderão se divertir com inocente Alegria, tratando uns aos outros de acordo com suas Habilidades, mas evitando todos os Excessos, ou compelindo qualquer Irmão a comer ou beber além de sua Inclinação, ou impedindo-o de prosseguir quando suas Obrigações o chamarem, ou fazendo ou dizendo qualquer coisa ofensiva, ou que impeça uma Conversa franca e livre; pois isso quebraria nossa Harmonia, e frustraria nossos Salutares Esforços. Portanto, nenhuma Provocação ou Disputa particular deve ser trazida para dentro das Portas das Lojas, muito menos Disputas acerca de Religião, ou Países, ou Política Estatal, pois, sendo apenas Maçons da Religião Católica acima mencionada, também somos de todas as Nações, Línguas, Famílias e Idiomas, e somos contra qualquer Política que não contribua para o Bem-estar da Loja, nem nunca contribuirá. Essa obrigação tem sido sempre estritamente prescrita e observada, mas especialmente desde a Reforma na Bretanha, ou a Dissensão e Secessão destas Nações da Comunhão de Roma.

3. Quando os Irmãos se encontram sem Estranhos, mas não em uma Loja.

Vocês saudarão uns aos outros de maneira cortês como serão instruídos, chamando-se de Irmãos, livremente passando Instruções mútuas como deverá ser considerado oportuno, sem serem vigiados ou observados, e sem desrespeitar uns aos outros ou depreciar daquele Respeito que é devido a todo o Irmão, mesmo que ele não fosse um Maçom: pois, apesar de todos os Maçons serem como Irmãos sobre o mesmo Nível, ainda assim a Maçonaria não usurpa a Honra do Homem que ele foi antes; mas acrescenta à sua Honra, especialmente se ele tenha merecido o respeito da Fraternidade, a qual deve conceder Honra àquele que é merecedor, e evitar comportamento impróprio.

4. Na presença de Estranhos que não são Maçons.

Vocês deverão ser cautelosos com as Palavras e Comportamento, para que o mais perspicaz Estranho não seja capaz de descobrir ou perceber o que não deve ser revelado; e algumas vezes deverá desviar uma conversa, e conduzi-la prudentemente pela Honra da venerável Fraternidade.

5. Em Casa e na Vizinhança.

Você deverá agir como convém a um Homem sábio e de moral; especialmente, não deixe sua Família, seus Amigos e seus Vizinhos saberem a respeito dos Interesses da Loja etc., mas sabiamente considerar sua própria Honra, e aquela da antiga Fraternidade, por Razões que não devem ser mencionadas aqui. Você também deve considerar sua saúde, ao não continuar sua reunião até muito tarde, ou muito longe de sua casa, depois que as Sessões da Loja tenham terminado; e ao evitar a Gula ou a Embriaguez, que suas Famílias não sejam negligenciadas ou prejudicadas, nem você incapacitado para o trabalho.

6. Frente a um Irmão desconhecido.

Você deverá cautelosamente examiná-lo, com um método conduzido pela prudência, para que não seja iludido por um ignorante falso Impostor, a quem você deve rejeitar com Desprezo e Escárnio, e deve cuidar para não dar a ele nenhuma Informação de Conhecimento.

Mas, se descobrir que ele é um verdadeiro e Genuíno Irmão, deve respeitá-lo de maneira conforme; e, se ele precisar de ajuda, você deve ajudá-lo se puder, ou então orientá-lo sobre como poderá ser ajudado. Você deve empregá-lo por alguns Dias, ou recomendá-lo para ser empregado. Mas você não é obrigado a fazer algo além de sua Habilidade, somente para dar preferência a um pobre Irmão, que é um Homem bom e leal, antes de qualquer outra Pessoa pobre nas mesmas Circunstâncias.

Finalmente, todas essas Obrigações você deve observar, bem como todas aquelas que deverão ser comunicadas a você de outra maneira; cultivar o Amor Fraternal, a fundação e a Cimalha, o Cimento e a Glória desta antiga Fraternidade, evitando toda Altercação e Disputa, toda Difamação e Maledicência, nem permitindo que outros caluniem qualquer Irmão honesto, mas defendendo seu Caráter, e fazendo-lhe todos os préstimos, desde que seja de acordo com a sua Loja ou a dele; e então você poderá apelar à Grande Loja na Convocação Trimestral, e daí à Grande Loja anual; como tem sido a antiga louvável Conduta de nossos Ancestrais em todas as Nações; nunca buscando o Caminho legal exceto quando o Caso não puder ser de outra maneira decidido, e pacientemente ouvindo o honesto e amável Conselho do Mestre e dos Companheiros, quando tentarão impedi-lo de buscar a Lei contra Estranhos, ou o incitarão a dar célere Fim a todos os Processos, para que então você possa se dedicar às Obrigações da Maçonaria com mais Alegria e Sucesso; mas, em respeito aos Irmãos e Companheiros envolvidos na Lei, o Mestre e os Irmãos deverão gentilmente oferecer sua Mediação, a qual deverá

Apêndice B: Os Regulamentos de Anderson 363

ser submetida com gratidão pelos Irmãos em disputa, e se essa submissão for impraticável, eles deverão no entanto conduzir seu Processo, ou Ação, sem Ira ou Rancor (não da maneira comum), sem dizer ou fazer nada que impeça o Amor Fraternal, e que os bons Ofícios sejam renovados e continuados; para que todos possam ver a benigna Influência da Maçonaria, como todos os fiéis Maçons têm feito desde o Início do Mundo, e farão até o Fim dos Tempos.

Amém, que assim seja.

364 **Parte VI: Apêndices**

Apêndice C

Encontrando uma Loja

Se você está procurando por uma Obediência Maçônica, eu te dou cobertura. Neste apêndice forneço as informações das Obediências Maçônicas regulares e reconhecidas no Brasil.

Grande Oriente do Brasil (GOB)

Sede do Grande Oriente do Brasil
Avenida W-5, quadra 913, conjunto H Sul,
Asa Sul
CEP:70390-130 — Brasília — DF
Tel: (61) 3034-9800
Site: www.gob.org.br

Grandes Lojas Estaduais (CMSB)

Grande Loja Maçônica do Estado do Acre
Rua Educandos, nº 21, Jardim América,
Caixa Postal 56
CEP: 69918-554 — Rio Branco — AC
Tel:(68)3224-3422/3223-7819
Site: www.gleac.com.br

Grande Loja Maçônica do Estado do Alagoas
Rua Professor Aldo Cardoso, s/n, Gruta de Lourdes
CEP: 57052-607 — Maceió — AL
Tel: (82) 3241-2545
Site: www.glomeal.com.br

Grande Loja Maçônica do Amapá
Avenida Raimundo Álvares da Costa, nº340
CEP: 68900-074 — Macapá — AP
Tel: (96) 3222-2752
Site: www.glomap.org.br

Grande Loja Maçônica do Amazonas
Avenida Professor Nilton Lins,
nº 1655, Flores
CEP: 69058-030 — Manaus — AM
Tel: (92) 3622-0034
Site: www.glomam.org.br

Grande Loja Maçônica do Estado da Bahia
Rua Carlos Gomes, nº 108, Ed. Maçônico,
6º andar
CEP: 40060-330 — Salvador — BA
Tel: (71) 3503-3994
Site: www.gleb.org.br

Grande Loja Maçônica do Estado do Ceará
Avenida Imperador, nº 145, Centro
CEP: 60015-051 — Fortaleza — CE
Tel: (85) 3105-6111
Site: www.glmece.org.br

Grande Loja Maçônica do Distrito Federal
SGAN 909, Módulo B, Asa Norte
CEP: 70790-090 — Brasília — DF
Tel: (61) 3340-7272
Site: www.glmdf.org.br

Grande Loja Maçônica do Estado do Espírito Santo
Rua Joubert de Barros, nº 358,
Bento Ferreira
CEP: 29050-720 — Vitória — ES
Tel: (27) 2124-1000
Site: www.glmees.org.br

Grande Loja Maçônica do Estado de Goiás
Rua J-52, nº 550, Setor Jaó
CEP: 74674-180 — Goiânia — GO
Tel: (62) 3207-1020
Site: www.gleg.com.br

Grande Loja Maçônica do Estado do Maranhão
Rua 44, Quadra 59, nº 23,
Conjunto Bequimão
CEP: 65062-400 — São Luís — MA
Tel: (98) 3246-8011
Site: www.glema.com.br

Grande Loja Maçônica do Estado do Mato Grosso
Avenida Djalma Ferreira de Souza, nº 1100,
Morada do Ouro
CEP: 78055-170 — Cuiabá — MT
Tel: (65)3319-3700
Website: www.glemt.org

Grande Loja Maçônica do Estado do Mato Grosso do Sul
Rua do Sucre, nº 275, Vila Carlota
CEP: 79051-590 — Campo Grande — MS
Tel: (67) 3345-0333
Site: www.grandelojams.org.br

Grande Loja Maçônica de Minas Gerais
Avenida Brasil, nº 478, Santa Efigenia
CEP: 30140-001 — Belo Horizonte — MG
Tel: (31) 3218-1400
Site: www.glmmg.org.br

Grande Loja Maçônica do Estado do Pará
Avenida Almirante Tamandaré, nº 1114
CEP: 66023-000 — Belém — PA
Tel: (91) 3323-0100
Site: www.glepa.org.br

Grande Loja Maçônica do Estado do Paraíba
Avenida Paulino Pinto, nº 390, Tambaú
CEP: 58039-250 — João Pessoa — PB
Tel: (83) 3226-4574
Site: www.grandelojapb.org

Grande Loja do Paraná
Rua Brigadeiro Franco, nº 4534, Rebouças
CEP: 80220-100 — Curitiba — PR
Tel: (41)3332-1909
Site: www.glp.org.br

Grande Loja Maçônica de Pernambuco
Rua Avença, Jatobá
CEP: 53250-480 — Olinda – PE
Tel: (81) 3011-3221
Site: www.glpe.com.br

Grande Loja Maçônica do Piauí
Rua Simplicio Mendes, nº 797, Centro Norte
CEP: 64000-110 — Teresina — PI
Tel: (86) 3222-7731
Site: www.glmpi.com.br

Apêndice C: Encontrando uma Loja *367*

Grande Loja Maçônica do Estado do Rio de Janeiro
Rua Professor Gabizo, nº 129, Tijuca
CEP: 20271-063 — Rio de Janeiro – RJ
Tel: (21) 2567-1157
Site: www.glmerj.org.br

Grande Loja Maçônica do Rio Grande do Norte
Rua Antomar de Brito Freitas, n º3668
CEP: 59064-590 — Natal — RN
Tel: (84) 3231-8510
Site: www.glern.com.br

Grande Loja Maçônica do Estado do Rio Grande do Sul
Avenida Praia de Belas, nº 560
CEP: 90110-000 — Porto Alegre — RS
Tel: (51) 3211.0088
Site: www.glojars.org.br

Grande Loja Maçônica do Estado de Rondônia
Rua Tabajara, nº 2651, Liberdade
CEP: 78904-080 — Porto Velho – RO
Tel: (69) 3223-1172
Site: www.glomaron.org.br

Grande Loja Maçônica de Roraima
Rua Cel. Pinto, nº 384, Centro
CEP: 69301-150 — Boa Vista – RR

Tel: (95) 3624-1933
E-mail: glmeroraima@hotmail.com

Grande Loja de Santa Catarina
Avenida Pequeno Príncipe, nº 1002, Campeche
CEP: 88063-000 — Florianópolis — SC
Tel: (48) 3234-3333
Site: www.mrglsc.org.br

Grande Loja Maçônica do Estado de São Paulo
Rua São Joaquim, nº 138, Liberdade
CEP: 01508-000 — São Paulo — SP
Tel: (11) 3207-8399
Site: www.glesp.org.br

Grande Loja Maçônica do Estado de Sergipe
Rua Oscár Valois Galvão, nº 959, Grageru
CEP: 49027-220 — Aracaju — SE
Tel: (79) 3217-6375
Site: www.glmese.org.br

Grande Loja Maçônica do Estado de Tocantins
408 Norte, Alameda 01, APM-09
CEP: 77006-510 — Palmas — TO
Tel: (63) 3225-8583
E-mail: glmet@terra.com.br

Grandes Orientes Estaduais Independentes (COMAB)

Grande Oriente Amapaense
Avenida Jovino Dinoá, 2020, Centro
CEP: 68900-163 — Macapá — AP
Tel: (96) 3223-5777
Site: www.goap.org

Grande Oriente Amazonense
Rua Sete, 254, Conj. Castelo Branco
CEP: 69077-080 — Manaus — AM
Tel: (92) 3233-1971
Site: www.goa.masonweb.inf.br

Grande Oriente Autônomo do Maranhão

Rua Hemetério Leitão, nº 116,
São Francisco
CEP: 60576-420 — São Luís — MA
Tel: (98) 3235-5967
E-mail: goam@comab.org.br

Grande Oriente da Bahia

Rua Visconde De Itaborahy, nº 514,
Amaralina
CEP: 41900-000 — Salvador — BA
Tel: (75) 3484-0118
Site: www.goba.org.br

Grande Oriente do Ceará

Rua Domingos Jaguaribe, nº 44, Vila União
CEP: 60420-020 — Fortaleza — CE
Tel: (85) 3045-0298
Site: www.goce.org.br

Grande Oriente do Estado de Mato Grosso

Avenida Historiador Rubens de Mendonça,
nº 4733, CPA
CEP: 78055-000 — Cuiabá — MT
Tel (65) 3648-7777
Site: www.goemt.org.br

Grande Oriente de Goiás

R2 QD. C2 Lotes 08, nº 38, 1º andar,
Setor União
CEP: 74313-060 — Goiânia — GO
Tel: (62) 3287-6363
E-mail: gog@comab.org.br

Grande Oriente Independente do Estado do Pará

Avenida Tancredo Neves, nº 6000, Jardim
Independente II
CEP: 68.372-222 — Altamira — PA
Tel: (93) 9171-7466
Site: www.goiepa.com.br

Grande Oriente Independente do Estado do Rio Grande do Norte

Rua Romualdo Galvão, nº 891, Tirol
CEP: 59022-100 — Natal — RN
Tel: (84) 3212-2244
Site: www.goiern.org.br

Grande Oriente Independente de Pernambuco

Rua Da Penha, nº 45, São José
CEP: 50020-580 — Recife — PE
Tel: (81) 3224-9768
Site: www.goipe.com.br

Grande Oriente Independente do Piauí

Rua Rio Grande do Norte, nº 1085, Pirajá
CEP: 64003-420 — Teresina — PI
Tel: (86) 3213-7772
E-mail: goinpi@comab.org.br

Grande Oriente Independente do Rio de Janeiro

Rua Teotônio de Brito, nº 360,
1º andar, Olaria
CEP: 21073-080 — Rio de Janeiro — RJ
Tel: (21) 2595-1634
Site: www.goirj.org

Grande Oriente de Minas Gerais

Rua da Bahia, nº 570, 6º andar, Centro
CEP: 30160-010 — Belo Horizonte — MG
Tel: (31) 3226-3455
Site: www.gomg.org.br

Grande Oriente de Mato Grosso do Sul

Avenida Tamandaré, nº 5773, Vila Neuza
CEP: 79117-010 — Campo Grande — MS
Tel: (67) 3365-4644
Site: www.goms.org.br

Grande Oriente Maçônico do Alagoas

Avenida Santana do Ipanema, nº 469,
Cruz das Almas
CEP: 57038-480 — Maceió — AL
Tel: (82) 3035-3754
E-mail: goal@comab.org.br

Apêndice C: Encontrando uma Loja

Grande Oriente da Paraíba
Rua Da Areia, nº 265, Varadouro
CEP: 58010-630 — João Pessoa — PB
Tel: (83) 3241-2270
Site: www.gopb.org.br

Grande Oriente do Paraná
Rua Antônio Martin de Araújo, nº 391,
Jardim Botânico
CEP: 80210-050 — Curitiba — PR
Tel: (41) 3218-8831
Site: www.gop.org.br

Grande Oriente Paulista
Rua Barão de Tatuí, nº 94, Santa Cecília
CEP: 01226-030 — São Paulo — SP
Tel: (11) 3667-0287
Site: www.gop-sp.org.br

Grande Oriente do Rio Grande do Sul
Rua Jerônimo Coelho, nº 116, Centro
CEP: 90010-240 — Porto Alegre — RS
Tel: (51) 3272-3705
Site: www.gorgs.org.br

Grande Oriente de Santa Catarina
Rua Dos Ilhéus, nº 38, 1º andar, Centro
CEP: 88010-560 — Florianópolis — SC
Tel: (48) 3952-3300
Site: www.gosc.org.br

Grande Oriente de Sergipe
Rua Otoniel Dória, nº 528, 1º andar, Centro
CEP: 49010-010 — Aracajú — SE
Tel: (79) 9987-3221
E-mail: gos@comab.org.br

370 **Parte VI: Apêndices**

Índice

Símbolos

3, simbolismo do número, 142–143

29 graus (Rito Escocês), 5, 19

32° grau maçônico (Rito Escocês)
Cavaleiros de Santo André, 233
como corpo aliado, 20
conferindo o grau, 220–222
graus adicionais, 137
sobre o significado de, 19, 180

33° grau maçônico (Rito Escocês)
como corpo aliado, 20
conexões satânicas, 318
conferindo o grau, 220–222
graus adicionais, 137
relação com a Maçonaria, 176
sobre o significado de, 19, 180

47° Problema de Euclides, 110, 148

•A•

acácia (símbolo), 158–159

Academia para a Promoção do Aprendizado Físico-Matemático Experimental. *Consulte* Royal Society

adesão à vista, 112

afiliando-se aos maçons. *Consulte* maçom, tornando-se um

Afro-americanos. *Consulte* Maçonaria Prince Hall; racismo/discriminação racial; escravos/escravidão

A Guerra dos Judeus (Flávio Josefo), 145

Águias. *Consulte* Ordem Fraternal das Águias

A Help to a Brother [Ahiman Rezon] (Dermott), 36

Ahiman Rezon [A Help to a Brother] (Dermott), 36

Alce. *Consulte* Ordem Leal dos Alces

Alces. *Consulte* Ordem Benevolente e Protetora dos Alces

álcool, 50, 53, 55, 78, 103, 177, 236, 291

Alcorão (Islã), 71, 81, 165

Aldrin, Buzz (Maçom, astronauta), 56, 304

alegoria, 66–67, 127, 140, 151. *Consulte também* simbolismo/símbolos

Alemanha, 29, 40, 54–55, 79, 89, 94, 139, 188, 190, 213. *Consulte também* Hitler, Adolph; Nazismo

A Lenda do Tesouro Perdido (filme, 2004), 57, 163, 210, 277, 278, 328

A Liga Extraordinária (Moore and O'Neill), 57, 278

alívio (caridade com outros). *Consulte também* caridade/instituições de caridade
como princípio básico, 42, 60–61, 62, 92
criando oportunidades para, 272–273, 288
educação inicial, 132–133, 134
incorporação em símbolos, 146
princípios do Rito de York, 212

372 Maçonaria Para Leigos

alquimia (magick), 65, 158, 166, 228, 323. *Consulte também* "magick" sexual/perversões

Alta Maçonaria Luciferiana (conhecida como Paladismo), 314–315

Altos Cedros do Líbano, 20, 181, 259–260

anagrama, 227

âncora e arca (símbolos), 149

Anderson, James (maçom, pastor), 35, 37, 334, 357

Anjos e Demônios (Brown), 58, 277

Annuit Coeptis ("Ele [Deus] tem favorecido nossos empreendimentos"), 164

Antiga Grande Loja (Irlanda), 36

Antiga Ordem Árabe dos Nobres do Santuário Místico. *Consulte* Shriners International

Antiga Ordem de Silvicultores, 51

Antiga Ordem Egípcia dos SCIOTS, 181, 259

apertos de mão, 1, 2, 11, 13, 18, 60, 123, 127, 131, 134, 137, 162, 256, 290, 314. *Consulte também* sigilo maçônico

Aprendiz (grau), 28, 123, 125–126, 127, 129, 131, 132, 135, 136, 141, 144, 159, 305, 359, 360

Arco-íris. *Consulte* Ordem Internacional do Arco-íris para Meninas

Armstrong, Neil (astronauta), 11

arquitetura, geometria e, 25–26

arquitetura gótica, 25–26

Ashmole, Elias (Maçom), 31

assassinato, 12

Assassinato por Decreto (filme, 1979), 278, 320

autorizações (cartas constitutivas), 111, 112, 246

avental. *Consulte* avental de pele de cordeiro

avental de couro branco. *Consulte* avental de pele de carneiro

avental de pele de cordeiro, 149–150

• B •

Baby Boomers, 56, 57, 279, 282

Baden-Powell, Robert (criador dos Lobinhos), 255–256

Baphomet, 70, 167–168, 169, 209–210, 322

Beard, Daniel Carter (criador dos Boy Scouts), 255–256

Bessel, Paul M. (maçom, pesquisador), 263

Bíblia. *Consulte* Bíblia Maçônica; Volume da Lei Sagrada

Bíblia de Genebra, 158

Bíblia de São João, 45

Bíblia maçônica, 70, 77, 165–166. *Consulte também* Bíblia do Rei Jaime; Volume da Lei Sagrada

blackballing, 297

Bolívar, Simón (maçom, líder político), 46, 75, 89

bolsas. *Consulte* educação

Bonaparte, Napoleão (imperador da França), 46, 307

Born in Blood (Robinson), 33

Bowling Alone (Putnam), 269

Boy Scouts of America, 254, 256

Bradley, Ornar (maçom, general), 55, 307

Brant, Joseph (maçom), 92

Brown, Dan (escritor), 7, 57, 58, 163, 210, 211, 277, 290, 328, 329

• C •

cable-tow, 133, 256

caixão (símbolo), 158

Capela de Rosslyn (Escócia), 211, 329

Capelão, 108–109, 132

caput mortuum (caveira, símbolo), 158

caridade/instituições de caridade. *Consulte também* alívio (caridade para os outros); Hospitais Shriners

Altos Cedros do Líbano, 20, 181, 259–260

Corpos do Rito de York, 199, 211–212, 222

Corpos do Rito Escocês, 233

equívocos sobre, 4, 6, 161, 172, 220, 277

grupos fraternais não maçônicos, 51, 53, 183

Maçonaria não é uma, 2

o Grotto, 20, 258, 283, 290

Ordem da Estrela do Oriente, 20, 21, 51, 119, 182, 246–247, 248, 250–252, 257, 321

Ordem Social de Beauceant, 182, 253

carretel de linha (símbolo), 159

Casa do Templo (Rito Escocês), 169–170, 233, 262

Catedral do Rito Escocês em Indianápolis, 52

Cavaleiros da Eulogia, 189–190

Cavaleiros de Colombo, 51, 77, 124, 187

Cavaleiros de Pítias, 186

Cavaleiros de Santo André, 233

Cavaleiros Maçons, 178, 212

Cavaleiros Templários (Ordem dos Pobres Cavaleiros de Cristo e do Templo de Salomão). *Consulte também* graus de cavalaria/ordens

adaptação inicial na América, 41–42

conexões da Maçonaria com, 205

origens históricas, 24–25

relacionamento com a Maçonaria, 177

relacionamento com o cristianismo, 71

símbolos, 202, 204

The Templar Code For Dummies (Wiley), 205

Caveira e Ossos (grupo não maçônico), 189–190

Caveira e Ossos (símbolo), 204–205

Cedros do Líbano, 259

cerimônias. *Consulte* rituais Maçônicos

Cerimônias de pedra fundamental, 16–17

cerimônias públicas, participação maçônica, 16–17

Chave de Salomão (antigo livro de magia), 65–66

Chevalier Bienfaisant de Cite Saint (Rito Retificado), 213

Chick, Jack (escritor antimaçônico), 315

chinelo (sapato, símbolo), 150

Churchill, Winston (maçom, primeiro-ministro britânico), 12, 55, 90, 308

ciência, crenças maçônicas, 11, 14, 28, 31, 39, 65, 72, 82, 99, 126, 128–129, 136, 158, 168, 305

cimitarra (espada), 237

cinzel (símbolo), 159

Circum-ambulação, 134

Clarke, Arthur C. (historiador), 66

Clinton, Bill (DeMolay, presidente norte-americano), 255, 305, 317

Clinton, Dewitt (maçom, governador), 49

Cobridor, 105, 109–110, 131, 156, 290, 293, 299, 311

Cochrane, Robert (Mestre Maçom, Conde de Mar), 28

Colégio do Rito de York, 178, 212

Collectanea (periódico), 179

colmeia (símbolo), 151

colunas (símbolo), 157–158

Comissão Trilateral, 317

como se tornar um maçom. *Consulte* maçom, tornando-se um

Companheiro (grau), 15, 16, 43, 47, 116, 119, 123, 130, 132, 136, 141, 144, 157, 158, 177, 193, 195, 196, 199, 221, 256, 279, 298

Conferência de Grão-Mestres da América do Norte, 263

Confucionismo, 61

Conselho de Relações Exteriores (CFR), 77, 317

Conspiracy Theories & Secret Societies For Dummies (Hodapp e Von Kannon), 162, 313

Constituição dos Estados Unidos, 75

Contos das Mil e Uma Noites, 83

convocação (comunicação), 111, 112, 196, 362

corpos aliados. *Consulte também* grupos concordantes; corpos específicos

definido/descrito, 175–176, 177

graus adicionais, 16, 37, 47, 48, 50, 71, 114, 116, 137, 180, 194, 196, 199, 224, 298–299

regularidade/reconhecimento de, 76, 111, 114–115, 117, 285, 294, 330

corpos mistos (comaçonaria), 20–21

crescimento de maçons especulativos, 29, 31–33, 147, 152, 159

Cristianismo

cristãos fundamentalistas, 40, 77–78

exigências do Rito de York, 194

exigências do Rito Escocês, 194

princípios maçônicos e, 12

Crocker, Hannah Mather (Venerável Mestre), 20–21

Cromwell, Oliver (governante britânico), 30, 72

Cronkite, Walter (DeMolay, apresentador), 255

Cross, Jeremy (maçom), 147

Crowley, Aleister (pervertido profissional), 188–189, 210, 322–323

Cruzadas/Cavaleiros Cruzados, 203, 206. *Consulte também* graus de Cavalaria/ordens

cultos, 170

Dalco, Frederick (Maçom, médico), 224

Decker, J. Edward (autor antimaçônico), 315

Declaração de Independência, 41, 42, 304

DeMolay International (a Ordem de DeMolay), 182, 215

Índice *375*

De Molay, Jacques (Grão-Mestre), 208–210, 254, 330

Dermott, Laurence (maçom), 36

Desaguliers, Jean T. (maçom, médico), 31

Deus

3, simbolismo do número, 142

como Grande Arquiteto, 9, 35–36, 63, 70, 71, 128, 132, 142, 153–154, 155, 159, 163, 201, 314, 330

conceito de deísmo, 40

crenças da Maçonaria, 58, 60

G e o Olho Que Tudo Vê, 154

Leis antigas da Maçonaria, 35

Diácono (Segundo/Primeiro), 104–105

Dia de Todos os Santos, 350

Do Inferno (Moore e Campbell), 57

dominação mundial. *Consulte também* teorias conspiratórias; organização/governo internacional

Illuminati e, 80, 85–86, 88, 164, 189, 190, 315–316

• *E* •

Educação

bolsas, 54, 61, 185, 252, 261, 288

lojas de Observância Tradicional, 57–58

princípios maçônicos, 62

Rito de York, 178, 212

Rito Escocês, 262

efeito Dan Brown, 58

elevação, Companheiro, 136–137, 289, 299

Enciclopédia Maçônica de Coil, 141

escala evolutiva (passar pelas cadeiras), 101

escândalos. *Consulte também* teorias conspiratórias; lendas/mitologia

33° grau secreto, 318

escritos de Albert Pike, 219

Loja Italiana P2, 320–321

obras de Leo Taxil, 313–314

obras e ações de Aleister Crowley, 322–323

Escócia, 20, 24–25, 28–29, 30, 33, 36, 37, 65, 115, 127, 159, 180, 200, 208, 211, 217, 220, 222, 223, 233, 310, 329, 357

Escolas de Mistérios do Egito, 65

escravos/escravatura. *Consulte também* racismo/discriminação racial

esforços antimaçônicos. *Consulte também* teorias de conspiração

cristãos fundamentalistas e, 40, 77–78

escritos de Albert Pike, 65–66, 165–170, 171, 217, 224

escritos de Leo Taxil, 168–169, 313–314

Igreja Católica, 25–26, 29, 51, 73, 75–77, 86–87, 135, 151, 169, 187, 206, 208, 210, 277–278, 314, 315

Protocolos dos Sábios de Sião, 54, 80–81, 275, 316

sigilo e o Caso Morgan, 49, 53

esquadro e compasso

adaptação da Grande Loja de Israel, 81

simbolismo, 146

sobre as origens, 11–12

Estatuto da Aprendizagem, 125

estrela de cinco pontas (símbolo), 155, 237, 248, 321

Estrela do Oriente Prince Hall, 250

376 Maçonaria Para Leigos

Euclides de Alexandria (matemático grego), 148

Eulogian Club, 189

•F•

Família Maçônica. *Consulte* corpos aliados; grupos concordantes

fé (além de uma religião específica)
como princípio básico, 63
na Era da Razão, 31
no Iluminismo, 39
simbolismo, 146, 147, 159

Federação Americana de Direitos Humanos (Le Droit Humain), 119

Festa do Chá de Boston, 42

Filhas de Jó Internacional, 182

Filhas do Nilo (Shrine), 182, 242

Filhos da Honra, 51

Filhos da Liberdade, 42, 186

filosofia maçônica, 71, 188

Fleming, Walter (maçom, médico), 237, 305

Florence, Billy (maçom, ator), 237

Ford, Gerald (maçom, presidente dos EUA), 56, 305

Frale, Barbara (historiadora), 210

Francken, Henry (maçom), 223, 224

Fran-comaçonaria. *Consulte também* Maçonaria simbólica; corpos aliados; corpos concordantes; história maçônica
efeito Dan Brown, 58
mulheres, adesão, 20–21
papel na sociedade moderna, 58, 123
raio ultrassom mortal da, 319
santos padroeiros, 126, 151
suposições sobre você e, 3

Franco-maçons/pedreiros de cantaria (pedreiros). *Consulte* maçons operativos

Franklin, Benjamin (maçom, estadista americano), 39, 42, 164, 231, 232, 303

Freemason's Hall (Philadelphia, PA), 328

Freemason's Monitor (Webb), 51

Funcannon, Bob (maçom), 290

Fundação da Restauração Maçônica, 57, 283

•G•

Garibaldi, Giuseppe (maçom, político italiano), 74, 89

Geometria
arquitetura gótica, 25–26
misticismo maçônico e, 65–66
simbolismo da letra G, 153–154

George VI (maçom, rei da Inglaterra), 309–310

George Washington Masonic Memorial (Alexandria, VA), 327–328

George Washington Union (grupo comaçônico), 21

Glenn, John (maçom, astronauta), 56, 304

G (letra, símbolo), 153–155

Goodnow, David (DeMolay, apresentador), 255

Good, Weldon (maçom), 233

governo dos Estados Unidos
conspiração dos Illuminati e, 315–316
Grande Selo dos Estados Unidos, 164
princípios maçônicos como base, 12
Washington como primeiro presidente, 45

Grande Acampamento dos Cavaleiros Templários, 213, 215

Grande Arquiteto, 9, 35, 63, 70, 71, 128, 132, 142, 153, 154, 159, 163, 201, 330

Grande Capítulo Geral de Maçons do Real Arco, 215

Grande Colégio de Ritos dos EUA, 179

Grande Conselho Geral de Mestres Reais e Escolhidos, 215

Grande Loge de France, 330

Grande Loge Féminine de France, 20

Grande Loge Nationale Française (Paris), 118, 329–330

Grande Loja. *Consulte também* loja maçônica; Maçonaria Prince Hall

contatando/encontrando uma, 293–294, 365–369

identificando lojas convencionais, 115–118

identificando lojas irregulares, 118–121

informações de contato, 293–297

lojas de pesquisa, 262–263

publicidade e promoção, 50, 57, 280

turmas de um dia, 279–280

Grande Loja da Escócia, 41

Grande Loja da Índia, 118

Grande Loja da Inglaterra (Londres), 34–35, 36, 40, 41, 43–44, 131, 175, 261, 334–335

Grande Loja da Irlanda, 36, 41

Grande Loja da Ordem do Rei David Hebreu, 190

Grande Loja da Rússia, 91, 275

Grande Loja de Israel, 81

Grande Loja de Massachusetts, 43, 118

Grande Loja de Nova York, 118, 296–297

Grande Loja de São João da Escócia, 36

Grande Loja de Toda a Inglaterra (York; Totius Angliae), 36, 41

Grande Loja do Irã, 91

Grande Loja do Missouri, 299

Grande Loja do Rei Salomão, 190

Grande Loja Empire State Twin Towers, 190

Grande Loja Feminina da Bélgica, 21

Grande Loja Mystic Tie, 190

Grande Loja Prince Hall, 44, 118

Grande Loja Unida da Inglaterra, 36, 47, 112, 119, 120

Grande Mestre, 230, 232

Grande Secretário, 117

Grande Selo dos Estados Unidos, 164

Grange (Granja Nacional da Ordem dos Patronos da Agricultura), 51

graus. *Consulte* graus maçônicos

graus de Cavalaria/ordens, 194, 202–203. *Consulte também* Cruzadas/cavaleiros Cruzados; Cavaleiros Templários

graus maçônicos. *Consulte também* grupos concordantes; Aprendiz; grau de Companheiro; iniciação; Mestre Maçom

controvérsia Antigos e Modernos, 47

corpos aliados, 4–5, 52–53, 175–176, 177–178, 180–182

grupos concordantes, 178–180

juramento/obrigação, 15, 20, 45, 71, 116, 125, 127, 131, 133, 162, 166, 206, 222, 247

lojas irregulares/não reconhecidas, 218

mudanças para o futuro, 23, 281–282

proficiência, demonstrando, 15, 137, 297–298

realizando rituais, 129–132

sistema do Rito de York, 193, 194–197

sistema do Rito Escocês, 219–222

sobre o significado e as características, 15

turmas de um dia, 279–280

Graus Maçônicos Aliados (Rito de York), 212–213

Grissom, Gus (maçom, astronauta), 56, 304

Grotto (Ordem Mística dos Profetas Velados do Reino Encantado da América do Norte), 20, 181, 258, 283, 290

Grupo Bilderberg, 317

grupos concordantes. *Consulte também* corpos aliados, corpo específico

Rito de York, 178–179

Rito Escocês, 180

grupos jovens. *Consulte* DeMolay International; Ordem Internacional do Arco-íris; Filhas de Jó International

grupos maçônicos irregulares, 190–191. *Consulte também* grupos não maçônicos

grupos não maçônicos, 175, 176. *Consulte também* organizações fraternas; grupos maçônicos irregulares

grupos sociais (corpos aliados), 56, 180–181

Guerra Civil, 29, 30, 31, 51, 53, 72, 93–94, 114, 144, 155, 177, 186, 225, 228, 270

Guilda do Menestrel, 126

Guillotine, Joseph (maçom, inventor), 88

Gull, William (médico, suposto Jack, o Estripador), 318, 319

•H•

Halliwell, James (tradutor), 335

Hall, Manley (maçom, autor), 65

Hall, Prince (maçom), 43–44

Hancock, John (maçom), 42, 304

Harding, Warren G. (maçom, presidente americano), 45, 53–54, 305

Harris, Jack (autor antimaçônico), 315

Heirloom Bible Publishers, 165

Hermes Trismegisto, 65

High Twelve International, 181, 260–261

Hinduísmo, 61

Hiram Abiff, lenda de, 128–129, 131, 136, 201, 215, 319

história maçônica

arquitetura e geometria em, 23–24

conexão com Cavaleiros Templários, 32–33

controvérsia Antigos e Modernos, 47

criação do Manuscrito Régio, 27–28

discordância com a cristandade, 29–30

durante o Iluminismo, 39–40, 85–86, 88

durante o Renascimento, 28–29

escrevendo o Livro das Constituições, 35–36

expansão mundial da Maçonaria, 47–48

formação das primeiras Grandes Lojas, 34–35

relação com a religião, 70–73

relação com catolicismo, 73–78

relação com o islã, 81–82

relação com o judaísmo, 78–81

relação com protestantismo, 77–79

Segunda Guerra Mundial, 94

sistema de guildas de maçons operativos, 4, 6

surgimento de grupos de mulheres, 246–247

história maçônica na América

1930-50s, questões pré/pós-Segunda Guerra Mundial, 54–55

1960-90s, diminuição de filiação, 56

anos 2000, conectando-se com a geração do milênio, 56–57

ascensão dos corpos aliados, 52–53

aumento da popularidade e crescimento, 50–51

Caso Morgan e movimento antimaçônico, 49

Chegada na América colonial, 41

Festa do Chá de Boston, 42

Guerra Civil, 93–94

Guerra de 1812, 93

início do século XX, preocupações sociais, 54–55

origens históricas do Rito Escocês, 217

Período revolucionário, 86–87

história maçônica na Europa

chegada da Inglaterra, 84–85

conexões com o nazismo, 323–324

formação dos Illuminati, 85–86

perseguição totalitária, 89–90

história maçônica na França. *Consulte também* Revolução Francesa

controvérsia jacobita, 38–39, 84, 87

crescimento da Maçonaria, 47

origens da teoria templária, 32–33

origens históricas do Rito Escocês, 222–223

perseguição após a Revolução, 44

história maçônica na Rússia, 46, 54, 79, 80, 91, 275

Hitler, Adolph (líder alemão), 54–55, 80–81, 89–90, 94, 316, 324. *Consulte também* Alemanha

Hodapp, Christopher (autor)

Conspiracy Theories & Secret Societies For Dummies (Wiley), 162

The Templar Code For Dummies (Wiley), 205

Holly, James (autor antimaçônico), 315

Honorável Fraternidade de Antigos Maçons, 20

Hortman, Al (Shriner), 239

Hospitais Shriners, 20, 61, 239–243, 288

• / •

Igreja Anglicana, 30, 151

Igreja Católica

adaptação de festas pagãs, 150–151

Cavaleiros de Colombo, 51, 77, 124, 187

clero como maçons, 87

conexões com os Cavaleiros Templários, 32–33

desenvolvimento durante a Renascença, 28–29

relacionamento com a Maçonaria, 25–26, 29, 51, 73, 75–77, 86–87, 135, 151, 169, 187, 206, 208, 210, 277–278, 314, 315

supremacia na política francesa, 87

Igreja dos Templários (Londres), 329

Igreja Mórmon, 124

igualdade e tolerância. *Consulte também* racismo/discriminação racial

como princípio básico, 13–14

Deísmo, 40, 48

movimento Illuminati, 85–86, 88, 277, 315–316

oficiais da loja, 4, 132, 149

religião, 2, 4, 11, 13, 26, 30, 33, 35, 40, 42, 57, 146, 151, 153, 166, 168–169, 172, 187, 188, 228, 238, 242, 254, 257, 274, 275, 288, 322, 323, 357, 358, 361

Revolução Americana, 41–42, 48, 92

Revolução Francesa, 39, 44–45, 79, 80–81, 316

Illuminati (Ordem dos Perfectibilistas), 80, 85–86, 88, 164, 189, 190, 277, 315–316

Iluminismo, 39, 42, 87, 127, 315

"Ilustrações de Maçonaria" (Preston), 127, 147

Ilustre Ordem da Cruz Vermelha, 202, 203

Improved Order of Red Men, 51, 186

Índios Americanos, 92

iniciação. *Consulte também* graus maçônicos

Aprendiz, 132–136

apresentação da pele de cordeiro, 134, 149–150

Companheiro, 136

corpos aliados, 173, 175, 177, 180–182

derivada das guildas medievais, 100, 124–127

outros grupos fraternais, 51, 53, 183

pagamentos/custos, 43, 107, 295

Shriners, 178, 181, 182, 235, 236, 237

sobre o ritual, 14, 100

turmas de um dia, 279–280

Inquisição Espanhola, 78

Internet, conectando maçons via, 1, 2, 18, 21, 56, 57, 81, 124, 140, 161, 163, 190, 191, 218, 226, 262, 269, 277, 278, 279, 284–285, 293, 305, 316

irmandade de homens

conspiração Illuminati e, 316

criação dos Shriners, 236–237

durante períodos de guerra, 92–94

educação dos Boy Scouts, 254, 256

educação maçônica, 57, 282

Leis antigas da Maçonaria, 5, 13, 35, 119

lema da Revolução Francesa, 44

simbolismo da letra G, 153–154

irmão fraternal

Esquadro e Compasso como símbolo, 114

irmão fraternal 146–147

Pitianismo e, 186

reduzindo distâncias políticas, 83–84

reduzindo distâncias religiosas, 78–80

superando guerras e conflitos, 92

trolha como símbolo, 114, 156–157

Islã

Alcorão, 71, 81, 83, 109, 165

conceito da regra de ouro, 60

conspiração Illuminati, 316

relacionamento com a Maçonaria, 81–82

Templo de Salomão, 15, 28, 32–33, 79, 98–99, 131, 132, 136, 144–146, 150, 158, 175, 195, 200, 201, 206, 219, 259, 284

teoria da conspiração judaica, 55

Itália, 73, 74, 86, 89, 90, 118, 320, 325

• J •

Jack, o Estripador, Maçonaria e, 278, 318–320

Jacobitas/Jacobinos, 38–39, 84, 87, 223

Jaquim e Boaz (colunas), 157–158

Jerusalém. *Consulte* Templo do Rei Salomão; Cavaleiros Templários

João, Sagrados São, 151

Jogand-Pagès, Gabriel. *Consulte* Taxil, Leo

John Wiley and Sons

Conspiracy Theories & Secret Societies For Dummies (Hodapp e Von Kannon), 162

The Templar Code For Dummies (Hodapp e Von Kannon), 205

joias comemorativas, 113–114

joias do cargo. *Consulte também* simbolismo/símbolos

Capelão, 108–109

desenhos do avental, 113–114

Mestre de Banquetes (Segundo/Primeiro), 100

Past Master, 110–111, 113–114, 198

Primeiro Diácono, 104–105

Primeiro Vigilante, 102–103

Secretário, 107–108

Segundo Diácono, 105

Segundo Vigilante, 103–104

Tesoureiro, 107

Venerável Mestre, 102

joias (emblemas, medalhas, broches, fitas), 1, 10, 101, 104, 106, 113, 115, 155, 298

Journal of the Masonic Society, 263

Juarez, Benito (maçom, presidente Mexicano), 46, 75, 89

Judeus/Judaísmo. *Consulte também* os Protocolos dos Sábios de Sião; Sionismo

conceito da regra de ouro, 60

construção do Templo, 15, 24, 79–80, 126, 127, 128–129, 175, 219, 259, 328

destruição do Templo, 200, 201

lojas maçônicas em Israel, 71, 81

papel na Revolução Francesa, 79–80

relacionamento com a Maçonaria, 78–80

juramento/obrigação

Aprendiz, 125–127, 132–133

Companheiro, 127

graus maçônicos, 15

Ordem da Estrela do Oriente, 20, 51, 119, 182, 246–251

• *K* •

Kah, Gary H. (autor antimaçônico), 315

Kipling, Rudyard (maçom, autor), 255, 278, 310–311

Kiwanis Internacional, 184–185

Knigge, Adolph (maçom, Barão), 86

Knight, Stephen (autor antimaçônico), 318–320

Ku Klux Klan, 124, 228

• *L* •

Land, Frank S. (maçom, fundador do DeMolay), 254

lápis (símbolo), 159

Le Droit Humain (grupo comaçônico), 20, 119

Leis Antigas, 5, 13, 35, 119

lenda de Hiram Abiff, 128–129

lendas/mitologia. *Consulte também* teorias de conspiração; ritual maçônico; sigilo maçônico

aprendendo os fatos por trás, 7

bíblia maçônica, 70, 77, 165–166

382 Maçonaria Para Leigos

comprimento do cable-tow, 133, 256

conexões com o nazismo, 323–324

construção do Templo de Salomão, 15, 79, 175, 219, 259

dominação mundial, 12, 14, 59, 64, 77, 80, 171–172, 278, 316

Hiram Abiff, 128–129, 131, 136, 201, 215, 319

Jack, o Estripador, assassinatos, 278, 318–320

montando a cabra, 66

Olho Que Tudo Vê e a nota de US$ 1, 142, 154, 163–165

personagem Baphomet, 167–168

sociedade secreta, 2, 13, 17, 48–49, 60, 130, 172, 237, 281, 287

lenda urbana. *Consulte* lendas/mitologia

L'Enfant, Pierre Charles (maçom, arquiteto e engenheiro), 321

Leopoldo I (maçom, rei da Bélgica), 46

Levi, Eliphas (místico francês), 166–168, 210, 228–229

Lincoln, Abraham, 186, 305

linhas paralelas (símbolo), 150–151

Lions Clubs International, 184

Livingston, Robert (maçom, estadista Americano), 42, 45, 304

Livro da Lei (Crowley), 104, 323

Livro das Constituições (Anderson), 35–36, 37, 156, 334

loja. *Consulte* azul; lojas de Conceito Europeu; Grande loja; loja maçônica; lojas de Observância Tradicional

Loja Azul, 16, 113, 141. *Consulte também* Loja Maçônica

loja de Conceito Europeu, 282

Loja de Pesquisa do Sul da Califórnia (SCRL), 262

loja Kilwinning ("Loja Mãe da Escócia"), 29

loja Maçônica. *Consulte também* loja azul; Grande loja

Antigas Obrigações da Maçonaria, 357, 359

cerimônias de grau, 15, 20, 282, 297–298

Comunicações oficiais, 74

concedendo graus opcionais, 195

crescimento de maçons especulativos, 24, 334

"Loja Mãe da Escócia", 29

sobrevivência, encontrando maneiras, 255

"Loja Mãe da Escócia" (Loja Kilwinning), 29

lojas animais, 183–184

lojas de mesa, 15

Lojas de Observância Tradicional, 57

Lojas Grande Oriente

Grande Oriente da França, 39, 71, 76, 88, 119, 120, 165–166

Grande Oriente da Itália, 90, 320

loja simbólica, 16, 21, 141

lojas irregulares/não reconhecidas, 218. *Consulte* lojas Grande Oriente; regularidade/reconhecimento

Lúcifer (Príncipe da escuridão). *Consulte* Satanismo

• M •

MacArthur, Douglas (maçom, general), 55, 289, 307

Mackey, Albert (maçom, autor), 65–66

maçom, pessoas famosas, 303–311

maçom, tornando-se um

Índice 383

benefícios (o que você ganha), 288–289

encontrando e associando-se a uma loja, 293–294

encontrando um maçom com quem conversar, 292–293

razões para afiliar-se, 290–292

Maçonaria Prince Hall. *Consulte também* Grande Loja

entrando em contato/encontrando uma loja, 293–294

falsas (irregulares) lojas, 114–115

jurisdição da Grande Loja, 97, 116, 289

reconhecimento de Grande Lojas, 111–113

sobre as origens, 43–44

Maçonaria Simbólica. *Consulte também* Maçonaria

cerimônias e rituais, 12

definido/descrito, 16–17

neutralidade em relação à religião, 76

origens da Loja Azul, 141

Maçonaria, Sua Visão de Mundo, Organização e Políticas (Schwarz), 90

maçons admitidos ou aceitos, 31

Maçons Antigos Livres e Aceitos (M.A.L.&A.), 293

maçons "cavalheiros", 31

maçons do Real Arco (Rito de York)

adaptação inicial na América, 47–48

controvérsias antigas e modernas, 47

graus conferidos, 197–199

órgãos administrativos, 195–196

símbolos, 197

sobre as origens, 19, 37

Maçons do Rito Críptico (Rito de York)

caridade/fundação, 215–216

conselhos administrativos, 195–196

definido/descrito, 195

graus conferidos, 196–197

símbolos, 200–201

maçons especulativos

ascensão durante o Iluminismo, 39

crescimento durante a Renascença, 28–29

desenvolvimento do ritual, 147

formação da Grande Loja, 34–35

Maçons Livres e Aceitos (M.L.&A.), 293

maçons operativos, 24–27

magick (alquimia), 65, 188. *Consulte* também "magick" sexual/ perversões

"magick" sexual/perversões, 188. *Consulte também* magick

M. A. L. & A. (Maçons Antigos Livres e Aceitos), 293

malho (símbolo), 158

Manuscrito Régio, 5–6, 27, 35, 124–125, 335–356. *Consulte também* ritual maçônico

Mark Twain (maçom, conhecido como Samuel Clemens), 51, 310

Marshall, George (maçom, general), 55, 307

martelo/malhete (símbolo), 17

Masonic Service Association, 54

Masonic Society, 263

Masonic Temple de Detroit, MI, 328–329

McKinley, William (maçom, presidente americano), 53, 93, 305

McKinstry, John (maçom), 92

Mein Kampf [Minha Luta] (Hitler), 54, 89–90

Memórias Ilustrando a História do Jacobinismo (Barruel), 315–316

Memorização

demonstrando proficiência, 15, 137, 297–298

derivado de guildas medievais, 100, 124–127

símbolos como dispositivo de memória, 140

Mestre Maçom (3º grau)

executando o ritual para, 129–130

origens do ritual, 124–126

papel no sistema de guildas, 27–28

sobre o significado, 16

metafísica, 65

método científico, 31

Mick, Ethel T. Mead (fundadora das Filhas de Jó), 257

mistérios, 11, 126, 127, 141, 154, 166–167

misticismo, 59, 65–66, 228, 323

Mitchell, John (maçom), 224

mitos. *Consulte* lendas/mitologia

M. L. & A. (Maçons Livres e Aceitos), 190, 293

Modernos Maçons Livres e Aceitos internacionais, 190–191

Mohammed [Muhammad] (Profeta), 146

Monte Moriá, 98, 144, 145, 201

Moral e Dogma (Pike), 165, 166, 169, 171, 228, 229

moralidade e código de conduta

esquadro e compasso como símbolo, 114, 146–147

infalibilidade papal, 74, 76

lições das Filhas de Jó, 250, 254, 257

lições de corpos aliados, 52–53

lições do Rito Escocês, 71

Maçonaria como sistema de, 13–14

Manuscrito Régio, 27, 35, 124–125, 335–356

movimento dos Illuminati, 85–86

simbolismo, 1, 2, 7, 11, 13, 19, 20, 26, 31–32, 62, 66–67, 170, 175, 187, 190, 205, 213, 218, 236, 240, 248, 261, 267, 284

Moray, Robert (maçom), 31

Morgan, William (maçom), 49, 53

Morin, Etienne (maçom), 223

Morris, Rob (maçom), 246–247, 250, 251

movimento neoconservador americano, 316

Muçulmanos. *Consulte* Islã

Mulheres

assassinatos de Jack, o Estripador, 278

corpos aliados, 20–21

filiação maçônica, 20–21, 318–319

lojas paladianas, 314

Ordem da Estrela do Oriente, 20, 21, 51, 119, 182, 246–252, 257, 321

•N•

não Cristãos, Maçonaria e, 36, 202, 247

National Heritage Museum (Lexington, MA), 233

National Sojourners, 181, 260

nazismo, 323–324. *Consulte também* Alemanha; Hitler, Adolph

nível (símbolo), 103, 152–153

Noé (patriarca bíblico), 126, 127, 128, 149, 201, 257, 350

Nota de 1 dólar, 163–165

nova ordem dos séculos (Novus Ordo Seclorum), 164

Nova Ordem Mundial (Novus Ordo Mundi), 64–65, 85–86, 164. *Consulte também* dominação mundial

O

O Anticristo e a Origem da Maçonaria (Taxil), 314

O Código Da Vinci (Brown), 57, 329

Oculto
- conexão maçônica, 245
- grupos não maçônicos, 175, 176
- Kabbalah (misticismo judaico), 226–227
- pentagrama de cinco pontas, 321
- símbolos maçônicos como, 7, 17, 114, 139, 147–159, 330

O Culto ao Grande Arquiteto (Taxil), 314

"o editorial sem palavras", 239

oficiais maçônicos (eleitos), 101–106

oficiais maçônicos (indicados), 106–111

oficial. *Consulte* Companheiro

O Homem Que Queria Ser Rei (filme, 1975), 278

olho. *Consulte* Olho Que Tudo Vê

Olho Que Tudo Vê, 142, 154, 163–165

Operativos (Venerável Sociedade dos Maçons Livres), 214–215

Ordem Benevolente e Protetora dos Alces (BPOE), 51, 183

Ordem Comemorativa de São Tomás de Acon, 214

Ordem da Bandeira Estrelada, 51

Ordem da Cruz Vermelha de Constantino, 214

Ordem da Estrela do Oriente (OES)
- administração e organização, 246–247
- como corpo aliado, 20

estrela de cinco pontas, 155, 237, 248, 321

Ordem da Flecha (Boy Scouts), 256

Ordem das Coisas Boas, 183–184

Ordem das Filhas de Jó.
Consulte Ordem Internacional das Filhas de Jó

Ordem das Mulheres Maçons, 20

Ordem de Amaranth, 20, 182, 246, 250–252, 257

Ordem de Malta, 202, 203

Ordem do Arco-íris para Meninas.
Consulte Ordem Internacional do Arco-íris para Meninas

Ordem do DeMolay. *Consulte* DeMolay International

Ordem dos Bons Templários, 51

Ordem dos Cavaleiros da Cruz de Honra de York, 214

Ordem dos Cavaleiros de Pítias, 186

Ordem dos Maçons Antigos, Livres e Aceitos para Homens e Mulheres, 20

Ordem dos Perfectibilistas.
Consulte Illuminati

Ordem do Templo, 202, 204–205

Ordem Fraternal das Águias (FOE), 183–184

Ordem Hermética da Aurora Dourada, 188–189, 322

Ordem Independente dos Odd Fellows (IOOF), 185–186

Ordem Internacional das Filhas de Jó.
Consulte Filhas de Jó Internacional

Ordem Internacional do Arco-íris para Meninas, 256–257

Ordem Leal dos Alces, 51, 183

Ordem Mística dos Profetas Velados do Reino Encantado da América do Norte. *Consulte* Grotto

Ordem Social de Beauceant, 182, 253

Ordo Templi Orientis (Ordem dos Templários Orientais), 188, 323

Ordo Templi Orientis (redefinição de Crowley), 188, 323

organização internacional/governo 183. *Consulte também* dominação mundial

organizações fraternais. *Consulte também* grupos não maçônicos

crescimento pós-Segunda Guerra, 56

custo de aderir, 53

formação de grupos rivais, 47

Maçonaria como, 1

movimento antimaçônico, 49–50

relevância na sociedade moderna, 58, 123

sociedades de seguro, 53

Os Assassinos maçônicos (Taxil), 314

O Símbolo Perdido (Brown), 7, 57, 58, 163, 277, 328

Os Simpsons (programa de TV), 278

• P •

painéis, 134, 142–144, 284

Paladismo (conhecido como Alta Maçonaria Luciferiana), 314

Paraíso Perdido (Milton), 170–171

Parsons, Samuel H. (maçom, general), 92–93

Past Master, 1, 6, 110–111, 113–114, 150, 198–199, 200

Patrick, M. (maçom, general), 53

Pergaminho de Chinon, 210

Pershing, John J. ["Blackjack"] (maçom, general), 53, 307

Philalethes Society, 262

Phylaxis Society, 121, 262

Pike, Albert (maçom, escritor), 52, 65–66, 165, 166–171, 217, 219, 224–231, 233, 273, 314, 315

pirâmide (símbolo), 163–164

Pobres Cavaleiros de Cristo e do Templo de Salomão. *Consulte* Cavaleiros Templários

Política

dominação mundial, 12, 14, 59, 64, 77, 80, 171–172, 278, 316

lendas sobre dominação mundial, 171–172

movimento antimaçônico e, 49–50, 246

oficiais de loja, 199

Ordem da Estrela do Oriente, 246–247

outros grupos fraternos, 185

sobre a Maçonaria e, 2

ponto dentro de um círculo (símbolo), 150–151

pote de incenso (símbolo), 151

Preston, William (maçom), 127–128, 147

Primeira Guerra Mundial, 177, 254, 260, 307

Primeiro Diácono, 101, 104–107, 134, 256, 297–298

Primeiro Vigilante, 99, 101, 102–105

procissões/vagões do cortejo, 43, 126

proficiência demonstrando, 15, 137, 297–298

Programa de Auxílio à Pesquisa do Real Arco, 215

Protestantismo, 30, 73

Protocolos dos Sábios de Sião, 54, 80–81, 275, 316. *Consulte também* Judeus/Judaísmo; Sionismo

prumo (símbolo), 16, 104, 114, 152

publicidade e promoção, 50, 57, 280–281

• R •

racismo/discriminação racial, 228, 273–274. *Consulte também* igualdade e tolerância; escravos/escravatura

Ramsay, Andrew Michael (Cavaleiro de Ramsay), 33, 37, 48, 74, 84–85, 203, 205, 223

Real Sociedade de Londres para o Melhoramento do Conhecimento Natural, 31

Regra de ouro, 60–61

régua de 24 polegadas (símbolo), 159

regularidade/reconhecimento, 4, 76, 111, 330. *Consulte também* lojas irregulares/não reconhecidas

religião. *Consulte também* igualdade e tolerância; satanismo; religião específica

  Antigas Obrigações da Maçonaria, 357, 359

  conceito de Deísmo, 40

  descendência maçônica de, 38, 44

  impacto do método científico em, 31

  perseguição da Maçonaria, 44, 55, 72, 78, 90, 250

  perseguição e intolerância em nome de, 72

  praticando tolerância, 29, 37, 40, 71, 77, 79, 85–86, 90, 91, 274, 275

retórica anticatólica, 86

reuniões

cerimônias de grau, 15, 20, 282, 297

Comunicações oficiais, 74

ficar no escuro, 296

sobre as funções das, 14–15

Revere, Paul (maçom), 42

Revolução Americana, 41–42, 48, 92

Revolução Francesa, 39, 44–45, 79, 80–81, 316. *Consulte também* história maçônica na França

Richards, Michael (maçom, ator), 290, 306

Rickenbacker, Eddie (maçom, piloto), 53, 307

Rito Americano. *Consulte* Rito de York

Rito Antigo e Primitivo de Memphis-Misraim, 119

Rito Capitular. *Consulte* Rito de York

Rito de Perfeição (Rito Escocês), 223–224

Rito de York

  adaptação inicial na América, 50–51

  chegada nos Estados Unidos, 47

  corpos aliados, 211–215

  graus, 47–48

  joias comemorativas, 113–114

  sobre os grupos, 19

  turmas de um dia, 279–280

Rito de York, graus do Real Arco, 37, 178, 193, 194, 197–198, 199, 219

Rito de York, graus do Rito Críptico, 202

Rito de York, Ordens de Cavalaria, 178, 194, 197, 202–203. *Consulte também* Cavaleiros Templários

Rito Escocês Antigo Aceito. *Consulte* Rito Escocês

Rito Escocês (Rito Escocês Antigo e Aceito)

  32º grau, 19, 52, 169, 220, 233, 279, 299

33º grau, 19, 180, 194, 318
adaptação inicial na América, 50–51
apresentação de graus, 220
caridades, 233
chegada nos Estados Unidos, 223–224
graus, 71
influência da Kabbalah, 226–227
jurisdições, 44, 70–71, 83, 100, 101, 103, 105, 109, 111, 117, 120, 218, 219, 220, 229–230, 233, 262, 279–281, 284, 296, 298, 305, 321, 327
origens históricas, 24–25
papel de Albert Pike na criação, 224–229
requisitos para filiação, 220–221
símbolos, 218
sobre, 217, 221–222
turmas de um dia, 279–280
Rito Retificado (Chevalier Bienfaisant de Cite Saint), 213
ritos pagãos/paganismo, 65
ritual Maçônico. *Consulte também* lendas/mitologia; Manuscrito Régio
demonstrando proficiência, 15, 137, 297–298
desenvolvimento a partir das guildas, 20, 65–66, 84–85, 100–101, 124–127, 334
lojas de Observância Tradicional, 57–58
lojas irregulares/não reconhecidas, 218
painéis, 134, 142–144, 284
papel de Albert Pike, 224–229
Ritual Padrão de Pike Revisado (Rito de York), 230
Robertson, Pat (antimaçônico, escritor), 315

Robinson, John (antimaçônico, escritor), 33, 315–316
Roosevelt, Franklin D. (maçom, presidente dos Estados Unidos), 55, 90, 289, 305
Roosevelt, Theodore (maçom, presidente dos Estados Unidos), 53, 63, 289, 305
Rotary International, 184
Royal Antediluvian Order of Buffaloes, 183
Rússia. *Consulte* História maçônica na Rússia

Sagrada Congregação para a Doutrina da Fé (antes Escritório da Inquisição). *Consulte* Inquisição Espanhola
Sagrados São João, 151
Salomão (profeta e rei de Israel), 24, 35, 126, 128, 144, 146, 151, 157. *Consulte também* Templo do Rei Salomão
sanctum sanctorum ("santo dos santos"), 24, 132, 145, 150
Santo Ofício, 16, 25
Santuário Branco de Jerusalém, 20, 182, 252–253
Satanismo, 167, 169
Sayer, Anthony (primeiro Grão-Mestre), 34
Schnoebelen, William (escritor antimaçônico), 315
Scott, Walter (maçom, autor), 51
Secretário, 107–108
Segunda Guerra Mundial, 23, 54–56, 79, 94, 139, 184, 239, 252, 268, 270–271, 277, 306, 307, 320, 323
Segundo Diácono, 105

Índice 389

Segundo Vigilante, 103–104

senhas, 2, 13, 18, 33, 60, 131, 162, 247. *Consulte também* sigilo maçônico

Ser Supremo. *Consulte* Deus

Sertoma (serviço à humanidade), 185

serviço comunitário. *Consulte* clubes de serviço/clubes

serviços fúnebres, 17, 43

Sexson, William Mark (fundador do Arco-íris), 256

Shriners International (antes Antiga Ordem Árabe dos Nobres do Santuário Místico)

    crescimento após a Segunda Guerra Mundial, 252, 270–271

    definido/descrito, 235

    desaprovação pelos muçulmanos, 81–82

    Filhas do Nilo, 182, 242

    formando unidades e angariando fundos, 241–242

    iniciação e reunião no templo, 240–241

    origens históricas, 236–237

    papel no futuro da Maçonaria, 243

    requisitos para filiação, 240

    sobre, 236

    turmas de um dia, 279–280

sigilo maçônico. *Consulte* também lendas/mitologia

    aura e renovado interesse, 57

    Caso Morgan e movimento antimaçônico, 49–51

    exposição, 55, 209

    juramento/obrigação, 71, 73

    modos de reconhecimento, 18, 33, 137, 162

    sobre, 2

    violações/punições por, 120

silhares brutos e polidos (símbolo), 156–157

silhar (símbolo), 156

simbolismo/símbolos. *Consulte também* alegoria; joias do cargo

    acácia, 158–159

    águia de duas cabeças, 218

    aplicando nova tecnologia a, 284

    Arco Real, 200

    avental de pele de carneiro, 149–150

    carretel de linha, 159

    Cavaleiros Templários, 202

    chinelo (sapato), 150

    cimitarra, 237

    cinzel, 159

    colmeia, 151

    colunas/Pilares do Pórtico, 157–158

    coração exposto e espada, 155

    escada de Jacó, 149

    esquadro e compasso, 146–147

    estrela de cinco pontas, 155

    foice e ampulheta, 148

    lápis, 159

    letra G, 153–155

    linhas paralelas, 150–151

    nível, 152–153

    número 3, 142

    Olho Que Tudo Vê, 142, 154, 163–164

    painéis, 142–160

    pá, malho, caixão, caveira, 158–159

    pirâmide, 154, 163–165

    ponto dentro de um círculo, 150–151

    pote de incenso, 151

    prumo, 152

    régua e malhete, 159

    Rito Críptico, 196

    silhares bruto e polido, 156–157

    sobre o significado, 146–148

Templo do Rei Salomão, 144
teorema de Pitágoras, 148
trolha, 156
Sinagoga de Satanás (Meurin), 314
sinais (gestos), 2, 18. *Consulte também* sigilo maçônico
Sionismo, 83. *Consulte também* Judeus/Judaísmo
Sociedade Apolínea para os Amantes da Música e Arquitetura, 127
Sociedade de Alguns de Nossos Negócios (SOOB), 253
Sociedade de Pesquisa do Rito Escocês, 262
sociedade rosacruciana, 188
Sociedades de pesquisa maçônicas, 245
sociedade secreta, 2, 13, 17, 48, 60, 130, 172, 237, 281, 287. *Consulte também* sigilo maçônico
Sol, Lua e estrelas (símbolos), 149
Stafford, Tom (maçom, astronauta), 56
Stalin, Joseph (líder soviético), 12
Strader, Robert (maçom), 94
Stretton, Clement Edwin (maçom, engenheiro), 215
suástica (símbolo), 139, 324

Taft, William H. (maçom, presidente dos Estados Unidos), 53, 305
Tanach (Bíblia hebraica), 165
Tarkenton, Fran (DeMolay, atleta), 255
Taxas
custo de aderir à loja, 280–281
resultados de taxas baratas, 282–283

Taxil, Leo (autor antimaçônico), 168–169, 313–315
templo. *Consulte* loja maçônica
Templo do Rei Salomão
colunas (Jaquim e Boaz), 157–158
construção do, 144
sanctum sanctorum, 24, 132, 145, 150
sobre o simbolismo do, 144–146
Templo Meca (Shriners), 237
teorema de Pitágoras, 113–114, 148
teorias de conspiração. *Consulte também* lendas/mitologia; dominação mundial
Comissão Trilateral, 317
Conselho de Relações Exteriores, 317
Grupo Bilderberg, 317
Maçonaria e, 1
movimento Illuminati, 315–316
neoconservadores americanos, 81
Protocolos dos Sábios de Sião, 80–81
Revolução Francesa, 87
Tesoureiro, 107
The Templar Code For Dummies (Hodapp e Von Kannon), 205
The True Masonic Chart and Hieroglyphic Monitor (Cross), 147
Thomas, Dave (maçom, homem de negócios), 289, 308
tolerância. *Consulte* igualdade e tolerância
Torrigiani, Domizio (Grão-Mestre), 90
"trazido à luz", Companheiro, 136
trolha (símbolo), 156
Truman, Harry S. (maçom, presidente dos Estados Unidos), 55, 289, 299, 305
turmas de um dia, 279–280

• U •

União Soviética. *Consulte* História maçônica na Rússia

• V •

Vaticano. *Consulte* Igreja Católica

Vedas (Hindu), 71

vendado, 62, 133, 136, 296

Venerável Mestre, 20, 100–102, 104, 110, 132, 142, 147, 153, 198, 250, 256, 295, 303, 320

Venerável Sociedade dos Maçons Livres e Maçons de Obras Rústicas, Muros, Telhados, Pavimentação, Reboco e Alvenaria de Tijolo (os Operativos), 214–215

Verdade

"Prova Quádrupla" da ética do Rotary, 184

simbolismo, 11, 16, 17, 60–62

Vigilante (Primeiro/Segundo), 102–104

Voltaire (escritor e filósofo), 12, 39

Volume da Lei Sagrada, 63, 71, 76, 99, 109, 116, 120, 132, 133, 150, 151, 165–166. *Consulte também* Bíblia maçônica

Von Kannon, Alice (escritor)

Conspiracy Theories & Secret Societies For Dummies (Wiley), 162, 313

The Templar Code For Dummies (Wiley), 205

votando, 296–297

voto secreto, 296

• W •

Waite, Edward (maçom, escritor), 65, 189

Washington, George (maçom, presidente dos Estados Unidos), 12, 21, 45, 231, 232, 260, 261, 301, 303, 304, 305, 321–322, 327–328

Wayne, John (DeMolay, ator), 255, 306

Webb, Thomas Smith (maçom), 47, 51, 128, 131, 147, 200

Weishaupt, Adam ["Spartacus"] (fundador dos Illuminati), 85–86, 315

Wiley. *Consulte* John Wiley and Sons

Wirt, William (candidato político antimaçônico), 49–50

Wolcott Foundation, Inc., 261

Woodmen of the World, 187–188

Wright, Bobbi Jo (criança deficiente), 239

• Z •

Zoroastrismo, 167

ROTAPLAN
GRÁFICA E EDITORA LTDA
Rua Álvaro Seixas, 165
Engenho Novo - Rio de Janeiro
Tels.: (21) 2201-2089 / 8898
E-mail: rotaplanrio@gmail.com